보육학개론

윤매자 박민지 박선희 안창희 이경돈 이은옥 공저

Introduction to Child Care Studies

양 성 원

머리말

어린 영유아들은 사회환경 속에서 그들의 잠재력을 펼치기 위해 부단히도 노력하며 성장합니다. 이때 부모나 교사들이 사랑하는 아이들에게 사회에서 필요한 것들을 듬뿍 넣어 줄 수 있다면 얼마나 좋을까요? 하지만 부모나 교사는 그럴 수가 없습니다. 오직 그 아이만이 가진 권리로 자신의 삶을 펼쳐 나갈 수 있기 때문입니다. 부모와 교사는 아이들에게 자신이 지닌 재능과 능력을 최대로 계발시켜 행복하게 살아갈 수 있도록 주변 환경을 풍성하게 제공할 필요가 있습니다. 보육이란 영유아의 전인적인 발달을 목적으로 영유아교육기관에서 활동하는 보육과 교육, 그리고 정신적 · 육체적 발달을 이루기 위한 기본적인 생활습관과 자립에 기초로 하는 생활지도를 행하는 것입니다.

현대의 보육은 도심을 중심으로 한 복잡성과 다양성, 그리고 사회의 기초생활을 하기 위한 기초교육이며, 영유아를 사회구성원으로서 육성함은 물론이며, 보호자의 사회 · 경제적 활동을 원활하게 할 수 있도록 가족복지 증진에 이바지할 수 있습니다.

급변하는 사회 속에서 여성의 자아실현에 대한 욕구가 높아지는 반면, 경제적 · 환경적인 지원이 뒷받침해 주지 못함으로 인해 저출산이라는 사회 이슈의 결과로 드러나 보육에 대한 논의는 사회적 관심으로 고조되는 이때, 보육의 본질을 이해하고 영유아중심 · 놀이중심의 보육과정을 운영할 수 있는 잘 훈련된 보육전문가를 필요로 합니다. 이제 교사, 부모와 지역사회, 국가는 자라나는 영유아의 전인적인 성장과 발달을 도모하기 위해 보육정책과 서비스, 보육전문가들이 합심하여 보육의 질적인 결실을 추구하는 노력을 해야 합니다.

본 교재는 이러한 관점에서 영유아보육의 질적인 향상을 위해 전문적인 지식뿐만 아니라 보육현장의 경험을 토대로 고유적이고 창의적인 내용을 담아서 구성하였습니다. 1장에서는 보육에 관한 기본적인 이해를 돕고자 보육의 개념, 필요성, 어린이집의 유형과 현황, 영유아보육 패러다임의 변화를 다루었고, 2장은 우리나라를 비롯하여 주요 선진국가의 보육제도와 정책을 살펴보았습니다. 3장에서는 보육경험과 영유아발달을 소개하였고, 4장은 영유아 보육과정의 기본개념, 구성과 내용, 운영을, 5장은 국가수준의 제4차 표준보육과정(누리과정)을, 6장은 외국의 보육프로그램으로 프뢰벨, 몬테소리, 발드로프, 프로젝트 등을 소개하였습니다. 7장에서는 보육교직원의 이해로 보육교직원의 정의와 특성, 자격, 배치와 업무, 임면 등을, 8장은 보육교직원의 전문성으로 자질과 역할, 인성과 윤리, 보육교직원의 전문성 등을, 9장은 어린이집 환경으로, 보육환경의 의의와 중요성, 기능과 특징, 어린이집의 실내외 환경구성, 연령별 놀이지원과 보육환경의 평가를 다루었습니다. 10장에서는 영유아의 건강 · 영양 · 안전을, 11장은 어린이집 운영관리로 운영관리의 개념과 필요성, 인적 자원관리, 시설 · 설비 및 재정 · 문서 관리를, 12장은 부모와 지역사회와의 협력으로, 부모 협력의 개념과 중요성, 부모 협력의 형태, 지역사회와의 연계 등을, 13장은 보육평가로, 보육평가의 목적과 필요성, 대상과 방법, 보육프로그램의 평가 등을 살펴봄으로써 영유아보육의 본질에 충실하면서, 예비보육교사들에게 배우기 쉽고, 반면에 교수님들에게는 가르치기 쉬우면서 현장 적응력이 높은 실천 중심으로 집필하였으나 미진한 부분이 있음을 부인할 수 없습니다.

앞으로 영유아보육에 관심을 두고 지속적인 연구를 통해 계속 보완할 것이며, 영유아보육을 함께하는 여러분의 많은 지적과 조언을 기다리겠습니다.

끝으로 이 책이 만들어지기까지 도움을 주신 분들에게 감사함을 전합니다. 또한 이 책의 출판을 격려하고 멋진 책으로 만들어 주신 양성원 가족 여러분께도 감사한 마음을 전합니다.

2023년 8월

저자 일동

차 례

PART 2 영유아 보육과정

PART 3 보육교직원의 전문성 및 협력

PART 4 어린이집의 운영

PART 1

보육의 기초

1920년대 '태화여성관(현, 태화기독교사회복지관)에서 근로 여성을 위한 탁아사업은 빈곤아동을 구제하기 위한 목적으로 처음으로 보육을 시작하였지만, 사회변화에 따라 보육사업의 필요성이 점차 강조되어 양적인 성장뿐만 아니라 질적인 차원에서도 양육과 더불어 교육의 개념까지 포함하는 넓은 의미의 보육으로 발전해 왔다. 이는 저출산이라는 사회적 현상과 영유아중심 · 놀이중심, 영유아권리존중 등 보육의 방향을 새로운 시각으로 나아가게 하였다. 제1부에서는 보육의 기초로써, 보육을 이해하기 위한 개념, 필요성, 현황, 새로운 패러다임의 변화를 살펴보고, 우리나라와 외국의 보육제도와 정책을 시대별로 그 특성을 이해하고, 보육의 기본 요소인 발달의 개념과 원칙, 영아기와 유아기의 영역별 발달 특성, 보육경험이 보육의 질에 미치는 영향에 대해 살펴보고자 한다.

보육의 이해

Chapter 01

보육이란 영유아들이 보호와 양육, 교육받을 권리를 보장하고, 부모와 가족에게 일한 권리와 사회활동을 보장해 주기 위한 보육서비스로써 아동복지, 여성복지, 가족복지 등에 긍정적인 영향을 미친다. 무상보육이라는 보편적 사회제도로써 이를 위한 책임이 개인뿐만 아니라 국가와 사회적 책임이라는 인식이 자리매김하게 되었다.

초기 보육의 개념은 영유아가 일상생활에 필요한 기본 욕구와 안전을 위한 보호 문제에 국한되었다. 어떤 이유로 인해 자녀를 돌볼 수 없는 부모를 대신하여 양육한다는 보호 중심의 서비스였지만 여성의 가치관 변화, 저출산 및 고령화 사회, 가족의 형태와 구조의 다양성, 4차 산업혁명과 일자리 창출, 다양한 직업 등이 등장하면서 보육의 이념과 가치는 영유아중심·놀이중심의 보육으로 영유아의 권리를 보장하고, 개개인의 삶을 존중하며 행복을 추구할 수 있도록 지원하는 보육서비스로 발전하게 되었다. 1장에서는 보육의 개념과 의의, 보육의 중요성, 어린이집 유형과 보육교직원의 현황, 영유아보육 패러다임의 변화 등을 살펴봄으로써 예비보육교사에게 전반적인 보육의 이해를 돕고자 한다.

1. 보육의 개념과 의의

1) 보육의 개념

보육의 개념은 시대와 상황에 따라 다르게 정의되어 왔다. 기본적으로 보육은 과거 '탁아(託兒)'의 개념에서 시작되어 오늘날 '보육(保育)'이라는 사회적 개념으로 변화되었다. 탁아란 주로 경제적으로 어려운 빈곤가정의 자녀를 보호하거나 근로 여성들의 취업을 도와주기 위해 근로시간 동안 대신하여 돌봐 주거나, 자녀를 양육할 수 없는 가정의 보완적인 역할로서 선별적인 복지서비스의 성격이 강했다. 그러나 보육을 여성들의 경제활동과 여성의 지위 향상과 더불어 가족구조의 변화 등 사회변화에 따른 보육문제를 여성 개인의 문제가 아니라 국가적인 차원에서 새로운 시각으로 바라보게 되었다. 따라서 보육은 영유아가 속한 가정, 사회계층, 부모의 취업 여부와 관계없이 모든 영유아에게 건강하고 안전하게 성장·발달할 수 있도록 보호하고 지도하며, 육성한다는 의미가 포함되었다.

우리나라의 「영유아보육법」 제1조에 의하면, '영유아의 심신을 보호하고 건전하게 교육하여 건강한 사회구성원으로 육성함과 아울러 보호자의 경제적·사회적 활동이 원활하게 이루어지도록 함으로써 영유아와 가정의 복지 증진'에 이바지하는 것을 목적으로 하고 있다. 이처럼 「영유아보육법」은 사회의 급격한 변화를 반영하여 제정되었고, 우리나라 보육사업이 체계적으로 발전할 수 있게 된 출발점이라 할 수 있다. 기존의 '탁아'와 '보호'라는 개념에 전인적 발달을 위한 '교육'을 포함하여 보호와 교육이 통합된 '보육'이라는 개념을 사용하였다.

궁극적으로 보육이란 영유아들이 행복함을 느끼고 잘 자라도록 하는 것이다. 또한 보육현장에서 책임지고 있는 보육교직원이 행복해야만 어린이집을 이용하는 영유아가 행복하고 부모가 안심하고 아이들을 맡길 수 있다.

2) 보육의 의의

보육은 영유아를 대상으로 그들의 권리를 존중하고, 적절한 환경에서 보호와 교육을 받아 전인적인 발달과 성장을 돕도록 한다. 보육의 목적에서 언급한 내용을 바탕으로 보육의 의의를 살펴보면, 영유아(방과 후 아동 포함), 부모와 가족, 사회와 국가의 차원으로 구분하여 설명하면 다음과 같다(윤매자 외, 2012).

(1) 영유아의 차원

① 영유아의 기본권리를 존중하며 민주시민의 구성원으로서 성장할 수 있다.
② 영유아 개개인의 발달 특성을 고려하여 전인적인 발달을 도모할 수 있다.
③ 부모가 돌보지 못하는 시간 동안 안전하고 교육적인 환경에서 신체적, 인지적, 사회·정서적, 생리적 욕구를 충족할 수 있다.
④ 또래나 친구, 다른 연령의 영유아와 접촉함으로써 친사회적인 행동을 촉진할 수 있다.
⑤ 학령기 아동에게 방과 후 보육을 통해 안전하게 있을 곳을 제공함으로써 유해환경에 노출을 예방하고, 올바른 생활 태도와 학습 습관을 기를 수 있다.

(2) 부모와 가족의 차원

① 빈곤가정의 경우 보육서비스의 제공으로, 여성이 노동시장에 참여하게 함으로써, 가구 소득에 도움을 줄 수 있다.
② 맞벌이가정의 경우 당면하는 문제인 자녀 양육기능을 보충해 줌으로써 안심하고 생업에 전념할 수 있게 된다.
③ 부모, 특히 여성의 사회참여를 통해 자아실현을 이룰 수 있으며, 이를 통해 성숙한 부부로서의 생활이 가능해지므로 부부관계의 질적인 향상을 도모할 수 있다.

(3) 사회와 국가의 차원

① 양질의 보육서비스를 통해 영유아가 미래사회 주역으로서 사회적 역량을 갖추고, 국가발전과 번영에 이바지할 수 있다.

② 국가 차원의 보육은 현대사회에서 인간이 직면하는 다양한 사회문제를 예방하고 대처할 수 있는 기능을 함양할 수 있다.

③ 보편적인 보육서비스를 통해 여성의 능력이 사장되지 않도록 결혼이나 출산 이후에도 지속적인 사회·경제활동을 할 수 있도록 여건을 마련해 줄 수 있다.

④ 보육서비스의 공공성은 국가 간의 경쟁력을 강화하고, 국가 경쟁의 기반을 조성하는 데 기여하고, 나아가 국가 간 경쟁력을 제고시킬 수 있다.

2. 보육의 필요성

우리나라 보육사업의 시작은 빈곤가정의 자녀 양육문제를 지원하는 선별적 복지에서 출발하였으나, 빠른 산업화를 거치면서 영유아들이 어떤 환경에서 자라서 어떤 사람으로 성장하는가에 초점을 맞추게 되었다. 이로 인해 영유아의 권리 존중과 아울러 부모의 욕구를 동시에 충족시켜 준다는 점에서 그 필요성이 더욱 강조되고 있다(정옥분 외, 2012).

1) 영유아의 권리보장과 발달

(1) 영유아의 권리보장

보육 활동은 영유아 권리존중의 보육에서부터 시작되어야 한다. 인권은 사람이 세상에 태어나면서부터 마땅히 누려야 할 자유와 기본권리로서 다른 사람이 빼앗을 수 없는 자연적으로 주어지는 권리를 말한다(윤매자, 2010). 아동권리에 관한 「유엔아동권리협약」은 전 세계적으로 가장 많은 국가(196개국: 2021년 1월 기준, 국제아동인권센터)가 비준한 국제인권법으로써, 「유엔아동권리협약」에 가입하고 비준한 국가들은 국내법과 같은 효력을 가지고 있다. 우리나라도 1989년 가입하고 1990년에 비준함으로써 「유엔아동권리협약」의 당사국이 되었다(윤매자, 2010). 이 협약이 채택되기까지는 1924년 최초의 '아동권리에 관한 제네바 선언'에서 시작되었고, 이후 1959년 국제연맹 총회에서 채택한 '아동권리선언'이 선포되었으며, 그 내용은 광범위한 전문 10개의 조항을 담고 있다. 간단하게 정리하면 다음과 같다.

아동권리선언(제1조~제10조)

제1조 아동은 이 선언에서 천명된 모든 권리를 향유할 수 있어야 한다.
제2조 아동은 특별한 보호를 받을 수 있어야 하며, 인간 존엄과 자유의 정신 아래서 건전하고 정상적인 방법에 의하여 아동 자신의 신체적, 심리적, 도덕적, 정신적 및 사회적 발달이 가능하도록 하는 기회와 설비가 법령과 제 수단에 의하여 아동에게 제공되어야 한다.
제3조 아동은 출생한 때부터 성명과 국적을 가질 권리를 가진다.
제4조 아동은 사회보장의 혜택을 향유할 수 있어야 한다. 출생 전후의 적절한 의료혜택을 포함하여, 아동과 아동의 어머니 모두에게 특별한 관심과 보호가 필요하고 적절한 영양의 공급, 주택, 여가 및 진료를 받을 권리를 가진다.
제5조 신체적, 정신적, 사회적 장애가 있는 아동은 특수한 조건이 마련된 가운데 특별한 치료와 교육을 받을 권리를 가진다.
제6조 아동은 자신의 인격이 조화롭고 온전하게 발달하기 위하여 애정과 이해를 필요로 한다.
제7조 아동은 교육받을 권리를 가지며, 이때의 교육은 적어도 초등학교 단계에서 무상 의무교육이어야 한다. 교육은 아동의 문화를 고양시킬 수 있는 것이어야 하고, 아동 자신의 능력과 자율적 판단, 도덕적 · 사회적 책임을 계발하여 사회의 유능한 성원이 될 수 있는 동등한 기회를 아동에게 제공하여야 한다.
제8조 아동은 어떠한 상황에서든 구조와 보호에 있어서 최우선이어야 한다.
제9조 아동은 모든 형태의 학대, 잔학 및 착취로부터 보호받을 수 있도록 해야 한다.
제10조 아동은 인종적, 종교적 차별을 포함한 일체의 차별을 야기하는 행위로부터 보호받도록 하여야 한다.

출처: 김정래(2002). 아동권리향연. 교육과학사, pp. 398-391.

1978년 유엔 총회에서 '아동권리선언' 20주년을 기념하기 위해서 1979년을 '세계아동의 해'로 정하고 '아동권리 국제협약'을 제정하기로 하였다. 10년의 준비과정을 거쳐

1989년 11월 20일 「유엔아동권리협약」이 참가국의 만장일치로 채택되었다. 「유엔아동권리협약」에는 전문과 54개 조항으로 구성되어 있으며, 1조에서 40조까지는 실제적인 아동권리의 내용을 담고 있다(윤매자, 2010). 실질적인 권리의 주요 내용으로는 4대 기본권과 3대 기본 원칙, 1개의 과정이 있다. 구체적인 내용을 살펴보면 다음과 같다(국제아동인권센터, 2022).

4대 기본권(생존권, 보호권, 발달권, 참여권)

① **생존권**: 아동이 적절한 생활 수준을 누릴 권리, 안전한 주거지에서 살아갈 권리, 충분한 영양을 섭취하고 기본적인 보호와 양육을 받을 권리 등 기본적인 삶을 누리는 데 필요한 권리이며, 관련 조항(제6, 7, 8, 19, 20, 21, 23, 24, 26, 27, 30, 32, 33, 34, 35, 38조) 등이다.

② **보호권**: 아동이 모든 형태의 학대와 방임, 차별, 폭력, 고문, 징집, 부당한 형사처벌, 과도한 노동, 약물과 성폭력 등 아동에게 유해한 것에서 보호받을 권리이며, 관련 조항(제2, 7, 10, 11, 16, 19, 20, 21, 23, 25, 32, 34, 35, 36, 37, 39, 40조) 등이다.

③ **발달권**: 아동이 잠재 능력을 최대한 발휘하는 데 필요한 권리로, 교육받을 권리, 여가를 즐길 권리, 문화생활을 하고 정보를 얻을 권리, 생각과 양심 · 종교의 자유를 누릴 권리, 놀 권리이며, 관련 조항(제5, 6, 9, 10, 11, 12, 13, 14, 15, 17, 24, 28, 29, 31조) 등이다.

④ **참여권**: 아동이 자신의 나라와 지역사회 활동에 적극적으로 참여할 수 있는 권리로, 자신의 의견을 표현하고, 자신의 삶에 영향을 주는 문제들에 대해 발언권을 지니며, 단체에 가입하거나 평화적인 집회에 참여할 수 있는 권리이며, 관련 조항(제12, 13, 15, 17조) 등이다.

3대 기본 원칙에는 아동 정의의 원칙, 비차별의 원칙, 아동 최상의 이익 원칙 등이 있다.

3대 기본 원칙(아동 정의의 원칙, 비차별의 원칙, 아동 최상의 이익 원칙)

① **아동 정의의 원칙**: 아동은 만 18세 미만의 모든 사람을 말한다(제1조).

② **비차별의 원칙**: 성별, 인종, 피부색, 언어, 종교, 정치적 견해 또는 기타 의견, 민족적 · 인종적 · 사회적 출신, 재산, 장애, 태생, 신분 등의 차별 없이 권리를 존중하고 보장해야 한다(제2조).

③ **아동 최상의 이익 원칙**: 공공 · 민간, 사회복지기관, 법원, 행정당국 또는 입법기관 등은 아동에 관한 모든 활동에 있어, 아동 최상의 이익을 최우선으로 고려해야 한다(제3조).

1개의 과정에는 아동권리 이행을 위한 국가의 의무, 아동의 진화하는 능력에 따른 보호자의 적절한 지도 등이 있다.

1개의 과정(권리 이행을 위한 국가의 의무, 아동의 진화하는 능력에 따른 보호자의 적절한 지도)

① 권리 이행을 위한 국가의 의무: 경제적 · 사회적 및 문화적 권리보장을 위해 가능한 모든 자원을 활용해야 하며 적절한 입법적 · 행정적, 기타 조치를 취하고, 필요하며 국제협력의 관점에서 시행해야 한다.
② 아동의 진화하는 능력에 따른 보호자의 적절한 지도: 부모 또는 현지의 관습에 의한 확대가족, 공동체 구성원, 법정 대리인이나 기타 아동에 대한 법적 책임이 있는 사람이 아동의 진화하는 능력에 맞는 적절한 지도와 감독을 제공할 책임과 권리 및 의무가 있음을 존중해야 한다.

종합하면, 「유엔아동권리협약」에서 아동은 18세 미만의 모든 사람으로 정의되며, 아동은 부모의 소유물이나 미래를 준비하는 존재가 아닌 지금-현재(here-now) 우리 사회를 구성하고 있는 존귀하고 존엄한 존재이며 권리의 주체자로 천명하고 있다. 그리고 아동을 폭력과 차별로부터 자유롭게 하며 그들의 참여를 촉진하고, 아동의 이익을 최우선으로 할 것을 명시하고 있다(국제아동인권센터, 2022).

(2) 영유아발달의 촉진

영유아의 보육경험은 인간발달 과정 중 특히, 영유아기는 신체적, 인지적, 사회 · 정서적 발달 측면에 많은 영향을 미치는 시기이다. 이는 영유아의 보육경험이 매우 중요하다는 것을 의미한다. 영유아기의 발달원리를 살펴보면, 다음과 같다(윤매자 외 2022b; 정범모, 1971).

① 기초성

영유아기는 일생의 기초가 형성되는 시기로, 어릴 때의 경험일수록 이후 발달에 초석이 된다는 의미이다. 즉, 이 시기의 모든 경험은 성인기 행동의 여러 특성을 결정하는 원인이 된다. 성인이 되면 대개 자신의 0~3세 이전의 일은 기억하지 못하지만, 기억하지 못한다고 해서 이전 경험의 초석인 중요성을 부정할 수는 없다. 속담에 '세 살 버릇이 여든까지 간다'는 말이 있다. 이는 세 살 때의 모든 경험이 일생을 특징지을 뿐만 아니라 팔순까지의 발달의 기초를 형성한다는 뜻으로 해석할 수 있다.

② 적기성

인간발달은 단계별로 여러 발달 과업들이 가장 적절하게 획득되는 최적의 시기가 있음을 시사한다. 적절한 시기의 경험은 곧 '학습'과 '과업'으로 성취할 수 있는 가장 적절한 기회이며, 이 기회를 놓치면 다음에는 그 효과가 떨어진다는 것이다.

피아제(Piaget, 1960)는 0~2세 감각운동기에 풍부하고 지적인 감각경험이 필요한 중요한 시기라고 하였고, 이러한 동작적 경험을 내일로 미루면 효과가 떨어진다는 주장이 내포되어 있다. 인지발달은 '언어'를 매개체로 한다. 즉, 영아(0세)가 '옹알이'를 할 때 부모나 양육자가 민감하게 반응해 주었을 때 언어적 자극에 의한 인지와 언어발달을 촉진 시킬 수 있다. 그러므로 아기가 태어나서 말을 하지 못하고, 못 알아듣는 것처럼 보인다고 해서, 이 시기에 언어적 자극이 부족하거나 왜곡된 언어 자극을 제공하는 환경이라면, 영아는 자라서 평생 동안 언어와 관련된 모든 면에서 불안하고 자신감이 없는 그 어떤 장애를 겪을 수밖에 없다.

③ 누적성

인간의 성장 발달에 있어서 어떤 결손이 생기면 그 결손은 다음 시기의 발달에 부정적인 영향을 미친다. 즉, 앞 단계에서 잘못되면 다음 단계에서는 그것이 원인이 되어 더 잘못되고, 잘못에 잘못이 누적되어 또 다음 단계에는 더욱 잘못된다는 의미이다.

에릭슨(Erikson)은 성격 발달의 첫 단계에서 신뢰감을 형성하느냐 못하느냐는 따라 그 시기에 성격이 형성되는 가장 중요한 시기라고 하였다. 예를 들면, 수유기는 사람에 대한 기본적인 신뢰감이나 불신감이 형성되는데, 이 시기에 부모와 불신감이 형성되면, 모자관계의 불신감이 부모, 형제 등 가족관계나 친구, 또래, 이웃 관계, 나아가 사회생활까지도 그 영향이 파급되거나 확산하여 누적 현상이 일어난다.

④ 불가역성

초기 인간발달의 특성은 주로 영유아기에 그 기초가 형성되고, 급속하게 발달이 이루어진다. 발달의 최적기를 놓치게 되면, 그 시기 이후에 이를 보완하거나 교정하는 데 매우 힘들게 되고, 원래대로 되돌아가기 어려운 발달을 불가역성이라고 한다. 예를 들면, 영유아기에 어떠한 이유로 인해 수유, 이유식, 간식, 식사 등의 영양 불균형이나 영양 부족으로 체격이 빈약해졌을 경우 이후 성장기에 잘 먹어면 체중은 보충할 수 있으나 신장은 증가하기 어렵다고 한다. 즉, 키의 성장이 끝난 이후에는 아무리 잘 먹어도 키가 더 자라지 않아 신장은 체중보다 불가역성이 심하다고 할 수 있다.

(3) 안전한 환경 제공

보육은 보육전문가에 의해 영유아들을 보살피고 교육하는 보육서비스이다. 보육교사는 부모와 같은 양육자의 역할, 상호작용자의 역할, 활동과 놀이지원자의 역할, 동일시 대상으로서의 역할, 의사결정자의 역할 등을 하게 된다(윤매자 외, 2022b). 이러한 교사의 역할은 영유아 입장에서 볼 때, 안전한 환경에서 다양한 놀이 경험과 정서적 안정을 제공받음으로써 전인적인 발달을 촉진할 수 있다.

2) 가족구조의 변화와 가족생활주기

(1) 가족구조의 변화

우리나라는 1980년대 이후 경제 발전이 급격히 진행되면서 여성들의 경제활동에 참여가 확대되고 핵가족화, 취업모의 증가, 출산율 감소, 부모 학력과 소득이 증가함에 따라 보육수요가 증가하고 공보육의 요구가 확대되었다(윤매자 외, 2012). 자녀 양육에 대한 가족 중심의 체계가 사라지고, 취업모가 증가하는 시점에서 한부모가정, 다문화가정, 조손가정, 재혼가정 등 다양한 가족구조는 자녀를 안심하고 맡길 수 있는 양질의 보육서비스에 대한 요구가 높아졌으며, 이에 보육수요자의 욕구에 충족할 수 있는 종일제 보육, 시간제 보육, 24시간 보육, 야간보육, 방과 후 보육 등 다양한 보육의 형태가 가족 차원의 입장에서 그 필요성을 강조하였다.

(2) 가족생활주기

가족생활주기상 자녀 양육기에 있는 맞벌이가정은 어머니의 취업으로 자녀 양육을 보완해 줄 가족 차원의 자원이 부족하게 되었으며, 어머니가 전업주부라 할지라도 양육에 있어 조부모, 친인척, 지역사회로부터 육아를 지원받을 수 있는 여건은 매우 부족한 실정이다. 따라서 부부 중심의 자녀 양육에 대한 책임은 더 이상 가족에게 의존할 수 없는 사회적 현상이다. 이에 가족생활주기에 따른 자녀 양육의 문제를 현명하게 대처하기 위해 보육의 사회적 책임과 노력을 요구하게 되었다.

3) 여성의 권리보장과 자아실현

(1) 여성의 권리보장

영유아의 권리 못지않게 여성들도 나름의 자아실현의 욕구를 가지고 있다. 여성의 권리보장은 전통적인 자녀 양육자로서 당연함으로 삼아 왔지만, 여성의 교육 수준이 향상되면서 취업과 사회활동으로 이어지고 양육은 중요한 사회적 문제로 제기되었다. 보육이 지금까지 질적 · 양적 측면에서 확대되어 온 것은 여성 취업과 그 맥을 같이하고 있다(정옥분 외, 2012).

(2) 여성의 경제활동

현대사회에서 직업은 개인의 경제적 생활 수준을 확보하는 데 필요한 단순한 도구의 의미를 뛰어넘어 자아실현의 수단이 되고 있다. 이는 남성뿐만 아니라 여성들에게도 적용되는 것으로 여성의 취업은 이미 여성의 생애주기 중 한 부분으로 자리매김하게 되었다(윤매자 외, 2012). 또한 여성에 있어서 결혼과 출산은 경제활동을 저해하는 요인으로 인식되어 비혼화와 출산율 저하를 가져왔다. 출산율 저하의 원인으로는 육아휴직, 양육비 부담, 사교육비 등 경제적인 요인이 크지만, 육아에 대한 부담이 가장 중요한 이유가 되고 있다. 따라서 여성의 양육 부담을 덜어 주고 부모가 안심하고 맡길 수 있는 보육이 필요하다.

(3) 여성의 자아실현

여성의 지속적인 자아실현을 보장하기 위해 육아를 여성의 몫으로 돌리는 전통적인 가치관에서 탈피하여 기혼여성이 가정과 직장을 양립할 수 있는 사회적 장치, 취업모들이 마음 놓고 경제활동과 자녀 양육을 할 수 있도록 수요자 중심의 보육서비스가 필요하다.

4) 정부의 보육정책

보건복지부가 주관하는 보육업무는 보건복지부 산하 인구정책실의 보육정책관에서 맡고 있으며, 보육정책과, 보육사업기획과, 보육기반과로 나누어 정책업무를 수행하고 있다.

최근 보건복지부(2022b)는 '제4차 중장기 보육 기본계획안(2023~2027)'을 발표하여, 그간의 주요 보육정책의 성과와 한계점을 분석하여 개선에 필요한 사항을 제시하였다. 구체적인 내용은 다음과 같다.

(1) 출산율 제고

통계청(2023)에 따르면, 현재 우리나라의 여성 한 명이 가임기 동안 출산하는 합계출산율은 2022년에 0.78명으로, 2021년의 0.81보다 0.3명 감소하여 역대 최저로 나타났다. 1970년 통계청 출산 통계 작성 이래 최저치로, 출산율의 급격한 저하와 고령화로 인해 국가경쟁력을 우려하는 상황에 놓이게 되었다. 출산율의 감소 현상은 전 세계적인 추세이지만, 지난 40년간 출산율 저하의 폭은 그 어떤 나라에서보다 우리나라에서 뚜렷하게 나타나고 있다. 이에 저출산에 대한 심각성을 인식하고 지자체마다 출산장려금, 임신과 출산 진료비 지원사업, 다자녀가정의 각종 혜택 등을 제공하여 출산을 장려하고 있다. 출산율 제고로 국가가 번영하고 존속되기 위해서는 인적 자원을 잘 활용해야 하는데, 특히 영유아에 대한 보육은 장차 이 나라를 이끌어 갈 민주시민을 양성하는 일이므로 매우 중요하다.

(2) 국공립어린이집 확충

2013년부터 6세 미만 영유아에게 무상보육을 시행하고 있다. 정부에서는 '국가가 책임지는 보육과 교육'이라는 전략으로 보육에 대한 국가책임을 강조하였고, 「영유아보육법」 제34조에 의하면, 국가와 지방자치단체는 영유아에 대한 보육을 무상으로 한다고 규정하고 있다. 무상보육은 부모에게 양육비 부담을 줄여 주어 출산율을 제고시키기 위한 보편적 보육으로 강화되었다. 그러나 보육수요자의 욕구에 비해 보육정책의 속도는 더디게 진행되어 보육수요자에게 현실적으로 체감하기 어려운 실정이다(윤매자 외, 2022a). 공공성 확보를 위한 국공립어린이집 수의 증가는 전체 어린이집 대비 현저하게 낮다. 대부분 보육수요자는 국공립어린이집을 선호하고 있어 국공립어린이집 쏠림 현상은 정부가 적극적인 입장을 취해야 할 것이며, 자치단체장의 의지 여부에 따라 달라질 수 있으므로 국공립어린이집의 확충에 더 적극적인 의지가 필요하다(윤매자 외, 2022a).

(3) 보육 시간의 명확화

2017년 7월부터 시작된 맞춤형 보육은 부모가 전업주부인지, 아닌지에 따라 종일반과 맞춤반으로 구분하여 어린이집의 이용 시간을 제한하는 제도를 도입하였다(윤매자 외, 2020a). 그러나 보육현장에서 미취업 여성들이 종일반 보육유형을 이용하기 위해 불법으로 취업하는 등 혼선이 있었다. 이에 2020년부터는 보육 지원체계를 개편하여 맞춤반과 종일반으로 보육 시간을 구분하여 시행하고 있다.

신갑숙(2015)의 연구에 의하면, 정부가 이야기하는 하루 6시간 보육이 부모와의 애착 형성 시기에 있는 영아에게 적절한 시간인지, 종일반 영아의 애착은 중요하지 않은지, 맞춤형 보육과 종일반 보육서비스에 대해서 부모와 영유아의 입장을 고려하여 반드시 재검토가 필요하다고 하였다. 보육수요자의 욕구보다는 영유아의 입장에서의 보육서비스를 제공할 필요가 있다.

(4) 표준보육과정(누리과정)의 다양화

보건복지부(2020)가 제시한 제4차 어린이집 표준보육과정(이하, 표준보육과정)에 의하면, 영유아의 전인적인 성장과 발달을 돕고 민주시민으로서의 자질을 길러 영유아가 심신이 건강하고 조화로운 사회구성원으로 자랄 수 있도록 하는 데 그 목적이 있다고 하였다. 또한 교육부와 보건복지부(2019a)는 2019 개정 누리과정을 통해 3세, 4세, 5세 연령별 보육과정을 삭제하고, 개정 누리과정의 성격, 추구하는 인간상을 개정하여 영유아중심 · 놀이중심의 '국가수준의 공동 교육과정'으로 개정하였다. 즉, 발달과정에 놓여 있는 유아들에게 자연친화적인 교육, 생활주제에 따라 자발적인 놀이를 통해 흥미를 유발하고, 몰입하는 과정을 통해 창의성 발달시키는 중요한 학습요인으로 그 의미를 두고 개정하였다. 교사가 가르치는 보육과정이 아니라 영유아 스스로 놀이를 통해 학습해 나가는 과정이기 때문에 교사들의 선입견이나 편견 등에 대해 고려해 봐야 할 것이다. 제4차 표준보육과정에서 0~1세, 2세, 3~5세 등 연령에 따라 영역과 내용이 비슷하면서도 다르다. 영유아 역시 그들의 성장 과정이 조금씩 다르고, 영유아중심 · 놀이중심의 보육과정으로 운영하는 데는 교사의 노력이 필요하다. 영아들은 스스로 하는 것이 어렵다는 것을 감안하여 교사의 관심과 관찰을 통해 놀이학습으로 이끌도록 교사가 지원을 해야 한다. 또한 3~5세 유아는 자발적인 참여가 많아지고 지적 호기심과 탐구가 많아지는 연령으로 문제해결을 또래들과 올바른 의사소통으로 해결할 수 있도록 지도하는 것이 필요하다(윤매자 외, 2022a).

(5) 방과 후 아동보호

우리나라의 방과 후 아동지도는 핵가족화의 심화, 산업화, 경제발달, 취업 여성 등의 증가로 학교를 마치고 귀가하여도 가정에서 아동을 돌보거나 지도해 줄 수 있는 부모의 부재로, 방과 후 부모의 보호권 밖에서 혼자 지내는 아동들이 늘어나면서, 각종 안전사고에 노출은 물론, 청소년 비행을 유발할 위험성을 지니고 있다(윤매자 외, 2012). 또한 학교를 마치고 난 후 보습학원이나 예체능학원을 주로 이용하는 것이 현실이다. 이러한 상황을 감안할 때 방과 후 아동들의 안전하게 지낼 곳과 자유시간을 교육적 차원에서 지도하고 올바른 습관을 기를 수 있도록 도와주는 방안 마련이 필요하다(윤매자 외, 2022a).

3. 어린이집 유형

보건복지부(2023)의 보육사업안내에 의하면, 어린이집 유형은 설치기준에 따라 다음과 같다. 즉, 국공립어린이집, 사회복지법인어린이집, 법인 · 단체 등 어린이집, 직장어린이집, 가정어린이집, 협동어린이집, 민간어린이집 등이 있다(「영유아보육법」 제10조; 윤매자 외, 2022a 재인용).

1) 국공립어린이집

① 국가나 지방자치단체가 설치 · 운영(위탁운영 포함)하는 어린이집을 말한다(「영유아보육법」 제10조).

② 상시 영유아 11인 이상을 보육할 수 있는 시설을 갖추어야 한다(시행규칙 제9조).

③ 어린이집의 명칭은 "ㅇㅇ어린이집"으로 한다(시행규칙 제23조).

④ 「영유아보육법령」상의 설치기준을 모두 갖추어야 한다(「영유아보육법」 제15조).

⑤ 국공립어린이집은 보육통합정보시스템에 설치 등록 시 대표자명에 시장 · 군수 · 구청장 개인 성명 또는 '○○시장, ○○군수, ○○구청장'으로 기재한다.

2) 사회복지법인어린이집

① 「사회복지사업법」에 따른 사회복지법인(이하 "사회복지법인"이라 한다)이 설치 · 운영하는 어린이집을 말한다(「영유아보육법」 제10조).

② 상시 영유아 21인 이상을 보육할 수 있는 시설을 갖추어야 한다(시행규칙 제9조).

③ 어린이집의 명칭은 "○○어린이집"으로 하여야 하며, 명칭 사용에 유치원, 학원 등 유사 기관으로 오인할 수 있는 명칭은 사용할 수 없다(시행규칙 제23조).

④ 「영유아보육법령」상의 설치기준을 모두 갖추어야 한다(「영유아보육법」 제15조).

⑤ 사회복지법인어린이집은 보육통합정보시스템 등록 및 인가증 발급 시 대표자명에 법인대표의 성명 또는 '○○사회복지법인 대표이사'로 기재한다.

3) 법인 · 단체 등 어린이집

① 각종 법인(사회복지법인을 제외한 비영리법인)이나 단체 등이 설치 · 운영하는 어린이집을 말한다(「영유아보육법」 제10조).

② 상시 영유아 21인 이상을 보육할 수 있는 시설을 갖추어야 한다(시행규칙 제9조).

③ 어린이집의 명칭은 "○○어린이집"으로 하여야 하며, 명칭 사용에 유치원, 학원 등 유사 기관으로 오인할 수 있는 명칭은 사용할 수 없다(시행규칙 제23조).

④ 「영유아보육법령」상의 설치기준을 모두 갖추어야 한다(「영유아보육법」 제15조).

⑤ 법인 · 단체 등 어린이집(「영유아보육법 시행령」 제18조의 2제1호, 제2호, 제4호 중 비영리법인이 설치 · 운영하는 어린이집만 해당)은 보육통합정보시스템 등록 및 인가증 발급 시 대표자명에 법인대표의 성명 또는 '○○법인 · 단체 등 대표이사'로 기재한다.

4) 직장어린이집

① 사업주가 사업장의 근로자를 위하여 설치 · 운영하는 어린이집(국가나 지방자치단체의 장이 소속 공무원 및 국가나 지방자치단체 의장과 근로계약을 체결한 자로서 공무원이 아닌 자를 위하여 설치 · 운영하는 어린이집 포함한다(「영유아보육법」 제10조).

② 상시 영유아 5인 이상을 보육할 수 있는 어린이집을 말한다(시행규칙 제9조).

③ 어린이집의 명칭은 "○○어린이집"으로 한다(시행규칙 제23조).

④ 직장어린이집은 「영유아보육법」상의 설치기준을 모두 갖추어야 하며, 사업주가 직장어린이집을 설치할 경우, 안전사고 및 재난에 대비한 시설을 갖추어 건물 내 5층까지 보육실을 설치할 수 있다(시행규칙 제9조).

⑤ 상시 영유아 20인 이하를 보육하는 직장어린이집은 가정어린이집을 설치할 수 있는 곳에도 설치할 수 있다(시행규칙 제9조).

⑥ 직장어린이집은 보육통합정보시스템 등록 및 인가증 발급 시 대표자명에 사업주 개인의 성명 또는 '○○사업장의 대표 직함'으로 기재한다.

5) 가정어린이집

① 개인이 가정 또는 그에 준하는 곳에 설치 · 운영하는 어린이집을 말한다(「영유아보육법」 제10조).

② 상시 영유아 5인 이상 20인 이하를 보육할 수 있는 어린이집을 말한다(시행규칙 제9조).

③ 어린이집의 명칭은 "○○어린이집"으로 하며, 명칭 사용에 유치원, 학원 등 유사기관으로 오인할 수 있는 명칭은 사용할 수 없다(시행규칙 제23조).

④ 「영유아보육법령」상의 설치기준을 모두 갖추어야 한다(「영유아보육법」 제15조).

6) 협동어린이집

① 보호자 또는 보호자와 보육교직원 11인 이상이 조합※을 결성하여 설치 · 운영하는 어린이집을 말한다(「영유아보육법」 제10조).

※ 단, 영리를 목적으로 하지 아니하는 조합에 한정하며, 「민법」상 조합, 「협동조합기본법」상 사회적 협동조합 등 조합 설립 형태 무관하다.

② 어린이집의 명칭은 "ㅇㅇ어린이집"으로 하며, 명칭 사용에 유치원, 학원 등 유사기관으로 오인할 수 있는 명칭은 사용할 수 없다(시행규칙 제23조).

③ 보육 아동을 둔 보호자 또는 보호자와 보육교직원 11인 이상이 상호 출자하여 공동으로 어린이집을 설치 · 운영할 것을 약정함으로써 그 효력이 발생한다.

④ 상시 영유아 20인 이하를 보육하는 협동어린이집은 가정어린이집을 설치할 수 있는 곳에도 설치할 수 있다.

7) 민간어린이집

① 민간어린이집이란 국공립어린이집, 사회복지법인어린이집, 법인 · 단체 등 어린이집, 직장어린이집, 가정어린이집 또는 협동어린이집이 아닌 어린이집을 말한다(「영유아보육법」 제10조).

② 상시 영유아 21인 이상을 보육할 수 있는 시설을 갖추어야 한다(시행규칙 제9조).

③ 어린이집의 명칭은 "ㅇㅇ어린이집"으로 하여야 하며, 명칭 사용에 유치원, 학원 등 유사 기관으로 오인할 수 있는 명칭은 사용할 수 없다(시행규칙 제23조).

④ 「영유아보육법령」상의 설치기준을 모두 갖추어야 한다(「영유아보육법」 제15조).

4. 어린이집과 보육교직원의 현황

보건복지부(2022a)의 어린이집 설치 · 운영 현황은 33,246개소이며, 유형별 어린이집 개소는 다음 〈표 1-1〉과 같다. 또한 보육아동은 1,184,716명으로 남아는 613,695명이며, 여아는 571,021명으로 나타났다. 보육교직원의 현황은 321,116명으로 남자교직원은 11,261명이며, 여자교직원은 309,855명으로 여자교직원이 96.5%를 차지하고 있다.

〈표 1-1〉 어린이집 연도별 설치 · 운영 현황 (단위: 개소, 2021.12.31.)

구 분	계	국공립 어린이집	사회복지법인 어린이집	법인 · 단체 등 어린이집	민간 어린이집	가정 어린이집	협동 어린이집	직장 어린이집
2021	33,246	5,437	1,285	640	10,603	13,891	142	1,248
2020	35,352	4,958	1,316	671	11,510	15,529	152	1,216
2019	37,371	4,324	1,343	707	12,568	17,117	159	1,153
2018	39,171	3,602	1,377	748	13,518	18,651	164	1,111
2017	40,238	3,157	1,392	771	14,045	19,656	164	1,053

출처: 보건복지부(2022a). 2021년 보육통계. p. 2.

5. 영유아보육 패러다임의 변화

우리나라는 선진보육 정착을 위해 다양한 보육정책들을 모색하고 있다. 부모들이 안심하고 자녀를 맡길 수 있는 보육이 든든해야 출산율이 올라갈 수 있고, 이로 인해 인재 양성이 가능하고 국가경쟁력도 발전시킬 수 있다(윤매자 외, 2022b). 우리나라의 보육정책은 「영유아보육법」 제정 이전과 비교했을 때, 이후 급속한 변화를 가져왔고 보육을 새로운 시각에서 보게 되었다. 또 자녀 양육이라는 돌봄 노동을 부부가 함께해 나가야 한다는 의식의 전환과 남성들이 육아에 참여할 수 있도록 다양한 사회적 지원과 법이 구체화되어야 한다(유구종 · 조희정, 2012)는 의식이 강해졌다. 우리 사회가 요구하는 영유아보육에 대한 패러다임 변화는 영유아들이 행복하게 살 권리를 보장하고, 가족이 안정된 생활을 할 수 있도록 지원하며 나아가 취업 부모들의 양육 부담을 경감시켜 적극적인 사회활동을 통해 국가발전에 이바지하게 된다. 이에 영유아보육에 대한 새로운 인식 전환을 살펴보면, 다음과 같다(윤매자 외, 2012; 2022b).

1) 아동관의 변화

아동관이란 아동의 본질에 관한 생각이나 사고방식, 성인이 아동의 세계를 어떻게 바라보느냐 하는 견해를 의미한다. 또한 아동관은 시대에 따라 변화하며 교육 방침을 결정하는 기초가 된다. 우리나라 아동관의 변화를 살펴보면, 조선 후기까지는 유교 사상의 영향으로 아동을 하나의 인격체로 존중하기보다는 성인이 되는 과정으로 인식하였다. 이 시기는 유교 사상에 바탕을 둔 양육과 교육으로 가부장 중심의 성인 중심 사회로 이끌어 갔으며, 아동은 독립적인 인격체로 인정받지 못했다.

일제강점기(1910년) 초기에는 서당 중심의 훈육과 교육으로 이루어졌고, 아동 존중 사상에 대해 무지했으나, 이후 서양에서 들어온 문물과 선교사들에 의해 신교육과 양육에 관한 책 등이 소개되면서 서당 중심의 교육에서 유치원 · 학교 중심의 교육으로 바뀌었다. 또 일제의 탄압 속에서도 소파 방정환은 아동에 대한 권익 보호에 큰 관심을 가지고 활동하였으며, 자녀를 가문의 대를 잇는 존재라는 전통적 아동관에서 벗어나 하나의 독립된 인격체로 봐야 한다는 근대적 아동관이 등장하게 되었다.

광복(1945년) 이후, 우리나라는 민주주의라는 명목 아래 주변국의 간섭을 받아야 했고, 한국전쟁으로 인하여 잠시 아동에 대한 보호와 권리가 등한시되기도 했지만, 민주주의와 자본주의의 영향으로 나라의 경제가 발전하면서 아동에 대한 사회의 관심도 변화하게 되었다. 모든 아동은 평등하다는 전제 조건하에서 학교 교육을 통해 올바른 민주시민으로 성장하도록 돕고, 나아가 경제 발전에 이바지하는 사람으로 간주하였다.

이러한 아동관의 변화는 1989년 「유엔아동권리협약」이 채택되면서 아동에 대한 강력한 국제법이 만들어져 아동을 독립된 주체로 인정하게 되었다. 우리나라도 「유엔아동권리협약」에 가입하고 비준함으로써, 1991년부터는 이 협약의 당사국이 되었다. 이 협약은 모든 아동에게 생존권, 발달권, 보호권, 참여권 등의 기본권리를 보장받을 수 있음을 명시하고 있다.

2) 보육의 보편성과 공공성

보육사업은 더 이상 빈곤가정의 자녀를 대상으로 하는 선별주의에서 모든 영유아가 보육의 대상이 되는 보편주의로 전환되었다. 부모의 교육 수준, 인종, 종교, 국적, 가족 구조, 경제 능력, 직업 유무, 주거환경 등 사회 · 경제적 지위와 관계없이 만 5세 미만 모든 영유아를 대상으로 2013년부터 무상보육을 시행하고 있다. 보육의 공공성 실현을 위한 보육의 책무성, 투명성, 보편성, 공개성, 공익 추구 등의 요인으로 공공성 강화를 위한 추진을 계속하고 있다(이영석, 2017).

3) 보육의 사회화

보육의 사회화란 산업사회를 맞이하여 자본주의 경제 체제가 갖는 자녀 양육에 대한 대안으로 보육은 부모뿐만 아니라 국가와 사회가 공공의 영역에서 영유아의 양육과 교육에 적극적으로 개입하는 것을 말한다(조형숙 외, 2020).

사회적 돌봄 체계는 이미 선진국의 가족 정책 중에서 돌봄의 사회화에 관한 법과 제도, 정책 추진 등으로 이어졌다. 돌봄의 사회화 정책의 핵심은 직장과 가정생활의 병행을 촉진하고 유자녀 가정에 대한 체계적인 지원이다(여성가족부, 2006). 주요 정책들은 임신 및 출산에 대한 지원서비스, 영유아건강검진, 장애영유아에 대한 지원, 자녀 양육 지원을 위한 휴가제도, 양육수당과 아동수당, 부모급여제도, 어린이집과 유치원 이용

지원, 온종일 돌봄 원스톱 서비스 체계 등이 있다.

온종일 돌봄 원스톱 서비스 체계는 방과 후 아동 돌봄을 중심으로, 다양한 서비스를 시설 · 기관별, 정책대상별로 시행하고 있어, 방과 후 돌봄이 필요한 대상자들은 각기 다른 기관, 지원내용, 신청 방법과 절차에 대해 파악하기 어려움이 있었다. 이에 정부는 교육부 · 보건복지부, 여성가족부의 부처별 돌봄서비스(늘봄교실, 다함께 돌봄센터, 지역아동센터, 청소년방과후아카데미) 신청을 '정부 24'(행정서비스 통합 포털)와 연계해 '온종일 돌봄 원스톱 서비스'를 제공하고 있다(윤매자 외, 2022b).

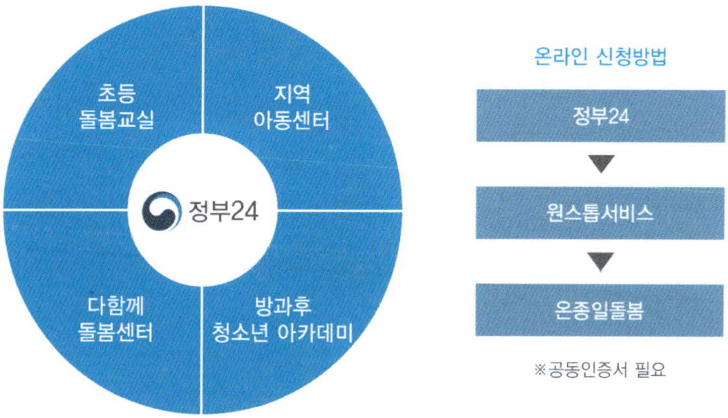

[그림 1-1] **온종일 돌봄 원스톱 서비스 체계**[1)]

이처럼 사회적 돌봄 체계는 모든 국민을 대상으로 일상의 삶을 유지하는 데 필요하다. 따라서 돌봄의 영역을 기존의 '여성의 일'이라 간주되었던 '돌봄 노동'은 남녀 모두의 기본적인 시민적 역할로 재규정되어야 하며 보육의 사회화는 누구나 그 혜택을 받을 수 있어야 한다.

1) 출처: https://blog.daum.net/specieskorea/183(2023.5.3. 인출).

4) 보육과 양성평등

디지털 혁명 시대를 맞이한 현대사회는 과거 남녀의 역할 구분을 무의미하게 받아들이고 있으며, 모든 영역에서 동등하게 남녀 간의 책임과 공유가 필연적으로 요청되고 있다. 남녀 모두에게 잠재된 특성을 충분히 발휘하고, 자신의 자유 의지로 삶을 계획하고 세상을 볼 수 있도록 도와주는 양성평등 교육이 강조되고 있다(김희진 외, 2004).

또한 자녀 양육의 책임을 여성에게 있는 것으로 인식하고 맡기는 것이 아니라 가족 구성원들이 해야 하는 일들을 나누어 함께하는 것으로 인식되고 있다. 특히, 영유아기는 어른들의 생활 양식이나 성향을 모방하는 경향이 있어 교사나 부모의 성 편견적 인식은 남녀 영유아에게 다른 기대와 평가를 하게 되고, 그 결과에 기초하여 상호작용하게 되므로 교사와 부모의 성별 특성에 대한 인식은 영유아의 성역할 사회와 유형화의 기초가 되는 중요한 부분이다(김희진 외, 2004). 따라서 가정에서 적절한 부모의 가사 분담과 자녀 양육 공유의 모습을 보고 자란 자녀들은, 전통적인 성역할의 개념에서 벗어나 돌봄이 필요한 자신보다 나이가 많거나 혹은 적은 대상, 사회적 약자에게 사랑을 베푸는 정서적 민감성을 실현할 것이다(유구종 · 조희정, 2012).

5) 보육과 유아교육의 통합

우리나라는 영유아를 대상으로 하는 '보육'과 '유아교육'이 서로 다른 역사적 배경과 사회적 요구에 따라 이원화 체계로 운영해 왔다. 초창기의 보육시설(현, 어린이집)은 '보육'을, 유치원은 '교육'을 목적으로 설립 · 운영되어 왔으나 시대 상황의 변화와 자녀 양육에 대한 사회적 요구에 따라 분리될 수 없는 개념으로 보는 관점을 수용하고 있다(장명림, 2005).

영유아의 개인적인 입장에서의 이상적인 인간발달을 위함은 물론이고, 국가적인 차원에서의 미래사회를 책임질 차세대 육성을 위해 '보육과 교육'의 질 높은 서비스를 그들에게 차별 없이 공평하게 제공하여야 한다(박일건, 2007).

김종해 등(2005)은 보육(학)계와 유아 교육(학)계가 주장하고 있는 인식의 차이점을 다음과 같이 설명하고 있다. 유아 교육(학)계는 유사성의 근거로, 첫째, 보육과 유아교육의 대상인 유아들의 발달 특성이 같고, 둘째, 유아들의 삶 자체가 건강한 성장과 발달을 위해서 보육과 교육 기능을 배제할 수 없으며, 셋째, 선진국가들도 이미 보육과 교육을 같이 인정하고 교육을 담당하는 정부 부처에서 보육과 교육을 담당하고 있다는 점이다.

우리나라는 3~5세 유아에게 2013년부터 국가수준의 표준보육과정(누리과정)을 개발하여 어린이집과 유치원에서 적용하고 있으며, 2019 개정 누리과정을 통해 유아의 존재를 새롭게 평가하고 존중해야 한다는 시대적 요구를 반영하게 되었다. 또한 2025년 '유보통합'을 위해 육아정책연구소에서는 2023년 5월 '유보통합 추진 관리체계 일원화' 방안에 대해 논의하고, 교육부는 2023년 상반기에 '유치원 · 어린이집 관리체계조직 · 재정 통합방안'을 수립하고, 후반부에는 법령 제정과 개정을 추진한다고 밝히고 있다(교육부, 2023).

6) 수요자 중심의 다양한 보육서비스

수요자 중심의 다양한 보육서비스 지원체계 현황을 분석한 이진숙(2017)에 의하면, 맞벌이가정의 경우 영유아기 모두 어린이집의 보육서비스를 이용하는 경향이 높은 것으로 나타났고, 영유아기 모두 추가로 개별 돌봄서비스를 이용하는 비율이 약 25% 내외(주로 친인척에 의한 돌봄)로 나타났다. 모가 취업한 경우일수록, 소득이 높을수록 추가 돌봄서비스 이용이 높아지는 경향이 있었다.

다문화가정의 경우 전체적으로 언어발달 지원이나 이중언어 교육서비스를 받은 경험이 없는 것으로 나타났으며, 자녀의 학습과 언어교육에 대한 욕구가 높은 것으로 조사되었다. 심층 면접에서 한국어 실력과 소득이 낮을수록 가정에서 양육하는 경향이 있는 것으로 나타났다.

장애아가정의 경우 분석 자료가 매우 제한적이나 대부분 장애아가 시설에서 제공되는 치료서비스 이외에 추가로 외부의 치료서비스를 이용하고 있는 것으로 나타났다. 치료 비용에 대한 경제적 부담이 높은 것으로 나타났고, 장애아 보육을 위한 시설 공급 확대와 특수보육교사의 충분한 공급 및 통합보육에서 이루어지는 장애아 보육서비스에 대한 질 개선의 요구도가 높은 것으로 조사되었다.

7) 영유아중심 · 놀이중심의 보육과정

교육부(2017)에서는 영유아 교육수요 변화 등을 고려하여 보육과정을 개편하고자 노력하였다. 핵심인 '놀이하며 배우는 유능한 영유아'와 '영유아의 놀이'에 초점을 두고, 놀이가 영유아의 유능성에서 시작되어 발전하며, 교사가 주도하는 보육과정이 아니라, 영유아가 주도하고 참여하며, 자유롭게 즐길 수 있는 영유아중심 · 놀이중심의 교육과정으로 전환하였다.

2019년에 3~5세 누리과정을 개정하였고, 0~2세 표준보육과정도 영아의 놀 권리와 균형적 발달을 고려하여 개정을 추진하여, 2020년 4월 '제4차 어린이집 표준보육과정'을 고시하였다. 개정된 표준보육과정은 영유아중심 · 놀이중심의 보육과정을 통해 자율성 · 창의성을 높이는 것을 목적으로 하며, 표준보육과정 개정안과 누리과정(3~5세)과의 연계를 통해 영유아의 경험과 연령 간 발달연결이 가능하고 보육현장에서는 일관된 보육과정을 제공하도록 하고 있다.

모든 교사가 놀이하며 배우는 영유아의 유능함을 알고 놀이 경험의 의미를 발견해 나가는 자율성을 가진 존재라는 점이 부각되도록 하였다.

생각해 보기

1. '보육'과 '교육'의 개념을 비교하고 차이점에 관해 이야기해 봅시다.
2. 현대사회에서 보육의 중요성에 대해 논의해 봅시다.
3. 영유아보육 패러다임의 변화에 관해 이야기해 봅시다.

보육제도와 정책

Chapter 02

세계 여러 나라의 보육제도는 자국 내의 보육에 대한 시대적 관점, 정치와 경제 상황, 아동과 가정을 보는 관점, 그리고 전통적으로 그 사회에 전해 내려오는 이념이나 사상에 의해 그 국가가 채택하고 있는 제도에 영향을 받으면서 변화해 왔다(윤매자 외, 2012). 19세기 초 영국에서 시작한 산업혁명, 경제 공황, 세계 2차 대전, 석유파동, IMF, 금융위기 등과 같은 세계적인 사건들이 각국의 보육과 교육제도에 영향을 미쳤고, 초기에는 자선사업이나 빈민구제, 여성 노동자의 자녀 보호, 노동력을 착취당하는 아동의 보호에 초점을 두었지만, 20세기 들어와서는 산업화, 도시화, 취업 여성의 증가, 가족구조의 변화, 저출산, 아동권리존중 등 보육에 대한 여러 가지 사회적 요구가 반영되었다(김경회 외, 2013). 2장에서는 우리나라 보육제도와 정책을 이해하고, 미국, 영국, 스웨덴, 일본 등 주요 국가들의 보육제도와 정책에 대해 살펴보고자 한다.

1. 우리나라 보육제도와 정책[1)]

우리나라는 초기 보육사업으로 일제강점기, 한국전쟁 등 격동기 시대의 가난한 빈곤층의 자녀에게 구빈적 차원에서 외국의 원조나 선교사들의 자선에 의한 아동보호사업을 펼쳐왔다. 이후 1961년 「아동복리법」이 제정되어, 요보호아동과 빈곤가정의 자녀를 위한 국가 차원에서의 아동보호사업을 하게 되었고, 1990년 「영유아보육법」이 제정되었고, 사회변화에 따른 개정을 거듭하면서 오늘날 모든 영유아를 대상으로 하는 영유아중심 · 놀이중심, 아동권리존중 보육, 무상보육 등을 실시하게 되었다. 이에 우리나라 보육제도의 변천 과정을 보육과 관련된 법률에 따라 초창기의 보육제도, 「아동복리법」과 보육제도, 「유아교육진흥법」과 보육제도, 「영유아보육법」과 보육제도 등으로 구분하여 살펴보고자 한다. 구체적인 내용은 윤매자 등(2012)에서 발췌하여 재구성하였다.

1) 초창기의 보육사업(1921~1960년)

우리나라 보육사업은 1921년 '태화여자관(현. 태화기독교사회복지관)'에서 여성과 빈민아동을 위한 구제 사업으로 탁아프로그램을 최초로 개설함으로써 시작되었다. 이 사업은 당시 사회에서 고립된 빈곤가정 아동을 돌보고자 하는 서양의 선교사들에 의해 아동의 질병을 관리하게 위한 건강진단, 안전한 보호를 위한 탁아사업 등을 실시하였다. 그 후 1926년에 빈곤가정의 자녀들을 보호하고 양육하는 것을 목적으로 부산의 '공생탁아소'와 대구의 '은총탁아소'가 설치 · 운영하게 되었고, 1937년~1941년까지는 세계적으로 지역사회의 인보관이 설립되면서 우리나라도 일제강점기의 어려움 속에서 요보호아동에 대한 보호구제사업의 하나로 탁아사업을 시행하게 되었다.

1) 윤매자 · 백은영 · 신혜경 · 이찬숙 · 이희정 · 주현경(2012). 보육학개론. pp. 34-41, 발췌 및 재구성.

태화여자관의 직원[2)]

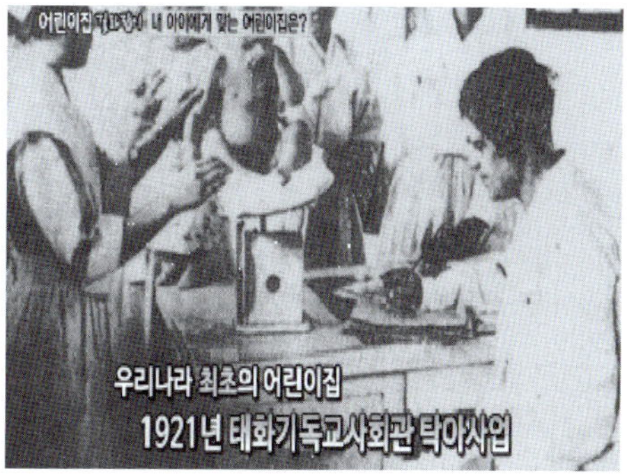

탁아사업

1945년 광복 이후 1960년까지는 한국전쟁을 전후한 정치적 · 사회적 혼란기로 정부가 보육사업에 대한 뚜렷한 방침을 세우지 못하였다. 사회 구호적인 차원에서 정부는 전쟁고아, 기아, 부모를 잃은 미아 등 요보호아동이 급증하게 되자 부산에 '시립탁아소'를 설치 · 운영하게 되었다. 이 당시 보육은 전쟁과 혼란이라는 시대적 배경으로 인해 보육체계는 외국의 원조나 선교사들의 자선으로 임시 구호적인 아동복지 정책에서 벗어나지 못하였다. 1961년 12월 「아동복리법」이 제정되면서 본격적으로 정부가 보육사업에 관여하게 되었다.

▶ **보육사업의 특징**

빈민아동을 구제하기 위한 탁아프로그램을 개설

▶ **보육사업의 내용**

- 1921년 '태화여자관(현, 태화기독교사회복지관)'에서 빈곤가정 자녀를 위한 탁아사업 시작
- 빈곤가정과 근로 · 노동 여성을 지원하기 위한 탁아사업
- 아동의 질병 관리를 위한 건강검진, 안전과 보호를 위한 탁아프로그램 등 운영

2) 출처: 태화복지재단(https://blog.naver.com/taiwhafound/222874423562).

2) 「아동복리법」과 보육제도(1961~1980년)

1961년 제정된 「아동복리법 시행령」 제2조에 의해 보호자가 근로, 또는 질병 등으로 인하여 양육해야 할 아동을 보호할 능력이 없는 경우 보호자의 수탁을 받아 그 아동을 보호하는 시설을 '탁아소'로 규정하고 법정 시설로 인정되었다. 「아동복리법」에는 보육시설(현, 어린이집)의 설치기준, 직원 배치기준, 보육 시간, 보호 내용 등이 구체적으로 규정되어 비로소 법적인 시설로 정부의 지도와 감독을 받게 되었고 보건사회부(현, 보건복지부)가 이를 관장하였다.

1960년 후반부터 경제개발정책으로 인해 여성의 노동력 급속히 증가하였고, 보육시설의 부족하게 되자 1968년 3월, 정부는 「아동복리법 시행령」에 근거하여, '미인가 탁아시설 임시조치령'을 공포하여 민간 설립의 탁아사업을 적극적으로 권장하였다. 이 시행령은 빈곤층 아동 대상의 민간 보육시설 설치를 가능하게 했으며, 또한 보육시설 확대와 시설의 질적 향상과 더불어 '탁아소'를 '어린이집'으로 그 명칭을 바꾸어 부르게 하였다(김경회 외, 2013).

이어서 보건사회부는 어린이집을 위한 시설 보조금, 인건비, 운영비 등을 지원하게 되었고, 이러한 과정에서 보육시설이 양적으로 팽창하게 되자 다시 보건사회부는 「사회복지사업법 시행규칙」 6조2항을 개정하여, '미인가 탁아시설 임시조치령'을 폐지하고, 정부는 보육시설의 질적 향상을 위하여 탁아시설의 법인화를 유도하였다. 그러나 법인화 조치 이후 정부의 재정지원 미흡과 시설운영자의 운영 기피 현상으로 보육시설의 양적 성장은 둔화하기 시작하였다.

1978년 4월, 탁아시설 운영 개선방안과 경제 발전에 힘입어 취업모가 늘어나고, 입소대상 아동이 증가하자 보건사회부는 어린이집 입소대상을 빈곤층과 농촌 지역 등의 요보호아동에서 일반가정의 아동까지 확대하는 '탁아시설 운영방안'을 발표하여 수익자 부담원칙을 제시하였다(김경회 외, 2013). 1980년대 제5공화국이 들어서면서 정부는 유아교육을 개혁의 주요 시책으로 삼게 되었다.

▶ **보육사업 특징**

구빈적 보육사업의 성격에서 벗어나, 아동복지 증진과 아동복지를 보장하기 위한 보육시설로써 그 성격이 변화함

▶ **보육사업의 내용**

- 1961년: 「아동복리법」 제정 · 공포(부처: 보건사회부)
- 1968년: 미인가 탁아시설의 임시조치령 공포
- 1977년: 미인가 탁아시설 임시조치령 폐지(「사회복지사업법 시행규칙」 제6조 제2항)
- 1978년: 탁아시설 운영 개선방안 마련

3) 「유아교육진흥법」과 보육제도(1981~1990년)

「아동복리법」이 1981년 「아동복지법」으로 전면 개정되었다. 이 법은 아동이 건강하게 출생하여 행복하고 안선하게 자리도록 그 복지를 보장함을 목적으로 하였으며, 모든 국민과 국가는 아동을 보호, 양육하고 사회생활에 잘 적응할 수 있도록 육성할 것을 의무화하는 내용을 담고 있다. 또한 1980년대 이후, 급속한 국가 경제성장과 발전으로 여성의 사회진출이 가속화됨에 따라 보육사업은 보호기능 이외에 교육 기능을 강화해야 한다는 중요성이 제기되었다.

이에 정부는 유아교육을 개혁의 주요 시책으로 삼아 1982년 3월 '유아교육진흥종합계획'을 수립하고, 12월 31일 「유아교육진흥법」을 제정 · 공포하였다. 이 법안은 탁아의 기능 중 보호보다는 교육에 초점을 둔 법안이었다. 1982년 「유아교육진흥법」의 제정으로, 기존의 보육시설인 '어린이집'의 명칭이 '새마을유아원'으로 전환되었다. 그 당시 보건사회부가 관장한 '어린이집'과 농촌진흥청에서 관장하던 '농번기 탁아소', 1981년 새마을사업의 일환으로 내무부에서 설치 · 운영하던 '새마을 협동유아원', 개인에 의해 설립된 '민간 유아원' 등 모든 아동 관련 시설을 '새마을유아원'으로 명칭을 통합하고 관련 부서도 보건사회부가 아닌 내무부(현, 행정안전부)에서 총괄하여 담당하게 되었다.

〈표 2-1〉 「유아교육진흥법」 제정으로 변경된 체제

구분	기존 체제	개편 체제
관련법	「아동복지법」	「유아교육진흥법」
관할 부처	보건사회부	내무부
시설 명칭	어린이집	새마을유아원
성격	보호시설	교육기관
용어	탁아	유아교육
기능	보호 · 보육 기능	교육 기능
대상 아동	0~5세 빈곤가정, 근로 여성의 아동	3~5세 빈곤가정, 근로 여성의 아동, 일반 아동
보육 시간	종일제(8시간 기준)	종일제 원칙(주로 반일제)
비용	국가 보조, 이용자 일부 부담	국가 보조, 이용자 부담

따라서 다원화되었던 영유아교육기관을 '유치원'과 '새마을유아원'으로 이원화하여 유아교육의 대중화를 마련하였으나, '새마을유아원'으로 개칭하면서 그 성격도 유치원화됨에 따라 실질적 의미의 탁아시설 존재가 거의 사라지게 되었다.

새마을유아원의 설립 취지는 아동복지 향상을 위해 유아교육 기회의 확대, 영유아교육기관의 보호와 교육 기능의 강화, 유아교육의 질적 향상을 도모하기 위함이었다. 그러나 새마을유아원의 보육내용이 유치원과 유사하고 보육료가 비싸 저소득층 맞벌이 근로자의 경제적 부담을 줄이기에 어려움이 있었다(조형숙 외, 2020). 즉, 정부가 통합한 '새마을유아원'이 빈곤가정이나 저소득층 맞벌이 근로자의 보육문제를 해결해 주지 못한 점은, 첫째, 저소득층의 복합적인 사회적, 경제적, 가정적 문제를 교육이라는 한 차원에서만 해결하기에 어렵고, 둘째, 보호기능의 다양한 요구를 새마을유아원이 모두 감당하기에는 어려움이 있었다.

다음 〈표 2-2〉는 새마을유아원에 대한 구체적인 지원체계이다.

〈표 2-2〉 **새마을유아원의 지원체계**

부처	내무부	교육부	보건복지부
담당 업무	• 설치 · 운영 지도 • 행정지도 • 재정지원	• 유아교육에 대한 종합계획 수립 • 장학지도 • 교사 양성 • 교재 · 교구 개발 및 보급	• 아동에 대한 보건 및 의료 지원

또한 노동부는 여성의 사회진출 가속화와 새마을유아원의 단점을 이유로 1987년 「남녀고용평등법」을 제정 · 공포하여, 공업단지 중심으로 근로자의 자녀를 위한 직장 탁아제도를 도입하였다(조형숙 외, 2020). 이러한 과정에서 1989년 9월 「아동복지법 시행령」을 개정하여 영세민 생활 안정을 돕는다는 목적으로 보육시설이 없는 저소득층 밀집 지역 33곳을 선정하여 '88 탁아소'를 개설하여 보육사업을 시행하였다. 그러나 보육사업의 담당부처가 일원화되어 있지 않아 관리 · 감독에 어려움이 있어 체계적인 보육사업을 추진하기 위해 보육 관련 법령을 통합하고 주관 부서의 일원화가 필요하다는 인식이 제기되었다.

▶ **보육사업의 특징**

탁아의 기능 중 보호보다는 교육에 초점을 둠

▶ **보육사업의 내용**

- 1981년: 「아동복리법」이 「아동복지법」으로 전면 개정
  - 행정조직 개편: '부녀아동국'을 '가정복지국'으로, '아동과'를 '아동복지과'로 개칭
- 1982년: 「유아교육진흥법」 제정, '유치원'과 '새마을유아원' 이원화 체계
- 1987년: 「남녀고용평등법」 '직장 탁아제도' 도입
- 1989년: 「아동복지법 시행령」 개정, '탁아사업' 실시 근거 부활
- 1990년: 탁아시설의 설치 · 운영 규정 제정
- 1990년: 정기국회에서 「영유아보육법」 통과

4) 「영유아보육법」 제1시기(1991~2003년)

보육사업을 위한 단독 법을 1991년 1월 14일 「영유아보육법」을 제정 · 공포하였고, 당해 8월 1일 「영유아보육법 시행규칙」을 공포함으로써 영유아보육사업을 위한 법령을 체계화하였다.

새마을유아원은 1990년 11월 내무부, 교육부, 보건사회부의 합의에 따라 1993년까지 「교육법」에 의한 유치원이나 「영유아보육법」에 의한 보육시설로 전환함으로써 보육사업의 체계를 확립하였다. 우리나라 영유아교육기관은 교육부 관할의 유치원과 보건복지부 관할의 어린이집으로 이원화되어 현재에 이르고 있다.

보건복지부는 2001년 12월 보육발전기획단을 구성하여 '보육사업 중 · 장기종합발전계획'을 발표하였다. 2002년 3월에는 보육 관련 3개 부처, 즉 보건복지부, 노동부, 여성가족부가 공동으로 보육의 공공성 확립과 보육대상 유형의 다양화, 보육서비스의 질적 수준 향상을 위한 '보육사업 활성화 방안'을 제시하였다.

「영유아보육법」이 제정된 이후 여러 차례의 일부개정을 통해 그 내용은 수정 · 보완하였고, 2004년 1월에는 보육시설의 질을 향상시키고 다양한 보육 요구에 대응하기 위해 전문을 개정하였다. 이후 2004년 6월 보육업무가 여성가족부로 이관되었다.

▶ **보육사업의 특징**

- 1991년 「영유아보육법」 제정 공포
- 「영유아보육법」 제1시기는 담당부처가 '보건복지부'로 일원화

▶ **보육사업의 내용**

- 1991.1.: 「영유아보육법」에 의한 보육사업 실시
- 1991.8.: 「영유아보육법 시행령 및 시행규칙」 제정 공포
- 1991.9.: 「탁아시설 설치 · 운영 규정」 폐지
- 1995.5.: 「영유아보육법 시행령」 개정
  - 보육교사 양성교육 시간 강화(800시간~1,000시간)
  - 직장 보육시설 설치 의무 대상 확대

- 1997.12.: 「영유아보육법」 일부개정
  초등학교 취학 전 만 5세 무상보육 실시 근거 마련
- 1998.7.: 보육시설 설치기준 변경
  「영유아보육법」 제정 당시 인가제(가정보육시설: 신고제)였으나, 신고제로 완화
- 2001.12.: 보육사업 중 · 장기 종합발전 계획
- 2002.3.: 보육사업의 활성화 방안

출처: 김연진 · 한성심 · 서지영 · 김현자(2012). 보육학개론. p. 47.

5) 「영유아보육법」 제2시기(2004~2007년)

「영유아보육법」 제2시기는 2004년 6월 12일부터 보육의 담당부처가 보건복지부에서 여성가족부로 이관된 시기로 볼 수 있다. 2004년 1월 29일 「영유아보육법」을 전면 개정하여 2005년 1월 30일부터 시행하였다. 그동안 보육시설의 설치기준을 신고제에서 다시 인가제로 강화하였으며, 이 법인이 공포되면서 보육서비스의 다양한 질적인 수준 향상과 공적 책임 강화를 통해 보육사업이 더욱 발전할 수 있는 계기가 되었다.

2004년 「영유아보육법」 전면 개정의 주요 내용은 다음과 같다.

첫째, 보육서비스의 질 향상으로, 보육시설 설치신고제에서 인가제로 강화하여 전환되었고, 보육시설의 평가인증제도 도입과 보육교사 국가자격증 제도를 정비하여 보육교사의 등급을 1등급에서 3등급으로 세분화하였다.

둘째, 보육서비스의 다양화로서, 영아와 장애아 보육시설을 확대하였고, 저소득층의 자녀가 영유아 보육시설을 우선 이용하며, 직장보육 설치를 활성화하기 위해 기업과 사업자에 대한 세제지원을 강화하였고, 지역의 보육시설과 위탁 계약을 체결하도록 지원하였다.

셋째, 보육의 공적 책임을 강화하기 위해 저소득층 보육료의 국가지원 및 소득수준에 따른 차등 지원제도의 도입과 보육시설 설치, 보육교사 인건비 및 운영경비 등을 지원하게 되었다.

넷째, 참여정부는 보육업무를 보건복지부에서 여성가족부로 이관하여, '영유아보육과'를 1국(보육정책국) 3과(보육정책 · 재정 · 지원팀)로 개편하여 추진하였다.

2005년 12월에는 「영유아보육법」과 동법, 시행규칙 일부를 개정하여, 표준 보육료, 영아기 기본 보조금제도 시범 도입, 시설장의 국가자격증 도입과 보육시설운영위원회 설치 의무화로 보육시설 운영의 책임성과 투명성을 강화하였다.

2006년 여성가족부는 공보육 강화를 위한 제1차 중장기보육계획인 새싹플랜(2006~2010년)을 발표하여 보육료 지원대상의 확대(이용 아동 30%), 국공립보육시설의 확충(2010년까지 2배), 영아기 기본보조금 도입, 차등 보육료 확대, 만 5세 무상보육 확대, 아동수당제도 도입 검토, 보육인력 전문성 및 처우개선을, 11월에는 2년 동안 국가수준의 어린이집 표준보육과정 개발에 대해 「영유아보육법 시행규칙」 개정함으로써 어린이집 표준보육과정을 마련하여 영유아가 건강하고 안전하게 생활하는 데 필요한 일상생활과 신체, 인지, 언어, 사회 · 정서 발달을 위해 영유아가 갖추어야 할 지식, 기술, 태도를 제시하는 등 영유아가 조화로운 사회구성원으로 성장할 수 있도록 보육환경을 질을 높이고자 하였다.

여성가족부는 공보육 강화를 위해 앞에서 언급한 중장기보육계획인 '새싹플랜(2006~2010년)'을 발표하여 추진하였으며, 고령화 및 미래사회위원회에서는 제1차~2차 육아지원정책을 수립하였고, 저출산 고령사회위원회에서는 세계 최저의 저출산 문제 해결을 위해 새로마지플랜(2010년)을 발표하여 보육에 대한 국가책임을 강화하고자 하였다.

▶ **보육사업의 특징**

보육업무를 '보건복지부'에서 '여성가족부'로 이관하고 '영유아보육과'를 1국(보육정책국) 3과(보육정책 · 재정 · 지원팀)로 개편

▶ **보육사업의 내용**

• 2004.1.: 「영유아보육법」 전면 개정

- 2004.6.: 제1차 육아지원정책으로 고령화 및 미래사회위원회에서 보육 및 육아교육 지원의 공공성 확대 발표. 국가수준의 어린이집 표준보육과정 법적 근거 마련, 육아부담 소득에 따라 50%로 경감, 1년간 육아휴직 포함, 평가인증제도 도입, 보육 국가자격증제도 시행
- 2005.5.: 제2차 육아지원정책으로 출산율 제고 및 여성 경제활동 참가 발표. 평가인증 시범운영 실시(1~12월)
- 2006.1.: 제1차 어린이집 평가인증 시행
- 2006.7.: 여성가족부에서 공보육 강화를 위한 제1차 중장기보육계획인 새싹플랜(2006~2010년) 발표
- 2006.8.: 저출산고령사회위원회에서 저출산 문제해결을 위해 새로마지플랜(2010년) 발표
- 2007.1.: 제1차 국가수준의 어린이집 표준보육과정(약칭: 표준보육과정) 고시

6) 영유아보육법 제3시기(2008년~2012년)

2008년 영유아보육과 관련된 업무는 다시 보건복지부 보육정책관실로 이관하였고, 새싹플랜을 수정·보완하여 보육에 대한 국가책임을 강화하였다. 이후의 보육사업은 그동안 양적인 성장을 이룬 보육정책을 질적 수준으로 향상, 수요자 중심 정책으로 전환하였다. 주요 정책으로는 무상보육료 지원 확대, 양육수당 도입(보육시설 미이용 영유아 지원), 어린이집 평가인증 활성화, 보육서비스의 품질 제고(보육프로그램, 건강·영양·안전 등), 보육전자바우처(아이사랑카드) 도입, 5세 누리과정 도입, 공공형 어린이집 사업 도입 등을 제시하였다(중앙육아종합지원센터, 2022).

2012년 3월부터 '만 5세 누리과정'과 0~2세아까지 보육비용을 무상으로 지원하게 되었다. 그러나 가정양육은 보육지원대상에서 제외되었으며, 또한 어린이집에 다니는 3~4세아 역시 보육지원대상에서 제외되어 형평성의 문제가 제기되어, 모든 영유아를 대상으로 무상보육 시기를 앞당기고 양육수당 지원 및 보육료 지원금액도 점차 확대하기로 하였다.

▶ **보육사업의 특징**
- 새싹플랜(제1차 중장기보육계획) 수정, 2009년 아이사랑플랜 발표
- 국공립보육시설 확충(2010년까지 2배), 영아기 기본보조금 도입, 차등 보육료 확대, 만 5세 무상보육 확대, 아동수당제도 도입 검토, 보육 인력 전문성 및 처우개선

▶ **보육사업의 내용**
- 2009.7.: 보육료 전액 지원대상 확대: 차상위(2008) → 소득 하위 50%
- 2009.7.: 양육지원수당(보육시설 미이용 영유아 중 차상위계층 0~1세아에게 월 10만 원 보육전자바우처(아이사랑카드) 시행
- 2010.2.: 제2차 어린이집 평가인증 시행. 생활기록부 작성 및 관리, 전염병 예방접종 확인 및 감염 시 격리조치
- 2011.3.: 보육료 전액 지원대상을 소득 하위 70% 이하 가구로 확대
  양육지원수당 확대: 차상위계층 0~2세 영아 월 10~20만 원
- 2011.4.: 공공형, 자율형 어린이집 시범사업 공청회
- 2011.7.: 공공형 어린이집 시범사업(2012. 6월까지 전국 1천 개 민간어린이집 대상)
- 2011.9.: 만 5세 누리과정 발표
- 2012.2.: 제2차 어린이집 표준보육과정 고시(0~4세 대상), 시행 예정이었던 자율형 어린이집 시범사업 폐기 발표
- 2012.3.: 만 5세 누리과정 및 만 0~2세아 무상보육 시행
- 2012.7.: 만 3~4세 누리과정 고시

7) 영유아보육법 제4시기(2013년~2018년)

제2차 중장기보육 기본계획(2013~2017년)은 제1차 중장기기본계획인 새싹플랜(2006~2010년)을 수정 · 보완한 아이사랑플랜(2009~2012년)에 이어 새로운 보육환경 변화와 새정부의 국정철학을 담아 마련되었다. 2013년부터는 모든 영유아를 대상으로 보육료와 양육수당 지원 등 무상보육의 시대를 맞이하였다. 이는 출산율 제고 및 여성의 경제활동 확대에 기여하는 출산 · 양육환경 조성을 위해 보육에 대한 국가의 책임을 더욱 강화한 것이다. 또한 8월에는 「영유아보육법」 일부개정으로, 어린이집 설치 · 운영 변경, 보육교직원의 근무에 대한 결격사유를 제시하였고, 아동학대 어린이집에 대한 운영정

지와 폐쇄, 원장과 보육교사 자격 취소 후 자격 재교부 제한 기간 등의 근거를 신설하였다.

2014년 2월에는 동법 제17조 제2항 일부개정에 따라, 어린이집 특별활동 관리 강화, 어린이 통학 차량 신고에 관한 법률 근거를 마련하였으며, 부모모니터링 운영 매뉴얼(지표)을 제시하였으며, 3월 1일부터는 보육교사 자격검정 변경사항으로 기존의 14개 교과목에서 6개 영역 17개 과목으로 변경하여 적용하였다. 또한 12월에는 동법 제7조 및 시행령 제12조에 의해 보육정보센터를 육아종합지원센터로 변경하였으며, 직장어린이집 설치 의무이행 여부 조사, 일시 보육서비스 제공, 어린이집 정보공시 제도, 어린이집 위반 사실의 공포 등을 신설하였다.

2015년 보육정책의 주요 내용으로 보육료 · 유아 학비 지원 카드를 하나로 통합(아이행복카드), 임신 · 출산 · 육아 바우처카드 통합 및 지원대상 월평균 소득 50% → 65% 이하로 확대, 어린이집 아동학대 근절대책으로 처벌강화, CCTV 설치 의무화, 부모참여 활성화, 보육교사 근로 여건 개선, 공공성 높은 인프라 확충 등 수요자 맞춤형 보육 · 양육지원을 제시하였다.

2016년 7월부터 어린이집 운영방식이 대상에 따라 종일반과 맞춤반으로 나누어져 맞춤형은 맞벌이, 임신, 다자녀 부모로 오전 7시 30분에서 오후 7시 30분까지, 전업주부의 경우 오전 9시부터 오후 3시까지 6시간 운영되며, 규정 시간을 넘겨 이용하는 경우 부모가 비용을 부담해야 한다. 또한 5월 2일 '아동권리헌장'을 제정하였고, 6세 미만 영유아 건강검진, 산모 · 신생아 건강관리사업, 남성 육아휴직이 1개월에서 3개월로 확대하였다(중앙육아종합지원센터, 2022).

2017년 12월 교육부는 유아교육 혁신방안을 발표하여, 모든 유아에 대한 안정적 지원체계 강화, 저소득층 유아교육 기회 확대, 다문화유아 지원 확대, 특수유아의 사회통합 지원, 국공립 유치원 확대 및 여건 개선 등이며, 유아중심의 교육문화 조성을 위해 유아중심 · 놀이중심의 누리과정 개편에 맞추어 현장의 자율성과 교육철학을 존중하는 방식으로 전환하였다(교육부, 2017).

한편, 보육분야 국정과제 '보육 · 양육에 대한 사회적 책임 강화' 실현을 위한 보육의 공공성과 서비스 품질 향상 관련 4개 분야 17개 과제를 기본 내용으로, 제3차 중장기 보육 기본계획(2018~2022년)을 제시하여, 보육의 공공성 강화, 보육체계 개편, 보육서비스 품질 향상, 어린이집 의무 평가제, 부모 양육지원 등을 주요 내용으로 밝히고 있다.

구체적으로 2018년 9월부터 소득수준 90% 이하 가정에만 0세~5세 영유아에게 월 10만 원의 아동수당이 양육수당과 별도로 지급되며, 만 12세 초등학생까지 독감 무료접종, 아빠의 육아휴직 확대(아빠 육아휴직 1년 사용 가능, 급여상한액 200만 원까지)를 지원한다.

2019년 보육사업의 주요 개정사항으로, 보육 공백 방지 등을 위한 어린이집 원장의 복무기준 마련, 보조교사 지원기준 완화, 누리과정 교사 처우개선비와 운영비 추가 지원의 기준 마련, 양육수당 지원 기간 확대(최대 84개월 → 86개월 미만) 등을 제시하였다(보건복지부, 2019).

2020년은 배우자 출산휴가일 확대, 육아 기간 근로시간 단축 확대, 출산 급여지급 확대, 부부가 동시에 육아휴직 사용 가능, 임산부 인플루엔자 독감 무료접종, 연장 보육반 전담교사 별도 배치, 보육료 시간대별 구분 지원, 자동 출결시스템 도입, 등·하원 알림서비스 지원 등을 발표하였다. 또한 제4차 표준보육과정을 통해 영유아중심·놀이중심의 보육과정을 제시하였다.

2021년부터는 보육료 지원, 보조·연장 보육교사 확대 배치, 소규모 어린이집 보존식 보관 의무 신설 등이 있으며, 0~1세 대상 영아 수당 도입 추진계획과 2021년 전국보육실태조사 계획을 보고하였다. 또한 보육교사 처우개선(대체교사 수당 추가지급), 보수교육 기간 명확화(2년 경과 시), 교재·교구비 우선지원대상 확대 등을 복지부·지자체·단체 지침토론회를 통해 보완하여 확정하였다.

2022년 3월부터 아동수당의 지급대상 연령이 만 8세 미만(95개월)까지 확대되었다.

〈표 2-3〉 **각 아동의 수당**

<table>
<tr><th>연령</th><th>양육수당</th><th>영아수당</th><th>아동수당</th></tr>
<tr><td>0~11개월</td><td rowspan="2">없음</td><td rowspan="2">매월 30만 원</td><td rowspan="4">매월 10만 원</td></tr>
<tr><td>12~23개월</td></tr>
<tr><td>24~85개월</td><td>매월 10만 원</td><td rowspan="2">없음</td></tr>
<tr><td>86~95개월
(만 8세 미만)</td><td>없음</td></tr>
</table>

※ 아동수당: 아동이 90일 이상 해외 체류 시 중단됨.
※ 양육수당: 어린이집 미이용자에게 한함(2022년 1월 1일 이후 출생자만 적용).

또한 2023년에는 '부모급여'라는 새로운 제도가 도입되어 2023년 출생아부터 적용되었다.

〈표 2-4〉 **부모급여**

연령	2023년	2024년
0~11개월	월 70만 원	월 100만 원
12~23개월	월 35만 원	월 50만 원

※ 부모급여: 영아수당+아동수당

한편, 고용노동부(2022)에 따르면, 출산 전후 휴가 급여 등 상한액을 제시하였는데, 출산 전후 휴가 기간 또는 유산·사산 휴가 기간 90일에 대한 통상임금에 상당하는 금액이 600만 원을 초과하는 경우는 600만 원을 지급하고, 출산 전후 휴가 급여 등의 지급 기간이 90일 미만인 경우는 일수로 계산한 금액을 지급한다고 하였다.

▶ **보육사업의 특징**

2013년 전 계층의 영유아를 대상으로 무상보육 실시, 양육수당과 아동수당 제도 도입

▶ **보육사업의 내용**

- 2013.1.: 제2차 중장기보육 기본계획 발표. 교사근무환경개선비(영아반 담임수당으로 변경), 반일제 폐지, 부모모니터링단 운영지원(신규)
- 2013.3.: 제3차 어린이집 표준보육과정(누리과정) 고시, 만 0~5세 전 계층 영유아에게 보육료 · 양육수당 지원, 어린이집 · 유치원 미이용 영유아에 대한 양육수당 지원대상을 차상위계층에서 소득 하위 70%로 확대
- 2014.3.: 보육교사 2급 자격 개정 누리과정 검정 17개 과목 변경. 어린이집 평가인증 3차 시범지표 적용
- 2015.1.: 보육료 · 유아 학비 지원 카드(아이행복카드) 통합. 아동학대 근절, 수요자 맞춤형 보육 · 양육지원실시
- 2016.7.: 어린이집 운영 종일반(맞벌이) 및 맞춤반(전업) 운영, 6세 미만 영유아 건강검진, 산모 · 신생아 건강관리사업 실시
- 2017.1.: 저출산 대책 양육지원, 휴가급여 상한액 인상, 아이돌봄서비스, 임산부건강보험 보장 확대, 한부모가정 아동 양육비 지원 강화, 유아중심 · 놀이중심 교육문화 조성으로 전환
- 2017.9.: 제3차 어린이집 평가인증 시행(통합지표)
- 2019.12.: 제3차 중장기보육 기본계획(2018~2022), 보육의 공공성 강화, 서비스 품질 향상 관련 4개 분야, 17개 과제 제시
- 2018.4.: 누리과정 개정 연구진 구성
- 2018.9.: 0~5세 아동수당 제공. 만 12세까지 독감 무료접종, '아빠의 달' 확대 시행
- 2019.1.: 보육교직원 복무기준 강화 및 보조교사 지원기준 완화, 양육수당 지원 기간 확대. 어린이집 평가제 시행(6월)
- 2019.7.: 2019 개정 누리과정 고시, 개정 누리과정 시행(9월)
- 2020.1.: 배우자 출산휴가일 확대, 육아기 근로시간 단축 확대, 출산 급여지급 확대, 자동 출결시스템 도입 및 등 · 하원 알림서비스 지원
- 2020.4.: 제4차 어린이집 표준보육과정 고시
- 2021.1.: 보조 · 연장 보육교사 확대 배치, 소규모 어린이집 보존식 보관 의무(신설), 0~1세 대상 영아수당 도입 추진계획, 2021년 전국 보육실태조사 계획
- 2022.1.: 2022년도 출생아부터 생후 24개월 이내 영아수당 제도 도입
- 2022.1.: 출산 전후 휴가 급여 등 상한액(90일에 대한 통상임금에 상당하는 금액이 600만 원을 초과하는 경우 600만 원을 지급)
- 2023.1.: 부모급여 제도 실시

2. 외국 보육제도와 정책[3)]

보육정책은 그 나라의 전통과 문화, 시대적 배경과 사회변화에 다르게 적용되고 변화되어 왔다. 하지만 어느 나라도 자국의 영유아를 건강하고 민주시민으로서 잘 기르려는 노력은 마찬가지이다. 영유아기는 성장과 발달의 결정적 시기(critical period)로서 이후 일어나는 모든 발달의 기초가 형성되는 매우 중요한 시기이다. 따라서 영유아기의 보육은 개인의 성장과 발달에 지대한 영향을 미치므로 개인적 차원을 넘어서 국가적 차원에서 그 중요성이 인식되고 있다. OECD(2006) 국가를 중심으로 한 주요 선진국들은 영유아기의 보육정책을 미래 인적 자원 육성이라는 국가 차원의 중요 정책으로 채택하고 있다(윤매자 외, 2012; 조형숙 외, 2020).

1) 미국의 보육제도와 정책

미국은 영국의 청교도 사상과 독일의 프뢰벨(Fröbel) 사상에 영향을 받아 보육은 가족의 책임으로, 여성은 가정에서 육아와 가사의 역할을 담당해야 한다는 생각이 지배적이었다(김연진 외, 2012). 미국은 1838년 헤일(Hale)에 의해 보스턴에서 최초의 보육시설(Day Nursery)이 시작되었고, 1870년도에 가난한 도시이민자들을 위한 자선 유치원이 설립되기 시작하였으며, 1873년 프뢰벨의 교육이념으로 공립유치원이 세워지고, 듀이(Dewey)의 경험주의 사상에서 영국으로부터 유아원이 도입되었다. 따라서 미국의 보육사업 역사는 탁아소(Day Nursery)와 유아원(Nursery School) 등으로 구분하여 설명할 수 있다.

첫째, 탁아소는 주로 사립기관에 의해 운영되면서, 100년 이상의 역사를 갖고 있으며, 초기 탁아기관은 1850년대 사회복지기관을 중심으로 빈곤층을 대상으로 운영되었다. 탁아사업에 연방정부가 개입하게 된 계기는 탁아사업이 고용진흥기관의 한 분야로서 인정된 1933년부터이며, 목적은 취업하지 못한 교사, 간호

3) 윤매자 · 백은영 · 신혜경 · 이찬숙 · 이희정 · 주현정(2012). 보육학개론. pp. 41-58, 발췌 및 재구성.

사, 보건소 직원, 사회사업가 등을 구제하고자 하는 데 있었다.

둘째, 탁아소가 빈곤층에 대한 보육문제의 해결을 위한 것과 미취업자를 위한 직업 창출을 하기 위한 것으로 생각하는 반면에, 유아원은 부유한 사람들에게 풍요로움을 제공하는 것으로 여겨졌다. 최초의 유아원은 1915년에 시카고 대학교 교수 부인들에 의해 개설되었다. 이 유아학교 개설의 목적은 그 부인들의 자녀에게 건전한 놀이의 기회를 제공하고, 부인들에게는 자녀 양육에서 벗어나 여가시간을 가지게 함으로써 사회사업을 시도하자는 데 있었다. 이 아이디어가 급속하게 일반인에게도 전파되어 그 후 20년 동안 많은 유아원이 설립되었다. 그리하여 1930년대부터 1960년대까지 유아원의 보육은 중산층의 가족들 사이에 널리 보급되었다.

이러한 흐름과 함께 1933년 세계 경제 공황에 따른 실업문제를 해결하기 위한 고용촉진의 일환으로 긴급 탁아소가 전액 국고 부담으로 증설되기도 하였으나 경기가 회복되자 바로 폐쇄되었다. 또한 제2차 세계대전 중 연방정부는 다시 보육시설의 공급에 개입하게 되었는데 그 이유는 징병으로 남성의 노동력이 줄어든 방위 산업체를 가동하기 위해 여성 노동자를 동원하는 것이 필요했기 때문에 많은 여성인력이 방위산업에 투입되면서, 국가적 차원에서 예산을 영유아보육에 할당하게 되었다.

1942년 랜함법(Lanham Act)에 의해 탁아프로그램에 대한 지원이 이루어졌고, 취업 여성에 대한 편견이 없어지면서 더 많은 탁아소가 생겼으며, 각 주에 보육센터를 설치하고 지원하도록 하였다. 그러나 경기회복이 되자 긴급 탁아소가 폐쇄되었던 것처럼, 1946년 제2차 세계대전에서 연합군이 승리하자 랜함법에 준한 보육센터의 기금은 즉시 중단되었고, 산업현장의 여성인력은 가정으로 복귀하도록 하고, 정부 지원 유아원에 대한 재정지원 감소로 폐원 유아원이 발생하게 되었다.

이후 1964년 「경제기회법」(Economic Opportunity Act)에 근거한 헤드스타트(Head Start)는 저소득층 자녀나 소수 민족 자녀와 가족을 위한 포괄적 지원을 정부 차원에서 제공함으로써 유아의 학업 성취도를 높이고자 하였다. 이 프로그램은 존슨(Johnson) 대통령이 내

세운 '빈곤퇴치'운동의 일환으로 전국의 저소득층 가정의 아동들을 위해 국가에서 무상으로 영유아보육서비스를 제공하는 프로젝트다. 프로그램의 내용은 저소득층 아동을 위한 정규 유아교육 프로그램으로 교육, 부모참여, 건강진단, 사회봉사, 영양, 교사진과 부모의 지도 등 6가지로 구성된 포괄적인 복지서비스를 제공하여 유아들에게 학교와 일상생활 속에서 성공적인 경험을 얻어 삶에 대한 긍정적인 견해를 갖도록 하는 프로그램이다.

Head Start 프로그램(1965): 저소득층 자녀 지원 보육프로그램

- **Head Start 프로그램의 취지**
  빈곤아동은 일반아동에 비해 인지발달, 건강 상태 등이 뒤처지는 경향이 있으며, 이는 청소년기 학업성취도의 부진으로 연결되고 성인이 되었을 때도 가난을 면하기 어려운 처지가 될 가능성이 높다는 연구 결과로, 어렸을 때부터 빈곤아동과 일반아동 간의 격차를 최소화하여, 빈곤의 악순환과 대물림을 개선하겠다는 취지로 개발된 아동 보육프로그램이다.

- **Head Start 프로그램의 목적**
  취학 전 빈곤아동에게 신체적, 인지적, 언어적, 사회·정서적 발달에서의 잠재적인 능력을 성취하게 함으로써 사회적 유능함을 발달시키고자 하였다.

- **Head Start 프로그램의 효과**
  현재까지 Head Start 프로그램으로 범죄율이 감소하고, 진학률이 증가하는 긍정적인 효과를 보이고 있으며, 부모는 부모교육과 참여 활동을 통해 프로그램을 성공적으로 이끌고, 그들의 자녀가 받는 긍정적인 영향에 대해 찬성하였다.

1970년대는 아동에 대한 제7차 '백악관 회의'에서 미국인 가정이 당면한 가장 심각한 문제로 보육문제를 선정하였다. 이 '백악관 회의'는 루스벨트(Roosevelt) 대통령(1909년)이 아동을 위한 부모 역할의 중요성을 강조하였는데, 첫째, 가난하다는 이유로 아동이 가정에서 분리되지 말아야 하며, 만약 가정을 떠나야 할 이유가 있다면 위탁가정이 바람직하며, 시설수용의 경우에는 소숙사형을 권장하였다. 또한 '아동국'을 설치하여 10년마다 사회변화에 따라 아동복지 정책을 새롭게 모색하도록 하였다(윤매자 외, 2017).

1975년 「사회보호법」이 제정됨에 따라 보육은 정부 사회사업의 일부가 되었고, 여러 가지 법안의 제정으로 보육을 위한 정부 기금을 합법적으로 사용할 수 있게 되었으나 기금의 수혜 대상은 저소득층 자녀들에게만 제한되었다. 그러나 아동 보육서비스에 대한 요구가 계층과 소득에 상관없이 계속적으로 증가하였으나, 1980년 정부는 오히려 보육에 대한 연방정부의 개입을 줄이는 반면, 보육비에 대한 세금을 공제해 주는 정책을 실시하였다.

1987년 ABC(Act for Better Child Care) 법안을 통과시켰는데 유아 보호에 대한 재정적 지원이 핵심이었다. 1990년에 클린턴(Clinton) 대통령은 교육개혁의 첫 단계로 국가교육 목표를 설정하였고, 취학 전 유아에게 동등한 기회를 제공하기 위해 소외된 계층의 자녀를 위한 유아교육을 강화하고자 교육 공약을 발표하였다. 또한 저소득층 유아와 유아 조기교육의 질을 개선하기 위해 '조기교육신탁기금'을 설립하였으며, 영유아보육지원 기금에 의한 방과 후 프로그램을 실시하였으며, 이 기금은 저소득층 아동 보육서비스에 상당히 이바지하였다.

2002년 부시(Bush) 행정부에 이르러서는 '학교개혁'이라는 구호하에 5세 이하 유아교육에 대한 예산을 삭감하기도 하였다(김연진 외, 2012). 또한 공립학교 교육을 강화하기 위해 효과적인 교수법을 적용하고, 취학 전 교육에 대해서도 그동안 소홀히 했던 3R(읽기, 쓰기, 셈하기)에 대한 기본교육을 강조하였다.

미국은 지방분권정책을 시행하는 나라이므로 영유아보육정책을 단일한 체계로 설명하기는 어렵다. 행정부의 정책에 따라 예산 증감이 거듭되는 등 여러 가지 미비한 점이 많고, 또한 문제점도 가지고 있다. 2013년에는 그동안 빈곤 구제 프로그램이 이후 성장하여 아동의 학업 성취에 효과가 없는 것으로 나타나, 유아 · 아동기의 '공간인지(spatial reasoning)능력' 정도가 창의성과 학문적 성취도를 예측하는 중요한 척도가 된다는 연구결과가 발표되었다(한국교육개발원, 2013).

미국은 영유아에 대한 보육의 기능을 점점 넘어서 학업적으로 아동들의 읽기와 수리능력 향상을 위해 중요한 학업 단계로 인식되어 가고 있으며, 오바마(Obama) 정부는 유아교육에 대한 이러한 중요성에 대해 연방정부, 주 정부, 그리고 교육부 등 모두 공감하지만 이를 지원하기 위한 법률제정과 지원은 주 정부마다 차이가 큰 것으로 나타나

이러한 유아교육에 대한 차이는 학생들의 학업 격차로 이어지기 때문에 문제가 크다고 전문가들은 지적하였다(한국교육개발원, 2014).

또한 미국의 교육복지부(2014)는 유아교육이 미국 경제에 미치는 보고서가 최근 발표되어 주목받고 있다. 미국 대통령 경제자문위원회(Council of Economic Advisers, CEA)는 최근 보고서에서 유아교육에 대한 투자가 미국 경제에 긍정적인 효과가 있다고 발표함으로써 오마바 정부는 유아교육 확대를 위해 75억 달러(한화 약 8조 1,250억 원) 이상을 확대하였다(한국교육개발원, 2015 재인용). 또한 1989년 이후 여러 나라가 유엔아동권리협약에 비준하면서 아동의 인권, 특별히 이주 아동의 인권 신장에 큰 노력을 보였다. 그러나 미국은 UN 회원국 중 유일하게 비준에 참여하지 않고 있는데, 그 이유는 아동에 대한 부모의 권리가 UN 또는 국가에 의해 침해받는 것에 대해 반대하는 세력의 정치적 영향력이 크기 때문이다.

2016년 주 정부는 이주 아동에 대한 지원정책을 제시하여 차별받지 않은 평등한 교육권을 보장하려는 방향을 확고히 하였다(한국교육개발원, 2016). 또한 Edcation Week(2017)의 연구에 따르며, 아동의 문제해결력, 사회적 협동 능력, 재생 능력, 창의성 발달에는 부모의 개입이 없는 비구조화된 놀이가 더 긍정적인 효과가 나타났다고 여러 과학적 연구들이 밝히고 있어 영유아의 놀이의 중요성을 강조하였으며, 자동화 시대를 대비하는 코딩교육 및 대인관계 능력 등의 핵심역량을 영유아기에 기르도록 강조하였다(한국교육개발원, 2017).

미국 공교육체계의 교육과정은 주 정부 단위에서 결정된다. 따라서 각 주마다 교육과정이 다르고, 한 주에서 다른 주로 이사 가게 될 경우, 교육과정 연계성이 떨어진다는 문제가 발생하게 되어 전국 단위의 공통중핵교육과정(Common Core State Standards)을 개발하였다.

이 공통중핵교육과정은 K-3(유치원-초등 3년) 수준에서 개발 · 보급되었으며, PreK- 3rd (어린이집 만 3세-초등 3년) 단계의 교육과정 개발을 위한 위원회가 구성되었다고 알려졌다(한국교육개발원, 2018).

2021년 민주당이 유아교육(pre-K) 및 커뮤니티 칼리지(community college, 2년제 지역전문대학)

비용을 전면 지원한다. 이에 전국의 모든 만 3~4세 아동들이 유아교육기관에 등록할 수 있는 기회가 제공되고, 커뮤니티 칼리지 등록금이 무료가 될 것으로 보인다(교육정책네트워크정보센터, 2022). 또한 유아보육과 교육에 대한 인식이 높아지면서 많은 주 정부는 이에 대한 아동보육 보조금을 확대하는 공적 지원을 확대한다고 하였다(AP News, 2021).

- 1912년: 「모자법」 제정, 연방차원에서 유아원에 대한 재정지원
- 1920년: 미국아동복지협회(CWLA: Child Welfare League of America) 창설
  - 아동학대 및 방임을 방지하기 위해 결성된 전국 규모의 비영리단체
  - 아동 · 청소년 문제 상담, 훈련 프로그램 개발(탁아프로그램 및 입양, 십대 임산부 프로그램, 아동 정신건강 문제 등)
- 1924년: 최초의 공립 유아원 설립(미시간주)
- 1930년: 대공황으로 긴급 탁아소 설치
- 1940~1945년: 「랜함법」 제정 보육재정 지원
- 1964년: 「경제기회법」에 근거한 Head Start 도입
- 1970년: 아동에 대한 제7차 '백악관 회의' 보고서에서 보육문제 선정
- 1975년: 「사회보호법」이 제정됨에 따라 보편적 보육서비스 제공
- 1987년: 「ABC(Act for Better Child Care)」 법안 재정과 지원
- 1990년: 조기교육기금신탁 설립
- 2002년: 학교개혁으로 유아보육 예산 삭감
- 2011년: 영유아 교육혁신 레이스(Race to the Top) 계획 발표로 재정지원 확대
- 2012년: 가정의 경제 수준과 학부모의 교육 수준이 영유아 및 조기교육의 학업 격차에 가장 중요한 요인으로 밝혀짐
- 2013년: 교육 수준의 격차를 줄이기 위해 유아교육 강조
- 2014년: 뉴욕시의 무상 유아교육 확대를 위한 노력이 주목받음
- 2015년: 유아교육 확대(유아교육 1달러 투자가 미국 경제에 8.6달러 이익 창출)
- 2016년: 이주아동 지원정책, 건강권 보호조치
- 2017년: 영유아중심 · 놀이중심 강조, 능동적인 학습 강조
  - 만 3세 무상보육(3-K for All)을 추진(뉴욕시), 양질의 무상보육이 더 중요함
- 2018년: 공통중핵교육과정(Common Core State Standards) 개발 및 보급
- 2021년: 유아교육(pre-K) 및 커뮤니티 칼리지(community college, 2년제 지역전문대학) 비용을 전면 지원

2) 영국의 보육제도와 정책

영국은 자녀 양육에 대해 기본적으로 각 가정의 사적인 문제로 간주하고 있다. 자녀의 건강한 성장과 전인적 발달을 위한 가장 바람직한 양육은 어머니로부터 돌봄을 받는 것이며, 시설 보육은 아동에게 있어 성장과 발달에 해가 될 수 있다는 신념을 갖고 있다. 또한 공보육의 규제와 지원이 없는 자발적이고 영리를 목적으로 하는 사립기관이 주도하며, 공립 유아원은 경제적으로 빈곤하고 문제가 있는 아동을 대상으로 제한된 보육을 제공하였다.

영국의 보육 역사는 1816년 오웬(Owen)이 자신이 경영하는 방직공장 내에 빈곤층 취업모 자녀들을 위한 좋은 습관 형성을 목표로 '성격형성 학원'을 창설한 것이 보육사업의 시초였다. 성격형성 학원의 일부로 뉴라나크에 '유아학교(infant school)'를 개설하였다. 유아학교를 설립한 동기는 고단한 노동자계급의 부모에게 양육의 무거운 부담을 덜어주기 위한 것과 영유아에게는 일찍부터 '성격형성의 원리'를 적용하여 올바른 훈육이 필요하다고 생각하였기 때문이다. 유아학교는 1~3세 연소반, 4~5세 연장반으로 나누어 보육과 독자적인 교육을 실시하였으며, 그는 영유아의 개성을 존중하는 자유주의적 교육, 주입식 교육보다 개발교육, 실물에 의한 직관교육을 중요시하였다(윤기영 외, 2010).

오웬의 '성격형성 학교(New Institute for the Formation of Character)' 창설
- 오웬(1771~1858)이 경영하던 방직공장에 세운 최초의 보육시설
- 방직공장 취업모의 자녀를 보육하기 위한 기관
- 아동의 올바른 성격을 형성하기 위한 교육

이후 1851년 독일인을 위한 영국 최초의 유치원이 세워지고, 프뢰벨의 교육사상이 소개되면서 유치원은 확장되었으나 1870년 「교육법」에 의해 취학연령 7세에서 5세로 낮추었고, 이 취학연령에 대한 논의가 이뤄지기 전까지 영국의 보육사업은 미비한 수준에 머물렀다.

영국의 보육정책에 큰 영향을 미친 것은 18세기 말의 산업혁명과 20세기에 일어난

두 차례의 세계대전이다. 이 사건들은 모두 그 당시 여성 노동력을 집중적으로 필요로 하게 되어 취업모의 증가를 불러왔고, 이로 인해 대리 양육의 필요성이 제기되었다.

유아원이나 유아학교와 같은 보육유형이 본격적으로 주목받기 시작한 것은 전쟁으로 인해 많은 여성이 군수공장에서 일하게 되자 학교 부설 유아원들이 급증하였기 때문이다. 이후 세계대전의 종전과 함께 여성인력에 대한 수요가 감소하자 다시 이전으로 돌아가게 되어 유아원들은 문을 닫게 되었다.

1943년 버틀러(Butler)가 영국 의회에 제출한 교육 개조 백서를 구체화하여, 1944년 「버틀러교육법(Butler Education Act)」은 유아교육의 제도적 기틀을 마련해 주었다. 이 법에 따르면 2~3세아는 유아원, 3~5세아는 유아학급, 5~7세아는 유아학교 등으로 구분하였다.

또한 1967년 플라우덴 보고서(Plowden Report)에서 플라우덴(Plowden) 여사는 정부의 유아교육 억제책을 비난하였고, 아이들의 다양한 요구에 부응해야 한다는 목소리와 함께 학교개혁을 시도하여 개방 교육(open education)에 관심을 가지게 되었다. 특히 빈곤층의 유아를 지원하고 3~4세 유아를 위한 보육의 중요성을 강조하였다. 이에 3~4세 유아를 둔 부모들이 보육시설에 대한 요구가 커지자 국가는 대응책으로 도시원조 프로그램을 시행하여 사회적 요구가 필요한 아동들을 위한 보육시설을 세우기 시작했다. 그러나 이는 빈곤아동을 위한 프로그램이었으며, 스웨덴의 보육제도의 같은 보편적 보육서비스는 아니며 크게 확대되지 못했다.

한편, 1980년대 후반부터 1990년대 초반 동안 영국 사회에 커다란 변화가 일어났다. 즉, 1980년대 초반까지 지속된 오랜 경기침체에서 벗어나면서 경제가 성장하는 데 반해, 1960년대 중반부터 시작된 출산율의 저하로 경제인구로 유입되는 청년층이 감소함에 따라 다시 여성들이 일터로 유입된 것이다. 그러나 정부는 고용주들과 민간보육시설에 의존함으로써 최소한의 개입이라는 정책을 고수하면서 소극적인 태도로 일관하였다.

1988년에는 국가가 교육을 주도하는 개혁을 추진하기 시작하였으며, 교육개혁 법령을 발표하여, 국가수준의 교육과정을 제시하여 영유아교육기관에서 학습 목표를 달성하도록 하였다.

1989년에는 「아동법」이 제정되어 사회사업부가 담당하고, 아동보호기관은 이 법에 따라 등록과 장학을 진행하도록 의무화하였다.

1996년 4세 유아를 위한 유아교육 지불보증제도(바우처시스템)를 도입하였다. 1998년에는 노동당이 집권하면서 교육의 질적 향상, 여성 취업 확대를 통하여 국가경쟁력을 높이기 위한 보육사업을 국가 중요 전략사업으로 정하고 정부가 적극적으로 나서게 되었다. 특히 3~4세 유아들의 보육과 교육에 중점을 두었으며, 교육부가 담당하여 1998년 말까지 4세 유아 전원에게 무상보육서비스를 정착시켰고, 2004년까지는 3~4세까지 확대하였다.

영국은 최근까지 아동보호와 양육에 관련된 법이 분산되었으나 1989년에 입법화되고 1991년 10월에 효력이 발생한 「아동법」(The Children Act)에서 부모는 자녀양육의 책임을 지며, 법원이나 지방정부에서 아동보호를 담당하게 될 경우, 아동의 최선의 이익을 고려하였다. 아동의 의견이 존중되고 미래에 대한 의사결정에 참여할 수 있어야 하며, 아동이 가정을 떠날 수밖에 없는 경우, 지방정부는 시설이 아닌 대리가정에서 보호될 수 있어야 한다는 아동권리를 위한 원칙을 포함하고 있다.

〈표 2-5〉 **영국 영유아보육과 교육기관의 유형**

구분	가정보육	유아원 (어린이집)	유치원	초등학교 內 유치원	기타
명칭	Home Cares, Childminder (family daycare)	Playgroup, Preschool/ Child Care	Nursery School	Reception Nursery Class	Sure Start Children's Centre 3~4세 nursery school
나이	모든 연령	2~4세/0~4세	3~4세	4세	0~5세/3~4세
비고	보육교사가 자신의 집에서 영유아를 돌봄	지역사회나 비영리단체가 부모의 협조하에 조직하여 운영			교육과 보건 서비스를 포함하는 종일제 보육프로그램 제공

출처: 권미경(2016). 유럽 국가의 보육정책 현황과 시사점. p. 17.

또한 1989년 제정된 「아동복지법」은 지금까지의 보육정책, 즉 자녀를 위한 보육은 시설 보육중심보다는 가족중심이 되어야 한다는 입장을 취하고 있다(김연진 외, 2012). 이에 따라 지방정부는 보육서비스에 대해 공적 지원을 점차 철수하고 민간과 비영리 부분에서 제공하는 보육서비스에 대한 공적 규제를 위한 법적 틀을 확대하고 있다.

1997년부터 시작된 슈어스타트(Sure Start)는 저소득층 유아들을 지원하기 위한 정책으로 아동보육 프로젝트이다. 1999년부터 본격적으로 시행된 Sure Start는 빈곤층 및 소외계층의 아동을 도와 인생의 '확실한 출발'을 보장하고, 나아가 영국 내 모든 아동이 보육시설을 이용할 수 있도록 돕는 것을 주요 내용으로 한다(위키백과, 2022). 이 프로젝트에 참여한 유아들이 만 4세가 될 때까지 조기교육, 건강, 가족지원, 영양 등과 관련된 도움을 지방교육 당국으로부터 제공받도록 하였다.

영국은 전통적으로 보육과 유아교육을 가족의 책임으로 돌려 공보육이 미약한 편이었으나, 1998년 노동당이 집권하면서 '보육과 육아가 교육의 뿌리'라는 믿음으로 과감히 사회화를 시도하였다. 교육고용부에서는 보육과 유아교육을 맡아 1998년 4세아에 대한 무상교육을 정착시켰다. 새로운 보육 세금 크레디트(Childcare Tax Credit)는 가정 밖의 보육을 지원하며, 특히 저소득층과 중산층 가정에 보육서비스를 더욱 가능하게 해 주고 있다(김경회 외, 2013).

이후 영국은 취학 전 아동에게 무상보육을 계획하였으나 행정절차가 복잡하고 비효율적이며, 정부의 지원이 부족하다는 지적이 이어져 왔다. 최근에는 학부모에게 아동보육 여권권(childcare passport)을 만들어 취학 전 아동에 대한 무상보육을 지원하는 방법을 간소화함으로써 아동보육문제를 장기적 관점에서 해결할 수 있다고 하였다(BBC, 2017). 또한 유아교육에 대한 4가지의 주요 재정지원 경로는 고용주가 지원하는 보육쿠폰, 비과세 보육(2017년 도입), 아동의 나이에 따른 다양한 유치부 무상서비스, 그리고 세금공제나 일반공제를 통한 지원 등이 있다(BBC, 2017).

- 1816년: 최초 유아학교 창설(오웬)
- 1870년: 「교육법」에서 취학연령 7세에서 5세로 낮춤
- 18~20세기: 사회변동에 따른 대리 양육의 필요성
- 1944년: 「버틀러교육법」 제정, 2~3세아 유아원, 3~5세아 유아학급, 5~7세아 유아학교 등으로 구분
- 1967년: 플라우덴 보고서(Plowden Report)에 의해, 빈곤층 유아 지원, 3~4세 보육의 중요성 제시
- 1970년: 빈곤아동을 위한 보육사업
- 1980년: 경제인구 감소, 여성 사회진출과 저출산 문제
- 1988년: 교육개혁령 발표, 국가수준의 교육과정 제시
- 1989년: 「아동법」, 「아동복지법」 제정, 사회사업부가 담당, 시설보호보다 가족중심 보육정책으로 전환
- 1996년: 4세 유아를 위한 지불보증제도(바우처시스템) 도입
- 1997년: 슈어스타트(Sure Start), 빈곤층과 소외계층의 아동 지원
- 1998년: 노동당 집권, 보육을 국가 중요전략사업 추진, 보육과 유아교육 교육고용부 담당, 4세아 무상보육 실시
- 2004년: 3세아 무상보육 실시
- 2005년: 보육 세금 크레디트(Childcare Tax Credit) 실시
- 2013년: 가정보육사 에이전시(childminder-agencies) 제도 도입, 부모소득에 따라 아동수당 차등 지원
- 2016년: 가정보육사 에이전시 가이드라인 발간, 만 5세에 의무교육 실시
- 2017년: 비과세 보육제도 도입

3) 스웨덴의 보육제도와 정책

스웨덴은 북유럽 국가들이 보이는 양성평등, 가정과 일을 균형 있게 유지할 수 있도록 부모를 지원하며, 공동의 책임과 역할을 해야 한다는 입장을 취하고 있다. 또한 다른 선진국에 비해서 진보적인 보육이념을 가지고, 사회적 보육이 정착되어 있는 대표적인 나라이다. 보육에 대한 국가책임을 강화하는 노력이 국가수준에서 시행되고 있으며, 다양한 휴가나 휴직제도, 가족수당, 부모 보험제도 등은 핵심적인 가족 정책 중 하나이다.

스웨덴의 초기 보육사업은 빈민아동과 기아 문제를 해결하기 위한 대책으로 실시하여 모든 아동의 보호와 교육에 대한 사회적 책임을 수행하기 위한 공적제도로 발전하였다.

1836년 종일제 유아학교(infant school)가 설립되어 빈민구제와 영아기 교육을 목적으로 시작되었으며, 이 유아학교의 특징은 특별하고 엄격한 프로그램을 실행했는데 식사와 놀이, 20분간의 수업 진행 등 비교적 체계적인 집단교육이 제공되었다. 이 프로그램에는 독일의 프뢰벨의 영향을 받은 교사들이 종사하였으며, 영유아에게 지식을 주입한다는 사회적 비판을 받기도 하였으나, 1950년대까지 보육시설로 공존하다가 일부는 유치원으로 전환하였다. 프로그램은 유치원과 유사하며 나중에 탁아소(creche)로 전환되었다. 탁아소는 일하는 여성의 자녀 보호를 목적으로, 점차 전국적으로 탁아소가 확대되었고, 빈민층 자녀를 대상으로 저렴한 비용으로 보호하는 것이 목적이며, 주로 자선단체에 의해 운영되었다.

1944년 탁아소에서 보육시설(child care center)로 개칭되었고, 1960년 말까지 국가는 노동력 확보를 위하여 보육의 책임을 맡을 수밖에 없었다. 이에 따라 아동 양육비 지급(1948년), 출산 수당 지급(1955년), 아동복지사업에 대한 공적지원의 공식화(1960년) 등의 방안들이 마련되기 시작하였다(양옥승, 1998). 그러나 이러한 방안들이 가시화되기 시작한 것은 1965년 이후로 1968년 전국 보육위원회(National Commission on Child Care)가 보고서(the Pre-school)를 제출함으로써, 국가가 교육적, 사회적, 장학 요소의 통합방안을 제시하여, 스웨덴의 공립 보육체제가 확장되는 출발점이 되었다.

1972년 가족정책위원회가 구성되었고, 1973년에 제정된 「취학 전 교육법」은 공립 보육시설의 설립을 가속화시켜 유치원을 보육시설로 통합하여 유보일원화가 되었다(김연진 외, 2012). 이 법은 6세까지의 영유아를 대상으로 보육을 목적으로 '가정과 밀접하게 협조하여 아동의 전인적 인격 발달과 신체적, 사회적 발달을 도모함'으로 규정하고, 아동에게 최소한 1년간 취학전 무상 교육을 받을 수 있도록 규정하고 있다. 특히 스웨덴은 1980년대 이후 선진화된 복지모형을 추구하기 위해, 1985년 공립 보육시설의 지속적인 확대안을 통과시켰다.

1995년 「유아학교법(National Pre-school Act)」 개정으로, 시(市) 책임을 강화하였고, 유아교육과 보호시설 확충 및 공급까지 확장하여, 3~4개월 이내에 시설을 제공할 것을 명시하였다. 또한 「사회복지법」이 개정됨에 따라 지방정부는 부모가 취업하거나 학업 중일 경우 1~12세까지의 아동을 위한 보육서비스를 제공해야 할 책임을 지게 되었으며, 1997년에는 「교육법(Education Act)」이 개정됨에 따라 영유아보육기관에 대한 감독과 책임이 보건복지부에서 교육부로 이양되었다(한국유아교육학회, 2000: 김경회 외, 2011 재인용).

1998년에는 보육과 교육체계를 일원화하여 취학 전 교육과정(Lpfö)을 제정함으로써 복지부에서 담당하는 보육을 교육부(The Ministry of Education and Research)로 이관하여 영유아를 대상으로 시(市)에서 보육과 교육의 질을 감독하고 지원하게 되었다(권미경, 2016). 유보통합된 기관은 교육부 산하의 푀르스콜라(förskola)이며, 교육활동과 보육서비스 내용은 국립교육원(National Agency for Education)의 지침에 따라 수립되고 실행된다(한국교육개발원, 2018).

〈표 2-6〉 **스웨덴 영유아보육과 교육기관의 유형**

<table>
<tr><th>구분</th><th colspan="3">푀르스콜라(förskola)</th><th>유아학급</th></tr>
<tr><td>명칭</td><td>Pedagogical care</td><td>푀르스콜라
(Preschool)</td><td>개방형 푀르스콜라
(open preschool)</td><td>Preschool Class</td></tr>
<tr><td>나이</td><td>1~12세</td><td>1~5세</td><td>1~5세</td><td>6세(취학 직전)</td></tr>
<tr><td>시간</td><td></td><td>연중무휴 종일제</td><td>시간제</td><td>반일+방과 후 보육</td></tr>
<tr><td rowspan="2">비고</td><td>• 비형식적 기관
• 아이를 돌봐 주는 사람이 가정으로 방문함</td><td>취업 혹은 학업 중 부모 이용원칙임</td><td rowspan="2">• 비형식적 기관
• 전업주부를 위함</td><td rowspan="2">• 대부분 6세 아동 (99%)이 다님
• 연간 525시간 무상 이용</td></tr>
<tr><td colspan="2">지자체별 비용상한액 기준 있음</td></tr>
</table>

출처: 권미경(2016). 유럽 국가의 보육정책 현황과 시사점. 한국육아정책연구소. p. 13.

스웨덴은 1980년대 출산율이 1.5 수준이었으나, 1998년 유보통합과 유아학교 개혁의 일환으로 3시간 무상교육을 전면 실시하며, 보육 이외에도 육아지원 제도들을 꾸준히 추진함으로써 2014년 출산율은 1.88 정도로 상승되었다(권미경, 2016). 또한 2002년부터 모든 3~6세 유아는 주당 15시간(1일 3시간, 연간 525시간)까지 보육서비스를 무료로 이용 가능하며, 비취업 부모의 경우 그 이상 이용 시간에 대해서는 비용을 부담해야 한다(권미경, 2016). 2008년 부모 간 자녀양육 분담을 장려하기 위해 '양성평등 보너스(Gender equality bonus)'제도를 도입하여 세액공제를 받게 하였으며, 2012년부터 육아휴직제도를 강화하여 출산 후 1년 이내, 30일은 부모가 동시에 육아휴직을 사용할 수 있게 되었다(이혜원, 2013). 2016년 겨울부터는 육아휴직 중인 부모의 자녀들도 종일반 이용이 가능하게 되었다(한국교육개발원, 2018).

- 1836년: 종일제 영아학교(infant-school) 시작, 빈민구제와 영아기 교육
- 1854년: 최초의 탁아소, 일하는 여성의 영아보호가 목적
- 1935년: 전국적으로 탁아소 확대, 주로 자선단체에 의해 운영됨
- 1944년: 탁아소에서 보육시설(child care center)로 개칭
- 1960년: 「아동복지법(Child welfare Act)」 개정, 보편주의 아동보육제도 확충
- 1968년: 전국보육위원회(National Commission on Child Care) 설치, 공립보육체제가 확장됨
- 1975년: 「유아학교법(National Pre-school Act)」 재정, 취학 전 무상교육
- 1985년: 공립 보육시설을 확충안 발표
- 1995년: 「유아학교법(National Pre-school Act)」 개정, 시의 책임 강화
- 1997년: 「교육법(Education Act)」 개정, 보육 관련 부처가 보건복지부에서 교육부로 이양됨
- 2002년: 모든 3~6세 유아는 주당 15시간(1일 3시간, 연간 525시간) 무료 이용
- 2008년: '양성평등보너스(Gender equality bonus)'제도 도입
- 2012년: 육아휴직제도 강화(출산 후 1년, 30일은 부모가 동시에 육아휴직 가능)
- 2016년: 겨울부터 육아휴직 중인 부모의 자녀들도 종일반 이용 가능

4) 일본의 보육제도와 정책

일본에서 보육이라는 용어는 아동을 보호와 육성한다는 통합적 개념으로 사용되어 왔고, 아동복지와 교육을 통합한 것으로 취급되어 왔다. 일본의 보육제도는 1875년 초등학교가 의무교육화되고, 1904년부터 보육시설을 '보육원'(어린이집)로 개칭하여 지금까지 사용하고 있다. 제1차 세계대전 후, 도시의 저소득층을 위해 공립보육원이 설립되었으며, 제2차 세계대전 중에는 많은 여성이 군수공장의 노동력으로 흡수되면서 보육시설이 확대되었다. 패전 후 뉴딜(New Deal) 정책론자들이 주류를 이룬 연합군 점령 정부는 미 본토에서 진보적인 포괄적 아동복지법을 제정토록 일본 정부에 영향을 미쳤는데,

그 결과 최소한 법 규정에 있어, 보호가 필요한 영유아를 위한 보육시설의 설비와 운영에 대한 지방자치단체장의 의무와 중앙정부 및 지방정부의 재정 부담률을 명문화시켰다(김연진 외, 2012). 1947년 「아동복지법」이 제정되어 영유아를 위한 보육이 법적으로 정비되었지만, 유치원과 보육원 등 이원화 체계로, 1948년에는 '보육요령'을 제정 · 공포하였다(양옥성, 1998).

1960년 이후 1970년대까지는 보육원을 양적으로 늘리는 데 치중하였으며, 1971년 아동수당제도 도입, 1974년 장애아 보육실시, 1975년 여성 고용 차별금지, 1981년 야간보육, 연장보육을 추진하였고, 기혼여성의 취업 증가로 인한 출생률 감소와 취업 시간의 다양화, 유아교육에 대한 의식변화 등을 이유로 보육원의 질적 향상에 주력하였다.

1975년 12월 18일 유엔 총회에서 채택된 「여성에 대한 모든 형태의 차별 철폐에 관한 협약」은 많은 나라의 여성들의 삶에 영향을 미쳤다. 협약의 중요 내용에는 결혼 또는 모성을 이유로 한 여성에 대한 차별을 방지하며, 여성의 근로에 대한 유효한 권리를 확보하기 위하여 적질한 조치를 하여야 한다고 명시하고 있다. 일본은 1985년 이 협약에 비준하였고(한국, 1987년), 여성의 사회진출을 일반화는 과정에서 육아에 대한 보다 다양하고 포괄적인 사회적 지원을 요구되게 되었다. 이에 따라 영아보육, 야간보육, 연장보육에 대한 욕구가 점점 커지게 되었다.

1990년대에 들어와서 그동안 진행되었던 핵가족화와 저출산의 문제는 아동양육 환경의 새로운 변화를 초래하였다. 보육원은 맞벌이가정의 아동만을 담당하는 것이 아니라 지역사회의 양육문제도 관심을 가지게 되었다. 저출산의 문제는 단순히 맞벌이라는 이유만이 아니라 아이를 낳고 키우는 데 어려움이 있다고 생각하는 많은 여성이 출산을 기피하면서 나타난 현상이기 때문에 양육에 대한 다양한 지원책이 마련되어야 할 필요성이 제기되었다. 이에 1991년 「육아휴직법」을 제정하여, 출산 후 최대 1년 육아휴직을 제공하게 되었다.

1995년에는 정부가 엔젤플랜(1995~1999년)을 발표하였는데, 엔젤플랜은 1990년대 이후의 일본의 소자화(少子化) 문제에 대한 대책으로, 1994년 12월 16일 문부성, 후생성, 노동성, 건설성의 4개 부처 장관들의 합의를 얻어 만들어진 '자녀양육지원' 정책이다.

엔젤플랜의 내용은 영아보육(0~2세)의 추진, 18:00 이후의 연장 보육원의 증설, 긴급 일시 보육원 증설, 영유아 건강지원데이 서비스사업의 촉진, 방과 후 아동클럽의 증설, 다기능 보육원의 정비 촉진, 가족지원센터의 증설 등의 항목이 포함되었다(후생노동성, 2022).

1997년 「아동복지법」 개정으로 보육료 균등화로 전환하였고, 1999년 12월 엔젤플랜의 후속으로, 2000년 4월부터의 5개년 소자화 대책을 위한 신엔젤플랜이 발표되었다. 대장성, 문부성, 후생성, 노동성, 건설성, 자치성의 6개 부처의 장관 합의에 따라 만들어졌다. 엔젤플랜 때보다 2개 부처 장관이 더 참가하였다는 것은 그만큼 일본의 소자화 문제가 국가, 사회적인 위기 요소이며 이에 대한 대응이 정부 주도로 대대적으로 추진되고 있다는 것을 말해 주고 있다.

신엔젤플랜의 주요 내용으로는, 첫째, 보육서비스 등 자녀양육지원서비스의 충실, 둘째, 일과 자녀 양육을 위한 고용환경의 정비, 셋째, 일하는 데 있어 고정적인 성별 역할 분업이나 직장 우선의 기업풍토 시정, 넷째, 모자 보건의료 체제의 정비, 다섯째, 지역에서 아이를 키울 수 있는 교육환경의 정비, 여섯째, 아이들이 잘 자랄 수 있는 교육환경의 실현, 일곱째, 교육에 따른 경제적 부담의 경감 등 주택 만들기와 지역 만들기에 의한 자녀 양육지원 등 7개 항목으로 나누어져 있다(후생노동성, 2022). 이와 같은 보육정책에도 불구하고 소자화 현상은 계속되어 2003년 '차세대육성지원대책'추진법을 제정하여 사업주가 노동자의 일가정 양립에 관한 행동계획을 책정하여 실시하도록 하였다. 이와 같은 일련의 보육정책은 소자화 영향, 교육과 보육 요구의 다양화, 증가하는 보육원의 대기 아동의 수를 감소시키기 위해, 또한 감소하는 유치원 상황 등으로, 유보일원화가 본격화되면서 2007년 「취학 전 아동에 관한 교육과 보육 등의 종합적인 제공 추진법」이 제정되어 종합시설을 '인정어린이원'으로 명명하고, 일본 전역에 94개의 인정어린이원에서 취학 전 영유아를 위한 보육과 교육을 담당하게 되었다(이기숙 · 강민정, 2007). 2006년 유아교육 무상화를 검토하였고, 생활보호 가구, 다자녀 가구 등을 우선 지원하는 방안이 검토되었다(교육정책네트워크정보센터, 2022).

일본은 저출산 극복 방법으로 임금인상, 노동시간 감소, 그리고 아동수당을 지급하는 것으로 1971년 아동수당제도가 도입되어, 미미한 수준이었지만 2010년부터 본격적으로 제도가 도입되었다.

〈표 2-7〉 **일본 아동수당 지급대상과 지급액** (단위: 1인당 금액, 엔)

<table>
<tr><th>구분</th><th>1992년</th><th>2004년</th><th>2006년</th><th colspan="4">2012~2021년</th><th colspan="4">2022년</th></tr>
<tr><td>지급범위</td><td>첫째 자녀</td><td>첫째 자녀</td><td>첫째 자녀</td><td rowspan="2">3세 미만</td><td>3세 이상</td><td rowspan="2">중학생 자녀</td><td rowspan="2">소득 제한 이상 자녀</td><td rowspan="2">3세 미만</td><td>3세 이상</td><td rowspan="2">중학생 자녀</td><td rowspan="2">소득 제한 이상 자녀</td></tr>
<tr><td>대상기간</td><td>3세 미만</td><td>초등 학교 3학년 까지</td><td>초등 학교 6학년 까지</td><td>초등학교 졸업까지</td><td>초등 학교 졸업 까지</td></tr>
<tr><td>월 수령액</td><td colspan="3">첫째, 둘째 자녀 5,000엔
셋째 자녀부터 10,000엔</td><td>일괄 15,000엔</td><td>첫째, 둘째 자녀 10,000엔 셋째 자녀 부터 15,000엔</td><td>일괄 10,000엔</td><td>일괄 5,000엔</td><td>일괄 15,000엔</td><td>일괄 10,000엔 셋째 자녀 부터 15,000엔</td><td>일괄 10,000엔</td><td>일괄 5,000엔</td></tr>
</table>

출처: 후생노동성(2022). 아동수당(www.mhlw.go.jp).

2014년 「아동빈곤대책추진법」을 제정하여 5년마다 개정하며, 이 법은 '모든 아동의 현재와 미래가 태어나고 자란 환경에 의해 좌우되지 않도록 심신 모두 건강하게 육성되고, 교육의 기회균등을 보장받아 한 명 한 명이 꿈과 희망을 가질 수 있도록' 아동의 빈곤대책을 종합적으로 추진하는 것을 목적으로 하였다(교육정책네트워크정보센터, 2022).

문부과학성은 만 5세 아동을 대상으로 취학 전 교육을 제공하기 위해 '유아교육 스타트 플랜'을 마련하여, 보육원 · 유치원과 초등학교의 연계를 강화하여 유아교육 추진체제를 정비하고자 하였다(教育新聞, 2021b).

현재 일본의 영유아 관련 주무 부처는 보육원은 후생노동성의 '보육지침', 유치원은 문부과학성의 '유치원 교육요령', 인정어린이원은 내각부의 '교육 · 보육요령(教育 · 保育要領)'에 따르고 있다. '유아교육 스타트 플랜'은 시설 종류에 상관없이 만 3~5세 대상 교육과정에 문부과학성의 유치원 교육요령을 적용한다(교육정책네트워크정보센터, 2022). 또한 2023

년 4월에 발족한 '아동가정청(こども家庭庁)'은 미래를 담당할 아동에 대한 투자와 생활이 어려운 육아 세대의 교육 기회 및 거주 지원을 통해 저출산 대책과 교육격차 등으로 인한 세대 간의 빈곤 대물림을 해소하기 정책으로 구축한다고 하였다(教育新聞, 2021a).

- 1875년: 초등 의무교육실시, 보육개념 시작됨
- 1904년: 보육시설을 보육원으로 개칭
- 1947년: 「아동복지법」 제정, 보육제도 국가 법률에 의해 실시
- 1948년: 유아교육 안내서인 '보육요령'이 제정 공포함
- 1964~1970년: 유아교육진흥 7년 계획, 보육원 시설 확충
- 1971년: 아동수당제도 도입
- 1974년: 장애아 보육실시
- 1975년: 여성 고용 차별금지
- 1981년: 야간보육, 연장보육 추진
- 1989년: 저출산 문제, 질적인 보육대책 추진
- 1990년: 유치원과 보육원의 일원화 문제
- 1991년: 「육아휴직법」 제정, 출산 후 최대 1년 육아휴직 제공
- 1994~1999년: 엔젤플랜 실시, 소자화 대책
- 1997년: 「아동복지법」 개정, 보육료 균등화로 전환
- 2000~2004년: 신엔젤플랜 실시, 소자화 대책의 구체적인 실시 계획
- 2003년: 「차세대육성지원대책 추진법」 제정
- 2007년: 「취학 전 어린이에 관한 교육과 보육 등에 관한 추진법」 제정, 인정어린이원
- 2014년: 「아동빈곤대책추진법」 제정, 5년마다 개정
- 2021년: 유아교육 스타트플랜 실시
- 2023년: '아동가정청' 설립 예정

생각해 보기

1. 우리나라 초장기 보육사업이 어떠했는지를 토론해 봅시다.

2. 우리나라 아동수당제도의 시행과정에 대해 논의해 봅시다.

3. 외국의 보육제도에 대해 우리나라와 비교하여 차이점에 대해 논의해 봅시다.

보육경험과 영유아발달

Chapter 03

영유아를 양육하는 데 있어서 '발달'이라는 용어는 가장 많이 사용되고 있는 단어 중 하나이다. 자녀를 돌보는 부모는 자신의 아이가 정상적으로 성장하고 발달하고 있는지에 많은 관심이 있다. 또한 영유아를 대상으로 하는 학문을 공부하는 예비교사들도 인간을 이해하기 위해서는 발달에 대한 전문적인 지식, 기술, 태도가 필요하다. 이는 우리 자신을 한층 더 깊이 이해하고 성숙하게 만들며, 더 나아가 영유아의 전인적인 발달을 지원하기 위한 최적의 환경을 제공할 수 있고(강순희 외, 2020), 그들의 발달 특성과 요구에 따라 편견 없이 영유아존중 보육을 실천할 수 있는 역량을 기를 수 있다. 따라서 3장에서는 발달의 개념과 원칙, 영유아기의 발달 중요성을 살펴보고, 각 영역별 발달 특성과 보육경험이 발달에 미치는 영향에 대해 살펴보고자 한다.

1. 발달의 개념과 원칙

발달이란 무엇인가, 왜 발달을 이해하는 것이 중요한가? 인간은 세상에 태어나 누구나 발달과정을 거친다. 유전적인 요인과 환경적인 요인에 의해 각각 다르게 발달하고 성장할 수 있다. 인간의 신체, 인지, 언어, 정서·사회성 발달은 시간의 흐름에 따라 끊임없이 변화하며, 인간의 내면 혹은 외면에서 일어나는 총체적인 변화를 의미한다.

1) 발달의 개념

발달(development)이란 정자와 난자가 만나 수정되는 순간부터 시작된다. 하나의 세포인 수정란은 아기집이라고 하는 자궁으로 이동하게 되는데 그냥 가는 것이 아니라 수백만 개의 세포가 형성될 때까지 아주 빠른 속도로 분열하면서 이동하게 된다(윤매자 외, 2012; 정옥분, 2013).

수정된 이후 자궁에서 만 9개월을 보내게 되고 엄마의 산도를 통해 출산하게 되며, 이 기간을 태내기라고 한다. 태내기의 발달 순서는 정해져 있으며, 모든 태아는 같은 순서로, 그리고 거의 같은 시기에 발달한다(정옥분, 2013). 즉, 발달은 수정에서부터 죽음에 이르기까지 연령의 증가와 함께 오랜 시간 동안 변화하는 과정을 의미한다(강순희 외, 2020).

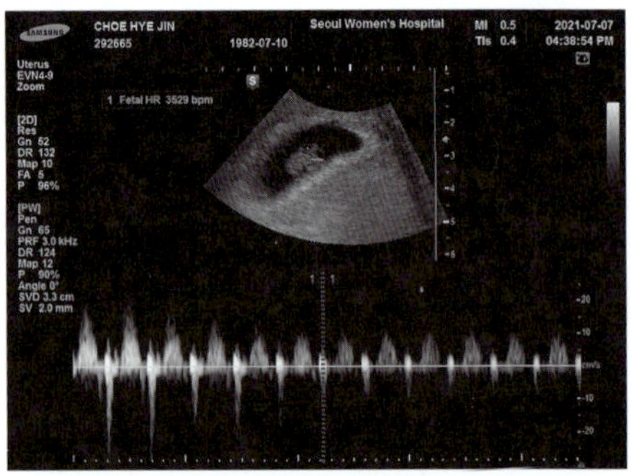

[그림 3-1] 태내기

영유아발달은 신체, 인지, 언어, 사회·정서적 발달과정에 영향을 받으며, 서로 복잡하게 얽혀 있다. 신체적 발달과정이 인지적 발달과정에 영향을 미치고, 인지적 발달과정은 사회·정서적 발달과정에 영향을 미치며, 사회·정서적 발달과정은 또 신체적 발달과정에 영향을 미친다(정옥분, 2013).

발달의 변화는 대부분 일정한 순서가 있으며, 특정한 패턴을 나타내며 지속해서 일어난다. 또한 발달은 '성장(growth)', '성숙(maturation)', '학습(learning)'의 세 과정이 공존할 때 비로소 이루어진다. 이 용어들을 구분해 보면, 〈표 3-1〉과 같다(강순희 외, 2020; 윤매자 외, 2012; 정옥분, 2013).

〈표 3-1〉 **발달 관련의 용어**

구분	내 용
성장	• 발달 양상: 양적 변화 • 원인: 환경적 요인 • 발달적 변화: 크기 또는 양에서의 변화로 눈으로 가늠할 수 있는 양적 변화임 (예를 들며, 신장, 체중, 어휘력, 골격, 치아 등)
성숙	• 발달 양상: 질적 변화 • 원인: 유전적 요인 • 발달적 변화: 내면의 성장을 통해서 나타나는 본질, 구조 또는 조직상의 질적 변화로, 개인이 지닌 고유한 유전인자에 의해 자연적으로 발현되는 변화임 (예를 들면, 뇌 기능의 분화, 이차 성징, 변성, 사고력 등)
학습	• 발달 양상: 양적+질적 변화 • 원인: 환경+유전 • 발달적 변화: 부모, 친구, 교육, 대중매체 등 환경 조건과 경험에 기인하여 나타나는 영속적인 변화로, 유전적인 성숙과 환경적인 경험에 따라 발달의 개인차가 발생함

2) 발달의 원리

발달은 정자와 난자가 수정되는 순간 세포분열이 일어나며, 새로 형성되는 세포들은 각자 세분화된 역할을 맡아 신체의 여러 기관을 형성하게 된다(정옥분, 2013). 모체에서 성장·발달하는 태아는 거의 같은 시기에 같은 순서로 발달하며, 또 태내기의 발달 순서는 정해져 있다.

성장 과정은 태내기나 출생 후나 매우 복잡한 것이지만(정옥분, 2013), 발달은 개인의 유전적인 특성이나 환경과 같은 다양한 요소에 의해 개인차가 나타날 수 있으며, 보편적으로 몇 가지 일반적인 원칙이 있다(강순희 외, 2020; 윤매자 외, 2022b 재구성).

(1) 발달은 일정한 순서가 있다

모든 영유아는 목을 가누고 나서, 뒤집고, 기고 난 다음에 앉을 수 있고, 앉을 수 있게 된 다음에 설 수 있으며, 설 수 있게 된 다음에 걸을 수 있고, 또 뛸 수 있다. 또한 어깨로 왔다 갔다 끼적인 다음에 팔꿈치로 원을 그릴 수 있으며, 원을 그릴 수 있게 된 다음에 손목으로 눈과 입을 그릴 수 있다(윤매자 외, 2022b).

(2) 발달은 일정한 방향이 있다

영유아의 신체적 기술 습득에 관여하는 신경학적 발달은 일정한 방향이 있다.

① 두미(cephalocaudal) 발달 원칙

신체 발달은 머리에서부터 발 방향으로 발달한다. 즉, 머리 부분이 발달하고 몸통으로, 그리고 다리 쪽으로 발달이 진행된다.

② 근원(proximodistal) 발달 원칙

중심부에서부터 말초신경 방향으로 발달한다. 즉, 심장에서부터 가까운 폐, 위 등으로 발달이 이루어지고 팔과 다리, 손과 발, 손가락과 발가락 순서대로 발달이 진행된다.

③ 세분화(general to specific) 발달 원칙

단순한 것에서 복잡한 것으로 발달하며, 일반적인 것에서부터 특수한 것으로, 세분화된 발달이 이루어진다. 영아기에는 물건을 잡기 위해 손 전체의 대근육을 사용하지만, 유아기에는 점차 소근육이 발달하면서 유아가 원하는 사물을 정확히 엄지와 집게 손가락을 사용하여 잡을 수 있다.

(3) 발달은 연속적인 과정이지만 그 속도는 일정하지 않다

인간은 수정되는 순간부터 죽음에 이르기까지 지속적인 발달과정을 거치지만 발달 시기와 발달영역에 따라 그 속도와 양상은 일정하지 않다(이숙재 · 이봉선, 2008). 예를 들면,

영아기와 청소년기는 신체 발달이 빠른 속도로 성장하는데, 이것을 '성장급등기'라 부른다. 영아기는 여러 영역에서 급속한 성장을 이루고, 유아기에는 어휘력이 급격히 발달하고, 아동기에는 발달은 느리지만 모험심과 추리력이 서서히 발달하기 시작하며, 청소년기에는 추론, 논리적 사고와 문제해결 능력이 향상된다.

(4) 발달에는 개인차가 있다

발달은 보편적인 순서와 방향이 있지만, 발달 속도와 결과는 인종, 연령, 성별, 양육 환경, 유전인자 등에 따라 상당한 개인차를 보인다(이숙재 · 이봉선, 2008). 예를 들면, 언어발달은 일반적으로 여아가 남아보다 빠르고, 신체 발달은 남아가 여아보다 더 빠른 경향을 보인다. 생후 12개월 전후로 걷기 시작하고, 10개월 전후로 첫 단어를 말하는 영아가 있는가 하면 그보다 훨씬 늦게 걷거나 말하는 경우도 종종 볼 수 있다.

(5) 발달의 각 영역은 상호 밀접한 연관이 있다

신체, 인지, 언어, 정서 · 사회성 발달은 서로 밀접한 관련이 있다. 예를 들어, 사회성이 부족한 유아는 친구 관계가 원만하지 못하여 정서적인 위축감을 형성하게 되고, 이로 인한 자신감이 부족하고, 자신감 결여는 정서적인 불안을 일으켜 결국 인지발달을 저해하는 결과를 초래할 수 있다.

〈표 3-2〉 **영역별 발달**

영 역	내 용
신체발달	신체 크기, 신체 비율, 외모, 지각 및 감각운동능력
인지발달	사고력, 주의집중, 기억, 문제해결력, 창의성, 언어발달
사회 · 정서발달	자기 이해, 대인관계 기술, 우정, 친밀한 관계, 도덕적 추론 및 행동

출처: 정옥분(2013). 아동발달의 이해(개정). 학지사. p. 24. 재구성.

(6) 발달에는 결정적 시기가 있다

신체가 특정한 방식으로 환경과의 상호작용을 통하여 최상의 성장 효과를 나타내는 한정된 시기가 있는데, 이 시기를 일컬어 '결정적 시기(critical period)' 혹은 '민감기(sensitive period)'라고 한다(Bornstein, 1989: 박영아 외, 2015 재인용).

동물생태학자 로렌츠(Lorenz)는 야생 오리알을 부화하는 과정에서 나타나는 각인(imprinting) 현상을 통하여 결정적 시기를 증명하였다. 로렌츠의 관찰에 따르면, 각인은 새끼오리가 부화한 직후부터 어미를 따라다니는 행동으로써, 새끼오리가 어미 곁에 가까이 있음으로써 먹이를 얻을 수 있고, 위험으로부터 보호받을 수 있다(강순희 외, 2020). 이러한 각인 이론은 인간에게도 적용된다.

(7) 발달은 누적적으로 이루어진다

발달은 과거, 현재, 미래가 서로 연결되어 있어서 발달상 현재에 나타난 문제는 미래에도 영향을 미칠 수 있다. 예를 들면, 유아기의 보행 능력은 하루아침에 갑자기 형성된 것이 아니라 앉기, 기기, 잡고 서기와 같은 일련의 과정을 통해서 완성된다. 또한 유아기의 언어 사용은 영아기의 울음과 옹알이, 한 단어 두 단어 문장으로 획득된 능력이며, 그림을 그리거나 글자를 쓰는 능력 역시 한동안의 끼적거리기 훈련 뒤에 가능하다고 볼 수 있다(이숙재 · 이봉선, 2008; 강순희 외, 2020).

(8) 발달은 유전과 환경의 상호작용이다

발달은 개체가 선천적으로 가지고 있는 유전적 요인과 환경과의 상호작용을 통해 이루어진다. 예를 들어, 유전적으로 키가 작은 소양을 지니고 태어났다 하더라도 충분히 영양분을 공급하고 운동할 기회를 제공하면 본래의 유전인자보다 키가 더 클 가능성이 있다. 그러나 타고난 능력이 있다 하더라도 적절한 환경적 지원을 받지 못하면 그 잠재력은 발현되지 못한다. 즉, 환경은 발달의 잠재적 가능성을 뒷받침하나, 유전은 발달의 한계점을 제시한다고 할 수 있다(이숙재 · 이봉선, 2008; 강순희 외, 2020).

2. 영아기의 발달 특성

신생아는 몇 가지 반사 능력을 가지고 태어난다. 생존하기 위한 생존 반사와 생존과 관계없이 진화과정에서 퇴화하여 흔적만 나타나는 비생존 반사가 있다. 이러한 선천적, 자동적 반사 능력은 1년 이내에 서서히 사라지고 영아 스스로 새로운 환경에 적응해야 한다. 또한 영아기는 인간발달의 여러 영역에서 급속한 성장이 이루어지는 시기이다. 신체 발달이 빠른 속도로 이루어지고, 여러 감각기관을 통해 인지 · 운동능력이 발달하며, 양육자와의 정서적 유대관계를 통해 애착이 형성되며, 옹알이를 시작으로 의사소통이 가능할 만큼 언어능력도 발달한다.

1) 영아기 발달의 중요성

영아는 출생해서 36개월 미만까지이며, 이 시기에 발달은 매우 빠른 속도로 진행되며, 질적 · 양적으로 많은 변화가 생긴다. 또한 이 시기의 발달은 이후 성장과 발달에 지대한 영향을 미친다는 점에서 영아기의 중요성을 살펴보면 다음과 같다(노희연 외, 2020 재구성).

첫째, 성장 급등기로 질적 · 양적으로 급속하게 성장한다.

영아의 신체 발달은 뒤집고, 끼고, 앉고, 서서 걷고, 뛰고, 달리게 되고, 언어발달은 울음으로 의사 표현하고, 쿠잉, 옹알이를 통해서 말을 할 수 있게 되고, 정서 발달은 분화되지 않은 1차 정서가 점점 다양하고 복잡한 2차 정서로 분화되며, 다양한 탐색과 감각적 경험을 통해 세상을 알아 가는 놀라운 발전이 일어나는 중요한 시기이다.

둘째, 신체적 · 정신적 독립이 이루어진다.

영아는 세상에 태어날 때 스스로 통제할 수 없는 존재이지만 양육을 통해 스스로 목을 가누고, 뒤집고, 기고, 앉고, 서고, 걷기까지의 과정을 스스로 해냄으로써 신체 · 운동 측면에서 독립하게 된다. 또한 자신과 타인을 구별하고, 자기 주장이 생겨나면서 심리적 독립심도 이 시기에 이루어진다.

셋째, 다양한 탐색을 통해 세상을 알아 나간다.

영아는 오감각을 통해 세상을 경험하고 탐색하며 세상에 대해 이해해 나간다. 이는 영아기가 발달의 결정적인 시기이자 민감한 시기라는 점을 고려할 때, 영아가 주변을 살피고 탐색하는 행동은 세상에 대한 지식과 정보를 쌓아 가는 중요한 학습이 된다.

넷째, 사회 · 정서적 경험은 이후 인성과 성격 발달에 기초가 된다.

영아기 동안 부모나 주 양육자와 맺는 긍정적인 애착 관계는 이후 다른 사람과의 관계에서도 긍정적인 관계를 형성할 수 있으나, 부모나 주 양육자와의 관계가 부정적이며 이후 다른 사람들과 부정적인 관계가 된다.

다섯째, 일상생활을 수행하기 위한 기본생활 습관을 기른다.

영아기에는 먹기, 씻기, 배변하기, 수면하기 등의 습관이 형성되는 시기이다. 이 시기에 적절한 습관이 형성될 수 있도록 지원받으며, 이후 스스로 자조 기능이 발달하여 기본생활을 수행할 수 있는 능력을 갖추게 된다.

여섯째, 교육적 효과가 가장 높다.

영아기에 신체, 인지, 언어, 사회 · 정서 등의 적절한 지원을 받은 영아는 이후 건강한 자아 개념의 발달로 이후 유아기, 아동기 동안 많은 성취와 긍정적인 정서를 형성하게 되고 발전해 나갈 수 있다.

2) 보육경험과 영역별 발달의 특성

발달은 양적 · 질적 변화를 통해 급성장하며, 생물학적 · 환경적 · 문화적 · 사회적 상호작용의 경험에 영향을 미치며, 신체, 인지, 언어, 정서 · 사회성 발달 등 전인적인 발달이 이루어진다. 영아기의 영역별 발달 특성을 살펴보면 다음과 같다(강순희 외, 2020; 윤매자 외, 2012/2022b).

(1) 신체 · 운동 발달

출생 초기 영아는 자신의 몸을 조절하지 못하며 자신의 의지와 상관없이 움직이게 된다. 이후 성장과 발달을 통해 고개를 들고, 손을 뻗고 잡으며, 뒤집고, 기고, 앉고, 잡고 서고, 걸을 수 있게 된다.

① 신장 및 체중

출생 시 남아의 평균 신장은 49.9cm, 평균 체중은 3.3kg이고, 여아의 평균 신장은 49.1cm, 평균 체중은 3.2kg으로 남아가 여아보다 신장과 체중이 조금 더 높은 것으로 나타났다(보건복지부 질병관리본부 · 대한소아과학회, 2017). 일반적으로 1년 후 영아의 신장은 출생 시의 50% 정도 성장하여 25cm가량 자라며, 체중은 약 3배 정도 증가하는 것으로 보고되고 있다.

② 머리

신생아의 머리 크기는 일반적으로 봄 전제의 길이의 1/4분을 차지하며, 성장하면서 차츰 머리 크기가 줄어들고 팔과 다리의 길이가 늘어나면서 25세 어른이 되면 1/8분의 수준이 된다.

영아의 머리에는 숨구멍, 즉 천문(fontanel)이 있는데, 대천문은 앞숫구멍이라고 하며, 이마와 정수리 사이에 위치하며, 다이아몬드 모양을 하고 있다. 소천문은 뒷숫구멍이라고 하며, 뒷머리에 위치하며, 삼각형의 모양을 하고 있다([그림 3-1] 참조). 영아는 아직 두개골이 단단하게 이어지지 않아 말랑말랑 상태로, 심하게 울거나 호흡을 거칠게 할 때 위로 부풀어 올랐다가 내려가는 현상을 일반적으로 볼 수 있다. 대체로 소천문은 1년 이내에, 대천문은 1~2년 사이에 두개골의 결합과 함께 닫히게 된다.

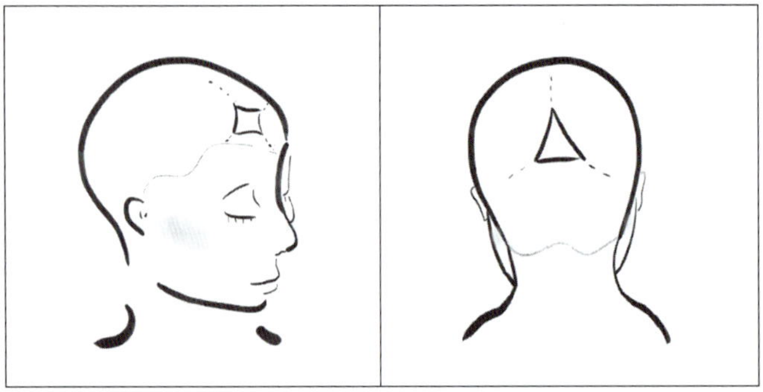

[그림 3-2] **대천문과 소천문 위치**

출처: 윤매자 · 하수연 · 정연옥 · 안창희 · 김정희(2022a). 보육교사 장기미종사자 직무교육. p. 231.

③ 치아

출생 후 처음 나는 치아를 유치라고 하며, 젖을 먹는 시기에 난다고 해서 젖니라고 부르기도 한다. 또한 유치가 빠진 뒤에 솟아나는 치아를 영구치라고 말한다. 유치는 생후 6~7개월경부터 나기 시작하여 20~30개월까지 윗니 10개, 아랫니 10개로 20개의 유치가 모두 나는 것이 일반적이다. 치아의 개수는 보통 사랑니를 포함하여 32개이다.

④ 대 · 소근육

운동기술의 범주를 대근육과 소근육으로 구분할 수 있다. 대근육(gross motor movement)은 어깨, 팔, 다리 등 큰 근육을 사용하는 움직임으로 가장 기본이 되는 운동능력이며, 소근육(fine motor movement)은 손과 팔꿈치 등 작은 근육을 사용하여 섬세한 기술을 조절할 수 있도록 하는 운동기술을 말한다.

대근육은 자세의 균형과 관련된 운동 및 이동과 관련된 행동(예: 뒤집기, 기기, 서기 및 걷기, 뛰기 등)과 기초적인 물체 조작 행동(예: 공 던지기, 잡기, 차기 등)이 포함된다(Gallahue & Ozmun, 2006: 윤매자 외, 2022a 재인용). 영아의 대근육 발달의 순서와 방향은 일정하지만, 발달에 도달하는 시기에는 개인차가 있어 영아마다 다소 상이할 수 있다.

〈표 3-3〉 영아기의 대근육 발달

월령	발달 특징
1개월	손발을 제멋대로 뻗으며, 목은 받쳐 주지 않으면 가누지 못하고 턱을 들지만 지탱하는 시간이 짧다.
2개월	안쪽으로 구부리고 있던 다리를 곧게 펴기 시작하고, 고개를 들어 올리려 애쓰고, 엎드려 놓으면 머리와 가슴을 들어 올리려 한다.
3~4개월	체중을 좌우로 흔들어 몸을 뒤집는다.
5개월	똑바로 누워서 손으로 자신의 발을 잡을 수 있고, 붙잡은 발을 입으로 가져간다.
6개월	배밀이를 하며, 눕혀 놓으면 어느 쪽으로도 구를 수 있고, 팔을 잡아 주면 고개를 들어 혼자 앉을 수 있다.
7개월	양손과 무릎으로 기는 네발 기기를 하고, 앉은 상태에서 물체를 잡기 위해 몸을 돌릴 수 있다.
8~9개월	팔과 다리를 이용하지 않고 엎드린 채 움직일 수 있고, 뒤를 볼 수 있으며, 가구를 붙잡고 서며, 계단을 기어 올라간다.
10개월	기어다닐 때 몸의 중심이 앞쪽에 있고, 5초 이상 혼자 설 수 있다.
11개월	손과 발이 유연하고 잘 기어 다니며, 붙잡지 않고 혼자서 일어나며, 어른의 도움을 받아 몇 발자국 걷을 수 있다.
12~13개월	한 손을 잡아 주면 몇 걸음 걸을 수 있고, 걸을 때 두 팔을 벌려서 균형을 잡으려고 애쓴다.
14~15개월	두 손과 무릎을 이용하여 계단을 올라가며, 엎드려 기면서 내려오고 혼자 걸을 수 있다.
16~17개월	옆으로 또는 뒤로 걸을 수 있고, 걷다가 멈추거나 방향 전환하는 것은 능숙하지는 않지만 시도한다.
18개월	도움을 받아 계단을 오르고 미끄럼틀을 탈 수 있다.
19~20개월	정지된 공을 발로 차고, 기어오르거나 달리는 모습은 부자연스럽고 멈추기는 서툴다.
21~22개월	난간을 잡고 계단 하나에 두 발을 올려놓으며 걸어 올라갈 수 있고, 걷기와 달리기, 앉기와 서기 동작으로 전환할 수 있다.
23~24개월	걷기보다 달리기를 좋아하고, 계단이 낮은 층에서 양발을 모아 뛰어내리며, 유아용 농구 골대에 공을 던져 넣을 수 있다.
25~30개월	미끄럼, 그네, 시소 등 놀이기구 타기를 좋아하고, 세발자전거 타기를 할 수 있으며, 발끝으로 서거나 양발로 제자리 뛰기를 시도하지만 서툴다.
31~36개월	자연스럽게 뛰고, 두 발로 동시에 껑충껑충 뛰거나 계단을 오를 때 두 발을 교대로 이동하고, 공을 발로 차서 의도한 방향으로 보낼 수 있으며, 세발자전거를 자유롭게 탈 수 있다.

[그림 3-3] 영아기의 대근육 발달

소근육은 눈과 손을 협응하여 손가락 기술을 정확하게 구사하는 능력이다(Williams, 1993: 윤매자 외, 2022a 재인용). 영아기 동안 발달하는 협응 기능은 물체에 손 뻗치기, 움켜쥐기, 잡기, 옷 벗기 등이 있다.

〈표 3-4〉 영아기의 소근육 발달

월령	발달 특징
1개월	눈에 보이는 사물을 응시하나 손을 뻗쳐서 잡으려고 시도하지 않는다.
2개월	주먹을 쥘 수 있으며, 손안의 물체를 잠시 동안 쥐고 있을 수 있다.
3~4개월	움직이는 물체를 향해 손을 휘젓고, 사물을 손으로 쥐기 시작하며, 움켜잡고 입에 넣는다.
5개월	양손을 사용해서 물체를 쥘 수 있고, 한 손에서 다른 손으로 옮길 수 있다.
6개월	물체를 쥐고 손목을 돌리고, 딸랑이를 흔들고 응시한다.
7~8개월	손에 쥐고 있던 사물을 놓고 새로운 사물을 집으며, 손으로 물체를 두드리거나 엄지손가락을 사용하여 물체를 쥔다.
9개월	두 개의 사물을 양손에 따로 쥐고, 떨어진 물건을 주울 때 서툴지만 엄지와 집게손가락을 함께 사용하려고 시도한다.
10개월	손에 쥔 것을 놓을 수 있고, 물체를 두드리거나 잡아당길 수 있다.
11~12개월	컵에 작은 사물을 여러 개 넣었다가 빼려고 하며, 손을 사용하여 모자를 벗는다.
13개월	집게손가락으로 사물을 가리킬 수 있고, 엄지와 집게손가락으로 작은 물체를 잡을 수 있어 휴지 곽에서 휴지를 뽑는다.

월령	발달 특징
14~15개월	한 손으로 두세 개의 물체를 쥘 수 있고, 그릇을 뒤집어 내용물을 쏟아 내며, 1~2개의 블록을 쌓은 후 다시 무너뜨린다.
16~17개월	한 손에 2개의 작은 사물을 집고, 종이에 선을 이리저리 끼적인다.
18개월	컵에 입을 대고 물을 마시고, 지퍼를 내릴 수 있으며, 몇 개의 도형 모양을 끼울 수 있다.
19~20개월	양말이나 신발을 벗을 수 있고, 숟가락을 바르게 들고 입으로 가져간다.
21~22개월	크레파스를 잡고 끼적이고, 책장을 한 번에 한 쪽씩 넘길 수 있으며, 찍찍이 신발을 신을 수 있고, 블록을 4개 이상 쌓을 수 있다.
23~24개월	서툴지만 원을 그릴 수 있고, 1~2개의 퍼즐을 맞출 수 있으며, 여러 개의 블록으로 탑을 쌓고, 큰 공을 잡으며 숟가락을 사용할 수 있다.
25~30개월	뚜껑이나 손잡이를 돌려서 열 수 있고, 그리기와 쓰기 도구의 아랫부분을 잡을 수 있으며, 가위질을 시도하고, 신발 끈 구멍이나 구슬에 끼운 것을 빼고, 집게로 사물을 집으며, 구겨진 종이를 펼 수 있다.
31~36개월	단추를 풀고, 정해진 곳에 도장을 찍고, 연필이나 크레파스로 그림 그리기를 좋아하고, 어른의 도움을 받아 안전 가위를 사용할 수 있으며, 간단한 악기(작은 종, 트라이앵글, 템버린 등)를 사용할 수 있다.

출처: 강문희 · 신현옥 · 정옥환 · 정정옥(2004). 아동발달. p 126 재구성.

[그림 3-4] **영아기의 소근육 발달**

(2) 인지발달

인지는 인간의 정신적 사고과정을 의미하는 것이다. 출생에서 만 2세까지 영아의 인지발달은 영아가 발견한 모든 사물과 대상을 보고, 만지고, 빨고, 듣고, 냄새 맡고,

두들겨 보는 등 다양한 탐색 과정을 통해 세상에 대한 지식과 정보를 쌓아 간다. 이렇게 쌓인 지식과 정보는 문제해결 과정에 활용된다. 인지란 곧 '앎'이며, 문제해결 능력이라고 할 수 있다.

피아제(1960)는 출생 후 2년 정도까지의 시기를 감각운동기(sensorymotor stage)라고 하였다. 감각운동기 초기에는 원초적인 반사행동을 하다가 손가락 빨기와 같은 스스로 시작하는 빨기 행동을 거쳐 사물을 조작할 수 있게 되고 마침내 목표지향적인 행동을 하게 된다(노희연 외, 2020). 감각운동기에 주요 개념은 도식, 대상영속성, 지연 모방 등이 있다.

도식(Scheme)은 사물이나 사건에 관한 전체적인 윤곽을 나타내는 '사고의 틀'이라고 할 수 있다. 영아는 신체적 행동 도식을 조직화하면서 외부 환경에 반응하며 대상영속성이 발달하게 된다. 대상영속성(object permanence)은 물체가 시야에서 사라져도 계속해서 존재한다는 것을 이해하는 것으로, 숨긴 물건을 찾아내는 것은 대상영속성이 획득되었다는 증거로 볼 수 있다(윤매자 외, 2022a). 지연 모방(defered imitation)은 존재하지 않는 모델의 행동을 기억하여 모방하는 능력으로 정신적 표상은 지연 모방을 가능하게 한다.

〈표 3-5〉 영아기의 인지발달

월령	발달 특징
1개월	출생 후 냄새와 목소리로 사람을 인식하며, 소리, 빛, 몸짓 등에 반응한다.
2개월	표정을 모방하여 따라 한다.
3~4개월	새로운 소리에 관심을 가진다.
5개월	놀잇감을 흔들고, 떨어뜨리며 다양한 방법으로 탐색한다.
6개월	물체가 없어지는 상황에 관심을 가지고 흥미 있는 행동을 반복하며, 굴러가는 공을 집중해서 응시한다.
7~8개월	사람이나 사물이 보이지 않아도 존재한다는 것을 이해하기 시작하고, 눈앞에 사라진 사물을 찾는다.
9개월	통 속에 있는 놀잇감을 가지고 놀기 위해 통을 쏟을 수 있으며, "안 돼"라는 말의 의미를 안다.

월령	발달 특징
10개월	다른 사람이 그리는 것을 보고, 긁적이기를 모방하며, 안과 밖의 공간개념을 이해하기 시작한다.
11~12개월	놀잇감의 버튼을 눌러 움직이도록 하며, 리듬에 맞추어 몸을 흔들고, 집게손가락으로 원하는 것을 가리킬 수 있다.
13개월	보는 앞에서 놀잇감을 숨기면 찾을 수 있고, 이전에 일어났던 것을 기억하고 치워 둔 물건을 달라고 떼를 쓴다.
14~15개월	좋아하는 놀잇감을 가지고 집중해서 놀고, 친숙한 사람, 동물의 모습을 흉내 내며, 물건의 포장을 풀 수 있다.
16~17개월	간단한 도형의 퍼즐을 1조각 맞출 수 있어 손과 눈의 협응력이 생기며, 책을 똑바로 놓고 볼 수 있고, 다른 사람의 행동이나 표정을 주의 깊게 관찰하고 따라 모방한다.
18개월	통에 든 물건을 꺼내려고 의도적으로 통을 거꾸로 들고, 간단한 지시에 따를 수 있다.
19~20개월	행동의 흐름을 파악할 수 있어, 두 개의 연속적인 제안을 이해하고 따라 하며, 신체 부위를 말하면 3곳 정도는 가리킬 수 있다.
21~22개월	그림책 속 주인공의 이름을 기억하고 말하며, 혼자서 5분 이상 놀잇감을 가지고 논다.
23~24개월	"하나", "더 많이"라는 개념을 이해하고 "크다", "작다"를 구분하며 같은 색끼리 분류할 수 있다.
25~30개월	어른의 지시사항을 따를 수 있고, 물건이 없어도 상황을 상상하여 상징 놀이를 하고, 양이 '많음', '적음'을 구별할 수 있으며, 자신이 그린 그림을 설명할 수 있다.
31~36개월	사물 일부를 보고 이름을 말할 수 있고, 자신의 성별을 알며, 세 개 정도의 사물을 서열화하고, 신체 동작이나 소리를 이용한 간단한 패턴을 따라 할 수 있다.

[그림 3-5] **영아기의 인지발달**

(3) 언어발달

첫울음으로 태어난 영아는 울면서 자신의 욕구를 표현한다. 즉, 울음은 세상과 소통하기 위한 것이다. 울음으로 시작된 소통은 울음소리가 점점 분화되어 쿠잉(cooing), 옹알이, 한 단어, 문장 등으로 발달해 간다. 울음이나 소리, 몸짓 등으로 자신의 의사를 표현하는 등 첫 단어가 나타나기 전부터 어휘 폭발이 있기 전까지의 영아기의 비언어적 의사소통은 영아의 어휘력 증진과 관계가 높다(노희연 외, 2020). 특히 양육자가 사용하는 언어 행동도 언어발달에 지대한 영향을 미친다. 영아의 언어발달 단계는 전 언어기(출생~12개월), 한 단어 시기(12~15개월), 두 단어 시기(18~24개월), 언어 폭발기로 발달한다.

〈표 3-6〉 영아기의 언어발달

월령	발달 특징
1개월	소리에 반응하고, 울음 외에 작고 낮은 소리를 낸다.
2개월	소리에 흥미를 보이고 작은 소리로 쿠잉 소리를 낸다.
3~4개월	울음의 빈도가 줄어들고 옹알이를 시작하며, 말소리와 다른 소리를 구별하고 반응한다.
5개월	이야기 소리가 나면 돌아보고 소리 나는 곳을 바라보며, 옹알이로 자신의 기분을 표현한다.
6개월	소리의 높이나 강약에 따라 각각 다르게 반응하고, 기쁨이나 분노 등은 소리로 표현한다.
7~8개월	소리나 음성을 모방하여 따라 하고, 자신과 다른 사람의 발성을 듣고, 첫 단어 "맘마", "엄마" 등을 발성한다.
9개월	자신에게 하는 이야기나 노래를 듣고 반응하며, 의미 있는 첫 단어를 사용하기 시작하며, 자신의 이름을 부르면 반응한다.
10개월	주변에서 들리는 여러 가지 소리를 모방하고, 1~2개의 단어를 사용하기 시작하며, "안 돼"의 의미는 알지만, 곧 다시 그 행동을 반복한다.
11~12개월	사물의 이름에 흥미를 갖고, 지칭하는 단어를 인지하며, 익숙한 노래 일부를 듣기 좋아하고 한 단어로 여러 가지 의미를 표현한다.
13개월	"좋다", "싫다"를 몸이나 고개를 흔들어 반응하며, 제스처나 행동으로 자신의 욕구를 표현한다.
14~15개월	책에서 들은 익숙한 단어를 말할 수 있고, 사물의 이름 붙이기에 흥미를 보이며, 10개 정도의 단어가 가능하다.
16~17개월	짧은 이야기를 끝까지 듣고, 신체 부위를 말하면 손으로 지적할 수 있고, 노는 동안 다양한 의성어를 사용한다.

월령	발달 특징
18개월	"엄마에게 주세요", "그만하자" 등의 명령을 이행할 수 있고, 사물이나 사건에 대해 "왜"라는 용어를 사용하기 시작하며, "안녕", "빠이빠이" 등과 같은 일상적인 표현을 사용한다.
19~20개월	그림을 보면서 어른이 질문하는 것에 대해 사물을 가리킬 수 있고, 10개 이상의 단어를 말할 수 있다.
21~22개월	"나", "너" 등의 단어를 사용하기 시작하며, 동사가 포함된 두 단어 문장을 결합해서 말하고 운율 있는 노래를 즐긴다.
23~24개월	"나", "이것", "저것" 같은 대명사를 사용하고 두 단어를 결합해서 부정어로 표현하며, 어른의 억양과 행동을 흉내 낼 수 있다.
25~30개월	간단한 동요를 부분적으로 따라 하고, 자기 물건을 "내 것"이라고 말하고 자신의 성과 이름을 표현하며, 일상적인 동작이 표현된 그림에 관한 질문에 적절하게 대답한다.
31~36개월	과거형을 말할 수 있고, 형용사가 포함된 단어를 사용하여 간단한 대화, 도구 사용에 관한 질문에 대답할 수 있고, 다양한 호칭을 정확하게 사용해서 부르고 "왜"라는 단어를 더 많이 사용한다.

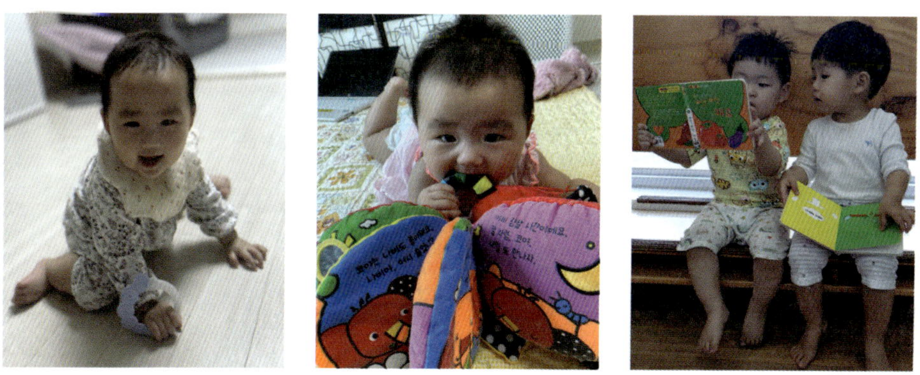

[그림 3-6] **영아기의 언어발달**

(4) 사회 · 정서 발달

태어나면서부터 영아는 인간이 느끼는 몇 가지 정서를 갖고 태어난다. 즉, 기본 정서는 기쁨, 슬픔, 분노, 공포 등으로 나타나는 일차 정서이다(윤매자 외, 2012). 또한 갓 태어난 영아의 정서는 미분화된 상태이고 영아기를 거치면서 점차 분화된다. 생후 2개월이 되면 쾌와 불쾌로 분화되고, 5~6개월이 되면 불쾌의 감정은 분노, 슬픔, 공포의 감정으로 분화된다(강순희 외, 2020). 쾌의 감정은 분화되지 않는 상태로 1년 동안 지속된다. 정서는 영아가 성장하면서 더 다양하게 표현하게 되며, 이차 정서는 18개월 이후에 한 가지 이상 정서를 통합할 줄 아는 복잡한 인지능력이 있어야 하며, 질투, 수치심, 당황 등이 있다. 2세경이 되면 아직 미숙하지만, 어른이 보이는 모든 정서를 다 나타낸다. 또한 영아는 서로 다른 기질적 특성이 있으며, 주 양육자와의 안정된 애착을 형성하게 되면 긍정적인 사회관계로 발전하게 되고, 타인에 대한 신뢰감을 형성하게 된다. 반대로 불안정한 애착 형성은 불신감을 느끼게 한다. 즉, 영아가 주변환경과 긍정적인 상호작용을 하고 자신을 긍정적으로 바라볼 수 있다면 긍정적인 자아개념이 발달하고, 이후 타인과의 사회성 발달에 좋은 영향을 미친다.

〈표 3-7〉 **영아기의 사회 · 정서 발달**

월령	발달 특징
1개월	사물의 소리와 목소리에 반응한다.
2개월	기쁨, 불안에 반응하며, 안아 주고 이야기하면 팔과 다리를 움직이며 반응하고 미소를 보인다.
3~4개월	울음이 줄어들고, 주 양육자의 목소리, 미소, 음성화, 움직임 등에 반응하며 사람의 얼굴을 쳐다보기를 좋아한다.
5개월	공포, 분노, 혐오감 등의 감정을 표현하며, 가지고 있는 놀잇감을 빼앗으려고 할 때 거부하며 운다.
6개월	거울을 보면 미소 짓고, 표정을 모방하며 애착이 형성된다.
7~8개월	익숙한 가족 구성원을 인식하며, 낯선 사람에 대한 공포와 낯가림이 나타나고, 원하지 않는 일에 대해 저항하거나 거부한다.
9개월	다른 영아에 대해 반응하며, 까꿍 놀이가 가능하고, 주 양육자에게 강한 애착을 보인다.
10개월	기쁨, 슬픔, 분노, 두려운 감정을 표현하고, 분리 불안을 강하게 느끼며, 다른 영아가 울면 따라 운다.
11~12개월	또래 영아에게 관심을 보이고, 함께 있기를 좋아하며, 손을 내밀어 놀잇감을 요구하고, 간섭하면 고집을 부리기도 한다.
13개월	대체로 혼자 놀이하고, 옷을 입힐 때 협조하며, 친숙한 사람에게 관심을 보이고 도움을 요청한다.

월령	발달 특징
14~15개월	정서 표현 방법이 세분되지 못해 화를 내거나 짜증을 부리거나 울음 등으로 표현하는 경우가 많고, 아직 또래보다 어른에게 더 의존한다.
16~17개월	친숙한 사람을 모방하거나 애정을 표현하며, 다른 사람의 물건과 자신의 물건을 구별한다.
18개월	특정한 놀잇감에 애착을 갖고 가지고 다니며, 술래잡기와 같은 상호작용 놀이를 선호하며, 거울이나 사진 속에 자신을 인식한다.
19~20개월	인형을 돌보는 흉내를 내며 친숙한 사람에게 위로하는 듯한 행동을 하고, 타인의 정서를 이해하기 시작하며 질투가 나타난다.
21~22개월	사람들 앞에서 노래나 율동을 하고, 거부를 나타내기 위해 "싫어"라는 부정적인 태도를 자주 보인다.
23~24개월	자신의 의지를 표현하고자 주변 사람이나 사물에 거부하거나 반대하며, "내 거야", "내가 할래"라는 말을 많이 자주 사용하여 자아개념이 발달한다.
25~30개월	자기 물건에 대해 소유개념이 강하고, 또래와 함께 놀이를 시작하며 2~3명이 어울려서 노는 것을 좋아하며, 성취에 대한 자부심을 표현한다. 일상생활에서 도움이 필요하지만 좀 더 독립적으로 되어 간다.
31~36개월	교사가 이끄는 집단놀이의 규칙에 따르고 자신의 차례와 순서를 지키며, 도움이 필요한 친구에게 도와주고, 달래 주고, 서로 나눌 수 있고, 다른 사람의 감정을 이해하기 시작하며, 친숙한 환경에서 주 양육자와 떨어질 수 있고 사람, 동물, 놀잇감에 대한 통제를 행사하며 다른 사람에게 지시적으로 감정을 표현하기도 한다.

[그림 3-7] **영아기의 사회 · 정서 발달**

3. 유아기의 발달 특성

유아기의 신체 발달은 급속하게 발달하는 영아기에 비해 다소 완만한 경향을 보이지만 여전히 양적인 성장과 성숙이 빠르게 이루어지는 시기이다. 즉, 머리 크기는 몸 전체에서 차지하는 비율이 점차 줄어들면서 발과 다리가 길어지고, 몸통이 커지며 척추가 바르게 곧아지고 유치가 모두 나며, 이갈이가 시작되는 등 유아기는 건강한 신체 성장의 기초를 다지는 중요한 시기가 된다. 또한 이 시기의 유아는 끊임없이 움직이므로 대·소근육이 발달하여 운동기술이 발달하고, 뇌와 신경계의 발달로 자기 통제가 가능하게 된다. 일상생활에서는 어른으로부터 타율적 도덕성을 배우며, 또래와의 놀이, 게임을 통해 사회성이 발달하며 협동 놀이가 이루어진다.

1) 유아기 발달의 중요성

유아기는 신체활동이 왕성하며 지적 호기심이 많아져서 각종 사고에 노출될 위험성이 높은 시기이다. 또한 부모나 가족 이외의 또래와의 상호작용으로 대인관계의 폭이 넓어지고, 주변 환경을 탐색하며 사회적 규칙과 규범을 배우게 되는 시기이다. 일반적으로 유아기 발달의 중요성을 살펴보면 다음과 같다.

첫째, 신체의 고유한 기능을 수행할 수 있도록 분화와 통합이 이루어지는 시기이다. 빠른 신체운동의 발달로 근육과 골격이 현저하게 발달한다.

둘째, 인간의 두뇌 발달 중 가장 중요한 시기이다. 종합적인 사고기능과 인성을 담당하는 전두엽과 창의적 인지발달의 기초가 되며, 상징적 사고, 직관적 사고, 자기중심적 사고가 발달한다.

셋째, 어휘의 수가 급증하여 의사소통 능력이 발달하는 시기이다. 어휘가 증가하여 문장의 길이가 길어지고, 구어를 문어로 바꾸는 등 말을 글로 바꾸거나 글을 읽고 언어로 표현하는 등 의사소통 능력이 발달한다.

넷째, 기본적인 일차 정서가 분화되며, 성인과 유사한 정서를 갖게 된다. 이 시기는 복합정서는 당황, 수치, 질투, 부끄러움 등의 이차 정서로 나타나며 자아 인식, 자아존중감, 자기 행동 평가 등을 하게 된다.

다섯째, 애착 형성이 또래 관계에 영향을 미치고 친사회적 행동 또는 반사회적 행동으로 발달하게 되는 시기이다.

여섯째, 성 정체성이 확립되는 시기이다. 성은 머리 스타일, 복장 등 외형적인 변화에도 불구하고 태어날 때부터 생물학적 특성에 의해 변하지 않는다는 성 항상성이 발달하여 7세경에 성 일관성으로 고착된다(김이영 외, 2016 재인용).

2) 보육경험과 영역별 발달의 특성

개별 유아가 어느 특정 영역이 먼저 발달한다고 해서 그 유아가 다른 유아보다 앞서 간다고 볼 수 없으며, 대체로 유아들은 자신의 속도에 맞게 발달해 나간다. 양적인 발달에서 체중과 신장, 어휘력 등의 변화가 있으며, 질적인 발달은 지능의 본질이나 사고력, 심리작용에서의 변화와 같이 본질, 구조, 조직상의 변화를 가져온다. 따라서 유아기의 양적 · 질적인 변화는 신체, 인지, 언어, 사회 · 정서 발달 등 모든 발달 측면에서 상호 간의 영향을 미치게 된다. 유아기의 영역별 발달 특징에 대한 구체적인 내용을 살펴보면 다음과 같다.

(1) 신체 · 운동 발달

걸음마기를 거쳐 유아기에 이르며, 이동 능력이 발달하여 걷고, 뛰고, 달리고, 오르고, 내리고 등 자신의 신체를 조절할 수 있는 능력이 발달한다.

① 신장 및 체중

유아기의 신장과 체중의 발달은 개인차가 있으나 6세가 되면 신장은 출생 시의 2배가 되어 약 100cm~120cm 정도 증가하며 1년에 7cm 정도 자라게 된다. 체중은 출생 시의 6배가 되어 20kg~22kg 정도 증가하며 1년에 2.7kg씩 증가한다. 질병관리청(2022)의 '2017 소아 · 청소년 성장도표'에 따르면, 6세 남아의 평균 신장은 115.9cm, 여아는 114.7cm이며, 남아의 평균 체중은 21.3kg, 여아는 20.7kg이며, 남아의 평균 머리둘레는 51.7cm, 여아는 50.9cm로 여아가 신장, 체중, 머리둘레 등이 모두 낮다. 그러나 이후 11세~12세까지는 여아가 남아를 앞서가지만 13세부터는 남아가 여아보다 더 앞서가게 된다.

② 골격 및 근육

유아기는 영아기와 마찬가지로 골격의 발달이 계속된다. 2세~6세경이 되면 약 45개의 새로운 골단(epiphyses) 또는 연골 속의 성장 중추가 단단해져서 경골이 된다(김이영 외, 2016).

골격의 경골 작용은 출생 직후부터 성장하게 되는데, 2세 이후 연골이 빠르게 경골화되며, 아동기를 지나 청년기까지 계속된다. 이와 같은 성장 과정은 신체 부분에 따라 다르며, 개인의 발달과 성장에 따라 조금씩 차이가 있다. 팔과 다리의 긴 뼈에는 골단이 양쪽 끝에 나타나고 성장이 완성되면서 골단은 점점 가늘어지고 마침내 사라지게 된다. 이렇게 되면 더 이상의 성장은 하지 않는다. 또한 근육의 섬유 수는 출생 시 성인이 가지고 있는 것을 모두 가지고 있으나 조직의 크기나 길이는 짧다. 근육이 발달하여 5~6세가 되면 근육을 구성하는 근섬유의 굵기가 증가하고 강해져서 체중의 약 75%를 차지한다.

③ 치아

치아는 유치(젖니)와 영구치가 있으며, 유치는 20개이고, 영구치는 32개이다. 유치는 5~6세에서 13세 사이에 빠지게 되는데 그 부분에 영구치가 나오게 된다. 영구치는 유치가 빠진 순서대로 나오며, 유치의 관리가 중요하다. 주의할 점은 영구치가 날 것을 생각하여 유치를 잘 못 관리하여 충치가 생기거나 빠지는 경우 영구치가 자라는 데 해를 끼칠 수 있다.

④ 뇌 발달

유아의 뇌 무게는 성인 뇌의 70%~90%로 증가하게 된다. 뇌의 무게가 증가한다는 것은 뇌의 신경계가 발달한다는 것을 의미한다. 또한 유아들은 신체 협응력, 지각력, 언어력, 논리적 사고, 상상력 등의 뇌와 관련된 발달이 다양하게 이루어진다. 시냅스의 밀도는 출생 후 2세까지 급격하게 증가하다가 서서히 감소하여 7세경에는 성인의 수준에 도달하게 된다(김나영, 2007: 김이영 외, 2016 재인용).

뇌의 신경계에 수많은 시냅스가 형성되고 수초화가 진행되면서 정보전달 속도에 변화가 생긴다. 수초화(myelination)란 정보전달 부위인 축삭돌기가 지방질 세포로 감싸여서 정보전달의 속도를 더욱 빠르게 하는 것이다. 영아기에 다소 어설펐던 걸음걸이가 유아기에서는 유연해지고 달리기도 하며 가벼운 춤까지 출 수 있게 되는 것도 수초화가 잘 진행된 결과이다(윤매자 외, 2022a). 그러나 자주 사용되지 않는 시냅스는 덜 중요하게 인식되어 가지치기로 제거된다. 또한 뇌는 좌반구와 우반구로 나누어져 있고, 두 반구는 신경섬유인 뇌량으로 연결되어 있다. 해부학적으로 좌반구와 우반구는 서로 다르며, 서로 다른 기능을 통제한다. 좌반구의 활동은 3~6세에 활발하지만, 우반구의 활동은 초기 아동기와 중기 아동기를 거쳐 꾸준히 증가한다(Thatcher et al., 1987: 윤매자 외, 2022a 재인용).

⑤ 대 · 소근육

유아기에는 머리의 비율이 낮아지고 몸의 무게중심이 아래로 내려가기 때문에 상체가 가벼워지고 운동 속도가 증가하고, 균형감각이 생기며, 유연성이 향상한다. 또한 신체의 대근육을 수반하는 새로운 운동능력이 발달하게 되는데, 대표적인 대근육 발달은 달리기, 뛰기, 균형잡기, 계단 오르기, 공 던지기 및 공 받기 등이 있다.

〈표 3-8〉 **유아기의 대근육 발달**

구분	연령	발달 특징
달리기	3세	• 비교적 잘 달리지만 달리면서 방향을 바꾸기 어렵다.
	5세	• 계속 달리면서 방향을 바꿀 수 있다. • 갑자기 멈추어도 넘어지지 않는다.
	6세	• 탄력적으로 달리며 속도 조절이 가능해진다.
뛰기	3세	• 조금 높은 곳에서 뛰어내린다. • 한 발 먼저 뛰는 동작에서 시작하여 두 발 뛰기가 가능해진다.
	5~6세	• 멀리뛰기, 높이뛰기가 가능하고 줄넘기를 할 수 있다.
균형잡기	3세	• 평균대 위에 발을 바꾸면서 걸을 수 있다.
	5세	• 몸의 균형을 잡고 주저하지 않고 안전하게 걸을 수 있다.
계단 오르기	4세	• 난간을 잡고 두 발을 사용하여 올라간다.
	5~6세	• 두 발을 교대로 사용하여 오르며, 내려올 땐 두 발을 모아 내려온다.
공 던지기 및 공 받기	3세	• 공을 던질 때 팔목을 사용할 줄 모르고, 어깨와 팔꿈치를 움직여 공을 던진다. • 공을 가슴에 잡을 수 있도록 팔꿈치를 구부리게 된다.
	4세	• 팔목을 사용하여 앞으로 공을 던진다. • 공을 받을 때 어깨와 몸통, 다리를 사용하여 받는다.
	5~6세	• 발을 앞으로 내밀고 팔을 쭉 뻗어 균형 잡힌 자세로 공을 던진다. • 공이 떨어지는 지점을 예측하고, 신체를 이리저리 움직이면서 손과 손바닥으로 공을 잡는다.

한편, 유아기의 소근육 발달은 주로 눈과 손을 협응하여 조절하는 능력을 의미한다. 소근육 조절 능력이 발달되었다는 것은 여러 가지 운동 능력들이 통합되고, 중추신경계가 성숙하고 있음을 반영한 것이다(곽노의, 2007; 김이영 외 2016 재인용). 따라서 유아기의 소근육 발달을 도모하기 위해서는 그리기, 글쓰기, 종이접기, 가위질 등의 손과 눈의 협응 능력을 기르고, 젓가락 사용, 옷 입고 벗기, 세면, 배변 등의 일상생활에서 자조 능력을 발달시키는 것이 매우 유용하다.

〈표 3-9〉 유아기의 소근육 발달

구분	연령	발달 특징
양측 협응	3세	• 양손 동시 사용(뚜껑 열기, 구슬 꿰기, 종이접기 등)
	4세	• 한 손 정교 기술(연필로 그리기, 가위 사용 등)
	5~6세	• 양손과 양발 협응(리듬에 따라 손과 발로 박자를 맞춤)
그림 그리기	3세	• 원, 사각형, 삼각형 등 간단한 도형을 그릴 수 있다.
	4~5세	• 기본 형태를 그리고 그 속에 직선 또는 사각형 등을 그린다.
	6세	• 실제 사물을 표상하여 사람, 동물, 집, 나무, 자동차 등을 그린다.
블록쌓기	3세	• 블록 3개를 놓고 다리를 만들 수 있다.
	4세	• 블록을 쌓는 일과 탑을 만든 후 손을 떼는 일에 세심한 주의를 한다.
	5세	• 블록을 손에 잡고, 쌓고, 손을 뗄 때까지 하나로 연결된 원활한 동작을 한다.
젓가락	3세	• 손바닥 전체가 하나되어 그냥 꽉 잡는다.
	4세	• 인지와 중지를 사용하여 잡기 시작하며, 새끼손가락이 동원된다.
	5~6세	• 전체적으로 쥐듯이 잡고, 엄지, 인지, 중지가 중심이 되게 잡는다.
옷 벗고 입기	3세	• 옷 입기가 부분적으로 가능하다.
	4세	• 자기 옷의 단추를 빼고 끼울 수 있게 된다.
	5~6세	• 혼자 옷을 입고 벗는 것이 가능하다. • 자기 손이 닿는 곳에 있는 단추는 자유롭게 사용할 수 있게 된다. • 신발을 혼자 신고 벗을 수 있으며, 끈도 맬 수 있게 된다.

출처: 김이영 · 오성숙 · 이시진 · 이우언 · 이은미 · 채혜선(2016). 유아 발달. pp. 31-41 재구성.

(2) 인지발달

유아기는 피아제의 인지발달 단계 중 전조작기(preoperational stage)에 해당한다. 피아제는 이 기간을 조작기에 들어가기에 앞선 '전조작기'라고 명명하였다. 논리적 사고가 되기 이전이며, 조작이 가능하지 않은 단계를 의미한다. 이 시기에는 사물에 대한 상징과 심상을 사용하는 표상 능력이 향상하고, 언어를 사용하면서 자신이 내재적으로 가지는 표상을 여러 형태로 나타낸다. 자기중심적이며, 두 가지 이상의 차원을 동시에 고려하여 판단하는 것이 어렵다. 따라서 보존개념이나 서열화, 분류화 등의 과제 수행에 어려움이 있으며, 가역적 사고에 한계를 보인다. 사고 자체는 비체계적이고 비논리적이지만, 어휘 수가 증가하고 사회화된 단어나 이미지와 같은 상징에 대한 이해기능은 상당히 발달한다(윤매자 외, 2022a).

전조작기를 상징적 사고 단계(symbolic function substage)와 직관적 사고 단계(intuitivethought substage)로 나눌 수 있다(김이영 외, 2016).

① 상징적 사고 단계(2~4세)

이 단계의 유아는 정신적 표상이나 상징을 사용하기 시작하며, 눈앞에 보이지 않은 사물도 존재한다는 심적 표상이 가능하다. 유아는 사물의 명칭을 알고 있어 자기 눈앞에 어떤 사물과 관련된 단서가 없어도 그 물체의 특성과 모습을 그려 내고 단어로 표현할 수 있다. 즉, 자기중심적 사고, 물환론적 사고, 인공론적 사고, 상징화·가상화, 전환적 추론 등이 있다.

② 직관적 사고 단계(4~7세)

이 단계는 4~7세 유아의 인지 단계로 합리적 추론이 아닌 원시적인 추론을 하기 시작한다. 유아에게 지각되는 어느 한 사실에만 주의를 기울여 그 대상을 규정짓는 사고의 특성이 있다. 눈에 보이는 크기, 모양, 색깔과 같은 한 가지 두드러진 속성에 근거하여 사물이나 현상을 이해하려 하고, 모든 종류의 질문에 대한 답을 알고 싶어 하는 시기이다. 즉, 지각적인 특성에만 의존하게 된다는 것인데 이러한 사고의 특성으로 전조작기 유아는 보존개념을 획득할 수 없게 된다. 보존개념은 한 사물의 외형이 변해도 그 양을 더하거나 빼지 않으면 그것의 길이, 무게, 면적, 부피 등은 변화하지 않는다는 사실을 이해하는 것이다(강순희 외, 2020). 그러나 유아는 보존개념, 분류 능력, 서열화 능력에서 한계를 보이며 사고는 비논리적이다. 또한 끊임없이 '왜?'라는 질문을 하기도 한다(윤매자 외, 2022a).

(3) 언어발달

유아기 사고의 특성은 상징을 사용할 수 있는 능력이며, 가장 중요한 상징적 표현의 수단은 '언어'이다(정옥분, 2013). 일반적인 언어의 의미를 생각해 보면 사람들이 자신의 머릿속에 있는 생각을 다른 사람에게 나타내는 체계라고 할 수 있다. 즉, 언어를 통하여 타인과의 상호작용하고, 새로운 정보를 교환하고, 의미를 부여하며, 자신이 바라는 것을 표현한다. 또한 타인의 행동을 통제하며, 자신의 독특한 생각이나 견해, 감정 · 태도 등을 나타낸다(Halliday, 1975: 정옥분, 2013 재인용).

① 어휘의 발달

어휘는 사물이나 사상을 나타내는 상징적 기호로써, 각 사물이나 사상에 대한 특성을 발현시켜 일반화 및 범주화를 통해 의사소통을 편리하게 만든다. 유아기는 유아가 사용하는 단어의 수가 빠른 속도로 증가하고 문장이 발달하게 되며, 초기에 습득하는 단어의 종류에는 개인차가 있다. 또한 타인을 말을 듣고 이해하는 수용어휘는 언어발달의 기초가 된다. 생활 주변에서 말소리를 포함해서 여러 가지 소리를 듣게 되며, 이러한 소리의 의미를 이해하려고 할 때 말소리와 말이 아닌 소리를 분별할 수 있게 된다(주영희, 1985). 또한 3세가 되면 유아들은 말의 모든 요소가 통합된 긴 문장으로 말하고 문법적인 원리를 잘 파악하여 영아기보다 발전된 표현 어휘를 구사하게 된다. 유아의 말에는 문법적 특성이 있다. 사용하는 조사로는 "같이, 랑, 도"와 같은 공존 조사를 사용하며, 시제로는 "줄 거야, 가면서 먹을래" 같은 시간에 관련된 것이며, 수동태로는 "입혀 줘, 신겨 줘" 등으로 표현하며, 의문문으로는 "왜, 어떻게 해, 언제 가" 등이 포함된 질문을 하지만, 인과관계의 논리성에 이해는 부족하다. 부정문에는 부재, 거부, 부정, 금지 등의 의미가 포함된 "없다", "싫어, 몰라", "아니, 아니야!", "하지마, 먹지마, 가지마" 등의 표현을 사용한다.

② 문자언어 발달

유아의 문자언어 발달에 대한 관점은 시대의 흐름에 따라 다르다. 1920년대에는 성숙주의 영향으로 유아가 문자언어에 흥미를 보일 때까지 글자를 가르치지 말아야 하며, 흥미를 보이기 이전에 글자를 가르치는 것은 교육의 효과를 제대로 볼 수 없다고 생각하였다. 1950년대는 유아기 언어발달의 중요성을 언급하면서 글자를 배울 준비가 될 때까지 단순히 기다릴 것이 아니라, '읽기 준비도' 개념에 포함된 여러 가지 기초적인 기술을 훈련시켜 빨리 글자를 가르치고자 하는 흐름으로 변화되었다. 1980년 이후는 '읽기 준비도'라는 개념이 이론적, 실제로 부적절하다고 지적하면서 유아의 능동적인 학습자로서의 위치를 강조하는 경향이 나타났다(김이영 외, 2016).

③ 의사소통의 발달

출생 후 영아들은 울음으로 의사소통을 하게 되는데, 10개월까지 영아들에게는 의사소통의 의도는 없다. 즉, 놀잇감이나 물체를 잡으려고 바둥거리는 것을 보고 양육자가 놀잇감이나 물체를 가져다주게 된다(김이영 외, 2016). 그러나 3세가 되면 질문하는 것을 좋아하는 낯선 사람과도 의사소통이 가능해진다. 즉, 자기가 원하는 내용만을 말하는 것이 아니라 듣는 사람에게 맞추어야 한다는 것을 배우게 된다(최경숙, 2001 재인용: 김이영 외, 2016 재인용).

샤츠와 겔만(Shatz & Gelman, 1973)에 의하면, 4세 유아는 같은 말이라도 상황이나 듣는 사람의 연령 등을 고려하여 성인에게 설명할 때는 길고 복잡한 문장을 사용하는 반면, 자신보다 어린 유아에게 설명할 때는 짧은 문장을 사용한다고 하였다(김이영 외, 재인용). 또한 5세 유아는 주변에서 보고 경험한 것을 언어로 표현하며 의사소통을 할 수 있게 된다. 또래나 다른 사람들과의 상호작용을 통해 사회적 언어를 사용하게 되며 정보전달뿐만 아니라 자신의 의사를 표현하기 위해 다양한 질문과 반응, 감정 등이 들어간 의사소통을 하게 된다.

(4) 정서 발달

유아기의 정서는 영아기의 정서와 별로 차이가 없으나 정서를 유발하는 요인이나 표현 방법에서는 차이가 있다. 공포의 대상은 주로 비현실적인 상상이나 자연현상 등 환상적 요인이 많으며, 호기심과 학습의 동기를 유발하는 상상력이 발달하여 어둠이나 보이지 않는 존재에 대해 공포를 느끼는 경우가 많다. 또한 다른 사람의 감정을 이해하기 시작하며, 감정을 능숙하게 감출 수 있어 거짓말도 하게 되며, 부정적 정서보다 긍정적 정서를 더 쉽게 이해한다. 하지만 '진짜' 정서와 '표현하는' 정서의 구별이 미숙하지만, 자신의 충동적 요구와 사회적 요구 간의 균형을 유지하는 방법을 습득해 나간다.

① 정서 규제 능력

정서를 규제하는 능력에 필요한 세 가지 요소는 정서 통제, 부정적 정서의 숨김, 정서 통제의 동기 등이 있다. 또한 유아기는 영아기와 달리 좌절에 대한 참을성이 발달하며 만족지연과 관련된 정서 규제 능력이 발달한다.

② 자아 통제 및 자율성

자아 통제(Self Control)의 발달은 배변 훈련을 통해서 개인의 자율성과 사회적 요구의 갈등을 인식하게 된다. 또한 자율성(Autonomy) 발달은 부모와 자신이 분리된 별개의 존재하는 사실을 인식하기 시작하며, 3~4세가 되면 자기주장이 강하고 반항적인 행동이 절정에 이르므로 '제1반항기'라고도 한다. 예를 들어, 자신이 시도하는 행동이나 행위가 어떠한 이유로 인해 부모로부터 차단, 거절당하거나 혼자서 한 활동이 실패하는 경우 수치심이 발달한다.

③ 도덕성

유아기의 도덕성 발달은 가족과 사회의 도덕적 규칙을 내면화시키고, 이 내면화된 규칙에 따라 행동을 수행하게 된다. 3세 유아는 놀이에서 나누거나 양보하는 등의 이타적 행동은 처음부터 도덕과 연관된 개념이 아니라 놀이의 수단으로 시작하며, 주변 성인들이 의무적으로 시키기 때문에 나타나게 된다. 또한 4~5세가 되면 동정심, 스스로 자각, 성인의 부추김 등이 섞여서 일어나며, 타율적 도덕성에서 점차 자율적 도덕성으로 발달하게 된다.

(5) 사회성 발달

유아기는 점차 부모로부터 분리되어 또래와의 놀이를 통해 타인에게 비친 자신을 알아 가는 과정으로 사회화의 시작이다. 즉, 또래와의 관계, 성역할, 집단이 수용 가능한 행위나 수용 불가능한 행위를 주변 환경으로부터 모방한다. 또한 형제나 또래와의 협동 놀이를 통해 경쟁하고 협력하는 과정에서 사회성이 발달한다.

① 사회적 관점 수용 능력

타인의 입장과 관점, 생각, 감정을 추론하고 감정이입으로 타인을 이해하지만, 모든 사람이 자신과 동일한 방식으로 상황을 이해한다고 생각하기 때문에 완전히 타인을 이해하는 것은 아니다.

② 성 정체성

성 정체성이란 자신이 남자인가 혹은 여자인가를 깨닫고 이것을 내면화하는 것이다. 구체적으로 복장, 머리 스타일 등 외형적인 변화에도 불구하고 태어날 때부터 생물학적 특성에 의해 변하지 않는다는 성항상성(Kohlberg, 1969: 김이영 외, 2016 재인용)이 형성되며, 성과 관련된 사회적 관계 형성에 관심을 갖게 되고 성 정체성이 발달한다.

③ 우정

유아기의 우정은 일시적인 놀이 상대로 또래에게 관심을 가지며, 혼자 놀이 혹은 병행 놀이에서 점차 협동 놀이에 관심이 많아 놀이를 통해 우정을 경험하게 된다.

생각해 보기

1. 발달의 원리와 관련하여 자신 혹은 주변에서 경험한 내용을 토론해 봅시다.
2. 영아기 발달의 중요성에 대해 논의해 봅시다.
3. 영유아기 보육경험과 영역별 발달 특성과 연계성에 대해 논의해 봅시다.

PART 2

영유아 보육과정

영유아 보육과정은 보육교사가 영유아에게 최적의 발달과 교육을 제공하기 위해서 국가수준의 표준보육과정을 기본으로, 각 영역별 목표를 달성하기 위해 영유아의 놀이를 관찰하여 놀이지원을 돕고, 놀이를 확장할 수 있도록 지원하는 역할을 강화하게 된다. 보육교사가 영유아들에게 무엇을 가르쳐야 한다는 신념보다 영유아가 무엇에 관심과 흥미가 있는지를 알아보고, 관찰을 통해 얻는 정보를 보육과정과 연계하여 이해할 필요가 있다. 보육교사는 영유아의 능력에 대한 신념을 가지고 영유아가 능동적으로 경험을 할 수 있도록 보육과정 구성을 통해 기회를 제공해야 하며, 영유아의 발달적 욕구를 존중하고 가족과 사회 · 문화적 요구를 반영하여 보육과정을 펼쳐 나가야 한다. 제2부에서는 보육과정의 기초를 이해하기 위해 보육과정의 개념과 특성, 구성, 운영에 대해 알아보고, 2020년부터 적용하고 있는 제4차 표준보육과정의 이해, 구성 방향, 운영, 영역과 내용 등을 살펴보고, 또한 외국의 영유아 보육프로그램으로써, 몬테소리, 프로젝트, 발드로프, 레지오 에밀리아 등을 구체적으로 살펴봄으로써 예비보육교사들에게 보육과정의 이해를 돕고자 한다.

영유아 보육과정

Chapter 04

보육과정은 영유아교육기관에서 보육담당자가 영유아를 보호하고 교육하는 일련의 전문적인 활동으로 '체계적인 설계도' 또는 '나침판'이라 할 수 있다. 영아와 유아의 수준에 맞게 보육의 목적과 목표를 설정하고, 그에 맞는 보육활동 내용을 선정하고 조직하여, 하루일과 속에서 진행되고 그 활동을 평가해 왔다. 2007년 국가수준의 표준보육과정이 마련되기까지는 어린이집의 특성에 맞게 유치원 교육과정을 참고하여 보육과정을 운영해 왔으나, 현재는 보육과정의 운영과 활동은 영유아중심 · 놀이중심의 보육으로, 영유아와 함께 만들어 가는 발현적 보육과정으로 전환되어, 영유아권리존중의 보육을 실행하고 있다. 4장에서는 일반적으로 보육과정이 무엇인지, 개념과 특성, 구성과 원리, 보육과정의 운영의 중요성, 고려해야 할 사항에 대해 알아보고자 한다.[1)]

1) 윤매자 · 안창희(2021). 보육과정. pp. 15-33, 발췌 및 재구성.

1. 보육과정의 개념과 특성

보육과정을 한마디로 정의하기는 어렵지만 대체로 영유아의 흥미, 관심, 욕구, 재미 등 생활 중심의 놀이 경험에서 시작된다. 영유아들이 어린이집이나 유치원에서 어떻게 하루를 지내는지, 또는 일주일, 한 달, 그리고 일 년을 가장 적절한 방법으로 보호와 교육을 전개할 구체적인 내용과 방법을 계획하고 실행하며 평가하는 일련의 과정을 말한다. 미국의 유아교육협회(NAEYC)와 미국교육부 유아교육전문가협회(NAECSSDE)에서는 영유아가 학습하는 내용과 명시된 보육과정 목적을 영유아가 성취해 나가는 과정(process), 또한 영유아가 이 목적들을 성취할 수 있도록 돕기 위해 교사가 하는 모든 것, 교수-학습이 발생하는 상황 등에 대해 서술한 '조직화 된 틀'이라고 하였다(김계중 외, 2015 재인용).

1) 보육과정의 개념

보육과정은 어린이집을 포함하여 영유아교육기관에서 영유아를 어떻게 돌보며, 어떠한 경험과 프로그램을 제공할 것인가에 대한 기본 틀이자 청사진 또는 설계도로써, 연령별 보육활동에 대한 전반적이고 체계적으로 구성해 놓은 계획이라고 할 수 있다. 또한 보육과정은 보육철학과 목표를 효과적으로 성취해 나가는 구체적인 접근방식이며, 영유아발달에 대한 철학과 신념, 그리고 영유아가 어떻게 성장해 나가야 할 것인가의 대한 명확한 목적을 제시하는 것으로, 그 목적을 달성할 수 있어야 한다. 따라서 보육과정의 개념은 일반적으로 사회·문화적 맥락 속에서 유형별 어린이집의 특정한 보육목적을 달성하기 위해 시행되는 모든 계획과 실행과정을 포괄하며, 형식적 교육과 비형식적 교육이 모두 포함된다(김양희, 2018).

2) 보육과정의 특성

보육과정을 이해하기 위해서는 보육과정의 특성에 대해 살펴보아야 한다. 보육과정의 특성은 보육대상이 갖는 특수성과 다른 연령대의 교육과정과 다른 독특하고 포괄적인 개념으로 이루어져 있어 학자에 따라 보는 관점의 차이가 있다. 일반적으로 보육과정을 어떻게 편성하고, 어떻게 운영하며, 어떻게 교수-학습지도와 평가를 할 것인가에 따라 다양한 특성이 있다. 즉, 영유아 보육과정은 의도와 계획성 없이도 영유아의 발달과 흥미에 따라 훨씬 더 다양하고 융통성 있게 보육과정을 운영할 수 있다. 즉, 국가수준의 표준보육과정(누리과정)을 통해 영유아중심·놀이중심의 발현적 교육과정으로 교사와 함께 만들어 갈 수 있다. 따라서 영유아가 교사와 또래와의 상호작용을 통해 경험하는 모든 것을 보육내용에 포함한다고 할 수 있다(전찬경, 2016).

슈바르츠와 로비손(Schwartz & Robison, 1982)의 영유아 교육과정에 대한 다섯 가지 유형의 범주에서 그 특성을 살펴볼 수 있다(전찬경, 2016 재인용).

(1) 우연히 일어나는 것으로의 교육과정

교육과정을 미리 계획하는 것이 아니라 유아의 요구와 흥미를 기초로 한 발현적 교육과정으로, 영유아를 중심으로 하는 '개별화된 교육'이라는 장점은 있으나 교육과정의 범위가 모호하고 유능한 교사가 아니면 진행하기 어렵다는 단점이 있다.

(2) 교수요목(syllabus)으로서의 교육과정

문서화된 일련의 포괄적이고 장기적인 계획이며, 주로 행정부처에서 중요하게 다루며 전통적인 교과 중심의 교육과정으로, 짜여진 교수요목에 맞추어 학습경험을 제공하여 결과를 예측하기 쉬울 수 있으나 영유아의 흥미나 요구, 영유아교육기관의 특성 등을 반영하기 힘들다는 단점이 있다.

(3) 교수계획(plans for teaching)으로서의 교육과정

교육목표, 내용 및 방법 등을 중심으로 영유아들이 학습할 사실, 정보, 기능 등에 대한 계획으로, 교사는 미리 작성한 교수계획에 따라 의도적으로 학습경험을 제공함으로써 초임 교사나 경험이 풍부한 교사 모두에게 도움이 될 수 있다. 그러나 개별 영유아의 요구나 흥미를 반영하는 데는 한계가 있다.

(4) 영유아교육기관에서 갖는 모든 경험으로서의 교육과정

영유아가 교육기관에서 경험하는 모든 교육과정을 말하는 것으로, 교사가 의도한 경험뿐만 아니라 의도하지는 않았지만, 결과적으로 영유아에게 영향을 미치게 된 잠재적인 교육과정까지도 포함한다. 교사의 역량에 따라 좀 더 진보적이면서 영유아중심의 학습경험을 제공할 수 있으나 교육과정을 운영하는 데 있어 모든 물적 · 인적 환경에 대한 세부적인 검토가 필요하고 결과를 예측하기 어렵기 때문에 교사의 역할이 쉽지 않다는 단점이 있다.

(5) 프로그램으로서의 교육과정

특정 접근방법이나 이론에 기초하여 교육과정의 모델을 제시한 것으로, 영유아 교육에서 볼 수 있는 독특한 관점으로, 몬테소리, 프로젝트 접근법, 발도로프 프로그램, 레지오 에밀리아 접근법, 숲 유치원 프로그램 등이 있다. 이와 같은 프로그램에 대해서는 제6장에서 자세히 다루도록 한다.

2. 보육과정 구성과 내용

보육과정 구성은 보육의 목적 및 목표, 보육내용, 교수–학습 방법, 인적 · 물적 환경과 사회적 관계, 평가를 체계적으로 구성하는 보육계획의 과정이라고 할 수 있다. 또한 보육내용은 보육과정을 구성하고 운영함 있어 영향을 미치는 요소로써, 영유아들이 학습할 가치 있는 것을 무엇으로 보느냐에 따라, 어느 부분을 강조하느냐에 따라 다를 수 있다. 즉, 정보 내용, 기능 내용, 표준보육과정(누리과정)의 영역 중심, 주제 중심, 핵심 개념 중심, 통합 중심 등 다양하게 보육과정을 구성할 수 있다. 모든 내용이 보육내용으로 선정될 수 없고, 또한 한 가지만을 근거해서 구성하는 것도 바람직하지 않다. 따라서 보육내용을 선정하기 위해서는 몇 가지 기준이 있다(김영명 외, 2011).

1) 보육과정의 구성

(1) 보육과정의 구성

보육과정은 '왜, 무엇을, 어떻게 가르치고 평가'하느냐에 관한 것으로, 보육목표, 보육내용, 교수–학습 방법, 평가 등의 단계적인 절차와 순환적 과정으로 구성된다. 보육과정의 목표는 보육과정이 추구하는 것으로, 보육활동을 통해 이루거나 도달하려는 실질적인 경험에서 얻게 되는 결과이다. 다시 말하면, 보육내용은 영유아가 구체적으로 활동하고 경험하게 될 내용이며, 교수–학습 방법은 보육내용을 구체적인 주제에 맞게 지식, 기술을 익히도록 하는 것이다. 평가는 영유아의 수준에 맞게 진행하고, 기준에 따라 얻은 결과이며, 보육과정의 전 과정을 되돌아보며 그 결과를 다음 보육과정을 계획할 때 반영한다.

보육과정을 구성할 때는 보육목표, 보육내용, 교수–학습 방법, 평가라는 일련의 과정으로 구성하더라도 보육과정 구성 시에 중요하게 다루어야 하는 요소가 있다. 즉, 영유아권리존중과 잠재력을 지닌 존재임을 인식하고, 영유아발달에 적합하고 흥미와 관심에 초점을 두고, 개별 영유아의 발달 수준을 고려하여, 전인적 성장과 발달을 이루기 위한 통합적인 상호작용이 중요하다. 또한 우리 사회의 문화와 정서에 적합하여야 하며, 영유아의 사회·문화적 맥락을 고려하여야 한다.

보육목표	영유아의 전인적인 발달을 달성하고자 하는 보육의 목표는 무엇인가?
보육내용	이 목표를 달성하기 위하여 어떤 놀이와 경험을 선정해야 하는가?
교수-학습 방법	다양한 교육적 경험을 어떻게 효율적으로 조직해야 하는가?
평가	이 목표의 달성 여부를 어떻게 확인할 수 있는가?

[그림 4-1] **보육과정의 구성체계**

(2) 보육과정 구성의 기본 원리[2)]

보육과정의 구성은 아동관, 교육관, 교사관, 국가관에 대한 주요 관점에 따라 다양하게 접근할 수 있다. 어떤 관점에서든지 보육목표, 보육내용, 교수-학습 방법, 평가를 설정하고 실행하는 데 있어서 기본적으로 충족시켜야 하는 바람직한 원리가 있다(김상림 외, 2015). 일반적으로는 적기성, 연속성, 계열성, 통합성 등의 구성 원리가 있다. 이러한 보육과정의 구성 원리뿐만 아니라 영유아권리존중의 원리, 사회·문화적 맥락과 개인차를 고려한 원리, 다양성에 대한 원리 등을 포함하여 살펴보면, 다음과 같다.

① 영유아권리존중의 원리

보육과정은 영유아의 생존권, 발달권, 보호권, 참여권 등을 포함하여 영유아 권리를 존중하는 보육 원리를 유지해야 한다. 그러기 위해서는 영유아의 욕구에 민감하게 반응하고, 발달 수준에 적절한 환경을 제공하며, 영유아를 바라보는 성인의 시각과 달라야 한다. 즉, 영유아는 능동적인 존재이기 때문에 스스로 자신의 경험을 구성하고, 재구조화하며 확장하고, 정교화할 수 있는 잠재적인 능력을 보유하고 있다.

2) 윤매자·안창희(2021). 보육과정. pp. 88-91, 발췌 및 재구성.

② 발달적 욕구의 적기성의 원리

영유아는 전 생애에서 양적 · 질적으로 가장 급속하게 발달이 이루어지는 시기로, 각 발달 시기에 따른 대표적인 발달 특성을 반영하여 이를 적절한 시기에 경험할 수 있도록 보육과정을 구성하여야 한다. 보육과정을 계획하고 실행하는 보육교사는 영유아의 시기별 발달 특성과 욕구를 정확하게 이해할 수 있어야 하며 이를 반영하여 실천하도록 노력해야 한다(김상림 외, 2015).

③ 적합성과 개인차를 고려한 원리

보육과정은 영유아의 발달적 욕구와 다양성을 인정하고, 적합성과 개인차를 고려한 보육과정을 구성해야 한다. 영유아의 자발적 놀이와 능동적 활동은 그들의 내적 욕구를 무시하지 않고 자연 속에서 자유롭게 노는 가운데 학습이 이루어지도록 고려해야 한다. 보육현장에서 현실적으로 개별 보육이 어렵다고 하더라도 개별 영유아의 발달 수준을 무시한 획일화된 보육은 여러 가지 문제가 제기될 수 있다. 즉, 연령별 보편적 발달 범주 안에서 어떤 활동을 할 것인지, 어떤 상호작용을 할 것인지, 어떤 경험을 영유아에게 안전하고 흥미로운 활동으로 할 수 있는지에 대해 고려해야 한다.

④ 연속성과 계열성의 원리

영유아가 경험하는 보육과정의 내용은 다음 발달단계의 보육내용과 자연스럽게 연결되도록 연속성을 가지고 구성되어야 한다. 현재 수준에서 다음 수준으로 나아갈 수 있도록 계열성을 가져야 한다는 것이다. 즉, 친숙한 것에서 친숙하지 않는 것으로, 쉬운 것에서 어려운 것으로, 간단한 내용에서 복잡한 내용으로 순차적으로 제시하도록 보육과정이 구성되어야 한다.

⑤ 통합성의 원리

보육은 영유아의 전인적인 발달을 목적으로 하므로 신체적, 인지적, 언어적, 사회 · 정서적 발달이 통합적으로 이루어지도록 보육과정을 구성하여야 한다. 영유아기의 발달적 특성은 상호 유기적인 관계를 맺으면서 발달하기 때문에 분리된 경험보다는 전체적으로 통합된 경험을 제공할 수 있도록 보육활동을 구성하고 실행하는 것이 바람직하다(김상림 외, 2015).

⑥ 보육수요자의 다양성의 원리

보육은 출생에서부터 취학 전 영유아를 대상으로, 장애아와 비장애아뿐만 아니라, 보호가 필요한 위기가정의 영유아, 일반가정의 영유아 등 모든 영유아의 특수성과 개별성을 고려해야 한다. 특히 영아의 경우는 동일 연령대라도 월령에 따라 발달의 차이는 매우 크다. 즉, 같은 연령의 영유아일지라도 각자 타고난 능력에 따라 발달 수준에 차이가 있으며, 가정환경에 따라서도 차이가 있음을 감안하여 보육과정을 구성해야 한다.

⑦ 보육 시간과 보육 범위의 포괄성

하루종일 지속되는 보육활동을 위한 계획, 즉 영유아의 일상생활 전반을 포함하여 보육과정을 계획해야 한다. 영유아보육은 그들의 가정환경과 부모의 요구에 따라 다양한 보육 형태로 운영된다. 그러므로 연령에 따라 적절한 보육 시간과 범위가 융통성 있게 운영되어야 한다. 영아의 경우는 수유 시간, 배변 시간, 취침 시간 등을 면밀하게 고려하여 보육과정이 구성되어야 하고, 유아의 경우는 신체활동의 리듬, 식사, 간식, 취침이 고려되어야만 놀이와 학습이 효율적으로 이루어질 수 있다.

2) 보육과정의 내용[3)]

어린이집에서는 보육과정을 바탕으로 운영하게 되는데, 교사는 영유아의 연령, 수준, 발달단계별 목적을 구체적으로 정의하고, 각 발달단계에 따라 목적 달성에 필요한 내용을 선정하고 조직해야 한다. 영유아의 발달 수준에 맞지 않는 단순히 지식 전달이나 기술 위주가 아니라 영유아가 놀이와 활동에 적극적으로 참여하고 능동적으로 경험

3) 윤매자 · 안창희(2021). 보육과정. pp. 92-101, 발췌 및 재구성.

할 수 있는 내용으로 구성해야 한다. 따라서 보육과정의 내용은 객관적인 지식이나 개념을 중심으로 구성하기보다는 놀이중심의 다양한 활동으로 보육과정의 실제로 운영하는 측면을 고려해야 한다.

(1) 보육과정의 내용 선정

보육의 목표가 정해지면 그 목표를 달성하기 위하여 보육과정의 내용을 선정한다. 보육과정의 내용은 학습할 가치가 있는 것이 어떤 것인지, 그리고 어떤 영역을 강조하느냐에 따라 달라진다. 미국 유아교육협의회(NAEYC, 1991)에서 개발하여 제시하는 '발달에 적합한 실제'는 주로 발달이론에 근거하고 있다는 비판이 있지만, 영유아들을 위한 학습경험과 보육과정을 선정할 때 연령별 특성, 개인적 적절성, 사회·문화적 배경과 같은 요소들을 고려하고 있다.

이러한 점을 감안할 때 우리는 지금까지 영유아들을 위한 보육내용은 영유아발달에 관한 지식에 상당히 의존해 왔다고 볼 수 있다. 그러나 보육과정이 단순히 영유아발달에 대한 지식에만 의존해서는 안 되며, 기초적인 학문적 지식, 기술, 태도와 함께 문화와 지역사회의 가치 등도 포함할 것을 요구하고 있다(고문숙 외, 2015).

이러한 측면에서 보육과정의 내용을 선정할 때 기본적으로 고려해야 할 사항은 다음과 같다(정정란 외, 2018).

첫째, 보육내용은 보육과정의 목적과 목표에 부합해야 한다. 보육내용이 맞지 않으면 보육 목표를 달성하기 어렵다.

둘째, 보육내용은 영유아의 연령과 수준에 적합해야 한다. 영유아의 발달 수준, 흥미, 관심, 욕구에 기초하여 구성되어야 한다.

셋째, 보육내용은 영유아에게 직접 참여하는 기회를 제공해야 한다. 영유아가 보육활동을 직접 경험하고, 일상생활에 밀접하게 연관된 내용을 선정해야 한다.

넷째, 보육내용은 균형 있게 제공되어야 한다. 신체, 인지, 언어, 사회·정서발달이 영유아의 건전한 성장과 발달에 도움을 주도록 구성되어야 한다.

다섯째, 보육내용은 사회적 가치에 적합해야 한다. 인간의 도덕적 가치와 이상, 공공 예절, 시민의식 등의 능력을 함양하는 것에 적합한 내용으로 구성되어야 한다.

(2) 보육과정의 내용 구성

보육과정의 내용 구성은 보육의 목적을 달성하기 위해 일과운영에 따른 보육 활동, 건강, 영양, 안전, 부모참여와 지역사회와의 협력(「영유아보육법 시행규칙」 제23조) 등에 의해 영유아의 전인적인 발달을 도모하기 위한 내용으로 구성되어야 한다. 보육과정의 내용 구성을 살펴보면, 다음과 같다(황혜경 외, 2015).

① 보육활동

보육활동은 영유아로 하여금 유능하고 존중받는 사람으로서 자아존중감을 발달시키도록 돕는다. 장기적인 목적에 따라 전인적인 발달을 도모하기 위해서 목표를 구체화하고, 그 목표를 달성하기 위해 보육계획안을 작성하여 실행하게 된다.

그러나 그동안 연간, 월간, 주간, 일일 보육계획안으로 작성하여 운영하였으나, 2020년 제4차 표준보육과정 고시에서 보육현장에서 발생했던 지나친 교사 주도 활동을 지양하고 연간, 월간, 주간, 일일 보육계획 수립의 의무를 경감하여 보육계획을 수립하되, 영유아의 관심, 특성, 여건을 감안하여 '영유아와 교사가 함께 만들어 가는 교육과정'임을 강조한 바가 있다(교육부 · 보건복지부, 2020). 따라서 보육활동 실행 시에 목적과 목표에 따라 구조화 · 비구조화된 활동, 집단 · 개별 활동, 동적 · 정적 활동, 휴식 · 배변 등의 생리적 욕구 충족을 위한 활동을 포함하여 융통성 있게 운영되어야 한다.

② 건강과 영양

영유아의 건강을 위해서는 신체와 정신건강에 도움이 되는 예방적 서비스를 제공하고, 현재의 건강 문제를 발견하여 치료를 도움으로써 영유아와 그 가족, 지역사회의 건강을 증진시킬 수 있다(황혜경 외, 2015). 또한, 영양관리는 영유아에게 제공되는 적절한 식단을 통해 규칙적인 식사와 간식을 충분히 제공함으로써 균형 있는 영양을 공급해주며, 바른 식습관을 기를 수 있도록 도와야 한다.

③ 안전과 위생

안전과 위생, 청결과 관련해서 보육교직원은 영유아 안전관리의 중요성을 인식하고 실천해야 하며, 영유아 스스로가 자신의 안전에 대해 보호할 수 있는 대처 능력과 기술을 익힐 수 있도록 안전교육을 실시해야 한다. 일반적으로 영유아교육기관의 안전관리 내용으로는 시설·설비 안전, 화재안전, 교통안전, 생활안전(학대, 유괴, 미아 발생, 전기사고, 성범죄, 동·식물 사고, 인라인스케이트 등) 등이 있다. 안전관리의 주체는 영유아뿐만 아니라 보육교직원과 부모도 포함된다. 위생과 청결 교육은 영유아의 건강을 위한 기본 요건으로 영유아를 대상으로 하는 건강교육에 반드시 포함하며, 시설과 급식, 위생, 정기적인 소독과 안전 점검은 의무이자 필수이다.

④ 부모교육과 참여

부모교육은 부모와 각 가정의 특성에 맞는 교육 내용을 실시하는 것이 영유아에게 도움이 된다. 부모들에게 보육에 관한 지식, 기술, 정보 등을 알려 주고, 맞벌이 부모, 다문화 부모, 농어촌 부모, 한부모, 저소득 부모 등을 대상으로, 이들에게 적절한 맞춤형 보육과정을 리플릿, 양육 정보지, 양육 안내 소책자, 가정통신문, 홈페이지 게시글 등을 이용하여 부모교육에 관한 자료를 제공한다.

⑤ 지역사회와의 협력

영유아교육기관, 가정, 지역사회와의 협력은 영유아를 둘러싼 부모, 가족, 지역사회에 관하여 이해를 쉽게 할 수 있으며, 함께 소통하고 협력함으로써 영유아보육 실천에 최적의 효과를 얻을 수 있다. 또한 지역사회자원을 활용하기 위해서는 지역사회기관과 시설을 견학하거나 체험학습의 장소로 활용할 수 있도록 해야 한다. 주로 어린이집의 연간계획을 작성할 때, 지역사회 전문가 초빙, 의료검진과 상담, 자원봉사자 활용 등 지역사회의 인적 자원과 물적 자원을 활용할 뿐만 아니라 지역주민들을 위한 발표회, 바자회 등을 보육과정의 내용에 포함하여 영유아교육기관과 지역사회가 서로 협력하는 장소가 되어야 한다.

(3) 보육과정의 내용조직

보육내용이 선정되면, 선정된 내용을 조직하게 된다. 내용조직은 보육과정의 목적이나 목표에 접근하기 쉽게 혹은 내용을 분류하거나 깊이를 고려하여 어떤 기준으로 내용 순서를 결정해야 하는지를 고려해야 한다. 보육내용을 효율적으로 조직하기 위해서는 타일러(Tyler, 1949)가 제시한 계속성 원리, 계열성 원리, 통합성 원리 등을 고려해야 하는데 이를 구체적으로 살펴보면, 다음과 같다(윤매자 · 안창희, 2021).

① 계속성(continuity)의 원리

계속성의 원리는 학습경험을 시간 계열에 따라 반복적으로 제시하여 경험되도록 조직하는 것이다. 즉, 영유아의 학습경험의 효과를 높이기 위해 일정한 기간 동안 학습이 일어나도록 손 씻기, 식습관 지도, 생활안전, 화재대피 훈련 등과 같은 경험을 제공하여, 영유아가 사고를 재구성하는 과정을 거쳐 숙달과 즐거움을 느낄 수 있도록 보육내용을 조직하는 원리를 말한다.

② 계열성(sequence)의 원리

계열성의 원리는 학습경험을 동일한 수준에서 반복하는 계속성의 원리와 달리 내용의 수준을 점차적으로 높이고 확대해 나가는 수직적 조직 개념이다. 즉, 연령이 증가할수록 학습경험은 단계적으로 깊어지고 폭넓게 제공된다. 단순히 동일한 수준에서 반복되는 것이 아니라, 쉬운 것에서 어려운 것으로, 단순한 것에서 복잡한 것으로, 구체적인 것에서 추상적인 것으로, 점진적이고 복잡하고 심화할 수 있도록 조직하는 원리이다.

③ 통합성(integration)의 원리

통합성의 원리는 영유아가 경험하게 될 여러 영역의 학습 내용들이 서로 상호 유기적으로 연결되고 통합될 수 있도록 조직하는 원리이다. 영유아의 일상적 경험과 서로 연계되도록 어떤 사물의 개념이나 상황 등이 분절되지 않고 서로 연계된 내용으로 조직하여야 한다. 특히 영유아의 발달 특성상 친숙하지 않거나 추상적인 것을 지식으로 습득하기 어렵기 때문이다(전찬경, 2016). 따라서 영유아들에게 의미 있는 학습경험을 제공할 수 있고 흥미와 참여를 높이고 지식, 기술, 태도와 성향을 계발하는 데 효과적이라는 점에서 최근 보육현장에서 활발하게 적용되고 있다(Katz & Chard, 1989).

(4) 교수-학습 방법

교수와 학습의 개념은 서로 분리될 수 없는 것이며, 교수는 학습을 전제로 하며, 학습은 교수에 의해 나타나는 결과이다. 따라서 가르치고 배우는 보육현장에서 효과적인 교수-학습이 이루어지도록 하기 위해서는 영유아의 연령, 발달 수준, 상황에 맞는 교수-학습 방법과 교사의 역할이 중요하다. 교수-학습 방법의 종류에 따른 정의와 장점, 그리고 교사의 역할을 살펴보면, 다음 〈표 4-1〉과 같다.

〈표 4-1〉 **교수-학습 방법의 종류와 교사의 역할**

종류	정의	장점	교사의 역할
놀이중심 학습	놀이는 영유아의 전인적 발달을 지원하는 전체론에 기반을 둔 실행방법(Este, 2004)	• 자기주도적인 활동 • 관심에 집중, 몰입 • 스스로 의미 있음을 배움	• 전인적인 발달을 도움 • 각 영역에 필요한 기술 획득 • 지속적으로 발달을 도움
주제중심 학습	정해진 주제에 대해 영유아의 아이디어를 확장시키는 방법	• 영유아가 주제 선정에 참여, 탐구함 • 연계망 구성함 • 아이디어 제시 • 생각 모으기	• 주제 선정에 세심한 주의 요함 (예: 한부모가정, 다문화가정 등) • 자료 수집과 공간 배열 • 사전 주제망 그리기
발견학습	영유아들이 의미를 찾으려고 시도하고 스스로 발견해 가는 과정을 중시	• 영유아가 탐색, 실험, 질문 등을 통해 활동자료에 내포된 의미를 찾음	• 호기심에서 탐구로 이어지게 돕고, 자료를 제공함 • 스스로 발견자가 되도록 격려함 • 질문할 때 정답을 요구하지 않음 • 영유아의 반응을 통해 스스로 개념을 구성하도록 계획함
자기표현 학습	영유아가 발달 및 교수-학습의 결과로 얻게 된 생각과 느낌을 다양한 형태로 표현	• 역할놀이, 게임, 신체적 표현 • 조형적 표현 • 언어적 표현	• 역할놀이 시 다양한 직업군에 대해 알려 줌 • 그리기, 만들기, 전시하기 등을 지원함 • 감정이나 문제해결 방안을 언어로 표현하도록 지도함

종류	정의	장점	교사의 역할
토의하기	두 사람 이상이 어떤 주제, 사건을 가지고 서로 의견을 나누어 합의점이나 문제해결에 도달하기 위한 논의 과정	• 자신이 이해한 내용제시 • 갈등 상황을 토의함 • 저마다 다른 의견이 있음을 암	• 의사소통을 잘해야 함 • 영유아 간의 친밀도 조성 • 교사의 지도력 필요함
추론하기	딜레마 상황을 제시한 후, 영유아들의 의견을 들음	• 상황 속에 주인공이 어떻게 해야 하는지 제시 • 왜 그렇게 해야 하는지를 설명함	• 교사의 섣부른 판단이나 선입견, 고정관념을 가지지 말아야 함
설명하기	영유아의 개념 획득을 위하여 사용하는 방법	• 수직적 사회지식 가르침 • 저절로 형성되기를 기대하지 않을 때 사용함	• 영유아의 주의를 끌 만한 시청각 자료, 구체적 사례 등의 다양한 자료를 사용함
모델링	영유아가 가장 영향력이 있는 대상자의 행동을 모방해서 학습하는 것	• 동기유발에 도움이 됨 • 친사회적 행동 모방 • 훌륭한 인물의 행동 관찰함	• 영유아에게 기계적인 시범이나 영유아가 단순한 모방으로 그치지 않도록 함
문제해결하기	영유아가 교사와 함께 문제 상황에 대하여 그 원인과 해결책을 모색해 보는 것	• 문제해결의 장단점 파악 • 새로운 방법을 제시	• 모델 역할 • 보조자 역할 • 제공자 역할 • 촉진자 역할
프로젝트	영유아의 관심사를 공동주제로 선정하고 탐구활동 방법으로 자료 수집, 조사, 분석 연구하는 것	• 호기심을 키움 • 공동체 의식 강화 • 경험 강조 • 활동 과정에 중점을 둠 • 당면문제를 영유아 스스로 자료 수집, 조사, 분석하여 해결함 • 방안을 찾아나가는 문제해결 과정 중요시함	• 교사가 사전에 개입하지 않음 • 궁금한 것을 영유아 스스로 해결책을 질문하도록 지도함 • 협동작업을 중요시함 • 비교하거나 비난하지 않음 • 각자의 독창성을 격려하고 칭찬함
협동학습	학습능력이 서로 다른 영유아가 동일한 학습목표를 위하여 소집단 내에서 함께 활동하는 교수-학습 방법	• 협동적 활동에 적용 • 또래와 원활한 상호작용 • 친사회적인 행동과 언어 발달 • 자아존중감과 성취동기 발달	• 공동작업을 중요시함 • 소외되는 영유아가 없도록 관찰하여 개입시킴 • 결과보다도 과정을 중요시함

출처: 윤매자 · 안창희(2021). 보육과정. pp. 113-115 재인용.

(5) 보육과정의 평가

평가는 실행된 보육과정의 목표 달성 여부와 영유아의 긍정적인 발달의 결과를 알아보는 것이다. 보육현장에서 실행한 자료와 정보를 수집하여 분석함으로써 전반적인 보육의 질을 향상 시킬 수 있게 된다. 평가에 관한 내용을 구체적으로 살펴보면, 다음과 같다(황혜경 외, 2015).

첫째, 보육의 질적 향상을 위해 어린이집에서 주기적으로 보육과정 구성과 운영을 평가한다.

둘째, 영유아의 욕구와 발달에 적합한 보육과정을 계획, 실행, 평가하는 과정을 통해 보육과정을 개선한다.

셋째, 보육목표를 달성하기 위해 선정한 내용과 활동의 실제가 설정한 목표와 부합하는지 평가한다.

넷째, 평가 과정이 지속적으로 상호 유기적인 연계성을 가지고 발전하는지를 평가한다.

다섯째, 보육프로그램과 교수-학습 개신을 할 수 있는지를 평가한다.

또한 보육과정 평가의 구성 요소는 보육목표와 내용 평가, 교수-학습 과정의 평가, 평가의 평가 등이 있다. 보육목표의 평가는 보육목표가 철학적 관심, 사회·문화적 측면, 영유아발달, 보육과정 내용이라는 관점에서 설정의 타당성을 평가하는 것이며, 보육내용의 평가는 보육목표에 맞게 구성되었는지를 평가하며, 교수-학습 과정의 평가는 보육목표와 보육내용의 실천 정도를 평가하는 것이다.

3. 보육과정의 운영

보육과정의 운영은 보육계획안을 바탕으로 보육과정이 실제로 이루어지는 것을 말하며, 보육과정 운영의 개념은 학자들마다 그 범위를 다양하게 규정하고 있으며, 용어는 보육과정의 실행, 시행, 전개 등 여러 가지로 사용하고 있다. 보육교사는 다양한 역할을 하고 있지만, 보육교사가 보육과정을 얼마나 잘 이해하고 어떻게 실행하는가 하는 점이 보육의 목적을 실현하는 데 있어 매우 중요한 역할을 한다.

1) 보육과정 운영의 중요성

보육과정 운영이란 보육과정의 계획, 실행, 평가 과정에서 이루어지며, 보육과정을 실제로 하루일과에 적용하게 된다. 어린이집에서 보육과정을 운영할 때 연령별 보육계획에 따라 운영되며, 다양한 흥미영역과 실내외 환경의 영향을 받는다. 또한 영유아의 개별적인 능력과 장애 정도에 따라 조절하여 운영하며, 각 기관의 특성과 실정에 따라 부모교육, 가정과의 협력, 지역사회와의 연계 등의 활동도 함께 운영한다. 보육과정을 효과적으로 운영하기 위해서는 무엇보다 보육교직원의 끊임없는 반성적 사고와 재교육을 통해 보육의 질을 높일 수 있기 때문에 중요하다(윤매자 · 안창희, 2021).

임지나(2012)의 연구에서는 교육과정의 운영은 교사들에 의해 좌우된다고 하였다. 교사가 교육과정상의 변화를 얼마나 중요하게 보느냐, 그리고 교육과정을 올바로 실천하는 데 필요한 지식과 방법을 얼마나 알고 있느냐, 교사가 보다 나은 수업 개선을 위하여 기존의 태도나 수업 방법을 스스로 고쳐 볼 수 있는 변화 지향적 태세를 갖추었느냐 등이 교육과정 운영에 중요한 요인이 된다고 하였다(곽병선, 1983 재인용). 보육과정에 대한 보육교사의 이해와 해석, 실천은 곧 교사가 준비한 활동을 통해 나타나기 때문에 보육과정 운영의 결과는 교사가 보육과정을 이해하는 수준만큼 실현되기 때문이다(박주상, 1994 재인용).

2) 보육과정 운영의 특성[4)]

제4차 표준보육과정(누리과정)에 근거하여 보육과정 운영의 특성을 살펴보면, 어린이집

4) 윤매자 · 안창희(2021). 보육과정. pp. 24-27, 발췌 및 재구성.

운영관리에 해당하는 부분이 다소 포함되어 있으며, 그 내용은 다음과 같다.

(1) 연간, 월간, 주간, 일일계획 등 보육계획 운영

보육과정은 연간, 월간, 주간 및 일일 보육계획 등 점진적으로 작성하되, 반드시 모든 계획안을 작성하여 운영해야 하는 것은 아니다. 각 영역별 목표와 내용을 균형 있게 반영하여 영유아중심·놀이중심으로 운영하되, 보육계획안 작성은 어린이집 실정에 맞추어 탄력적으로 계획하여 운영할 수 있다. 즉, 연간 보육계획은 1년 동안 어린이집에서 실행해야 할 보육목표와 보육내용 및 행사, 부모교육 등을 한눈에 파악할 수 있도록 제시한다. 월간 보육계획은 해당 월 주제에서 다루어야 할 내용의 범위와 수준을 제시하는 이정표이며, 주간 보육계획은 보육교사가 선정한 보육계획을 요일별로 배정한 것이며, 일일 보육계획은 개별 영유아의 발달 수준 및 당일의 상황 변화에 따라 교사가 활동을 조정하여 운영할 수 있다.

(2) 흥미영역별 구성과 운영

영유아의 학습을 촉진시키기 위하여 흥미영역을 실내외에 구성하여 자유 놀이의 선택권을 확대하고 자발적 참여를 높이도록 해야 한다. 보육실은 영유아가 하루 동안 대부분 시간을 보내는 공간이자 보육과정을 운영하는 공간이므로 다양한 흥미영역을 구성해야 한다.

영아반 경우에는 수유, 이유식, 낮잠, 기저귀 갈이 등 일상생활 공간을 우선적으로 확보하고 월령이 증가함에 따라 역할 영역, 쌓기 영역, 수·과학 영역, 조작 영역, 언어 영역, 미술 영역, 음률 영역 등 다양한 흥미영역을 배치한다.

유아반의 경우에는 보육실 내의 흥미영역에 제시되는 교재·교구 등 자료들은 주간 및 일일 보육계획의 주제와 관련된 것을 제공하고, 이야기 나누기, 토의, 게임, 관찰, 실험, 조사, 현장학습, 실외 흥미영역까지 고려하여 다양한 유형의 주제와 활동이 연계되도록 하여 유아의 학습을 심화시킬 수 있도록 한다. 또한, 유아 주도의 '자유놀이'에서 교사가 '계획한 활동'까지 교육과정 내 놀이의 범위를 확대하여 획일적이었던 교실 내 환경을 다양한 놀이와 활동을 경험할 수 있는 환경으로 구성해야 한다.

(3) 가정과 지역사회 협력 및 참여 운영

어린이집과 가정, 지역사회 간의 협력적인 관계는 영유아의 보육과 교육에 긍정적인 영향을 미친다. 어린이집이 위치한 지역의 문화적 · 지리적 환경의 특성을 감안하여 보육과정에 반영하여 운영한다면 효과적일 것이다. 다양한 직업군(의사, 간호사, 소방관, 경찰관 등), 취미 및 특기를 가진 가족구성원과 지역사회 인적 자원들을 활용하여 보육과정에 적극 참여시켜 가정과 지역사회와의 교류를 통해 효율적으로 운영한다.

(4) 부모교육 운영

부모교육은 보육과정의 실시 효과를 극대화시킬 수 있는 중요한 요인 중 하나이다. 부모가 일관성 있는 양육 태도로 부모 역할, 영유아의 특성, 상황에 따른 적절한 대처 기술을 알고 실천할 수 있도록 부모교육을 연간 보육과정 계획안에 적절하게 안배하여 실시한다. 부모교육은 가정과 어린이집 사이를 오고 가는 연락장, 가정통신문, 게시판 안내, 등 · 하원 시 자유로운 대화와 면담, 대 · 소집단 모임, 수업관찰 면담, 자원봉사 활동, 부모 참여수업, 보조교사, 그리고 어린이집 운영위원회 참여와 의사결정 참여 등에 이르기까지 다양하게 이루어질 수 있다. 어린이집은 지역의 특수성과 여건, 상황에 따라 보육환경, 학급 연령, 부모의 요구 등을 고려하여 부모교육의 내용과 방법을 계획하여 하루일과, 교사 구성 등을 고려하여 융통성 있게 운영하여야 한다.

3) 보육과정 운영 시 고려되어야 할 사항

무엇보다 보육과정을 운영할 때 교사의 역할은 매우 중요하다. 따라서 교사가 보육과정을 운영할 때 어떠한 점들을 고려해야 하는지 살펴보면 다음과 같다(이동률, 2009 재인용).

첫째, 교사는 영유아들에게 적합하고 효율적인 프로그램을 계획하고 운영하며, 보육 목표를 설정하고 이에 기초한 보육계획을 수립하도록 한다.

둘째, 보육계획을 수립할 때 영유아의 발달적 적합성을 고려하여 발달의 전 영역을 균형 있게 다루도록 하며, 영유아의 개인차를 존중하고 발전시키기 위해 영유아들의 흥미와 관심을 보육목표에 포함하도록 한다.

셋째, 보육계획을 융통성 있게 운영하고 상황에 따라 수정하고 변화를 주어 실시하도록 하며, 보육과정에 대한 운영을 효율적으로 실천하기 위해서는 교사의 보육 방법에 대한 이해와 연구 개발이 필요하다.

넷째, 보육과정에 근거한 보육계획을 기관이 갖고 있는 인적, 물리적 환경을 고려하여 현재 수준에서 점진적으로 적용해 나가도록 한다. 보육과정을 운영함에 있어 기관마다 각기 특색 있는 보육과정을 운영하는 곳도 있다. 즉, 생태교육에 관심을 갖고 있는 기관이라면 보육과정 수립 시 생태의 특성을 살려 운영을 하기도 한다. 인성을 중요시 생각하는 기관은 인성 프로그램을 심도 있게 다루어 보육과정을 수립하고 운영하고 있다. 이와 같이 영유아의 다양한 교육적 요구를 만족시킴을 목적으로 특별활동의 강사, 혹은 외부 강사가 수업을 진행하는 프로그램 이외에도 특성화 프로그램을 보육과정 내에서 계획할 수 있다 (박민정, 2017).

생각해 보기

1. 보육과정의 특성을 알아보고, 예비보육교사로서 보육과정의 중요성에 대해 논의해 봅시다.

2. 보육과정의 구성 원리에 대해 살펴보고, 보육의 질을 높이기 위해 필요한 원리가 있는지 논의해 봅시다.

3. 보육과정 운영 시 고려되어야 할 사항에 대해 논의하고, 자신의 의견을 제시해 봅시다.

어린이집 표준보육과정

Chapter 05

보건복지부는 「영유아보호법」 제29조제2항, 「영유아보육법 시행규칙」 제30조 및 별표 8의4에 의한 "제3차 어린이집 표준보육과정 고시(보건복지부 고시 제2013-8호, 2013.1.21., 일부 개정)"를 "제4차 어린이집 표준보육과정 고시(보건복지부 고시 제2020-75호, 2020.4.9.)로 고시하고, 2020. 9. 1일부터 시행하고 있다. 5장에서는 어린이집 보육과정으로, 제4차 표준보육과정 해설서(보건복지부, 2020), 2019 개정 누리과정 해설서(교육부 · 보건복지부, 2019b). 2019 개정 누리과정의 보도자료와 놀이이해 자료(교육부 · 보건복지부 · 육아정책연구소, 2019), 등을 바탕으로, 제4차 어린이집 표준보육과정(누리과정)의 이해를 돕고자 한다.

1. 제4차 표준보육과정의 이해

국가수준의 어린이집 표준보육과정(이하, 표준보육과정)이란 어린이집에서 보육과정을 운영함으로써 영유아들에게 질적으로 균등한 이용 기회를 제공하고, 영유아의 연령, 흥미, 발달 수준에 적합한 양질의 보육서비스를 지원하기 위해 국가가 영유아기에 필요한 보편적 보육과정의 방향을 제시한 것이다(이미정, 2016). 즉, 0~5세 영유아가 어린이집에서 경험해야 할 바람직한 지식, 기술, 태도, 가치 등을 포함한 보편적인 보육내용을 제시하여, 영유아의 심신의 건강과 전인적인 발달을 도와 행복하고, 민주시민의 기초를 형성하는 것을 목적으로, 국가가 보육과 교육의 질을 보장할 수 있는 최소한의 지침이라는 성격을 명확히 하고 있다(보건복지부, 2020).

1) 제4차 표준보육과정의 개정 배경

제4차 어린이집 표준보육과정(이하, 제4차 표준보육과정)은 영유아보육과정의 일관성을 높이기 위해 '2019 개정 누리과정'과 같은 유아중심 · 놀이중심을 기본방향으로, 영유아의 자율성과 창의성, 감성, 사회성을 키울 수 있도록 개정하였다. 어린이집에서는 운영하는 보육과정은 국가수준의 보육목표, 영유아발달, 개인차를 고려하여 이들이 경험하게 될 보편적인 보육내용을 제시하였다(보건복지부, 2020).

(1) 표준보육과정의 연혁[1)]

어린이집에서는 운영하는 보육과정은 국가수준의 보육목표, 영유아발달, 개인차를 고려하여 영유아가 중심이 되고, 놀이가 살아나는 보육, 영유아의 자율성, 교사의 영유아권리존중의 보육을 실천하기 위해 경험하게 될 보편적인 보육내용을 제시하고 있다

1) 보건복지부(2020). 제4차 어린이집 표준보육과정 해설서, 발췌 및 재구성.

(보건복지부 · 육아정책연구소, 2020). 2020년 기준으로 영유아교육기관에서 실행되고 있는 국가수준의 표준보육과정의 근거와 제1차 표준보육과정에서 제4차 표준보육과정 개정까지의 경위를 살펴보면, 다음과 같다(교육부 · 보건복지부, 2020).

〈표 5-1〉 국가수준의 표준보육과정 연혁

년도	내용
1991년	• 「영유아보육법」 제정으로 보육의 법적 토대를 구축
2004년	• 개정된 「영유아보육법」 제29조 표준보육과정 개발 및 보급을 위한 근거 마련
2005년	• 여성가족부 표준보육과정 연구
2006년	• 「영유아보육법 시행규칙」 제30조 표준보육과정령을 개정
2007년 1월	• 제1차 어린이집 표준보육과정 고시, 연령별, 수준별로 구분하여 적용
2010년 6월	• 표준보육과정 개정안 연구 시작
2011년 2월	• 제2차 어린이집 표준보육과정 개정안 공청회 개최
2011년 9월	• 5세 공통과정(누리과정)을 개정하여 우선 고시
2012년 2월	• 0~4세 제2차 어린이집 표준보육과정 고시
2012년 7월	• 3~5세 연령별 누리과정 고시
2013년 1월	• 3~5세 누리과정을 포함하여 제3차 어린이집 표준보육과정 고시
2017년 12월	• 유아교육혁신방안으로 유아중심 · 놀이중심 교육과정 개편 방향 구체화
2018년 1월	• 누리과정 개정 연구진 구성, 토론회, 현장교사 간담회 실시
2019년 7월	• 2019 개정 누리과정 고시
2020년 4월	• 개정 누리과정을 포함하여 제4차 어린이집 표준보육과정 고시 • 0~1세, 2세, 3~5세 기존 체계 유지 • 연령별, 수준별 세부 내용을 '내용'으로 통합

출처: 보건복지부(2020). 제4차 어린이집 표준보육과정 해설서. pp. 6-7 재구성.

(2) 제4차 표준보육과정의 개정 취지

제4차 표준보육과정(누리과정)의 개정에 대한 취지를 구체적으로 살펴보면, 다음과 같다(보건복지부, 2020).

① 미래사회에 부응하는 새로운 교육과정

국내외 교육과정은 역량을 중심으로 미래사회에 부응하는 방향으로 나아가고 있다. 미래사회는 지식이 많은 사람보다는 지식을 잘 활용할 수 있는 사람을 필요로 한다(교육부 · 보건복지부, 2019a). 따라서 제4차 표준보육과정은 자연과 생명을 존중하며 다른 사람과 함께 살아가는 바른 인성을 갖추고, 창조적 사고로 지속 가능한 사회를 만들어 갈 수 있는 역량을 갖춘 사람이 될 수 있는 교육과정으로 나아가고자 하였다(교육부 · 보건복지부, 2019a).

② 영유아 놀이가 중심이 되는 교육과정

놀이는 영유아의 일상에서 자연스럽게 나타나며, 영유아가 세상을 경험하고 배워 가는 방식이다. 영유아가 놀이하며 보여 주는 독특한 움직임, 표정, 재미있는 말과 이야기, 그림이나 노래 등은 모두 놀이의 과정이자 배움의 결과물이다(이영림, 2021). 따라서 제4차 표준보육과정은 영유아가 놀이의 가치와 의미를 이해하고, 영유아의 놀이를 통한 배움을 지원하도록 하는 데 중점을 두고 있다(교육부 · 보건복지부, 2019a).

③ 영유아의 놀이를 지원하기 위한 교사의 자율성

교사는 그 누구보다 영유아의 놀이를 가장 잘 이해하고 지원하는 전문가이며, 영유아와 함께 성장하고 배워 나간다. 교사는 활동을 계획하고 준비하는 데 많은 시간을 보내기보다는 영유아의 놀이를 이해하고 지원하는 데 더 많은 시간을 보낼 필요가 있다(교육부 · 보건복지부, 2019a). 그러므로 제4차 표준보육과정은 교사가 자율성을 기반으로 영유아가 놀이하며 배운다는 가치를 믿고 영유아가 중심이 되고 놀이가 살아나는 교육과정을 영유아와 함께 실천해 갈 수 있도록 하였다.

2) 표준보육과정의 아동관

모든 영유아는 타고난 기질, 유전적 특성, 발달 속도 등 다양한 개인차를 지닌 존재임을 인식하고 그들이 가지고 있는 독특하고 고유한 특성을 살리고 존중받을 때 건강하게 성장·발달할 수 있다(보건복지부, 2020).

제4차 표준보육과정(누리과정)의 핵심은 '놀이하며 배우는 유능한 영유아', '영유아의 놀이'에 초점을 두고 있다. 이는 '영유아중심'의 맥락에서 이해하고 영유아를 존중한다는 의미가 포함되어 있다. 영유아 존중의 의미는 바로 영유아의 존엄성을 지칭하는 것이다. 영유아는 미성숙한 존재가 아니라 하나의 인격체로서 독자적인 자신의 선(the good)을 선택하고, 그 선택에 합당한 설계가 가능하고, 자신의 이익을 추구할 수 있는 존재임을 의미하는 것이기도 하다(김정래, 2002). 즉, 영유아는 능동적인 존재로 이해되어야 하며, 가르치는 어른에 의해 그대로 배우는 존재가 아니라 자신들의 활동을 통해서 배우는 존재로 봐야 할 것이다(윤매자, 2010). 따라서 표준보육과정은 영유아권리존중의 보육으로써, 영유아가 호기심 어린 마음으로 자신과 자기 주변을 탐색하고 느낄 수 있도록 지원하며, 놀이를 통해 느낌과 생각을 잘 드러내도록 격려하고 북돋아 주어야 한다(보건복지부, 2020).

2. 제4차 표준보육과정의 구성 방향[2)]

제4차 표준보육과정은 0~5세 영유아를 위한 국가수준의 보육과정이며, 0~1세 보육과정, 2세 보육과정, 3~5세 보육과정(누리과정)으로 구성하였다. 국가수준의 표준보육과정을 시행함으로써, 영유아중심·놀이중심으로 전인적 발달과 우리 문화에 적합한 내용을 일관성 있고 연계적으로 실천하며, 궁극적으로 사회에서 추구하는 인간상을 구현하고 전국 어린이집의 질적 수준을 높이는 데 기여하고자 하였다(윤매자·안창희, 2021). 이에 제4차 표준보육과정의 구성 방향을 살펴보면, 다음과 같다.

2) 보건복지부(2020). 제4차 어린이집 표준보육과정 해설서, 발췌 및 재구성.

1) 추구하는 인간상[3)]

표준보육과정이 추구하는 인간상은 건강한 사람, 자주적인 사람, 창의적인 사람, 감성이 풍부한 사람, 더불어 사는 사람이며, 미래의 핵심역량을 반영한 초·중등학교 교육과정의 인간상과 연계되어 있다(보건복지부, 2020).

추구하는 인간상				
건강한 사람	자주적인 사람	창의적인 사람	감성이 풍부한 사람	더불어 사는 사람

[그림 5-1] **제4차 표준보육과정의 추구하는 인간상**

출처: 보건복지부(2020) 제4차 어린이집 표준보육과정 해설서.

(1) 건강한 사람

건강한 사람은 몸과 마음을 고루 발달하고 스스로 건강함을 유지하며 안정적이고 안전한 생활을 하는 사람을 의미한다. 표준보육과정은 영유아가 튼튼한 몸과 안정된 정서를 바탕으로 자신을 소중히 여기며, 일상에서 건강한 생활을 실천하고, 위험한 상황에서 자신을 보호하는 경험을 통해 건강한 사람으로 성장해 갈 수 있도록 돕는다(보건복지부·육아정책연구소, 2020).

(2) 자주적인 사람

자주적인 사람은 자신을 잘 알고 존중하며 자신감을 가지고 스스로 할 수 있는 일을 주도적으로 해 나가는 사람을 의미한다(교육부·보건복지부, 2019a). 표준보육과정은 영유아가 자신에 대한 이해를 바탕으로 자신을 가치 있고 긍정적인 존재로 여기며, 자신이 잘할 수 있는 일이 무엇인지 알고 자신의 능력을 확장하기 위해 스스로 노력하는 사람으로 성장해 갈 수 있도록 돕는다.

3) 보건복지부(2020). 제4차 어린이집 표준보육과정 해설서, 발췌 및 재구성.

(3) 창의적인 사람

창의적인 사람은 주변 세계에 열려 있고, 호기심이 많으며, 자기만의 방식으로 상상하고 느끼고 표현하고 탐구하는 가운데 새롭고 독창적인 생각을 하는 사람을 의미한다(이미화, 2020). 표준보육과정은 영유아가 놀이를 통해 자신의 관심과 흥미에 따라 세계를 탐색하고 도전하고 실험하는 과정에 적극적으로 참여하는 사람으로 성장해 갈 수 있도록 돕는다(보건복지부 · 육아정책연구소, 2020).

(4) 감성이 풍부한 사람

감성이 풍부한 사람은 예술을 사랑하고 존중하며 자신을 둘러싼 주변 세계에 경이감과 아름다움을 느끼고 즐길 수 있는 풍부한 문화적 감수성을 지닌 사람을 의미한다(보건복지부 · 육아정책연구소, 2020). 표준보육과정은 영유아가 일상과 놀이 속에서 아름다움을 발견하고 공감하며, 이를 다양한 예술로 표현하면서 문화를 향유하는 사람으로 성장해 갈 수 있도록 돕는다(교육부 · 보건복지부, 2019a).

(5) 더불어 사는 사람

더불어 사는 사람은 자신이 속해 있는 사회에 소속감을 느끼고, 다른 사람과 생명을 존중하고 자연과 더불어 살아가며 보다 나은 사회를 만들기 위해 사회문제에 관심을 갖고 협력하는 민주시민을 의미한다(교육부 · 보건복지부, 2019a). 표준보육과정은 영유아가 가족, 이웃, 동식물과 주변 환경에 관심을 가지고 소중히 여기며, 서로 배려하는 마음과 태도, 책임 의식을 가진 사람으로 성장해 갈 수 있도록 돕는다(보건복지부, 2020).

2) 목적과 목표[4)]

제4차 표준보육과정 목적은 영유아가 놀이를 통해 심신의 건강과 조화로운 발달을

4) 보건복지부(2020). 제4차 어린이집 표준보육과정 해설서, 발췌 및 재구성.

이루고 바른 인성과 민주 시민의 기초를 형성하는 데 있다. 또한 표준보육과정의 목표는 0~2세 보육과정과 3~5세 누리과정으로, 다섯 가지로 제시되어 있고, 추구하는 인간상의 구체적인 내용을 설명하고 있다. 이를 실현하기 위한 목표는 다음과 같다(보건복지부 · 육아정책연구소, 2020).

표준보육과정 목표

0~2세 보육과정 목표

가	자신의 소중함을 알고 건강하고 안전한 환경에서 즐겁게 생활한다.
나	자신의 일을 스스로 하고자 한다.
다	호기심을 가지고 탐색하며 상상력을 기른다.
라	일상에서 아름다움에 관심을 가지고 감성을 기른다.
마	사람과 자연을 존중하고 소통하는 데 관심을 가진다.

3~5세 보육과정(누리과정) 목표

가	자신의 소중함을 알고 건강하고 안전한 생활습관을 기른다.
나	자신의 일을 스스로 해결하는 기초 능력을 기른다.
다	호기심과 탐구심을 가지고 상상력과 창의력을 기른다.
라	일상에서 아름다움을 느끼고 문화적 감수성을 기른다.
마	사람과 자연을 존중하고 배려하며 소통하는 태도를 기른다.

[그림 5-2] **제4차 표준보육과정 목표**

출처: 보건복지부(2020). 제4차 어린이집 표준보육과정 해설서. pp. 21-25 재구성.

3) 구성의 중점과 내용

구성의 중점은 표준보육과정을 구성할 때 주요하게 다루는 사항을 말하며, 내용은 0~1세 보육과정, 2세 보육과정, 3~5세 보육과정(누리과정)에서 각 영역별 내용범주와 내용으로 구성된다. 구성의 중점과 내용은 다음과 같다(보건복지부, 2020).

첫째, 영유아는 개별적인 특성을 지닌 고유한 존재임을 전제로 구성한다.

둘째, 0~5세 모든 영유아에게 적용할 수 있도록 구성한다.

셋째, 추구하는 인간상 구현을 위한 지식, 기술, 태도와 가치를 반영하여 구성한다.

넷째, 0~2세 보육과정 및 3~5세 누리과정으로 각 영역을 중심으로 구성한다.

- 0~1세, 2세 보육과정: 기본생활, 신체운동, 의사소통, 사회관계, 예술경험, 자연탐구 등 6개 영역을 중심으로 구성한다.
- 3~5세 보육과정(누리과정): 신체운동·건강, 의사소통, 사회관계, 예술경험, 자연탐구 등 5개 영역을 중심으로 구성한다.

다섯째, 0~5세 영유아가 경험해야 할 내용을 구성한다.

여섯째, 초등학교 교육과정과의 연계성을 고려하여 구성한다.

3. 제4차 표준보육과정의 영역과 내용

제4차 표준보육과정(누리과정)은 0~1세 보육과정과 2세 보육과정은 기본생활, 신체운동, 의사소통, 사회관계, 예술경험, 자연탐구 등 6개 영역을 중심으로 구성되었으며, 3~5세 보육과정(누리과정)은 신체운동·건강, 의사소통, 사회관계, 예술경험, 자연탐구 등 5개 영역을 중심으로 구성되어 있다. 또한 0~1세, 2세, 3~5세 영역별 목표와 내용을 구체적으로 살펴보면, 다음과 같다(교육부·보건복지부, 2019a; 보건복지부, 2020).

1) 0~1세 영역별 목표와 내용

(1) 기본생활

기본생활 영역의 목표는 0~1세 영아가 건강하고 안전한 일상생활을 자연스럽게 경험하는 것이다. 0~1세 영아가 신체의 청결과 위생, 수유 및 이유식 등의 식사, 편안한 휴식과 배변을 통해 건강한 생활을 경험하며 놀이를 하고 교통수단을 이용하는 등 일상에서 안전한 생활을 경험하는 것을 목표로 한다(보건복지부·육아정책연구소, 2020).

목표 및 내용

목표	내용범주	내용
건강하고 안전한 일상생활을 경험한다. 1) 건강한 일상생활을 경험한다. 2) 안전한 일상생활을 경험한다.	건강하게 생활하기	• 도움을 받아 몸을 깨끗이 한다. • 음식을 즐겁게 먹는다. • 하루일과를 편안하게 경험한다. • 배변의사를 표현한다.
	안전하게 생활하기	• 안전한 상황에서 놀이하고 생활한다. • 안전한 상황에서 교통수단을 이용해 본다. • 위험하다는 말에 주의한다.

출처: 보건복지부(2020). 제4차 어린이집 표준보육과정 해설서. p. 47.

(2) 신체운동

신체운동 영역 목표는 0~1세 영아가 주변 지극에 반응하고 감각으로 주변의 사물과 환경을 인식하며 자신의 신체를 즐겁게 탐색해 보는 것에 중점을 둔다. 또한 영아의 기본 운동 능력을 발달시키기 위해 대·소근육을 이용하여 기본운동을 시도하고 실내외에서 신체를 이용한 활동을 즐기도록 한다(보건복지부, 2020).

목표 및 내용

목표	내용범주	내용
감각으로 탐색하고 신체활동을 즐긴다. 1) 감각 탐색을 즐긴다. 2) 신체활동을 즐겁게 경험한다.	감각과 신체 인식하기	• 감각적 자극에 반응한다. • 감각으로 주변을 탐색한다. • 신체를 탐색한다.
	신체활동 즐기기	• 대소근육을 조절한다. • 기본운동을 시도한다. • 실내외 신체활동을 즐긴다.

출처: 보건복지부(2020). 제4차 어린이집 표준보육과정 해설서. p. 63.

(3) 의사소통

의사소통 영역의 목표는 0~1세 영아가 의사소통 능력의 기초를 형성하는 경험을 하는 것이다(이미화, 2020). 0~1세 영아가 일상생활에서 다른 사람의 말이나 이야기를 듣고,

말하기를 즐기며, 주변의 그림과 다양한 상징에 관심을 갖고 자유롭게 끼적이기에 관심을 갖는 것과 다양한 책과 이야기에 관심을 가지는 것을 목표로 한다(보건복지부, 2020; 이미화, 2020).

목표 및 내용

목표	내용범주	내용
의사소통 능력의 기초를 형성한다. 1) 일상생활에서 듣기와 말하기를 즐긴다. 2) 읽기와 쓰기에 관련된 관심을 가진다. 3) 책과 이야기에 관심을 가진다.	듣기와 말하기	• 표정, 몸짓, 말과 주변의 소리에 관심을 갖고 듣는다. • 상대방의 이야기를 들으면서 말소리를 낸다. • 표정, 몸짓, 말소리로 의사를 표현한다.
	읽기와 쓰기에 관심 가지기	• 주변의 그림과 상징에 관심을 가진다. • 끼적이기에 관심을 가진다.
	책과 이야기 즐기기	• 책에 관심을 가진다. • 이야기에 관심을 가진다.

출처: 보건복지부(2020). 제4차 어린이집 표준보육과정 해설서. p. 79.

(4) 사회관계

사회관계 영역의 목표는 0~1세 영아가 자신을 인식하고 주변의 친숙한 사람과 관계를 맺는 경험을 하는 것이다. 0~1세 영아가 다른 사람과 분리된 자신을 고유한 존재로 인식하고 친숙한 성인과 안정적인 애착을 형성하여 어린이집에서 또래, 교사와 편안하게 지내는 것을 목표로 한다(보건복지부, 2020; 보건복지부 · 육아정책연구소, 2020).

목표 및 내용

목표	내용범주	내용
나를 인식하고, 친숙한 사람과 관계를 맺는다. 1) 나를 고유한 존재로 안다. 2) 안정적인 애착을 형성하고, 또래, 교사와 함께 지낸다.	나를 알고 존중하기	• 나를 인식한다. • 나의 욕구와 감정을 나타낸다. • 나와 친숙한 것을 안다.
	더불어 생활하기	• 안정적인 애착을 형성한다. • 또래에게 관심을 가진다. • 다른 사람의 감정과 행동에 관심을 가진다. • 반에서 편안하게 지낸다.

출처: 보건복지부(2020). 제4차 어린이집 표준보육과정 해설서. p. 95.

(5) 예술경험

예술경험 영역의 목표는 0~1세 영아가 자연과 생활에서 아름다움을 느끼고 경험하며 표현하는 과정을 즐기는 것이다. 영아가 아름다움에 관심을 가지고 예술적 경험과 느낌을 자연스럽게 표현하도록 한다(보건복지부, 2020).

목표 및 내용

목표	내용범주	내용
아름다움을 느끼고 경험한다. 1) 자연과 생활에서 아름다움에 관심을 가진다. 2) 예술적 경험을 표현한다.	아름다움 찾아보기	• 자연과 생활에서 아름다움을 느낀다. • 아름다움에 관심을 가진다.
	창의적 표현하기	• 소리와 리듬, 노래로 표현한다. • 감각을 통해 미술을 경험한다. • 모방 행동을 즐긴다.

출처: 보건복지부(2020). 제4차 어린이집 표준보육과정 해설서. p. 109.

(6) 자연탐구

자연탐구 영역의 목표는 0~1세 영아가 주변환경과 자연에 관심을 가지는 즐기는 것이다. 0~1세 영아가 자신을 둘러싸고 있는 주변 세계와 자연에 호기심을 가지고 일상에서 탐색하기를 즐기며 주변의 동식물과 날씨의 변화에 관심을 가지도록 한다(보건복지부, 2020).

목표 및 내용

목표	내용범주	내용
주변환경과 자연에 관심을 갖는다. 1) 일상에서 탐색을 즐긴다. 2) 주변 환경을 탐색한다. 3) 생명과 자연에 관심을 가진다.	탐구과정 즐기기	• 주변 세계와 자연에 대해 호기심을 가진다. • 사물과 자연 탐색하기를 즐긴다.
	생활 속에서 탐구하기	• 친숙한 물체를 감각으로 탐색한다. • 물체의 수량에 관심을 가진다. • 주변 공간과 모양을 탐색한다. • 규칙성을 경험한다.
	자연과 더불어 살기	• 주변의 동식물에 관심을 가진다. • 날씨의 변화를 감각으로 느낀다.

출처: 보건복지부(2020). 제4차 어린이집 표준보육과정 해설서. p. 125.

2) 2세 영역별 목표와 내용[5)]

(1) 기본생활

기본생활 영역의 목표는 2세 영아가 건강하고 안전한 생활습관의 기초를 형성하는 것이다. 2세 영아가 신체의 청결과 위생, 즐거운 식사, 배변 습관의 형성, 안전한 놀이와 생활, 위험한 상황에서의 대처 등 일상생활에서 건강하고 안전한 생활습관의 기초를 형성하는 것이다.

목표 및 내용

목표	내용범주	내용
건강하고 안전한 생활습관의 기초를 형성한다. 1) 건강한 생활습관의 기초를 형성한다. 2) 안전한 생활습관의 기초를 형성한다.	건강하게 생활하기	• 자신의 몸을 깨끗이 해 본다. • 음식에 관심을 가지고 즐겁게 먹는다. • 하루일과를 즐겁게 경험한다. • 건강한 배변 습관을 갖는다.
	안전하게 생활하기	• 일상에서 안전하게 놀이하고 생활한다. • 교통수단을 안전하게 이용해 본다. • 위험한 상황에 대처하는 방법을 경험한다.

출처: 보건복지부(2020). 제4차 어린이집 표준보육과정 해설서. p. 143.

(2) 신체운동

신체운동 영역의 목표는 2세 영아가 감각을 활용하고 신체활동을 즐기는 경험을 하는 데 중점을 두고 있다. 2세 영아가 주변 사물과 환경을 탐색하고 자신의 신체를 인식하며, 대·소근육을 조절하고 기본운동과 실내외 신체활동을 즐기도록 한다.

5) 보건복지부(2020). 제4차 어린이집 표준보육과정 해설서, 발췌 및 재구성.

목표 및 내용

목표	내용범주	내용
감각을 활용하고 신체활동을 즐긴다. 1) 감각을 활용하고 신체를 인식한다. 2) 신체활동을 즐긴다.	감각과 신체 인식하기	• 감각 능력을 활용한다. • 신체를 인식하고 움직인다.
	신체활동 즐기기	• 대 · 소근육을 조절한다. • 기본운동을 즐긴다. • 실내외 신체활동을 즐긴다.

출처: 보건복지부(2020). 제4차 어린이집 표준보육과정 해설서. p. 159.

(3) 의사소통

의사소통 영역의 목표는 2세 영아가 듣기, 말하기, 읽기, 쓰기의 의사소통 방식에 관심을 가지고 활용하며, 책과 이야기에서 상상하는 즐거움을 경험하게 한다(보건복지부, 2020). 2세 영아가 일상생활에서 듣고 말하기를 즐기고, 그림과 문자 상징을 읽고 쓰기에 관심을 가지는 것과 책과 이야기를 즐길 수 있는 경험을 하는 데 중점을 둔다(보건복지부, 2020).

목표 및 내용

목표	내용범주	내용
의사소통 능력과 상상력의 기초를 기른다. 1) 일상생활에서 듣기와 말하기를 즐긴다. 2) 읽기와 쓰기에 관심을 가진다. 3) 책과 이야기에 재미를 느낀다.	듣기와 말하기	• 표정, 몸짓, 말에 관심을 갖고 듣는다. • 상대방의 이야기를 듣고 말한다. • 표정, 몸짓, 단어로 의사를 표현한다. • 자신의 요구와 느낌을 말한다.
	읽기와 쓰기에 관심 가지기	• 주변의 그림과 상징, 글자에 관심을 가진다. • 끼적이며 표현하기를 즐긴다.
	책과 이야기 즐기기	• 책에 관심을 가지고 상상한다. • 말놀이와 이야기에 재미를 느낀다.

출처: 보건복지부(2020). 제4차 어린이집 표준보육과정 해설서. p. 180.

(4) 사회관계

사회관계 영역의 목표는 2세 영아가 자신에 대해 알아 가고, 다른 사람과 더불어 생활하는 경험을 통해 사회관계 형성의 기초를 기르는 데 중점을 둔다(보건복지부 · 육아정책연구소, 2020). 2세 영아가 자신이 다른 사람과 다르다는 것을 알고 자신을 긍정적으로 인식하며, 다른 사람과 생활하며 즐겁게 지내기 위한 태도를 기르도록 한다.

목표 및 내용

목표	내용범주	내용
나를 알고, 다른 사람과 더불어 생활하는 경험을 한다. 1) 나를 알고 긍정적으로 여긴다. 2) 다른 사람과 즐겁게 지내기 위한 태도를 기른다.	나를 알고 존중하기	• 나와 다른 사람을 구별한다. • 나의 감정을 표현한다. • 내가 좋아하는 것을 한다.
	더불어 생활하기	• 가족에게 관심을 가진다. • 또래와 함께 놀이한다. • 다른 사람의 감정과 행동에 반응한다. • 반에서의 규칙과 약속을 알고 지킨다.

출처: 보건복지부(2020). 제4차 어린이집 표준보육과정 해설서. p. 198.

(5) 예술경험

예술경험 영역의 목표는 2세 영아가 일상에서 아름다움을 느끼고 즐기는 것이다. 영아가 마주하는 자연과 생활 속 경험에서 아름다움에 느끼고, 관심을 가지며, 예술을 통해 자신의 느낌과 생각을 자유롭게 표현하도록 한다(보건복지부 · 육아정책연구소, 2020).

목표 및 내용

목표	내용범주	내용
아름다움을 느끼고 즐긴다. 1) 자연과 생활에서 아름다움을 느끼고 관심을 가진다. 2) 예술을 통해 자유롭게 표현한다.	아름다움 찾아보기	• 자연과 생활에서 아름다움을 느끼고 즐긴다. • 아름다움에 관심을 갖고 찾아본다.
	창의적으로 표현하기	• 익숙한 노래와 리듬을 표현한다. • 움직임과 춤으로 자유롭게 표현한다. • 미술 재료와 도구로 표현해 본다. • 일상생활 경험을 상상놀이로 표현한다.

출처: 보건복지부(2020). 제4차 어린이집 표준보육과정 해설서. p. 213.

(6) 자연탐구

자연탐구 영역의 목표는 2세 영아가 주변환경과 자연에 관심을 가지고 탐색하는 과정을 즐기는 데 중점을 둔다. 2세 영아가 자신을 둘러싸고 있는 주변 세계와 자연에 대해 호기심을 가지고 생활 속에서 주도적으로 탐색하기를 즐기며 주변의 동식물에 관심을 가지고 날씨와 계절의 변화에 관심을 가지도록 한다(보건복지부, 2020).

목표 및 내용

목표	내용범주	내용
주변 환경과 자연을 탐색하는 과정을 즐긴다. 1) 일상에서 탐색하는 과정을 즐긴다. 2) 주변 환경에 관심을 가지고 탐색한다. 3) 생명과 자연에 관심을 가진다.	탐구과정 즐기기	1) 주변 세계와 자연에 대해 호기심을 가진다. 2) 사물과 자연을 반복하여 탐색하기를 즐긴다.
	생활 속에서 탐구하기	1) 친숙한 물체의 특성과 변화를 감각으로 탐색한다. 2) 물체의 수량에 관심을 가진다. 3) 주변 공간과 모양을 탐색한다. 4) 규칙성에 관심을 가진다. 5) 주변 사물의 같고 다름에 따라 구분한다. 6) 생활 도구에 관심을 가진다.
	자연과 더불어 살기	1) 주변의 동식물에 관심을 가진다. 2) 날씨와 계절의 변화를 감각으로 느낀다.

출처: 보건복지부(2020). 제4차 어린이집 표준보육과정 해설서. p. 233.

3) 3~5세 영역별 목표와 내용[6)]

(1) 신체운동·건강

신체운동 · 건강 영역의 목표와 내용범주는 유아가 다양한 신체활동에 즐겁게 참여하고, 청결과 위생, 즐거운 식사, 적당한 휴식을 통해 건강한 생활습관을 기르며, 일상에서 안전하게 생활하는 방법을 배우고 실천하는 내용으로 구성하였다.

6) 교육부 · 보건복지부(2019a). 2019 개정 누리과정 해설서, 발췌 및 재구성.

목표 및 내용

목표	내용범주	내용
실내외에서 신체활동을 즐기고, 건강하고 안전한 생활을 한다. 1) 신체활동에 즐겁게 참여한다. 2) 건강한 생활습관을 기른다. 3) 안전한 생활습관을 기른다.	신체활동 즐기기	1) 신체를 인식하고 움직인다. 2) 신체 움직임을 조절한다. 3) 기초적인 이동운동, 제자리 운동, 도구를 이용한 운동을 한다. 4) 실내외 신체활동에 자발적으로 참여한다.
	건강하게 생활하기	1) 자신의 몸과 주변을 깨끗이 한다. 2) 몸에 좋은 음식에 관심을 가지고 바른 태도로 즐겁게 먹는다. 3) 하루일과에서 적당한 휴식을 취한다. 4) 질병을 예방하는 방법을 알고 실천한다.
	안전하게 생활하기	1) 일상에서 안전하게 놀이하고 생활한다. 2) TV, 컴퓨터, 스마트폰 등을 바르게 사용한다. 3) 교통안전 규칙을 지킨다. 4) 안전사고, 화재, 재난, 학대, 유괴 등에 대처하는 방법을 경험한다.

출처: 교육부 · 보건복지부(2019a). 2019 개정 누리과정 해설서. p. 63.

(2) 의사소통

의사소통 영역의 목표와 내용범주는 유아가 일상생활에서 다른 사람의 말이나 이야기를 듣고 말하기를 즐기며, 주변의 상징을 읽고 글자와 비슷한 형태로 써 보기에 관심을 가지며, 다양한 책과 이야기를 통해 상상하기를 즐기는 내용으로 구성하였다.

목표 및 내용

목표	내용범주	내용
일상생활에 필요한 의사소통 능력과 상상력을 기른다. 1) 일상생활에서 듣고 말하기를 즐긴다. 2) 읽기와 쓰기에 관심을 가진다. 3) 책이나 이야기를 통해 상상하	듣기와 말하기	• 말이나 이야기를 관심 있게 듣는다. • 자신의 경험, 느낌, 생각을 말한다. • 상황에 적절한 단어를 사용하여 말한다. • 상대방이 하는 이야기를 듣고 관련해서 말한다. • 바른 태도로 듣고 말한다. • 고운 말을 사용한다.

목표	내용범주	내용
기를 즐긴다.	읽기와 쓰기에 관심 가지기	• 말과 글의 관계에 관심을 가진다. • 주변의 상징, 글자 등의 읽기에 관심을 가진다. • 자신의 생각을 글자와 비슷한 형태로 표현한다.
	책과 이야기 즐기기	• 책에 관심을 가지고 상상하기를 즐긴다. • 동화, 동시에서 말의 재미를 느낀다. • 말놀이와 이야기 짓기를 즐긴다.

출처: 교육부 · 보건복지부(2019a). 2019 개정 누리과정 해설서. p. 74.

(3) 사회관계

사회관계 영역의 목표와 내용범주는 유아가 자신을 이해하고 존중하며, 친구와 가족 또는 다른 사람들과 사이좋게 지내며, 유아가 속한 지역사회와 우리나라, 다양한 문화에 관심을 갖는 내용으로 구성하였다.

목표 및 내용

목표	내용범주	내용
자신을 존중하고 더불어 생활하는 태도를 가진다. 1) 자신을 이해하고 존중한다. 2) 다른 사람과 사이좋게 지낸다. 3) 우리가 사는 사회와 다양한 문화에 관심을 가진다.	나를 알고 존중하기	• 나를 알고 소중히 여긴다. • 나의 감정을 알고 상황에 맞게 표현한다. • 내가 할 수 있는 것을 스스로 한다.
	더불어 생활하기	• 가족의 의미를 알고 화목하게 지낸다. • 친구와 서로 도우며 사이좋게 지낸다. • 친구와의 갈등을 긍정적인 방법으로 해결한다. • 서로 다른 감정, 생각, 행동을 존중한다. • 친구와 어른께 예의 바르게 행동한다. • 약속과 규칙의 필요성을 알고 지킨다.
	사회에 관심 가지기	• 내가 살고 있는 곳에 대해 궁금한 것을 알아본다. • 우리나라에 대해 자부심을 가진다. • 다양한 문화에 관심을 가진다.

출처: 교육부 · 보건복지부(2019a). 2019 개정 누리과정 해설서. p. 83.

(4) 예술경험

예술경험 영역의 목표와 내용범주는 유아가 자연, 생활, 예술에서 아름다움을 느끼고, 음악, 움직임과 춤, 미술, 극놀이 등의 예술에서 자신의 느낌과 생각을 창의적으로 표현하는 과정을 즐기며, 다양한 예술 작품을 감상하며 다른 사람의 예술 표현을 존중하는 내용으로 구성하였다.

목표 및 내용

목표	내용범주	내용
아름다움과 예술에 관심을 가지고 창의적 표현을 즐긴다. 1) 자연과 생활 및 예술에서 아름다움을 느낀다. 2) 예술을 통해 창의적으로 표현하는 과정을 즐긴다. 3) 다양한 예술 표현을 존중한다.	아름다움 찾아보기	• 자연과 생활에서 아름다움을 느끼고 즐긴다. • 예술적 요소에 관심을 갖고 찾아본다.
	창의적으로 표현하기	• 노래를 즐겨 부른다. • 신체, 사물, 악기로 간단한 소리와 리듬을 만들어 본다. • 신체나 도구를 활용하여 움직임과 춤으로 자유롭게 표현한다. • 다양한 미술 재료와 도구로 자신의 생각과 느낌을 표현한다. • 극놀이로 경험이나 이야기를 표현한다.
	예술 감상하기	• 다양한 예술을 감상하며 상상하기를 즐긴다. • 서로 다른 예술 표현을 존중한다. • 우리나라 전통 예술에 관심을 갖고 친숙해진다.

출처: 교육부 · 보건복지부(2019a). 2019 개정 누리과정 해설서. p. 93.

(5) 자연탐구

자연탐구 영역의 목표와 내용범주는 유아가 호기심을 가지고 궁금한 것을 적극적으로 탐구하는 과정을 즐기며, 생활 속에 문제를 수학적, 과학적으로 탐구해 보면서, 생명과 자연환경을 존중하는 내용으로 구성하였다.

목표 및 내용

목표	내용범주	내용
탐구하는 과정을 즐기고, 자연과 더불어 살아가는 태도를 가진다. 1) 일상에서 호기심을 가지고 탐구하는 과정을 즐긴다. 2) 생활 속의 문제를 수학적, 과학적으로 탐구한다. 3) 생명과 자연을 존중한다.	탐구과정 즐기기	• 주변 세계와 자연에 대해 지속적으로 호기심을 가진다. • 궁금한 것을 탐구하는 과정에 즐겁게 참여한다. • 탐구과정에서 서로 다른 생각에 관심을 가진다.
	생활 속에서 탐구하기	• 물체의 특성과 변화를 여러 가지 방법으로 탐색한다. • 물체를 세어 수량을 알아본다. • 물체의 위치와 방향, 모양을 알고 구별한다. • 일상에서 길이, 무게 등의 속성을 비교한다. • 주변에서 반복되는 규칙을 찾는다. • 일상에서 모은 자료를 기준에 따라 분류한다. • 도구와 기계에 대해 관심을 가진다
	자연과 더불어 살기	• 주변의 동식물에 관심을 가진다. • 생명과 자연환경을 소중히 여긴다. • 날씨와 계절의 변화를 생활과 관련짓는다.

출처: 교육부 · 보건복지부(2019a). 2019 개정 누리과정 해설서. p. 103.

4. 제4차 표준보육과정의 운영[7]

어린이집에서 영유아중심 · 놀이중심 보육과정을 편성하고 운영하기 위해 고려해야 할 공통적 기준에 따라 표준보육과정을 편성 · 운영하게 된다(보건복지부, 2020).

1) 편성 · 운영

보육과정의 편성은 국가에서 고시한 표준보육과정을 개별 어린이집의 특성과 수준에서 재구성하는 과정이다. 또한 편성된 내용을 운영함에 있어 어떻게 적용하는지, 그 내용은 〈표 5-2〉를 참고한다.

7) 보건복지부(2020). 제4차 어린이집 표준보육과정 해설서, 발췌 및 재구성.

〈표 5-2〉 **표준보육과정 편성 · 운영**

구분	편성 · 운영		적용
가	어린이집 운영 시간에 맞추어 편성한다.	⇨	• 종일제를 기반으로 일과 운영 시간에 따라 조정하여 편성 • 누리과정 운영은 1일 4~5을 기준으로 편성
나	표준보육과정을 바탕으로 각 기관의 실정에 적합한 계획을 수립하여 운영한다.	⇨	• 각 기관의 실정에 따라 적합한 계획 수립 • 영유아의 놀이를 지원하는 계획안 작성 – 계획안을 자율적으로 작성 – 사전계획 최소화
다	하루일과에서 바깥놀이를 포함하여 영유아의 놀이가 충분히 이루어지도록 편성하여 운영한다.	⇨	• 영유아가 주도하는 놀이의 흐름에 따라 융통성 있게 운영 • 놀이의 흐름이 끊기지 않고, 충분한 놀이에 몰입 • 바깥놀이를 포함하여 2시간 이상의 충분한 놀이시간 운영 – 자유놀이+바깥놀이 포함하여 융통성 있게 운영
라	성별, 신체적 특성, 장애, 종교, 가족 및 문화적 배경 등에 따른 차별이 없도록 편성하여 운영한다.	⇨	• 영유아를 비교하거나 평가하거나 불이익을 주지 말아야 함 • 고정적인 성 역할과 특정 종교를 강요해서는 안됨
마	영유아의 발달과 장애 정도에 따라 조정하여 운영한다.	⇨	• 특별한 요구를 가진 영유아가 차별 없이 또래와 더불어 생활하고 지원 • 통합반을 편성하여 운영 • 개별화 교육계획의 수립 • 특수서비스 지원
바	가정과 지역사회와의 협력과 참여에 기반하여 운영한다.	⇨	• 지역사회 연계 경험의 기회 확장 • 공공기관과 상호협력
사	교사 연수를 통해 표준보육과정의 운영을 개선할 수 있도록 한다.	⇨	• 표준보육과정 교사 연수 강화 – 교사의 자율적 참여 기회 제공 – 다양한 유형의 교사 교육 – 배움공동체, 소모임 등

출처: 보건복지부(2020). 제4차 어린이집 표준보육과정 해설서. pp. 28-32.

연간계획안 예시

• 표준보육과정을 바탕으로 어린이집의 철학을 반영한 보육계획을 수립
• 영유아의 흥미와 요구, 놀이, 사전경험, 지역적 특성, 계절 등에 기초하여 수립

만 ○ 세 연간계획안	
교육적 철학	영유아의 놀이를 지원
월	단원
3	어린이집놀이
4	봄놀이
5	가족놀이
6	동물놀이
7	물놀이
8	여행놀이
9	교통기관놀이
10	옛날놀이
11	가을놀이
12	겨울놀이
1	세계놀이
2	형님놀이

예시 1)

놀이로 구성된 연간계획안

○○반에서 놀이해요.	
교육적 철학	영유아 관심과 흥미에 따른 놀이지원
월	단원
3	내가 좋아하는 친구
4	봄의 볼 수 있는 것들
5	우리 가족
6	우리가 하고 싶은 것들
7	올림픽
8	여름
9	우리가 하고 싶은 것들
10	가을
11	세계여행
12	겨울
1	우리가 하고 싶은 것들
2	나를 알아요.

예시2)

영유아들의 의견이 반영된 연간계획안

월간계획안 예시

월간계획안					
주제					
기대되는 효과					
활동기간					
주		1.주	2.주	3.주	4.주
놀이 (자유놀이)					
바깥	놀이				
	대체				
활동 (대 · 소그룹활동)					
일상	등원				
	간식 · 점심				
	낮잠 · 휴식				
기본생활습관					
안전교육					
행사					

예시)

계획안 항목 및 평가제 지표를 반영한 놀이중심 월간계획안

[그림 5-3] 제4차 표준보육과정 편성 · 운영 적용문서

2) 교수 · 학습

표준보육과정에서는 교사를 영유아의 놀이 지원자로 제안하고 있다. 교사는 놀이의 특성, 의미, 가치를 이해하여 영유아가 즐겁게 놀이하면서 배우는 경험을 지원할 수 있다. 교사는 적절하게 환경을 구성하고, 영유아와 바람직한 상호작용을 하여 영유아가 놀이에 몰입하고 놀이를 확장하도록 돕는 역할을 한다(보건복지부, 2020). 또한 교수 · 학습은 영유아가 즐겁게 놀이하며 스스로 배울 수 있도록 교사가 지원할 때 고려해야 할 사항들이며, 어떻게 적용할 것인가에 대한 내용이다.

〈표 5-3〉 **표준보육과정 교수 · 학습**

구분	교수 · 학습		적용
가	• 영유아의 의사표현을 존중하고 민감하게 반응한다.	⇨	• 영유아 개개인의 특성, 기질, 개인차를 고려 • 영유아의 언어적, 비언어적 의사표현 반응
나	• 영유아가 흥미와 관심에 따라 놀이에 자유롭게 참여하고 즐기도록 한다.	⇨	• 성인의 간섭과 통제 최소화 • 영유아의 놀이를 위한 지원 강화
다	• 영유아가 놀이를 통해 배우도록 한다.	⇨	• 놀이를 통한 배움의 이해 • 놀이와 연계한 활동을 통한 영유아의 배움 지원 • 자율성을 바탕으로 영유아의 놀이 지원
라	• 영유아가 다양한 놀이와 활동을 경험할 수 있도록 실내외 환경을 구성한다.	⇨	• 실내공간 – 영유아 흥미영역 구성 – 통합, 대체 가능 – 풍부한 놀이자료 제공 • 실외공간 – 자연변화 탐색 – 안전한 놀이공간 – 인근 공원 및 놀이터
마	• 영유아와 영유아, 영유아와 교사, 영유아와 환경 사이에 능동적인 상호작용이 이루어지도록 한다.		• 영유아 사이의 상호작용 • 교사와 영유아의 상호작용 • 영유아와 환경과의 상호작용
바	• 각 영역의 내용이 통합적으로 영유아의 경험과 연계되도록 한다.	⇨	• 통합적 활동 강화 • 영유아의 경험을 통합적으로 연계 지원

구분	교수 · 학습		적용
사	• 개별 영유아의 요구에 따라, 휴식과 일상생활이 원활히 이루어지도록 한다.		• 하루일과 놀이와 휴식을 적절하게 운영
아	• 영유아의 연령, 발달, 장애, 배경 등을 고려하여 개별 특성에 적합한 방식으로 배우도록 한다.	⇨	• 개별적 지원 강화 • 기관 또는 전문가와 협력 강화

출처: 보건복지부(2020). 제4차 표준보육과정 해설서. pp. 32-40, 발췌 및 재구성.

3) 평가

표준보육과정에서 평가는 어린이집에서 영유아가 중심이 되고 놀이가 살아나는 표준보육과정의 운영을 되돌아보고 개선해 가는 과정이다. 또한 어린이집에서 영유아중심 · 놀이중심의 보육과정을 운영하는 데 도움이 되고자 평가를 간략화하고 각 어린이집의 자율적인 평가를 강조하였다. 어린이집은 평가의 목적, 대상, 방법, 결과의 활용을 바탕으로 표준보육과정 평가를 자율적으로 실시할 수 있다(보건복지부, 2020). 평가는 다음 사항에 중점을 두고 실시해야 한다(윤매자 · 안창희, 2021).

첫째, 표준보육과정 운영의 질을 진단하고 개선하기 위해 평가를 계획하고 실시한다.

둘째, 영유아의 특성에 기초하여 변화의 정도를 보육과정 운영에서 평가한다.

셋째, 평가의 목적에 따라 적합한 방법을 사용하여 평가한다.

넷째, 평가의 결과는 영유아에 대한 이해와 표준보육과정 운영개선을 위한 자료로 활용한다.

또한 미국유아교육협회(NAEYC) 및 미국교육부유아교육전문가협회(NAECS/SDE)에서는 보육과정을 효율적으로 평가하기 위해서 고려해야 할 사항을 다음과 같이 제시하였다(황혜경 외, 2015 재인용).

첫째, 평가는 보육과정을 지속적으로 개선하기 위해 사용되어야 한다.

둘째, 목표는 평가의 지침이 된다. 보육과정을 계획하고 실행하는 전 과정이 보육목표 달성에 얼마나 잘 기여했는가를 살펴본다.

셋째, 포괄적인 목표를 사용해야 한다. 영유아발달과 학습 관련의 결과뿐만 아니라 보육교사, 지역사회와의 관련된 목적도 포함하여 포괄적인 목적 달성의 여부를 평가한다.

넷째, 여러 가지 측면의 자료를 활용한다.

〈표 5-4〉 **표준보육과정 평가**

구분	평가		적용
가	• 표준보육과정 운영의 질을 진단하고 개선하기 위해 평가를 계획하고 실시한다.	⇨	• 자율적 평가 계획 • 평가의 내용, 평가 주기 및 시기, 평가 방법 등에 대한 민주적인 협의를 통해 정함
나	• 영유아의 특성 및 변화 정도와 누리과정의 운영을 평가한다.	⇨	• 표준보육과정 운영평가 • 영유아중심 · 놀이중심으로 적절하게 운영되고 있는지 평가 • 영유아 평가 놀이시간 – 영유아 주도적인 놀이와 배움 – 놀이지원 적절함 – 영유아의 행복과 전인적 발달 지원 – 놀이의 특성, 흥미와 관심, 친구관계 등 – 일상생활
다	• 평가의 목적에 따라 적합한 방법을 사용하여 평가한다.	⇨	• 보육일지 평가 • 보육과정 운영평가 • 관찰일지
라	• 평가의 결과는 영유아에 대한 이해와 표준보육과정 운영 개선을 위한 자료로 활용할 수 있다.	⇨	• 영유아 평가 (놀이, 일상생활, 수집된 활동자료 평가) • 표준보육과정 운영평가 – 교육과정 운영을 위한 개선 – 부모면담 자료 – 영유아의 생활지도 활용

출처: 보건복지부(2020). 제4차 어린이집 표준보육과정 해설서. pp. 40-42, 발췌 및 재구성.

주간보육일지

계획 및 실행

주간보육(교육)일지				확인 담당	확인 원장
주제	우리반 놀이				
기대효과	우리반에서 다양한 놀이를 즐겨본다.				
활동기간					
시간	활동명	활동 계획 및 실행			
07:30 ~ 09:30	오전 일상생활	등원 및 맞이하기(활동:) 화장실 가기 및 손씻기(활동:) 오전간식(활동			
09:30 ~ 10:40	오전 놀이	놀이	기본생활 / 활동명 / 활동내용 / 비계획활동 작장활동		
			우리반에서는 어떤 놀이가 있을까?		
			~~우리반 놀잇감 만들기~~	->	악기 만들기
			우리반 놀잇감은 몇 개?		
			우리반 놀잇감 짝꿍놀이		
			놀잇감을 관찰해요.		
			~~무엇을 가지고 놀까요?~~	->	무용놀이해요.
			우리반 악기 놀이	->	피아노연주에 맞추어 악기놀이해요.
			안전교육 :		
10:40 ~ 11:50	바깥놀이	놀이			
		대체			
11:50 ~ 12:10	활동	대소그룹	월: 안전교육 / 화: / 수: / 목: 지역사회 / 금:		
12:10 ~ 15:00	오후 일상생활	화장실 가기 및 손씻기 점심식사 특별활동: 월 13:00~13:20 영어 / 화 13:00~13:20 체육 / 수 13:00~13:20 영어 / 목 13:00~13:20 음악 / 금 13:00~13:20 영어 낮잠 및 휴식 오후간식			
15:00 ~ 16:00	오후 놀이	놀이	오전활동과 연계하여 활동		
16:00 ~ 19:30	인장반	인장반 놀이 활동 및 귀가			

평가

놀이(일상)평가

요일	실행	표준보육과정	지원
월	• 유아들은 반에 있는 놀잇감을 탐색하기 시작했다. 그중 한 유아가 음률영역에 있는 악기를 가지고 음악에 맞추어 리듬악기놀이를 즐기니 주변에 유아들이 모여들며 다양한 연주놀이가 시작되었다. • 한 유아가 교사에게 다가와 선생님 피아노도 쳐 주시면 안돼요? 요구 하였다. 교사는 어떤 노래를 연주를 원하는지 물으며 유아들과 이야기를 나누고 내일 활동 시 악보를 준비해서 피아노 연주와 함께 악기연주 놀이를 즐길 수 있도록 약속하였다. • 몇몇 유아들은 노래에 맞추어 춤동을 하는 모습을 보이기도 했다.	신체운동 예술경험	• 유아들은 악기 중 캐스터네츠에 가장 많은 관심을 보여 좀 더 많은 수를 지원해 주기로 함 • 유아들이 원하는 노래의 악보를 준비해 피아노 연주를 지원하기로 함
화	• 어제 유아들과 정한 노래의 악보를 준비하여 교사는 피아노 연주를 시작하였다. 유아들은 저마다 관심 있는 악기를 선택하고 연주를 시작하였다. 몇몇 유아들은 연주에 맞추어 노래를 따라 부르기도 하였다. • 한 유아가 미술영역에서 페트병을 이용해 마라카스를 만들어와 악기연주를 하니 이 모습을 보고 유아들은 자신만의 스타일로 악기를 만들기 시작하였다. • 다양한 재료가 준비되어 있지 못하니 유아들은 다양한 재료를 교사에게 요구하였다.	예술경험	• 유아들만의 독특한 악기를 만들 수 있도록 다양한 재료를 지원해 줌
수	• 미술영역에 다양한 재료를 비치해주니 유아들은 자기만의 악기를 창의적으로 만들기 시작했다. 악기가 완성된 유아들은 친구들과 활용방법을 공유하기도 하며 이야기를 나누기 시작하였다. • 한 유아는 리듬막대를 만들어 리듬체조 놀이를 즐겼다. 그 모습을 보고 자신들이 만든 악기를 활용해 표현활동을 하기도 하였다. 여자 유아들은 발레복이 있었으면 좋겠다고 교사에게 요구하였다.	예술경험 사회관계 신체운동	• 발레복과 발레슈즈를 준비해서 역할영역에 비치 해 주었다.
목			
금			

다음 주 연계활동	
바깥놀이평가	
대소그룹활동 평가	
건강•영양 평가	
주간(월간)평가	
비고(행사 등)	

보육과정 평가

월 보육과정 평가

평가일	월 일	담당	원장

반명	평가내용: 활동이 잘 이루어진 점	평가내용: 활동이 잘 안 이루어진 점	총평
파랑반	유아들이 적응기간 동안 어린이집에 즐겁게 지낼 수 있도록 다양한 놀이를 경험함으로써 친근함을 느끼기 시작하였음	몇몇 유아들은 아직 어린이집 생활에 어려움이 있어 흥미로움을 느낄 수 있는 지원이 요구 됨	
oo반			
oo반			
원장의견	반영내용) 파랑반 - 아직 적응이 어려운 유아들을 위해 지속적인 관찰을 함께 해 줌으로써 그들이 원하는 흥미 있는 놀이에 더욱 지원해 주도록 함 oo반 - oo반 -		

관찰일지

관찰일지

반명		이름		확인 담임	확인 원장
기록자		생년월일			

표준보육과정 관련영역	기본생활 (일상생활)	신체운동	사회관계	의사소통	자연탐구	예술경험
기록일						
3-8월 관찰내용	일상생활 평가	놀이평가	놀이평가	놀이평가	놀이평가	놀이평가
1학기 총평						

표준보육과정 관련영역	기본생활 (일상생활)	신체운동	사회관계	의사소통	자연탐구	예술경험
기록일						
9-2월 관찰내용	일상생활 평가	놀이평가	놀이평가	놀이평가	놀이평가	놀이평가
2학기 총평						

[그림 5-4] 제4차 표준보육과정 교수 · 학습, 평가 적용문서

생각해 보기

1. 제4차 어린이집 표준보육과정 고시 배경과 특성에 대해 논의해 봅시다.

2. 2019 개정 누리과정과 제4차 표준보육과정과의 구성의 중점을 살펴보고, 차이점과 공통점에 관해 설명해 봅시다.

3. 영유아의 놀이가 보육과정에서 중요함을 인식하고, 놀이를 통한 배움과 놀이와 연계한 활동이 영유아의 배움을 어떻게 지원할 것인지에 대해 토론해 봅시다.

외국의 영유아 보육프로그램

Chapter 06

우리나라는 영유아와 가족복지의 증진을 위하여, 영유아의 보호와 교육에 관하여 1991년 1월(법률 제4328호)에 의해 「영유아보육법」을 최초로 제정하여 시행하게 되었다. 이 법률에 따르면, 보육프로그램은 부모나 보호자에게 양육을 받을 수 없는 영유아들에게 하루의 일정한 시간 동안 부모나 양육자를 대신하여 영유아를 보육하고 교육하는 과정에 적용하는 프로그램을 의미한다. 영유아교육기관에서는 보육철학과 기관의 특성을 반영하여 하루일과에 계획된 목표와 내용, 활동의 실제가 담겨 있다고 명시하고 있다. 즉, 보육프로그램은 보육과정과 같은 의미로 커리큘럼(curriculum)이란 용어로 사용되기도 한다. 「영유아보육법」 시행 이전에는 외국에서 개발한 다양한 보육프로그램들을 활용해 왔다. 6장에서는 프뢰벨 프로그램, 몬테소리 프로그램, 발드로프 프로그램, 프로젝트 프로그램 등을 소개하여 국가수준의 표준보육과정과의 차이점을 알고 활용할 수 있도록 한다.

1. 프뢰벨 프로그램[1])

1) 프뢰벨의 교육철학

프뢰벨

독일의 교육사상가, 유치원의 창시자인 프뢰벨(Friedrich Fröebel; 1782~1852)은 루소(Rousseau)의 자연주의 사상과 페스탈로치(Pestalozzi)의 직관주의 사상에 큰 영향을 받았으며, 만유재신론(萬有在神論, panentheism)적 세계관을 기초로 자신의 교육 이론을 정립하였다. 인간은 자연과 함께 조화를 이루며 살아가야 하며, 더 나아가서는 신과 함께 살아야 한다는 신, 자연, 인간관계의 조화를 설명하였다.

그는 타고난 활동성과 학습 충동이 영유아에게 내재되어 있다고 보고, 영유아를 자기 주도적 의지를 가진 능동적인 학습자로 보았다. 교사와 성인들이 해야 할 역할은 영유아가 각자의 연령 단계에서 자신의 신체 발달에 맞추어 정신 능력을 스스로 발달시켜 나갈 수 있도록 돕는 것이라 하였고, 교구는 자연물로 만들되 자연을 형상화해서 만들어야 한다고 강조하였다.

1826년 프뢰벨은 그의 첫 번째 저서인 『인간교육』을 펴냈다. 이 책에서 그는 영유아기의 내적 발달이라는 자신의 혁명적인 교육사상을 설명하였다. 이는 영유아가 자주적으로 활동하고 창조적 존재로서 자신을 표현하는 방법을 배우는 것, 즉 자기 스스로 교육하는 것을 말한다. 영유아는 자연환경을 탐구하고, 잘 다룰 수 있어야 하고, 인간을 사랑하고 타인에게 봉사하는 방법을 배우고, 삶의 모든 것에서 조화를 발견할 수 있어야 한다는 것이 핵심이었다. 이는 태어나는 순간부터 평생 지속되는 교육에 대한 종합적인 견해이며, 그는 교육 건축가로서, 교육은 네 가지 단계로 이루어진다고 하였다(윤매자 외, 2012).

1) 윤매자 · 백은영 · 신혜경 · 이찬숙 · 이희정 · 주현정(2012). 보육학개론. pp. 84-90, 발췌 및 재구성.

- 1단계: 0~7세(영유아기)까지 기초시기
- 2단계: 8~12세(아동기)까지 초등학교 시기
- 3단계: 12~16세(사춘기)까지 고등학교 시기
- 4단계: 16세 이후부터 대학시기

2) 프뢰벨의 교육과정

최초의 유치원
'킨더가르텐(아이들의 정원 Kindergarten)'

프뢰벨 프로그램은 프뢰벨이 창설한 킨더가르텐(kindergarten)에서 아이들의 놀이와 작업을 통해 고안된 교육 방법이며, 프로그램의 목적은 놀이와 작업을 통해 인간, 자연, 신의 조화를 실현하는 데 있다. 유아교육은 아이들의 활동 충동과 학업 충동에서 출발해야 하며, 체계적인 놀이 교육이 유아교육의 기본 형태가 되어야 한다고 생각하였다.

그는 활동과 학습 충동 교육, 신체 교육, 감각 교육, 사회·정서 교육, 의지 교육, 주의력과 집중력 교육, 사물 교육, 상상력 교육 등 총 8가지 영역의 교육이 균형을 이루어야 하며, 이러한 교육은 놀이를 통해 실현될 수 있다고 하였다. 프뢰벨의 놀이체계는 다음의 네 가지 요소로 구성되어 있다(윤매자 외, 2012).

첫째, 어머니의 노래(사랑의 노래)

프뢰벨은 자연물, 사회적 상황, 직업과 경제 세계, 우주, 종교 등을 다루는 놀이노래를 개발하였다. 노래를 통해 발달적인 측면에서 동작 교육, 자아·공간·대상 및 시간 개념 교육, 감각 교육(오감각), 언어·사고·정서 및 의지 교육, 위생과 안전교육, 영양 섭취 교육, 성교육 또는 수치심 등의 다양한 영역을 고루 다룰 수 있도록 배려하였다.

둘째, 놀이 가베(은물)

프뢰벨은 자신의 교육철학을 실천하기 위하여 교구를 고안하였으며, 제작한 교구는 아이들의 정신력, 의지력, 본능, 재능과 천부적인 자질을 끌어내는 도구라는 뜻으로 슈필가베(Spielgabe)라는 이름을 붙였다. 가베란 점, 선, 면, 입체로 구성된 조각을 사용하여 여러 가지 모양을 만드는 놀이도구이며, 뜻은 '신의 선물' 단어를 직역해 '은물(恩物)'이라고도 한다. 따라서 그 이름에서 알 수 있듯이 놀이 가베는 본성 발달을 상징적으로 반영하고 있다. 즉, 놀이 가베는 영유아가 가지고 놀면서 자연 발달의 보이지 않는 법칙을 상징적 · 직관적으로 이해할 수 있고, 행동을 통해 체험할 수 있도록 고안되어 있다. 즉, 아이들은 제1가베에서부터 제10가베까지의 놀이를 통해 분화의 과정을 경험할 수 있으며, 10가지 유형의 작업을 통해 재창조의 과정을 경험할 수 있다.

〈표 6-1〉 **프뢰벨 가베의 구성과 특징**

번호	가베(은물)	특징
1가베 (원)	 면실에 싸인 지름 5㎝의 끈달린 6개의 공, 끈 달리지 않은 6개의 공(빨강, 노랑, 파랑, 주황, 초록, 보라)	• 어린이가 직접 공을 손으로 주무르고 만지면서 공의 성질을 이해한다. • 방향, 수, 색깔, 도형 개념을 인지하고, 현존과 소실, 결합과 분리 등의 개념을 이해한다. • 모방놀이를 하게 되고 사고의 유연성을 길러 준다. • 여러 색깔의 공을 가지고 결합하고 분리하면서 색채 및 미적 감각이 발달한다.
2가베 (입체도형)	 나무로 만든 구/고리 달린 구/원기둥/고리 달린 원기둥/정육면체/고리 달린 정육면체 기둥 2개/받침대/가로보/실과 고리	• 1가베 공과 2가베 구의 촉감, 무게, 색깔 등을 비교하여 인지한다. • 구, 원기둥, 정육면체의 성질을 알고 공통점과 다른 점을 인지한다. • 회전놀이를 통해 탐구심을 키운다. • 물체가 운동할 때와 정지할 때의 차이점을 안다.

번호	가베(은물)	특징
3가베 (입방체)	 한 변의 길이가 2.5㎝인 작은 정육면체 8개	• 2가베 정육면체와 3가베 정육면체를 비교하면서 관찰력과 분석력을 기른다. • 전체와 부분의 관계와 집단과 개인 간의 관계를 이해하고 사회성을 길러 준다. • 정육면체를 쌓거나 늘어놓으면서 공간 지각 능력과 수리적 지능을 발달시킨다. • 모양놀이를 하면서 미적 감각 및 구성력, 창의력을 키운다.
4가베 (구성)	 한 변의 길이가 가로 2.5㎝, 세로 5㎝, 높이 1.25㎝인 작은 직육면체 8개	• 3가베 정육면체와 4가베의 직육면체를 비교하면서 관찰력과 분석력을 기른다. • 전체와 부분의 관계와 집단과 개인 간의 관계를 이해하며 사회성을 길러 준다. • 직육면체의 구성물을 만들고 설명하면서, 다양한 언어와 논리적 언어능력을 발달시킨다. • 모양놀이를 하면서 미적 감각 및 구성력, 창의력을 키운다.
5가베 (건축)	 정육면체 12개, 작은 삼각기둥 12개, 반원기둥 12개, 한쪽 모서리가 둥근 정육면체 8개	• 5B가베는 아이의 다양한 욕구를 충족시키고 폭넓은 경험의 기회를 주기 위해 디자인된 교구이다. • 5B가베는 5가베와 같은 정육면체를 분할한 것으로 그 전에 없던 반원기둥과 한쪽 모서리가 둥근 정육면체를 만나게 된다. • 반원기둥은 2가베의 원기둥을 반으로 자른 것과 같은 형태로, 원기둥과는 달리 평평한 평면을 하나 더 가지고 있다. • 원기둥은 곡면으로 굴러가지만, 반원기둥은 구르지 않고 흔들리다가 정지하게 된다. • 한쪽 모서리가 둥근 정육면체는 곡선으로 된 빈 공간을 만들 수 있으며, 곡선과 직선의 조화를 이해하는 데 도움이 된다. • 가까운 곡선의 미를 살린 아름다운 건축물을 경험한다.
6가베 (비례)	 18개의 직육면체, 직육면체를 가로,	• 큰 직육면체를 잘라 작은 직육면체를 만들면서 분수, 나눗셈, 곱셈의 원리를 이해한다. • 받침과 기둥이 실제 건축에서 사용되는 역할을 이해하며 사회성을 기른다. • 규모가 큰 건축물을 만들면서 미적 감각과 논리적 사고력이 발달된다.

번호	가베(은물)	특징
	세로로 2등분 한 기둥 6개 직육면체를 2등분 한 받침 12개	• 도미노 놀이를 통해 집중력이 길러지고 운동의 양과 거리와의 상관관계를 이해한다.
7가베 (면 평판)	  여러 가지 색깔의 정사각형, 원, 반원, 마름모 및 각형(정삼각형, 직각이등변삼각형, 둔각이등변삼각형, 직각부등변삼각형)	• 입체도형과 평면도형의 변과 각의 관계를 인지한다. • 색, 모양에 따라 분류하면서 집합의 개념을 인지하고, 분석력이 발달한다. • 입체도형에서 평면도형을 분리해 내면서 논리적 사고력이 발달한다. • 다양한 색깔의 도형으로 무늬 놀이를 하면서 색채 감각, 미적 감각이 발달한다.
8가베 (직선)	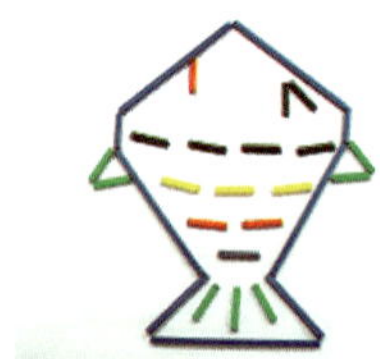 여러 가지 색깔을 가진 여섯 가지 길이의 막대(2.5/5/7.5/10/12.5/15㎝)	• 평면도형과 선의 관계를 이해하고 직선의 성질과 원리를 익힌다. • 길이를 비교, 측정하면서 분석력과 논리적 사고력이 형성된다. • 작은 막대를 합쳐 긴 막대로 만들면서 배수와 곱셈, 나눗셈의 원리를 익힌다. • 다양한 사물을 만들면서 창의력이 향상되면서 그 과정에서 인내력이 발달한다.
9가베 (곡선)	  다양한 색깔의 고리와 반고리(내경 2.5/3.75/5㎝)	• 구 또는 원기둥의 일부분인 곡선을 직접 경험한다. • 8, 9가베를 비교하여, 원의 지름과 원둘레의 개념을 인지한다. • 곡선으로 꽃, 동물 등 아름답고 부드러운 모양을 표현하며 미적 감각을 키운다. • 반 고리를 연결하여 다양한 곡선을 경험하며 추상적인 구성 능력을 기른다.
10가베 (점)	  8가지 색상의 점	• 입체도형과 평면도형, 점, 선, 면의 관계를 이해한다. • 모든 형태가 점에서 시작한다는 사실을 알고, 사회 구성원으로 자신의 존재가치를 안다. • 소근육을 발달시키고, 집중력과 인내심을 기른다. • 구성물을 만들고 이를 표현함으로 다양한 언어능력을 키우고 논리적으로 사고를 하게 한다.

출처: 한국가베교육협회(2023). 프뢰벨 가베의 구성과 특징(https://www.gabe.or.kr).

〈표 6-2〉 **놀이 가베와 직업의 세계**

<table>
<tr><th>진행 방향</th><th>가베</th><th>형태 차원</th><th>상징적 세계</th><th>작업</th><th>진행 방향</th></tr>
<tr><td rowspan="4">분화의 과정 ↓</td><td>제1가베
제2가베
제3가베
제4가베
제5가베
제6가베</td><td>입 체</td><td>3차원 세계</td><td>20. 점토 만들기
29. 모래놀이
18. 파지 공작
17. 콩 구성</td><td rowspan="4">↑ 창조의 과정</td></tr>
<tr><td>제7가베</td><td>면</td><td>2차원 세계</td><td>16. 종이 자르기/붙이기
15. 종이접기
14. 종이 엮기
13-b. 색칠하기</td></tr>
<tr><td>제8가베
제9가베</td><td>선</td><td>1차원 세계</td><td>13-a. 선 그리기
12. 바느질하기</td></tr>
<tr><td>제10가베</td><td>점</td><td>이상의 세계
(이념의 세계)</td><td>11. 구멍 뚫기</td></tr>
</table>

출처: 윤미지 · 백은연 · 신혜경 · 이찬숙 · 이희정 · 주현경(2012). 보육학개론. p. 86.

(1) 동작 놀이

동작 놀이는 건강한 내면의 표현이며, 외적으로는 전신과 몸의 각 부분이 건강하고 아름다운 자세를 갖도록 해 준다. 또한 언어교육과 음악교육을 촉진하고 주의력, 질서감과 단정함, 미적 감각 등을 일깨워 주며, 특히 만족스러운 공동생활을 위해 효과가 있다. 동작 놀이의 유형에는 동작 표현놀이, 살아 있는 자연 대상 모방놀이, 달리기와 걷기놀이, 보행놀이, 원형놀이 등이 있다.

(2) 정원 활동과 동물 사육

생명의 통합은 정원 활동을 통해 실현된다. 즉, 자연과의 실제적인 만남을 통해 이루어진다고 말할 수 있다. 정원 활동은 자연을 사랑하는 의식을 기르고, 노동에 대한 가치를 심어 주며, 자연을 대하는 견해와 태도를 길러 준다. 아이들을 위한 정원에는 개인 화단, 공동 화단, 퇴비 등이 준비되어 있어야 한다.

3) 교사의 역할

일반적으로 보육프로그램은 놀이 방법에 있어서 고정되어 있지 않고 무한한 발달과 창조의 가능성을 가지고 끊임없이 개발되고 있다. 전통적으로 프뢰벨 교사는 아이들을 관찰하고 인도하며 그들의 활동을 방해하지 않는 역할을 수행한다. 보다 교육적으로 가치 있고 아이들이 만족할 만한 가베 교육이 될 수 있도록 돕기 위하여 교사의 역할은 다음과 같다.

(1) 관찰자로서의 역할

아이들을 자발적으로 즐겁게 놀도록 궁리하고 이를 위해 내용을 주입하거나 가르치는 형태가 아니라, 관찰을 통해 아이들의 자발적 행동과 활동에 기인하여 가베 교구를 사용하여 자기표현을 할 수 있도록 지원해야 한다.

(2) 참여자로서의 역할

아이들과 함께 놀이에 참여하여, 새로운 창조에 대하여 함께 감동해 줄 수 있는 교사가 되어야 한다. 즉, 실내에 가베 활동을 포함하여 밭에서 꽃이나 농작물을 키우는 노작 활동을 통해 아이들의 호기심, 질문, 상상력, 색다른 생각과 그 가치를 인정하고 존중해야 한다.

(3) 계획자로서의 역할

모든 활동은 체험이나 경험이 학습으로 이어질 수 있도록 적절한 지식과 노래, 정서 경험 등을 포함하여 주도 면밀하게 계획을 세워 아이들이 주도적으로 활동에 참여하도록 이끌어 가야 한다(이순형 외, 2006).

(4) 조정자로서의 역할

간단한 놀이로부터 조금씩 어려운 것으로 나아갈 수 있도록 단계적으로 전개해야 한다. 즉, 수학이나 자연법칙에 다가갈 수 있는 원리를 제공해 준다는 생각으로 가베 교구를 사용하기 때문에 공, 입방체, 막대기 등을 사용하여 구분하고, 분류하는 활동을 통해 우주 법칙으로 그 논리를 이해하도록 조정해야 한다.

(5) 동기 부여자로서의 역할

아이들의 개별 발달 수준에 맞게 흥미의 정도를 잘 관찰하여 나선형의 지식으로 성장하도록 교육하며, 가베에 대한 흥미를 지속시키기 위해 다양한 활동을 계획하고 동기를 부여한다.

(6) 격려자로서의 역할

가베 교구는 레고처럼 고정되어 있지 않아 쌓거나 만들기를 하는 도중에 무너지거나 실패하는 어려움이 있을 수 있다. 여러 가지 교육적 가치도 있으나 이로 인해 아이들이 실패에 대한 두려움을 갖지 않도록 배려하고 칭찬과 격려를 아끼지 않아야 하며, 스스로 정리하는 습관을 익히도록 도와야 한다.

2. 몬테소리 프로그램[2)]

몬테소리

몬테소리(Maria Montessori: 1870~1952)는 이탈리아 최초의 여의사로서 의학을 전공하였다. 그녀는 정신지체아 교육에 관심을 가지고, 로마 시내에 있는 정신이상자의 수용소를 찾아다니면서 치료 방법을 연구하다가 교구와 교육 방법을 개발하였다. 교육철학과 교육과정은 저서와 그녀가 이탈리아 빈민촌에서 시작한

2) 윤매자 · 백은영 · 신혜경 · 이찬숙 · 이희정 · 주현경(2012). 보육학개론. pp. 87-90, 발췌 및 재구성.

'어린이의 집'에 그 근거를 두고 있다. 1907년 산 로렌쪼의 빈민가에 최초의 '어린이집'을 개설하였고, 정신지체아를 대상으로 개발한 교육 방법을 이후 중·상류층의 일반 아동에게로 그 대상을 확대하였다.

1) 몬테소리의 교육철학

몬테소리는 인간, 신 그리고 자연의 관계를 설명하면서 인간을 우주적 사명을 띠고 우주의 질서 속에서 자기 창조를 이루어 나가는 능동적인 존재로 보았다. 인간은 스스로 발달하고자 하는 내적 생명력을 지니고 태어나며, 스스로 자신을 발달시킬 수 있는 힘을 가지고 태어난다고 하였다. 이러한 몬테소리 교육철학을 가장 잘 나타내 주는 용어가 바로 '자동교육(auto-education)'이다.

몬테소리 교육 사상의 핵심은 아이들의 내부로부터 우러나오는 성장을 지향하며 그들의 정신 속에는 그 시기에 필요한 자기를 키워 가는 민감기, 흡수정신, 자율성을 가지고 태어나며, '독립적인 인격'과 '창조적인 정신'을 가진 존재로 보았다. 민감기는 인간의 성장 과정을 알, 모충, 번데기, 성충의 과정을 거치는 나비나 잠자리의 모습에 비유하여, 일정한 기간은 같은 형태이지만 다음 기간에는 종전과 전혀 다른 형태로 된다고 보고, 인간에게도 생물과 흡사한 일정한 주기의 감수성이 있고 그에 준하는 민감기가 있다고 하였다(정옥분 외, 2012). 또한 흡수정신은 영유아가 강한 적극성을 가지고 환경 속에 있는 정신의 양식이 될 만한 요소를 흡수하여 스스로 경험하며 배우는 무의식적인 정신상태를 말한다(정옥분 외, 2012). 이러한 흡수정신은 영유아의 호기심이 끊임없이 솟아나며 지질 줄 모르는 에너지와 충동을 따른다고 하였다. 그러므로 영유아의 올바른 성장과 발달을 할 수 있도록 충분한 자극을 줄 수 있는 교육적인 환경을 마련해 준다면, 영유아는 스스로 자기를 발달시키는 주도적 학습과 자율성으로 독립심과 집중력을 향상시킬 수 있다.

2) 몬테소리의 교육과정

몬테소리는 영유아를 무한한 잠재 능력을 가진 존재, 스스로 선택 · 결정 · 책임질 수 있는 존재, 자신을 창조해 가는 창조적인 존재로 인식하였다. 영유아가 자기 형성과정에 있어서 강제나 간섭을 받지 않는 한 스스로 그 능력을 펼쳐 나갈 수 있다고 보았다. 또한 교육의 3요소라 할 수 있는 영유아, 교구, 교사가 인도자의 역할을 해낼 수 있는 준비된 환경을 교육의 필수요소로 간주했다.

몬테소리 교육의 목적은 영유아의 발달 수준에 적합한 교재와 교구를 사용해서, 영유아의 본래의 정신인 '정상성(normal)'을 찾고 보존하는 것이다. 몬테소리에게 있어서 정상화된 영유아란 천성이 왜곡됨이 없이 발달된 영유아로서 다른 사람에게 의지하지 않는 독립적인 영유아를 의미하며, 교육 방법은 다음과 같다(윤매자 외, 2012).

(1) 일상생활 교육

일상생활 교육은 그 나라의 지리적, 문화적 환경 조건 아래에서 여러 가지의 생활방식을 연습하는 것이다. 일상생활 훈련의 직접적인 목적은 구체적 작업의 습득과 운동의 조정을 통한 자립심의 육성에 있고, 간접적 목적은 운동을 조정하기 위해서 필요한 의지력과 이해력, 집중력과 질서감의 발달에 있다. 내용으로는 인간에 대한 배려(걷기, 앉기, 서기, 옷 입고 벗기, 코 풀기, 손 씻기, 구두 광내기, 이 닦기, 머리 빗기, 등), 환경에 대한 배려(의자 운반하기, 문 열고 닫기, 비로 쓸기, 식물 키우기, 물 따르기, 껍질 벗기기 등), 사회적 관계에 대한 배려(자기가 선택한 교구를 스스로 정리하기, 다른 사람의 작업을 방해하지 않기, 큰 소리로 말하지 않기, 감사하기, 사과하기, 초대하기, 축하하기, 뛰지 않기, 예의 차리기, 친구에게 도움 청하기 등)가 있다.

일상생활 훈련에 필요한 도구

- 일상생활 중에서 실제 사용되는 것으로 모형이 아닌 실물을 사용한다.
- 영유아의 심신 발달에 적합한 크기이어야 한다.
- 부주의하여 다루면 깨지거나 부서지는 것이 좋다.
- 아름답고 깨끗한 것으로 영유아의 흥미를 불러일으킬 수 있도록 매력적인 것이 좋다.
- 쉽게 닦을 수 있고 씻을 수 있는 위생적인 것이 좋다.
- 재료를 종종 바꿔 줄 수 있는 것이 좋다.

(2) 감각교육

영유아기는 자극 대상물의 감각적인 특질인 크기, 색, 모양, 중량 등에 특히 주의가 끌려서 흥미를 갖는 시기이다. 감각교육을 위한 교구들은 단일감각과 복합감각을 훈련하도록 되어 있다. 예를 들면, 시각교육에 필요한 교구로는 원기둥, 분홍 탑, 긴 막대, 갈색 계단 등이 있고, 색깔 지각을 위한 색깔판이 있으며, 형태 지각을 위한 기하도형 카드, 직사각형 상자, 삼각형 상자, 육각형 상자 등 다양하게 있다. 촉각교육을 위한 교구는 부드러운 판, 촉각판 맞추기, 직물 상자, 곡물과 단추 종류 분류하기 등이 있고, 입체감 교육에는 입방체, 비밀주머니, 온도판 등이 있으며, 중량감 교육에는 무게판이 있고, 청각교육을 위한 도구로는 소리 상자, 미각교육은 맛보기 병, 후각교육은 냄새 맡기 상자가 있다. 몬테소리는 이 시기를 '감각의 민감기'라고 부른다. 감각교육이란 단순히 감각을 자극하는 것만을 목적으로 하는 것이 아니라 높은 차원의 과정인 수나 언어나 문화에 필요한 논리적인 사고력을 기르게 하고, 인격을 형성하기 위한 기초적인 힘을 기르게 하는 데 목적이 있다.

교구의 특징

- 교구는 자유롭게 운반 가능하며, 그 활동에 맞는 적절한 상태로 이동할 수 있어야 한다.
- 도구와 교구는 매력적이며 아름다워야 한다.
- 자유를 부여받은 아동은 자신의 활동에 대해 책임지고 스스로 비판하는 의식이 필요하다.

(3) 수학교육

수학교육은 지적 발달을 자극하기 위해서 아이들에게 사물을 논리적으로 생각해 가는 힘을 몸에 익히게 하는 데 의의가 있다. 예를 들면, 숫자 막대와 카드, 방추형 막대 상자, 수 세기와 카드, 구슬 막대, 수의 기억 게임, 덧셈, 뺄셈, 곱셈, 나눗셈, 분수, 기하의 도입 등이 있다. 즉, 수학교육의 직접적인 목적은 아이들의 생활경험을 통하여 수와 양을 논리적으로 배울 수 있도록 하는 데 있고, 간접 목적은 인격 형성을 위해 필요한 추상력, 상상력, 이해력, 판단력 등을 기르는 데 있다.

(4) 언어교육

언어교육은 듣기와 말하기, 읽기와 쓰기를 위한 교육으로 구분한다. 듣기는 사물의 소리나 다른 사람의 말을 경청하고, 말하기 교육은 노래하기, 질문하기, 보고 말해 보기, 경험이나 사건을 이야기하기 등이 있으며, 읽기와 쓰기 교육은 음성카드, 움직이는 자·모음, 발성 사물 상자, 단어 읽기, 받아쓰기 등이 있다. 몬테소리 언어교육의 직접 목적은 모국어를 정확하게 이해하고 표현하는 기초능력을 기르는 데 있다. 간접 목적은 모국어를 존중하는 태도를 기르고, 문화의 전승과 창조의 힘을 발달시키며 사고력, 이해력의 증진을 통한 논리적 사고력의 확립에 있다.

(5) 문화교육

몬테소리는 영유아를 위한 교과 과정에 지리, 식물학, 동물학, 과학, 역사, 음악, 미술 등이 필요하다고 믿었다. 실제로 많은 교사들이 유아원이나 유치원에 다니는 영유아에게 문화적 내용을 어떻게 소개해야 하는가, 어떤 자료를 사용해야 하는가에 대한 정확한 정보를 찾기 힘들다. 이런 현장의 요구와 몬테소리 자신의 신념에 따라 영유아의 연령에 필요한 문화교육의 내용과 교구를 선정하였다. 문화교육은 인간이 이전에 살아왔던 방법과 현재 살고 있는 방법을 이해하도록 하며, 영유아가 성인의 세계를 인식하고 세상의 다양한 양상들을 실험해 볼 수 있는 기회를 갖도록 하는 것이다.

3) 교사의 역할

몬테소리는 교사의 첫 번째 임무는 자연이 영유아에게 부여하는 기능을 영유아 스스로 발달시킬 수 있도록 해 주는 것, 그리고 그것을 돕는 환경을 준비하는 것이라고 하였다(Montessori, 1946: 윤매자 외, 2012 재인용). 몬테소리 교육은 교사가 직접 가르치거나 개입하는 것보다 영유아의 자동교육을 근간으로 하기 때문에 교사의 역할은 다음과 같다(윤매자 외, 2012).

(1) 관찰자로서의 역할

자유로운 분위기에서 영유아의 자발적 활동을 통하여 그들의 내적 · 외적 환경을 관찰하고, 민감기를 포착하여 학습의 효과를 올릴 수 있도록 적절한 지원을 해 준다.

(2) 환경조성자로서의 역할

영유아가 스스로 교재 · 교구에 몰입하여 자기 학습이 이루어질 수 있도록 환경을 조성한다.

특히 영유아의 발달 수준에 맞고, 과학적이고 현실적인 학습 환경을 마련해 주어야 한다.

(3) 모범자로서의 역할

교사는 높은 가치관을 가진 성숙한 사람으로 영유아를 바르게 이해하고 필요한 자극을 주며 보호하는 역할을 해준다.

(4) 원조자로서의 역할

영유아에게 작업 그 자체를 알려 주기보다는 그 작업에 포함된 곤란성을 극복하게 돕는다.

3. 발도로프 프로그램[3)]

인지학의 창시자인 독일의 슈타이너(Rudolf Steiner: 1861~ 1925)는 인지학적 인간 이해에 기초를 두고 있다. 최초의 발도로프 학교는 1919년 4월 수투트가르트 발도르프아 스토리아 담배공장에서의 강연이 그 발단이 되었으며, 이로부터 발도로프라는 이름을 얻게 되었다. 1926년 최초의 발도로프 유치원이 설립된 이래 오늘날 전 세계 40여개 국가로 확대되었으며, 우리나라에도 서남 발도로프 어린이집을 중심으로 소개되고 있다.

슈타이너

1) 발도로프의 교육철학

발도로프 프로그램은 19세기 중엽 유럽이 자유학교 운동의 흐름 속에서 슈타이너의 인지학적 인간학에 기초하여 시작되었다(이순형 외, 2006). 창시자인 슈타이너는 인간의 발달 단계를 유아기(신체의 단계), 아동기(영혼의 단계), 청소년기(정신의 단계)의 3단계로 구분하였다.

슈타이너는 교육이란 인간 본성에 대한 올바른 인식에서 출발해야 한다고 강조하였고, 인간의 본질을 이해하기 위한 여러 가지 개념을 제시하였는데, 이것은 인지학의 기본 사상이라고 할 수 있다. 즉, 인간은 신체(body), 혼(soul), 영(spirit) 등 세 가지 요소의 통합체라고 주장하였으며, 인간의 지속적인 발달과정을 설명하기 위해서 인간을 이루는 네 가지 구성체에 관해 설명하였다. 그는 인간의 본질을 물질체(Physical body), 생명체(Life body), 감정체(Sen-tient body), 자아체(I-being body)의 4가지 구조로 성립되어 있다고 보았다. 유물론적 관점에서 보면, 우리는 오직 물질체만 파악할 수 있다. 그러나 물질로부터 신체를 구성하여 형성시키고 나아가 신체에 힘과 지속성을 부여하는 것은 생명체(에

3) 윤매자 · 백은영 · 신혜경 · 이찬숙 · 이희정 · 주현경(2012). 보육학개론. pp. 91-95, 발췌 및 재구성.

테르체)이며, 신체에 고통과 기쁨, 충동과 욕구, 정열 등을 부여하는 것이 감정체(아스트랄체)이다. 또한 생명체로는 유일하게 인간만이 이 3가지 구성체를 넘어서서 자아체를 가지고 있다고 하였다(윤매자 외, 2012). 신생아에게는 물리적 신체만이 온전히 존재하며, 생명체의 탄생, 감정체의 탄생, 자아체의 탄생을 거쳐야 비로소 완전한 인간으로 성장하게 된다고 하였다.

2) 발도로프의 교육과정

발도로프 교육은 아이들이 주변 성인들의 모습을 통해 배우므로 교사나 부모가 본보기가 되어야 하며, 교사가 가르치지 않고 진지한 태도로 삶에 필요한 작업을 하고, 모방을 통해 계절과 일상생활을 체험하면서 자신의 신체를 형성하는 데 충분히 몰두할 수 있다고 하였다(이순형 외, 2006). 그는 신체감각이 발달하는 시기에는 감각교육을 중시하였으며, 생활에 안정감을 주고 두려움을 없애 주기 위해서는 리듬과 반복적인 생활교육을 중시하였다. 또한 상상력을 제한하지 않기 위해 단순하게 만들어진 눈, 코, 입이 없거나 점만 있는 놀잇감을 제공하여 상상력 발달을 중시하는 창의성과 감성교육을 강조하였고, 교육과정으로 환경구성과 예술 활동을 중시하였다.

(1) 환경구성

영유아는 자신의 주변 환경에서 신뢰와 안정을 느끼며 놀이에 몰입할 수 있는 힘을 기를 수 있다. 따라서 영유아교육기관에서는 공간적 환경의 질서가 요구되며 일상생활에 필요한 사물들은 제자리에 있어야 한다. 영유아는 자신의 행동에 대한 특별한 주의 없이 자신의 습관에 따라 내면에 잠재된 욕구를 표현하며, 자신의 행위를 통해 자신을 발견하고 의식할 수 있다. 영유아에게 잠재되어 있는 능력을 발견하고 영유아가 가지고 있는 여러 가지 특성을 몸에 익숙하게 하기 위해서는 영유아의 영혼, 정신, 그리고 신체에 알맞은 교육환경이 필요하다.

① 실내환경

발도로프 프로그램은 이미 만들어진 상품화된 교재·교구보다는 직접 만든 수공예품이나 자연에서 수집한 나뭇가지, 막대기, 돌멩이, 조개 등의 교구를 선호한다. 실내 환경구성은 일상생활에서 사용되는 생활용품(예를 들어, 부엌 도구나 기구, 다리미 등)과 자유놀이 시간에 갖고 놀 수 있는 인형, 천, 털실, 자연에서 주워 온 것으로 꾸며진다. 환경은 밝고 넓게 트여 있고 자연적인 색감들로 채워져 있어 영유아들의 감각과 감성이 풍부해지도록 보조하는 환경을 갖추어야 한다(이순형 외, 2006).

발도로프 인형은 교사와 부모가 자연섬유로 만든 천을 이용하거나 나무토막 등을 이용하여 손으로 직접 만들어 바자회를 통해 저렴하게 판매하는 것을 구입해서 사용하기도 한다. 이러한 교구들은 대바구니, 나무로 만든 바구니 등에 넣어 두면 영유아들이 자유놀이 시간에 자발적인 극놀이를 위해 활용하거나 교사가 인형극 시연에 보여 주는 데 활용한다.

대부분의 환경구성은 자연에서 모은 것으로 이루어지며, 이러한 자연물은 영유아에게 가능한 자유롭게 사고할 수 있는 물리적 조건이 될 수 있다.

② 실외환경

실외환경에는 영유아들이 자유놀이를 할 수 있는 공간과 잔디, 꽃, 나무, 모래 등이 있다. 정원 한 면은 식물이나 동물들을 직접 가꾸면서 직접적인 경험을 제공할 수 있게 꾸며져 있다. 일상생활 속에서 자연과 직접적으로 관계를 맺으면서 자연에 대한 이해와 자연을 다루는 법을 배우게 된다.

(2) 예술활동

예술활동은 다양한 감각과 미적인 아름다움을 느끼며, 사물을 이해하고 분류하며, 예술적이고 실천적인 교육활동으로 형태화하는 데 목적이 있다. 또한 예술활동은 성장하여 전문가가 되기 위한 음악이나 회화가 아니며, 아동이 건강하게 자라 가는 토양은 색채이며, 빛이며, 음이며, 울림, 리듬이다. 이러한 예술에 잠기면서 글자를 익히고, 수의 비밀을 알아내고, 동물이나 식물의 영위를 느끼며 인간의 행위를 이해하도록 한다.

① 그림 그리기

그림은 내적 표현이며 색깔의 본질적인 체험이므로 주제를 주지 않고 교사가 모범으로 그림을 그린다(이순형 외, 2006). 주로 크레파스와 물감을 이용하며, 선을 사용하기보다 면으로 형태가 나타나는 그림 그리기를 한다. 그림판에다 두꺼운 도화지를 올려놓고, 물병에다 색깔을 넣고 잘 젓는 등 그림 그리기 준비를 한다. 이런 준비는 각 연령층의 아이들이 각자 스스로 할 수 있는 행동을 한다. 예를 들어, 나이 어린아이는 물감 색깔을 섞거나 병에 담는 준비를 한다. 그림 준비가 끝나면 아이들은 자기의 욕구에 따라 원하는 색깔을 선택해서 붓으로 나타낸다. 그림 그리는 동안이나 끝난 후에 아이들은 교사나 다른 아이에게 색깔이나 그림을 내용에 관해 이야기한다. 그림 그리기가 끝나면 나이 든 아이들이 정리한다.

② 수채화 그리기

발도로프 프로그램에서 수채화 그리기는 독특하다. 도화지를 물에 담근 후 일정시간 있다 꺼내어 천으로 물기를 닦아 낸다. 물에 젖은 붓을 물감에 찍어 도화지에 그린다. 그러면 물감이 스며들면서 은은한 선을 만들며, 각이 진 경계는 나타나지 않게 된다.

③ 오이리트미

오이리트미는 전문교사가 복장을 천사 같은 차림으로 흰옷을 입고 독일어의 모음과 자음, 음절, 단어, 소리들을 이용해서 몸짓과 동작을 하는 것이다. 교육과정에서는 단순한 모음이나 자음을 이용하여 동작한다. 예를 들어, 독일어 'A(아)'는 놀라움을 나타나는 모음으로서 자신이 소리의 대상이 되어, 몸짓은 양팔을 펴서 내미는 동작이 된다.

④ 손으로 형태 만들기

손으로 형태 만들기는 아이들의 창의적인 활동을 위한 과정으로서 아이들에게 밀랍이나 점토, 공예 등으로 형태를 만들게 한다.

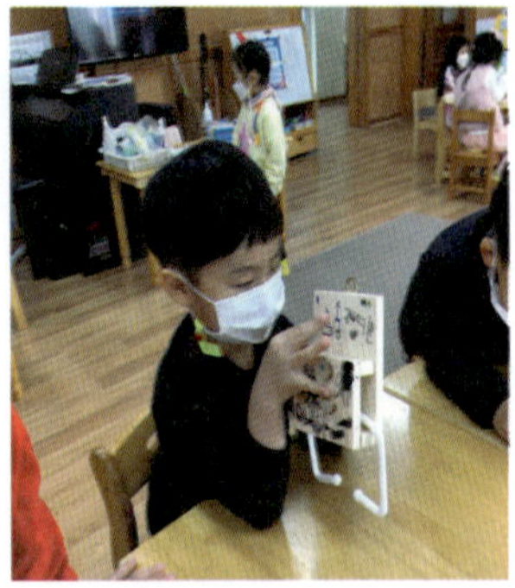

⑤ 극놀이

교사의 지도하에 이야기와 극놀이가 매일 매일 이루어진다. 한 주제에 관해 이야기를 일주일 내내 반복한다. 그렇게 함으로써 공동 체험과 공동행동이 가능해지고, 언어 촉진도 이루어진다. 특히 해의 흐름(Jahreslauf) 속에서 아이들은 수많은 활동을 배우게 된다. 예를 들어 '씨뿌리기'로부터 '수확'과 '타작'을 거쳐 '빵굽기'까지 함께하는 활동을 함으로써 아이들은 직관적으로 의미의 관계를 터득하게 된다.

⑥ 주말 청소

일주일 리듬을 위한 것으로 토요일에 등원하여, 아이들에게 자기가 활용한 공간을 청소하거나 자유놀이 시간에 함께 만든 집에서 아침을 먹는 등 특별한 활동을 한다.

위와 같이 발도로프 프로그램은 지식을 습득하는 장소가 아니라 놀이와 일상생활의

'모방'과 '모범'을 통해서 아이들에게 자연스러운 생활습관을 익히게 하는 데 교육적 목적이 있다. 또한 놀이를 통하여 아이들 스스로 자기의 욕구와 잠재되어 있는 여러 가지 능력 등을 자연스럽게 형성해 가는 과정으로 인식되며, 자기 고유함을 아는 동시에 다른 사람과의 공동체임을 배우게 된다.

3) 교사의 역할

발도로프 교육에서 필요한 교사상은 자기 수양과 반성적 사고를 통해 자기교육을 지속적으로 실천하는 교사이며, 영혼과 신체를 통합하는 교육을 실시하는 것이다. 북미발도르프연합회(Association of Waldorf Schools of North American: AWSNA)는 교사는 사상가, 예술가, 과학자, 시인, 환경론자, 음악가 등의 역할을 감당할 수 있어야 한다고 강조하였다(이순형 외, 2006). 발도로프 프로그램을 실행하는 데 있어서 고려해야 할 사항은 다음과 같다(이순형 외, 2006).

첫째, 개별화 교육을 지향하며, 다 함께 상호작용함으로써 형제자매의 관계가 이루어지도록 한다.

둘째, 영재교육보다도 오히려 교사 모두가 취약한 아동의 발달을 촉진시키려고 노력한다.

셋째, 교사는 언제나 본보기로서 아이들 앞에 서서 지도한다.

넷째, 활동은 우선 교사의 자극으로 시작되지만, 어떤 숨겨진 강요 없이 소규모 집단으로 행하여지므로 모든 아이들에게 효과적이다.

다섯째, 개별 아이의 깊은 이해를 통한 교육을 하기 위해 같은 선생님이 계속 맡는 담임교사 제도를 택하고 있다. 3~5세 동안 3년간, 1학년에서부터 8학년의 경우는 8년간을 같은 선생님이 담임을 맡는다.

여섯째, 같은 선생님에게서 같은 지도를 받으면서 인생은 지능의 높낮이만으로 좌우되는 것이 아님을 깨닫게 되고, 자기 나름의 사회적 역할을 자각하도록 도와준다.

교사의 역할은 직접적으로 '무엇을 가르치는 것'이 아니라, 아이들이 선천적으로 가지고 있는 자연적인 힘을 '이끌어 내는 것'이 교사의 책무이다. 이것은 아이들의 자발적인 활동을 지원함으로써 간접적으로 그들의 성장과 발달을 도와야 한다는 의미이다. 또한 교사가 일방적으로 아이들을 가르치는 것보다 아이들이 자발적으로 활동하면서 스스로의 경험을 통해 배우는 것을 중시하며, 교사는 이를 교육적으로 안내해 주는 역할을 해야 한다. 이러한 점에서 발도로프 교사의 역할을 교사가 아이들에게 가능한 자발성을 육성하면서 지도하지만, 좀 더 교사의 주도적인 역할을 통해 교육적인 확실성을 강조하고 있다. 하루일과 속에서 교사로서 갖는 사고의 명확함과 행동의 정확성, 그리고 내적인 확신은 아이들에게 신뢰감과 안정감을 갖게 해 준다.

4. 프로젝트 프로그램[4)]

진보주의 교육자인 듀이(John Dewey, 1859~1952)는 '학습자가 흥미 있는 문제를 접하게 되면 스스로 탐구하고 사고하는 방법을 배우게 된다'라고 하였다. 그가 세운 '실험학교'에서 교사의 안내에 따라 다양한 형태로 학습할 가치가 있는 특정 주제를 가지고 심도 있게 탐구하는 교육 형태로 출발한 프로젝트 활동은 이후 그의 제자이자 동료 학자인 킬 패트릭(Willam Heard Kilpatrick, 1871~1965)에 의해 '프로젝트 접근법(The Project Method: The use of purposeful act educative process)'을 발표함으로써 프로젝트 수업을 체계화하였다. 그러나 1930년 진보주의 교육의 쇠퇴와 함께 프로젝트 학습법에

듀이

킬 패트릭[5)]

4) 윤매자 · 백은영 · 신혜경 · 이찬숙 · 이희정 · 주현경(2012). 보육학개론. pp. 95-104, 발췌 및 재구성.
5) 출처: https://blog.naver.com/snackscience/221811577651.(2023.06.07. 인출).

관해 과학과 탐구가 미흡하고, 계획되지 않는 교육과정이라는 비판을 받게 되면서 쇠퇴하였다가, 1960~1970년대에 와서 개방 교육이 활발해지면서 '열린 교육'으로 그 맥을 이어오다 1980년 말 캐츠와 차아드(Catz & Chard, 1989)에 의해 미국과 캐나다를 중심으로 세계 여러 나라에서 이 프로그램이 소개되었고 '프로젝트 접근법'이라는 용어로, 오늘날 유아교육현장에 맞게 재조직화되었다.

1) 프로젝트 접근법의 정의

프로젝트란 집단이나 소집단 혹은 개별 유아가 이행하는 특정 주제에 대한 깊이 있는 탐구로 정의할 수 있다. 프로젝트 접근법의 궁극적인 목적은 '아동의 정신(mind)계발'에 있다. '정신'이란 지식과 기술뿐만 아니라 정서적, 도덕적, 심미적인 감수성까지를 포함하는 개념이다. 이는 과거 교육방식인 교사가 가르치고 지식을 전달하는 것이 아니라, 스스로 어떤 주제에 호기심과 흥미가 충족될 때까지 깊이 있게 학습에 몰입할 수 있고, 일상생활과 밀접하게 관련되어 있어 유의미한 학습으로 이어질 수 있다. 프로젝트 접근법은 존 듀이의 철학에 바탕을 둔 것으로, 학습의 전 영역이라고 할 수 있는 지식, 기능, 성향, 느낌의 상호보완적이고 유기적인 관계를 통한 인격적 통합을 이루는 것이다. 따라서 프로젝트 접근법의 목적은 다음과 같은 네 가지로 정리해 볼 수 있다(윤매자 외, 2012).

- 지식의 획득: 행동지식, 표상지식, 사건지식, 대본지식 등
- 기능의 습득: 학문적 기능, 신체적 기능, 사회적 기능, 의사소통 기능 등
- 성향의 계발: 지적 성향, 흥미와 사회적 성향 등
- 느낌의 발달: 긍정적 정서, 자신감, 성취감 등

2) 프로젝트 접근법의 교육과정

프로젝트 접근법의 교육철학은 일상생활과 분리되지 않는 교육이다. 즉, 학교가 곧 생활이라는 관점을 중요시하였고, 교육방법은 통합교육으로, 학습 내용선정과 활동이 아동에게 유의미해야 하며, 직접 체험을 통해 익히므로, 개념에 대한 이해가 쉽고, 개개인에게 유의미한 내용이어야 한다.

(1) 프로젝트 접근법의 교육철학

① 생활과 분리되지 않는 교육
② 전인 발달을 촉진하는 교육
③ 아동과 교사의 조화와 균형 있는 교육
④ 공동체 정신을 살리는 교육
⑤ 현실 상황에 대처하는 적극적 도전의식

(2) 프로젝트 수업을 위한 다양한 교육방법

① 인지적 도제

인지적 도제란 학습자가 독자적으로 할 수 있을 때까지 전문가와의 상호작용을 통해 전문지식을 점진적으로 습득해 가는 과정이다. 현장학습으로 이루어지며, 전문가의 시범, 개인교수나 지도를 통한 외적 지지, 안내, 격려와 같은 발판으로 유능해지며 숙달된다. 또한 학습 내용을 끊임없이 연결하고 자신의 문제해결력을 반추하며 교사의 새로운 방식을 탐구하며 학습하는 방법이라고 할 수 있다.

② 발견학습

발견학습은 교사가 아동에게 특정 경험이나 실험을 수행하게 하여 아동 스스로 개념과 원리를 발견하도록 하는 방법이다. 즉, 구체적인 사례를 통해 일반화를 찾아보게 하는 것이다. 발견학습의 의의는 '알아 가는 것'으로, 결과물이 아닌 과정이라는 관점에서 아동 스스로 지식습득의 과정에 참여해 보도록 하는 것이다.

③ 문제해결 학습

문제해결 학습은 아동과 직접적으로 관계되어 아동 자신에게 의미를 주는 실제 문제가 제시되고 그 해결책을 찾는 과정을 통해 교과의 내용을 학습하게 하는 것이다.

④ 또래 교수

또래 교수는 아동 간의 불균형적 능력을 지적 발달의 기제로 간주하는 것이다. 가르치고 배우는 아동 모두 성취를 향상시킬 수 있으며, 가르치는 아동이 배우는 아동보다 성취도 향상이 더 큰 것으로 나타난 연구도 있다.

⑤ 교수적 대화

교수적 대화는 아동의 학습을 촉진시키는 대화로 교사 중심의 아닌, 아동이 자신의 이해를 구성하도록 돕는 안내자 역할을 하는 대화를 말한다.

⑥ 협동학습

협동학습은 학습 능력이 각기 다른 소집단의 아동들이 최대의 학습효과를 가져오기 위해 공동으로 노력하여 주어진 학습과제의 목표에 도달하기 위해 활동하는 수업 방법이다.

⑦ 자기주도학습

자기주도학습은 구성주의 관점에서 21세기 정보화 사회에서 학습의 양이 엄청나게 많아지면서 기존의 방식이 더 이상 맞지 않으며, 교육기관도 아동 스스로 학습을 선택하고 실행하는 능력을 갖춘 자기주도 학습자로 성장시키려 하는 것이다.

(3) 프로젝트 프로그램의 단계별 교육과정

① 준비단계

준비단계는 프로젝트 활동을 위한 첫 번째 과제인 주제를 선정하는 일이다. 유아의 정신적 몰입을 위해 적합한 주제가 선정되는 것이 중요하다. 주제선정을 한 뒤 주제에 대한 예비주제망, 교육과정의 영역별 내용안, 활동예산안을 계획하여, 프로젝트를 어떠한 방향으로 이끌어 갈지 예상하도록 한다. 또한 예비주제망을 작성한 뒤에는 프로젝트에 필요한 자원목록을 작성하여 가정에 협조를 구하고, 교사가 내부적으로 준비할 수 있는 자원을 준비하여 배치 또는 환경구성을 한다.

② 시작단계

준비단계를 마친 뒤 정해진 주제에 대해 경험한 이야기를 나누고 다양한 방법으로 표상하도록 한다. 그 주제에 대해 경험한 것들을 생각나는 대로 표현하여 생각모으기 활동을 한다. 생각모으기 활동을 할 때는 유아들이 말한 생각들을 교사가 글로 적어 주거나, 보고 쓸 수 있도록 도움을 주어 포스트잇에 적어 직접 붙일 수 있도록 한다. 유아들 각자의 생각이 적힌 종이를 화이트보드판에 옮겨 붙여 유목화 작업을 하는데, 유목화 작업을 할 때, 교사가 유아에게 충분한 비계설정을 해 주어 유아 스스로 주어진 문제를 해결해 볼 수 있도록 한다. 비계설정을 사례는 다음 사진과 같다.

출처: 윤매자 · 백은영 · 신혜경 · 이찬숙 · 이희정 · 주현경(2012). 보육학개론, p. 100.

위 두 사진처럼 유목화별 주제는 미리 선정한 것을 제시하며, 주제에 맞는 생각을 모아 유목화 작업을 해 볼 수 있도록 하거나, 인지적으로 부담을 느낄 수 있는 글 대신 그림을 이용하여 유아들의 흥미를 유발할 수 있도록 한다. 이렇게 유목화 구성이 끝나면, 유목화한 것을 토대로 주제망을 구성하는데, 유목화한 것을 함께 보며 주제망을 구성하는 것이 시각적인 효과를 주기 때문에 보다 높은 집중도를 볼 수 있다.

③ 전개단계

시작단계에서 충분한 기초 지식을 습득하고, 더욱 폭넓은 궁금증을 안고 전개단계에 접어들면, 문제해결을 위한 예측활동, 실험, 실습 관찰활동, 표상활동, 소집단 협동 활동, 현장견학 및 전문가 초빙 등 다양한 활동을 진행하게 된다. 이때 유아의 사고 흐름에 맞추어 나아가는 교사의 세심한 관찰, 반응, 자극 등이 요구된다.

④ 마무리단계

마무리단계에서는 프로젝트 전 과정을 통해 이루어 온 학습의 결과물을 발표하고 평가하는 단계이다. 즉, 주제에 대한 탐구활동의 산물을 재정리 · 재구성해서 다른 사람에게 보여 주고 설명하는 전시회나 발표회 같은 재창조 작업을 하게 된다.

⑤ 평가단계

마무리단계를 마친 후 아이들과 함께 전시회 기간 동안 찍은 사진들을 보면서 평가하는 시간을 갖는다. 프로젝트 평가는 개별 유아의 발달적 변화뿐만 아니라 보육과정 운영전반을 점검하고 앞으로의 계획을 세우기 위한 중요한 자료가 될 수 있다. 평가는 유아의 전인적 발달에 대한 성취도 평가, 활동 평가, 프로젝트 지원체계 평가, 부모 평가 등 통합적으로 이루어진다.

(4) 프로젝트 수업의 진행과정

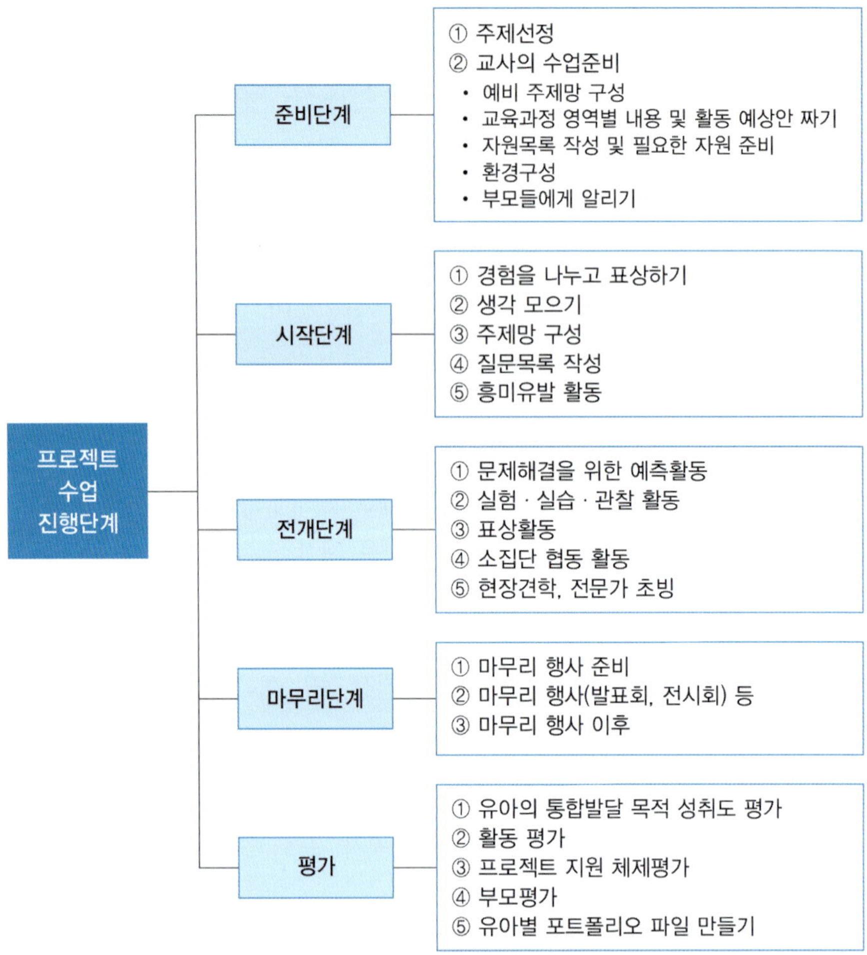

[그림 6-1] **프로젝트 접근법 진행과정**

출처: 윤매자 · 백은영 · 신혜경 · 이찬숙 · 이희정 · 주현경(2012). 보육학개론, p. 97.

3) 교사의 역할

프로젝트 프로그램을 진행할 때, 각 단계별 교사의 역할은 다음과 같다(정옥분 외, 2012).

(1) 준비단계에서의 교사의 역할

① 유아들과 주제를 진행하기 전에 주제망을 구성해 본다.

② 주제에 관한 기본 어휘와 중심개념을 정리한다.

③ 주제와 관련된 학습활동, 활동목록안을 작성한다.

④ 자원목록을 구체적으로 작성하고 준비할 자원을 미리 준비한다.

⑤ 부모들에게 프로젝트에 대해 알리고 협조를 구한다.

(2) 시작단계에서의 교사의 역할

① 교사와 유아들 간에 주제에 대한 경험과 지식 공유가 충분히 이루어지도록 한다.

② 유아의 이전 경험을 말, 그림, 신체 등 다양한 방식으로 표현하도록 한다.

③ 유아의 이해 수준이나 프로젝트에 속달된 정도를 고려하여 브레인스토밍과 유목화, 주제망 구성하기를 진행한다.

④ 주제에 대해 궁금함을 갖고 유아 스스로 조사해 보도록 격려한다.

(3) 전개단계에서의 교사의 역할

① 유아의 특성에 맞게 활동에 참여하도록 한다.

② 활동에 필요한 학습자료를 잘 준비한다.

③ 현장견학 또는 전문가 초빙 시 유아들과 사전계획을 잘 세운다.

④ 프로젝트의 방향이 올바른 방향으로 가고 있는지, 수시로 확인하고 안내한다.

⑤ 필요한 경우 체계적인 교수를 통해서 학습기술이나 표현기법을 지도한다.

⑥ 그룹 토의 시간이나 회상 시간 등을 계획하여 유아들 상호 간에 활동과정을 공유하도록 한다.

(4) 마무리단계에서의 교사의 역할

① 주제망과 질문목록을 검토하여 다루어진 내용을 평가한다.

② 프로젝트 진행 과정에서 유아들이 계획한 활동이 잘 마무리되었는지 알아본다.
③ 전시회나 발표회 등을 준비할 때 모든 유아가 골고루 참여하도록 안배한다.
④ 전시회가 끝난 후에는 유아들의 작품을 잘 보관한다.

생각해 보기

1. 프뢰벨 프로그램에서 프뢰벨의 교육사상에 대해 이야기해 보고, 놀잇감인 은물에 대해 알고 있는 것을 논의해 봅시다.

2. 몬테소리 프로그램의 교육철학에 관해 이야기해 보고, 자동교육에 대해 구체적으로 설명해 봅시다.

3. 프로젝트 프로그램의 핵심인 진행과정을 5단계로 나누어서 설명하고, 시작단계에서 교사의 역할을 논의해 봅시다.

PART 3

보육교직원의 전문성 및 협력

보육교직원은 어린이집 조직 환경 속에서 효과적으로 업무 수행을 할 수 있는 자신의 역할과 자질, 능력에 관해 갖추어야 할 전문적 지식과 기술, 태도를 보여 주는 전문성과 관련이 있다. 전문성은 영유아에게 질적인 보육환경을 제공하고 다양한 놀이 경험을 통해 그들의 발달단계에 따른 요구를 충족시켜 전인적인 발달을 도모하게 한다. 보육교사도 영유아와 마찬가지로 자신의 관심사를 가지고 성장과 발달과정을 겪는다. 초임교사는 초임교사 나름의 고민과 기대가 있고, 경력교사는 경력교사로서의 고민과 기대가 있을 것이다. 이들은 각각의 고민과 기대는 다르지만 스스로 자신의 역량을 개발해 나가고, 또한 보육교직원의 윤리의식을 가지고 다양한 상황에서 전문성과 협력을 통해 발생하는 문제를 해결하려고 노력해야 한다. 제2부에서는 보육교직원의 이해, 보육교직원의 전문성, 부모와 지역사회의 협력 등에 대해 구체적으로 살펴보고자 한다.

보육교직원의 이해

Chapter 07

보육교직원은 영유아가 있는 보육기관에서 근무하면서 돌봄과 교육, 다양한 보육경험을 통해 영유아발달에 영향을 미치는 중요한 역할을 하는 사람이다. 일반적으로 어린이집의 보육교직원은 크게 원장과 보육교사로 나눌 수 있고, 어린이집의 설립유형과 규모에 따라 특수교사, 연장반 교사, 장애아 전담교사 등으로 구분할 수 있다. 그 외 어린이집의 상황에 따라 보조교사, 조리사, 영양사, 간호사, 운전기사, 관리인, 사무원 등이 포함된다. 일반적으로 보육교직원이 되려면 대학이나 양성교육기관을 통해 전문교육을 받고 국가로부터 자격증을 발급받아야 가능하다. 7장에서는 보육교직원의 정의와 특성에 대해 알아보고, 보육교직원의 자격, 보육교직원의 배치와 업무, 보육교직원의 임면에 대해 살펴보도록 한다.

1. 보육교직원의 정의와 특성

현대사회는 여성의 사회생활이 보편화되어 취업이나 사회활동으로 가족 내에서 자녀 양육이 어려워지게 되었고, 가정에서 수행하던 양육기능이 어린이집으로 이동되면서 보육교직원은 영유아의 돌봄을 맡게 되었다. 어린이집은 단순히 돌봄의 기능만 담당하는 것이 아니라 영유아의 연령에 맞는 적절한 교육을 제공하는 기능까지 담당하고 있어 보육교직원의 역할은 매우 중요하다.

1) 보육교직원의 정의

「영유아보육법」 제2조에 의하면, 보육교직원이란 어린이집 영유아의 보육, 건강관리 및 보호자와의 상담, 그 밖에 어린이집의 관리 · 운영 등의 업무를 담당하는 자로서 어린이집의 원장 및 보육교사와 그 밖의 직원을 말한다고 정의하였다.

어린이집에는 원장, 보육교사, 특수교사, 연장반 교사, 장애아 전담교사, 보조교사, 조리사, 영양사, 간호사, 운전기사, 관리인, 사무원 등의 보육교직원들이 있으며, 각자의 업무와 역할이 구분되어 있다. 이들은 각자 업무에 따른 자격을 갖추어야 하며 역할에 따라 업무를 수행한다. 그중 어린이집에 근무하는 보육교사의 역할은 무엇보다 중요하다.

「영유아보육법」 제18조에 따르면, 어린이집의 원장은 어린이집을 총괄하고 보육교사와 그 밖의 직원을 지도 · 감독하며 영유아를 보육한다고 직무를 명시하고 있다. 보육교사는 영유아를 보육하고 어린이집의 원장이 불가피한 사유로 직무를 수행할 수 없을 때 그 직무를 대행한다고 직무 기준을 명시하고 있어, 보육교직원은 어린이집에서 영유아를 보호하고 교육하는 모든 서비스 부분에 있어 함께 참여하는 보육전문가로 정의할 수 있다.

「영유아보육법」에서는 보육교직원의 용어를 다음과 같이 규정하고 있다.

「영유아보육법」

제1장 총칙 〈개정 2007. 10. 17.〉

제1조(목적) 이 법은 영유아의 심신을 보호하고 건전하게 교육하여 건강한 사회구성원으로 육성함과 아울러 보호자의 경제적 · 사회적 활동이 원활하게 이루어지도록 함으로써 영유아와 가정의 복지증진에 이바지함을 목적으로 한다. 〈개정 2011. 8. 4.〉

제2조(정의) 이 법에서 사용하는 용어의 뜻은 다음과 같다. 〈개정 2008.12.19., 2011. 6. 7.〉

1. "영유아"란 6세 미만의 취학 전 아동을 말한다.
2. "보육"이란 영유아를 건강하고 안전하게 보호 · 양육하고 영유아의 발달 특성에 맞는 교육을 제공하는 어린이집 및 가정양육 지원에 관한 사회복지서비스를 말한다.
3. "어린이집"이란 보호자의 위탁을 받아 영유아를 보육하는 기관을 말한다.
4. "보호자"란 친권자 · 후견인, 그 밖의 자로서 영유아를 사실상 보호하고 있는 자를 말한다.
5. "보육교직원"이란 어린이집 영유아의 보육, 건강관리 및 보호자와의 상담, 그 밖에 어린이집의 관리 · 운영 등의 업무를 담당하는 자로서 어린이집의 원장 및 보육교사와 그 밖의 직원을 말한다.

2) 보육교직원의 특성

보육교직원의 특성을 보육전문가가 되기 위해, 대학이나 양성교육기관을 통해 법적으로 규정한 보육교사 양성과정을 이수하고 자격을 취득한 이후 어린이집에서 근무하는 원장과 보육교사의 특성으로 간주하여 종합해 보면, 다음과 같다.

첫째, 보육교직원은 보육기관에서 영유아의 보육, 건강관리, 보호자와의 상담, 기타 업무를 담당하는 사람으로서 보육의 질적 수준을 좌우한다.

둘째, 영유아의 안전한 보호와 전인적인 발달을 촉진하도록 도와주어야 한다.

셋째, 보호자의 역할을 대신하여 일상생활에서 필요한 식사, 수면, 배변 등의 올바른 생활습관을 형성하도록 돕는다.

넷째, 영유아가 여러 가지 활동에 참여하도록 지지하고 격려하며, 특별한 능력이나 흥미가 있는지 유심히 관찰하여 개성과 잠재력을 기르는 데 직접 관여한다.

다섯째, 매일 영유아의 건강관리를 체크하고 하루일과에 지장이 없는지를 살핀다.
여섯째, 부모와 소통하여 개개인의 발달을 촉진하고, 문제해결에 도움을 주어야 한다.
일곱째, 초등학교에 진학하여 단체생활에 적응할 수 있는 능력을 기르도록 도와야 한다.

2. 보육교직원의 자격[1)]

보육교직원 자격은 2005년 1월 국가자격증 제도가 도입되었고, 보육교사의 국가자격증은 그해 4월부터, 원장의 국가자격증은 2007년 1월부터 발급이 시행되었다. 어린이집 원장과 보육교사의 자격검정과 자격증 발급 · 재발급에 관한 업무는 보건복지부 산하기관인 한국보육진흥원에서 수행하고 있다[2)]. 어린이집 원장과 보육교사의 자격검정은 무시험을 원칙으로 하며, 「영유아보육법 시행령」 제21조에 의한 자격 기준을 갖추었는지는 신청자가 제출한 서류를 보육교직원 자격검정위원회에서 심의 · 의결하여 결정한다.

어린이집 원장의 자격 요건으로, 「영유아보육법 시행령」 제21조 [별표1]에 해당하는 자로서 보건복지부장관이 검정 · 수여하는 국가자격증을 받은 자이어야 한다. 어린이집 원장의 자격 기준은 일반기준, 가정어린이집, 영아전담어린이집, 장애아전담어린이집, 「고등교육법」에 따른 대학(전문대학 포함) 또는 법 제21조제2항제2호에 따른 규정에 의한 교육훈련시설에서 운영(위탁 또는 부설운영)하는 어린이집 등 원장 자격이 있으며, 어린이집 원장을 하기 위해서는 보건복지부령으로 정하는 '원장 사전직무교육'을 반드시 받아야 한다. 또한 보육교사 자격은 1급, 2급, 3급으로 세분화되어 있다. 더 구체적으로 살펴보면, 다음과 같다.

1) 보건복지부(2023). 2023년 보육사업안내, 발췌 및 재구성.
2) 한국보육진흥원 · 교직원인재개발본부 자격관리부(2023). http://chrd.childcare.go.kr.

1) 어린이집 원장의 자격 기준

어린이집 원장 자격증은 2005년 「영유아보육법」 전면 개정으로, 국가자격증 제도가 법적으로 마련되었으며, 2007년부터 어린이집 원장의 국가자격증 발급과 교부가 시행되었다. 어린이집의 원장 자격 기준(시행령 제21조 [별표1])에 해당하는 자로서 보건복지부장관이 검정 · 수여하는 국가자격증을 받은 자이어야 한다(법 제21조). 또한 어린이집 원장의 자격 기준에 따른 자격 요건을 충족하면 자격증을 취득할 수 있다.

(1) 일반기준

① 보육교사 1급 자격을 취득한 후 3년 이상의 보육 등 아동복지업무 경력이 있는 사람

② 「유아교육법」에 따른 유치원 정교사 1급 자격 또는 같은 법에 따른 특수학교(유치원과정) 교사 자격을 취득한 후 3년 이상의 보육 등 아동복지업무 경력이 있는 사람

③ 유치원 원장의 자격을 가진 사람

④ 「초 · 중등교육법」에 따른 초등학교 정교사 자격 또는 같은 법에 따른 특수학교(초등학교과정)의 정교사 자격을 취득한 후 5년 이상의 보육 등 아동복지업무 경력이 있는 사람

⑤ 「사회복지사업법」에 따른 사회복지사 1급 자격을 취득한 후 5년 이상의 보육 등 아동복지업무 경력이 있는 사람

⑥ 「의료법」에 따른 간호사 면허를 취득한 후 7년 이상의 보육 등 아동복지업무 경력이 있는 사람

⑦ 국가 또는 지방자치단체에서 7급 이상의 공무원으로 보육 등 아동복지업무에 5년 이상 근무한 경력이 있는 사람

보육 등 아동복지업무 경력

가. 다음의 어느 하나에 해당하는 경력
  1) 어린이집에서 어린이집의 원장, 보육교사, 특수교사[「초 · 중등교육법」 제21조제2항에 따라 특수학교의 정교사, 준교사 또는 실기교사(담당과목이 재활복지과목인 경우만 해당)의 자격증을 가진 사람과 이에 준하는 사람으로 보건복지부장관이 인정하는 사람을 말한다. 이하 같다] 또는 치료사로 근무한 경력
  2) 육아종합지원센터에서 육아종합지원센터의 장, 보육전문요원, 특수교사, 대체교사 또는 일시보육 담당 보육교사로 근무한 경력
  3) 법 제8조에 따른 한국보육진흥원에서 임원 및 보건복지부장관이 정하여 고시한 정규직 근로자로 근무한 경력
  4) 법 제26조의2제2항에 따른 시간제보육서비스 지정기관에서 기관의 장 또는 시간제보육 담당 보육교사로 근무한 경력

나. 「유아교육법」에 따른 유치원에서 원장, 원감, 수석교사, 교사 또는 기간제교사로 근무한 경력
  ※ 「유아교육법」 제23조에 따른 강사 · 명예교사 등으로 근무한 경력은 해당하지 않음

다. 「아동복지법」에 따른 아동복지시설에서 시설장, 총무, 보육사, 생활복지사, 상담지도원 또는 자립지원전담요원으로 근무한 경력

라. 「장애인복지법」에 따른 장애영유아 거주시설에서 장애영유아와 관련된 업무에 종사한 경력

마. 「장애인 등에 대한 특수교육법」에 따른 특수교육지원센터에서 특수교육 분야의 전문인력*으로 근무한 경력
  * 특수교육분야의 전문인력: 특수학교 교원 자격증을 가진 사람으로서 특수교육 대상자의 교육을 담당하는 교원

바. 「유아교육법」 및 「초 · 중등교육법」에 따른 특수학교(유치원 과정)에서 특수학교 교원으로 근무한 경력

사. 법률 제7120호 「유아교육법」 제정으로 폐지되기 전 「유아교육진흥법」에 따른 새마을유아원에서 근무한 경력

아. 가목부터 사목까지의 아동복지업무를 수행하는 시설 등에서 간호사로 근무한 경력

자. 국가 또는 지방자치단체에서 7급 이상의 공무원으로 보육 등 아동복지에 관한 행정업무에 종사한 경력
  ※ 자격취득 및 승급을 위한 경력으로, 호봉인정 근무경력과는 다른 개념임
  ※ 「남녀고용평등과 일 · 가정 양립 지원에 관한 법률」에 따른 육아휴직 기간 및 육아기 근로시간 단축의 사용으로 실제 근무하지 않은 시간, 「근로기준법」 및 「산업재해보상보험법」에 따른 업무상 재해로 인한 병가기간(1개월 이상)은 보육 등 아동복지업무 경력에서 제외

출처: 보건복지부(2023). 2023년 보육사업안내. p. 159.

(2) 가정어린이집

① 일반기준에서 정한 자격을 갖춘 사람

② 보육교사 1급 이상 자격을 취득한 후 1년 이상의 보육업무 경력이 있는 사람

(3) 영아전담어린이집

① 일반기준에서 정한 자격을 갖춘 사람

② 간호사 면허를 취득한 후 5년 이상의 아동간호업무 경력이 있는 사람

아동간호업무 경력

• 병원의 소아청소년과나 신생아실, 보건소 모자보건센터, 초등학교 보건실 등에서 근무한 경력

※ 「남녀고용평등과 일 · 가정 양립 지원에 관한 법률」에 따른 육아휴직 기간 및 육아기 근로시간 단축의 사용으로 실제 근무하지 않은 시간, 「근로기준법」 및 「산업재해보상보험법」에 따른 업무상 재해로 인한 병가기간(1개월 이상)은 아동간호업무 경력에서 제외

출처: 보건복지부(2023). 2023년 보육사업안내. p. 160.

(4) 장애아전문어린이집

① 일반기준에서 정한 자격을 갖춘 사람으로서 다음의 어느 하나에 해당하는 사람

가. 대학(전문대학 포함)에서 장애인복지 및 재활 관련 학과를 진공한 사람

나. 장애아전문어린이집에서 2년 이상의 보육업무 경력이 있는 사람

(5) 「고등교육법」에 따른 대학(전문대학 포함) 또는 법 제21조제2항제2호에 따른 규정에 의한 교육훈련시설이 운영(위탁 또는 부설 운영)하는 어린이집

① 일반기준에서 정한 자격을 갖춘 사람

② 어린이집을 운영하는 대학의 조교수 또는 교육훈련시설의 전임교수 이상으로서 보육 관련 교과목에 대하여 3년 이상의 교육경력이 있는 사람

(6) (1)~(4)까지의 어느 하나에 해당하는 사람은 보건복지부령으로 정하는 사전 직무교육을 받아야 한다.

2) 보육교사의 등급별 자격 기준

보육교사의 자격 기준은, 첫째, 「고등교육법」 제2조에 따른 전문대학, 대학 등 학교에서 보건복지부령으로 정하는 보육 관련 교과목과 학점을 이수하고 전문학사학위 이상을 취득한 자, 둘째, 「고등교육법」 제2조에 따른 법령에 따라 학점은행제로 보건복지부령으로 정하는 보육 관련 교과목과 학점을 이수하고 전문학사학위 이상을 취득한 자, 셋째, 고등학교 또는 이와 같은 수준 이상의 학교를 졸업한 자로서 시·도지사가 지정한 교육훈련시설에서 소정의 교육과정을 이수하고 보건복지부장관이 검정·수여하는 자격증을 받은 자이어야 한다. 또한 보육교사는 「영유아보육법 시행령」 제21조 [별표1]에 해당하는 사람으로서, 자격증 종류는 1, 2, 3급으로 구분되며 보육교사의 등급별 자격 기준은 다음과 같다(2014. 3.1. 시행).

〈표 7-1〉 **보육교사의 등급별 자격 기준**

등급	자격 기준
보육교사 1급	1. 보육교사 2급 자격을 취득한 후 3년 이상의 보육업무 경력이 있는 사람으로서 보건복지부장관이 정하는 승급교육을 받은 사람 2. 보육교사 2급 자격을 취득한 후 보육 관련 대학원에서 석사학위 이상을 취득하고 1년 이상의 보육업무 경력이 있는 사람으로서 보건복지부장관이 정하는 승급교육을 받은 사람
보육교사 2급	1. 전문대학 또는 이와 같은 수준 이상의 학교에서 보건복지부령으로 정하는 보육 관련 교과목 및 학점을 이수하고 졸업한 사람 2. 보육교사 3급 자격을 취득한 후 2년 이상의 보육업무 경력이 있는 사람으로서 보건복지부장관이 정하는 승급교육을 받은 사람
보육교사 3급	고등학교 또는 이와 같은 수준 이상의 학교를 졸업한 사람으로서 보건복지부령으로 정하는 교육훈련시설에서 정해진 교육과정을 수료한 사람

보육 관련 대학원이라 함은

① 학과(전공) 및 학위명에 '보육, (영)유아, 아동'의 단어가 포함된 대학원

② ①의 경우가 해당되지 않을 경우 보육 관련 교과목 이수기준으로 인정
(보육 관련 교과목 최소 15학점 이상 이수 여부를 확인하여 인정)

출처: 보건복지부(2023). 2023년 보육사업안내. p. 162.

(1) 보육교사 2급 자격취득을 위한 보육 관련 교과목 및 학점 기준

보육교사 자격증 취득을 위해서 「영유아보육법 시행규칙」 제12조제1항 [별표4]의 규정에 의한 보육 관련 교과목 중 총 17과목 51학점 이상 이수하고 졸업하는 경우 보육교사 2급 자격증을 취득할 수 있다. 보육 관련 교과목은 학위를 수여한 기관에서 인정한 교과목으로, 성적증명서에 기재된 교과목과 학점을 의미하며, 보육 지식과 기술영역의 교과목은 반드시 3학점 이상 이수해야 한다. 또한 교과목의 명칭이 서로 다르더라도 교과목의 내용이 비슷하면 유사 과목으로 인정한다.

〈표 7-2〉 **보육교사 자격취득을 위한 보육 관련 교과목 및 학점**

영역		교과목	이수과목(학점)
가. 보육교사 인성		보육교사(인성)론, 아동권리와 복지	2과목(6학점)
나. 보육 지식과 기술	필수	보육학개론, 보육과정, 영유아발달, 영유아 교수방법론, 놀이지도, 언어지도, 아동음악(또는 아동동작, 아동미술), 아동수학지도(또는 아동과학지도), 아동안전관리(또는 아동생활지도)	9과목(27학점)
	선택	아동건강교육, 영유아 사회정서지도, 아동문학교육, 아동상담론, 장애아 지도, 특수아동 이해, 어린이집 운영 관리, 영유아 보육프로그램 개발과 평가, 보육정책론, 정신건강론, 인간행동과 사회환경, 아동간호학, 아동영양학, 부모교육론, 가족복지론, 가족관계론, 지역사회복지론	4과목 (12학점)이상
다. 보육 실무		아동관찰 및 행동연구, 보육실습	2과목(6학점)

〈표 7-3〉 **유사교과목 인정 범위**

영역	교과목	유사과목 인정 범위
보육 지식과 기술	보육학개론	영유아보육학, 유아교육(개)론
	보육과정	영유아보육과정, 유아교육과정
보육실무	보육실습	보육현장실습, 교육실습, 학교현장실습

※ 위 유사교과목 인정 범위에 대해서는 별도의 유사교과목 심의 절차 없이 「영유아보육법」(2014. 3. 1.시행)에 따른 보육 관련 교과목으로 인정. 단, 한시적으로 인정할 계획이며, 인정 기간은 별도 공지

① 대면 교과목

대면 교과목은 8시간 이상 출석 수업과 1회 이상 출석 시험을 실시해야 한다. 다만 보육실습 과목은 보육실습 기준에 따른다.

〈표 7-4〉 **대면 교과목의 내용**

영역	교과목
가. 교사인성	보육교사(인성)론, 아동권리와 복지
나. 보육지식과 기술	놀이지도, 언어지도, 아동음악(또는 아동동작, 아동미술), 아동수학지도(또는 아동과학지도), 아동안전관리(또는 아동생활지도)
다. 보육 실무	아동관찰 및 행동연구, 보육실습

② 학점은행제

학점은행제로 보육교사 2급 자격증을 취득하는 경우 국가평생교육진흥원 학점은행을 통해 온라인 학습자를 등록하고, 학점인정을 받아야 한다. 즉, 보육 관련 교과목 및 학점(17과목 51학점: 보육실습 포함)을 이수하고, 학위를 취득한 이후 보육교사 자격증을 신청해야 한다. 또한 전문대학 또는 이와 같은 수준 이상의 학교에서 보육 관련 교과목과 학점 중 일부만 이수하고 전문학사학위 이상을 취득한 경우, 보육교사 2급 자격증을 취득하기 위해서는 대학(교) 또는 학점은행제에서 보육 관련 전 교과목을 다시 취득해야 한다.

(2) 보육교사 3급 자격취득을 위한 보육 관련 교과목 및 학점 기준

보육교사 3급 자격취득을 위한 대상자는 「영유아보육법 시행규칙」 제12조제2항[별표5] 따라 시 · 도지사가 지정하는 교육훈련시설에 2016. 8. 1. 이후에 입학한 사람부터 적용되었다. 교과목은 22과목 이상, 65학점 이상 이수해야 하며, 학점당 시간은 15시간을 기준으로 한다. 각 과목당 평가점수는 70점 이상인 경우에만 이수한 것으로 인정하며, 보육실습은 [별표4] 비고 제2호에 따른 보육실습에 관한 기준을 준용한다.

〈표 7-5〉 **보육교사 3급 자격취득을 위한 보육 관련 교과목 및 학점**

영역	교과목	이수과목(학점)
가. 교사 인성	보육교사(인성)론(3학점), 아동권리와 복지(3학점)	2과목(6학점)
나. 보육 지식과 기술	보육학개론(3학점), 보육 과정(3학점), 영유아발달 및 지도(3학점), 아동생활지도(3학점), 영유아 문제행동지도 및 상담(3학점), 특수아동 이해와 지도(3학점), 놀이지도(3학점), 언어지도(3학점), 아동음악과 동작(3학점), 아동미술지도(3학점), 아동수학지도 · 아동과학지도(3학점), 영유아교수방법론(3학점), 교재교구개발(3학점), 부모교육(3학점), 영유아 건강지도(2학점), 영유아 영양지도(2학점), 아동안전관리(3학점), 어린이집 운영관리(3학점)	18과목(52학점)
다. 보육 실무	아동관찰 및 실습(3학점), 보육실습(4학점)	2과목(7학점)

(3) 보육교사 2급, 3급 자격취득을 위한 보육실습 기준

보육교사 자격취득을 위한 보육실습자는 2013. 3. 1. 이후 어린이집에서 보육실습을 이수하는 경우, 어린이집지원시스템에 보육실습 내용을 등록 · 출력해서 제출하여야 한다.

어린이집지원시스템에 보육실습 내용 등록 · 제출 방법

① 보육실습 내용 등록방법: 어린이집지원시스템 → [교육관리] → [보육실습생관리] → [등록]에서 보육실습생 정보와 실습지도교사 정보를 입력 → [저장]하여 등록 완료

② 보육실습 내용 제출방법: 어린이집지원시스템 → [교육관리] → [보육실습생관리] → 대상자 조회 후 [선택] → [제출](메세지 창 확인) → [확인]하여 제출 완료

※ 주의: 2회로 나누어서 실시하는 경우 보육실습생 등록 · 제출을 각각 해야 함
제출된 내용은 자격취득을 위한 정보로 전송되므로 제출 이후는 수정 불가

어린이집지원시스템에서 등록 · 제출하지 않은 경우, 보육실습 관련 제출서류

- 보육실습확인서 원본
- 보육실습기관 인가증 사본
- 보육실습 지도교사 자격증 사본
- 대학(보육교사교육원) 발행 공문: 실습기관 발행 공문 첨부 필수

※ 대학(보육교사교육원)에서는 실습기관에서 발행한 공문을 반드시 첨부하여 공문을 발행해야 함

〈표 7-6〉 **보육실습 기준**

구분	기준
실습 운영	이론수업과 보육현장실습으로 운영
실습 기간	6주 240시간(2회에 나누어 실시 가능)
실습 기관	• 실습 시작 당시 정원이 15명 이상이고 평가인증 유지(또는 평가제 평가결과 A, B등급) 어린이집 • 방과 후 보육을 운영하는 유치원
실습 지도교사	• 보육교사 1급 또는 유치원 정교사 1급 • 실습 지도교사 1명당 보육실습생 3명 이내 지도
실습 인정시간	• 평일(월요일~금요일) 오전 9시~오후 7시 • 실습시간은 하루에 8시간으로 함 ※ 부득이한 사유로 1일 8시간의 실습시간을 충족하지 못한 경우, 증빙서류를 제출하고 1일 6시간 이상 실습한 경우에 한하여 인정함 – 부득이한 사유의 인정 여부는 보육시설종사자 자격검정위원회에서 심의 · 의결
실습의 평가	• 보육실습일지와 실습평가서 작성 • 평가점수 80점 이상

출처: 보육교직원 통합정보(https://chrd.childcare.go.kr).

3) 기타 보육교직원의 자격 기준

(1) 특수교사 및 장애영유아를 위한 보육교사

「장애아동복지지원법」 제32조에 따른 장애영유아를 위한 어린이집은 동법 시행령 제5조제1항의 자격을 갖춘 특수교사 및 동법 시행령 제5조제2항의 자격을 갖춘 장애영유아를 위한 보육교사를 배치해야 한다. 다음 〈표 7-7〉은 「장애아동복지지원법」에 따른 특수교사 및 장애영유아를 위한 보육교사 자격 기준과 배치에 관한 것이다.

〈표 7-7〉 **특수교사 및 장애영유아를 위한 보육교사 자격 기준 및 배치**

구분	기준
특수교사 (유치원 과정 특수교사)	• 자격 기준: 「초 · 중등교육법」 제21조제2항에 따른 특수학교 정교사 2급 이상의 자격증(유치원 과정만 해당한다)을 소지한 사람
장애영유아를 위한 보육교사	• 자격 기준: 다음 각호의 자격을 모두 갖춘 사람 1. 「영유아보육법」 제21조제3항에 따른 보육교사 2급 이상의 자격증을 소지한 사람 2. 보건복지부령으로 정하는 특수교육 또는 재활 관련 교과목 및 학점을 「고등교육법」 제2조에 따른 학교에서 이수하거나 「학점인정 등에 관한 법률」 제7조에 따라 인정받은 사람
특수교사 및 장애영유아를 위한 보육교사 배치	• 배치 기준: 특수교사 및 장애영유아를 위한 보육교사의 수는 장애영유아 수의 3분의 1이상 이어야 함 이 경우 배치된 교사 2명 당 1명 이상은 특수교사이어야 함 • 배치 시기 1. 취학하지 아니한 만 5세 이상의 장애영유아: 2016년 3월 1일부터 2. 만 4세의 장애영유아: 2017년 3월 1일부터 3. 만 3세의 장애영유아: 2018년 3월 1일부터

출처: 보건복지부(2023). 2023년 보육사업안내. p. 168.

(2) 치료사

치료사는 국가자격증인 물리치료사, 작업치료사, 언어재활사, 임상심리사 등을 소지해야 하며, 국가자격증이 없는 자는 다음 내용을 충족해야 한다.

첫째, 「자격기본법」 제19조제1항에 따라 주무부 장관이 공인한 치료 관련 민간자격 소지자

둘째, 한국연구재단 등재(후보)학술지를 발간하는 학회가 소정의 절차를 거쳐 발급하는 치료 관련 민간자격 소지자

셋째, 특수교사 자격이 인정되는 자

넷째, 어린이집 근무조건 치료사 자격이 인정되는 자로서 어린이집에 채용된 자는 채용 후 6개월 이내에 일반직무 또는 특별직무 보수교육을 이수한 자

(3) 간호사, 영양사, 조리원(조리사)

① 간호사

간호사란 간호학을 전공하는 대학이나 전문대학에서 간호교육을 이수하고 한국보건의료인국가시험원(약칭, 국시원)에서 시행하는 간호사 시험에 합격하고, 보건복지부장관이 수여하는 면허를 취득한 자를 말한다. 「영유아보육법 시행규칙」 제10조[별표2]에 따르면, 영유아 100인 이상을 보육하는 어린이집에서는 영유아의 건강과 안전을 위해 간호사, 간호조무사 등 적어도 1명을 두도록 규정하고 있다.

어린이집에서의 간호사는 영유아와 보육교직원을 대상으로 건강관리를 진행하고 약관리, 투약 관리, 응급상황 시 응급처치와 상황이 클 때는 병원으로 이동하는 업무와 함께, 영유아가 갑작스럽게 발열, 경련 등이 나타날 때 응급처치를 해야 하며, 영유아의 건강과 안전에 관한 교육을 수행해야 한다.

② 영양사

영양사란 국시원에서 시행하는 영양사 시험에 합격하고, 보건복지부장관의 면허를 받은 자이며, 영유아 100인 이상을 보육하는 어린이집에서는 영양사 1명을 두는 것을 원칙으로 한다. 어린이집 운영상 단독으로 영양사를 두는 것이 곤란한 경우 같은 시 · 군 · 구 내에 5개 이내 어린이집이 공동으로 영양사 1명을 둘 수 있다.

「국민영양관리법」 제15조에서 영양사가 되고자 하는 사람은, 첫째, 「고등교육법」에 따른 대학, 산업대학, 전문대학 또는 방송통신대학에서 식품학 또는 영양학을 전공한 자로서 교과목 및 학점 이수 등에 관하여 보건복지부령으로 정하는 요건을 갖춘 사람, 둘째, 외국에서 영양사면허를 받은 사람, 셋째, 외국의 영양사 양성학교를 졸업한 자로서 각호의 어느 하나에 해당하는 사람으로서 영양사 국가시험에 합격하고, 보건복지부장관의 면허를 취득해야 한다.

「식품위생법」 제52조에 의하면, 영양사는, 첫째, 집단급식소에서의 식단 작성, 검식 및 배식 관리, 둘째, 구매 식품의 검수와 관리, 셋째, 급식 시설의 위생적 관리, 넷째, 집단급식소의 운영일지 작성, 다섯째, 종업원에 대한 영양지도와 식품 위생교육의 직무를 수행한다. 어린이집의 영양사는 영유아의 건강과 영양 및 식습관에 관한 교육도 함께 수행해야 한다.

③ 조리원(조리사)

어린이집에서는 영유아의 급식을 제공하기 위해 조리원을 채용하도록 규정하고 있다. 「영유아보육법 시행규칙」 제10조[별표]에 따르면, 영유아 40명 이상 80명 이하를 보육하는 어린이집의 경우 조리원 1명을 두며, 영유아가 80명을 초과할 때마다 1명씩 증원한다.

「식품위생법」 제51조, 제53조에 의하면, 상시 1회 50명 이상에게 식사를 제공하는 어린이집인 경우, 조리원 중 1인은 조리사 면허를 소지해야 한다. 어린이집에서는 영유아의 식사와 간식을 준비해야 하므로 주방의 식기와 식재료를 위생적이고 신선하게 관리하고, 영양사와 충분한 의견을 교환하여 영유아들이 음식을 잘 먹을 수 있도록 조리법을 연구하고 조리직무를 충실히 수행해야 한다.

④ 운전기사와 사무원

가. 운전기사

어린이집에서는 영유아의 등·하원을 위한 차량 운행을 위해 자동차운전면허를 소지한 운전원이 근무한다. 운전기사는 2년마다 정기적으로 실시하는 어린이 승·하차의 안전과 어린이 특별 보호 등 교통안전교육을 반드시 받아야 한다.

나. 사무원

어린이집에서 행정을 담당하는 자로서 어린이집 운영에 필요할 경우 채용한다. 모든 보육교직원은 성범죄 경력, 아동학대 관련 범죄 전력, 보건소의 전염성 질환(폐결핵, 장티푸스, 전염성 피부질환) 등에 대해 건강상의 이상이 없어야 한다.

3. 보육교직원의 배치와 업무

어린이집 보육교직원 업무의 효율성을 높이기 위해 보육교사 대 영유아의 배치기준과 보육교사의 경력 유무, 미혼 혹은 기혼, 자녀 유무에 따라 업무를 분장하고 소통함으로써, 효율적으로 업무를 할 수 있다.

1) 보육교직원 배치

영유아에게 양질의 보육서비스를 제공하기 위해서는 교사 대 영유아 비율이 중요하다. 교사 1명이 많은 수의 영유아를 담당하게 되면, 바람직한 상호작용에 부정적인 영향이 미치므로 적절한 인원의 배치기준이 필요하다.

「영유아보육법」에 의하면, 보육교직원의 배치기준은 만 0세는 교사 1인당 영아 3명, 만 1세는 교사 1인당 5명, 만 2세는 교사 1인당 7명, 만 3세는 교사 1인당 유아 15명이며, 만 4~5세는 교사 1인당 20명이며, 장애아는 교사 1인당 3명으로 규정하고 있다(보건복지부, 2023).

2) 보육교직원의 업무분장

어린이집 보육교직원은 영유아를 보호하고 교육하는 보육교사의 업무와 함께 다양한 역할을 수행하게 되며, 어린이집의 교육과 행사, 운영 등을 원활하게 해야 한다. 이러한 보육교직원 간에 공평성과 합리적인 업무수행을 위해서는 업무분장이 필요하다. 보육교직원의 업무분장의 내용은 다음과 같다(보건복지부, 2023).

(1) 원장

원장은 어린이집 운영, 원아 모집과 관리, 교사교육 및 계획, 시설 정비 및 재정 관리, 전체 영유와 보육교직원 건강관리, 보육교직원 채용, 보육교직원 업무 분담, 전체 보육프로그램 관리, 부모교육 및 상담 등 학부모 관리, 공문처리 및 발송, 물품 신청 및 대금결재, 감독, 인사관리, 회계업무 등의 업무를 담당한다.

(2) 원감

원감은 전반적인 보육프로그램 관리, 학부모위원회 관리, 가정통신문 작성 및 관리, 보육교직원 근무상황부 관리, 보육실습생 교육 및 관리, 운영일지 및 실적 보고, 내부 결재서류 관리 등의 업무를 담당한다.

(3) 주임교사

주임교사는 영유아 보육프로그램 관리, 소모품 신청 및 관리, 교재 · 교구 신청 및 관리, 행사 계획 및 평가, 지역사회연계프로그램, 교사 회의록 작성 및 관리 등의 업무를 담당한다.

(4) 담임교사

각 담임교사에 분담하는 내용으로, 배정된 반의 연령별 보육프로그램 관리, 영유아의 각종 안전교육, 안전 점검, 생일잔치, 관찰 일지, 발달평가, 특별활동 및 특성화 교육 관리, 부모참여 수업, 부모 만족도 조사서, 도서관리 및 도서 대상, 비품 관리, 소득필증 관리, 공기질 관리, 자율장학, 감염병 관리, 건강진단관리, 약품 관리, 건강교육 등의 업무를 담당한다.

(5) 비담임교사

담임교사 대체 업무, 식자재 주문 등의 업무를 담당한다.

(6) 연장 담임교사

연장반 교실 관리, 영유아 귀가 지도관리 등의 업무를 담당한다.

(7) 조리사

급·간식 조리, 조리실 청결 관리, 급식 위생표 점검, 식자재 주문 등의 업무를 담당한다.

(8) 도우미

장애통합반 보조, 조리실과 청결 관리, 환경정비와 청결 관리 등의 업무를 담당한다.

위와 같은 업무분장은 일에 대한 책임소재를 분명하게 하고 갈등 상황도 줄일 수 있기에 세밀하고 정확하게 업무분장표를 작성해야 한다.

〈표 7-8〉 **보육교직원 업무분장(예시)**

종사자 명	업무 내용		관리	관리서류
원 장	-총계원장, 계정별원장, 현금출납장, 월계표 -업무분담, 감독, 근무평정 등 업무관리 -근로계약서, 시설설비, 재정 관리 -전기, 가스안전점검, 보험증서 및 서류 -보육운영위원 -행정당국 및 지역사회와의 협력관계유지	-국민연금, 건강보험, 고용, 산재보험, 재세공과 영수 -재직증명서, 제증명서 발급대장 -교육 및 운영 계획	전체 총괄 지휘	-급여 대장 -연말 정산 관련 회계 관련 서류
유아 주임교사	-유아반 현장학습 계획 및 행사 진행 -교사회의록 -업무분담 관리 -원내 행사 계획 및 평가 -다문화 및 지역사회 관련 프로그램 관리	-유아반 일지 확인 -특별활동 및 특성화 서류 -대체교사지원신청 -부모교육관리 -부모교육담당 (키즈노트에 업로드)	강당	-유아반 행사 서류, 행사 계획 및 평가 -교사회의록 작성, 학원 관리서류 -특별활동 및 특성화 서류작성 및 취합
영아 주임교사	-오리엔테이션 관련(교직원) -열린 어린이집 관련 -신입교사, 대체교사 교육 및 관리 -대체교사 OT 및 관리 -주간계획안 확인 -우수보육프로그램 관리(정)	-보육운영위원 -통합관리 -신입생OT 관련 서류 -미각교육 요리주문	2층 화장실	-오리엔테이션 및 열린어린이집 관련 서류 -신입교사, -대체교사 교육 및 관리대장 -실습교사 OT 및 관리대장 -보육운영위원 회의록 -열린어린이집 서류 관리 -우수보육프로그램 서류 관리

종사자 명	업무 내용		관리	관리서류
교사 1	– 영아반 행사 계획 및 행사 진행 – 식단 작성 및 주문서 확인 주문(정) – 식자재 주문 및 점검 – 알러지 조사와 관리 – 재물조사표, 폐기물 담당	– 소독관리(보건소 (FAX전송)) – 조리실 위생점검표 및 검수일지 점검	전체 복도	– 비품 소모품 관리대장 – 소독일지 – 월간식단 – 조리실 위생점검표 – 식단주문서 및 검수일지 – 급식위생관리 체크리스트 – 주간식단 주문서 작성
교사 2	– 비품 구입 및 관리(정) – 물품 구입 및 주문서 관리	– 입소, 퇴소 및 월별 원아 명단 관리 – A/S 관련(전자제품)	놀이터	– 물품 구입과 주문서 – 입 · 퇴소 및 월별 원아 명단 대장
교사 3	– 식단 작성 및 주문서 확인 주문(부) – 도서대장관리 – 교사연차 및 교사 출석부 관리	– 영유아 및 교사 건강검진표 관리 – 설문지 통계관리 – 이용아동명부	1층 화장실 세탁기	– 휴가 대장 – 영유아 및 교사 건강검진대장 – 도서대장, 설문지 관리
교사 4	– 봉사활동 OT 및 확인서 – 당직표 – 우수보육프로그램 관리(부) – 비상대피훈련담당	– 졸업대장, 상장대장 관련 서류 – 안전사고관리 담당 (안전교육 및 시스템 및 통합에 업로드)	도서 정리	– 봉사활동 확인서 – 교사 당직표 – 졸업대장 및 상장대장 관리 – 지역사회 계획 및 평가
교사 5	– 교사교육연수관리대장(시스템 사이트 포함) – 현수막 제작 – 교직원 의무교육 관련 – 가정통신문(원대표) 모음 – 비품 구입 및 관리(부)		복도 창틀	– 교사연수대장
시간 연장교사	– 야간 보육 관련 – 시간연장반 운영 – 오후 조리실 보조 – 오후 보육실 보조 – 교사실 청소	설00: 정산서, 영유아 출석부 정00: 원내 화분관리	교사실 CCTV 관리	– 야간서류 – 보조금 정산서
조리사 OOO(정) XXX(부)	– 주방 관련 청결 문제(점검표) – 식단 주문 점검 – 식재료 기관 및 위생관리	– 보존 급식, 일일 식단 냉장고에 넣기 – 식당 청소		– 급식위생관리 체크리스트 – 조리실위생점검표
영아 보조교사	– 화단 및 현관 청소 – 1층 복도 계단 청소 – 영아반 수업 보조 및 준비		화단, 현관 1층 복도	
누리 보조교사	– 특기 교재 확인 및 배포 – 2층 복도 계단 청소 – 유아반 수업 보조 및 준비			
교사 고유업무	– 보육활동 진행 및 준비, 보육 및 관찰일지 작성, 각 보육실의 환경 구성 및 청결 – 학부모 상담, 영유아 영양 및 급식관리, 신입원아적응프로그램, 개별면담서류 – 영유아 건강 및 안전관리: 사고보고서 안전공제회 등록 및 청구(각 담임)			상해보험 및 사고 관련 서류
비고	– 당직자: 놀이터 정리 – 상시 하는 일: 7시 30분 당직, 쓰레기 및 재활용품 정리, 화장실 청소, 각반 정리			쓰레기 및 재활용품 정리는 순번으로 함

출처: 경기도 시립○○어린이집(2023).

〈표 4-9〉 **비상시 업무분담표**

사고 발생 시 수칙

① 교　사 – 침착하게 대처한다.
② 영유아 – 활동하던 모든 것을 중단하고 교사의 지시에 따라 행동한다.

<table>
<tr><td rowspan="2">총지휘</td><th>원 장</th></tr>
<tr><td>– 소방서, 경찰서에 화재 신고 및 긴급구조 요청
– 전체 대피를 지휘와 통솔한다.</td></tr>
</table>

<table>
<tr><td rowspan="2">부지휘</td><th>주임교사</th></tr>
<tr><td>– 비상구와 출입문을 열어 신속히 대피하도록 유도한다.
– 자체 소방시설을 활용한 소화 활동을 한다.</td></tr>
</table>

<table>
<tr><td rowspan="5">원아 대피</td><th colspan="2">00반, △△반, □□반, ＊＊반 교사</th></tr>
<tr><td>00반 교사
(선두 최** 교사)
(후진 김** 교사)</td><td>– 00반 영아들을 비상구 쪽으로 인도하여 건물 밖으로 대피시킨다.
– 주요 서류와 물건을 반출한다.</td></tr>
<tr><td>△△반 교사
(선두 박** 교사)
(후진 황** 교사)</td><td>– △△반 영아들을 비상구 쪽으로 인도하여 건물 밖으로 대피시킨다.
– 건물 밖에서 부상당한 영유아들을 응급처치 한다.</td></tr>
<tr><td>□□반 교사
(선두 조** 교사)
(후진 유** 교사)</td><td>– □□반 영아들을 비상구 쪽으로 인도하여 건물 밖으로 대피시킨다.
– 건물 밖에서 부상당한 영유아들을 응급처치한다.</td></tr>
<tr><td>＊＊반 교사
(강* *교사)</td><td>– ＊＊반 유아들을 비상구 쪽으로 인도하여 건물 밖으로 대피시킨다.</td></tr>
</table>

<table>
<tr><td rowspan="2">응급 처치</td><th colspan="2">□□반 교사</th></tr>
<tr><td>□□반 교사</td><td>– 유아들을 비상구 쪽으로 인도하여 건물 밖으로 대피시켜 응급처치가 필요한 유아는 응급처치 후 인근 병원으로 긴급 후송한다.</td></tr>
</table>

<table>
<tr><th>취사부</th></tr>
<tr><td>– 전기 스위치를 끈다.
– 가스 밸브를 잠근다.
– 투척소화기를 사용하여 진화작업을 하며 대피를 돕는다.</td></tr>
</table>

출처: 경기도 시립○○어린이집(2023).

4. 보육교직원의 임면

어린이집 원장은 국공립어린이집 경우, 특별자치시장 · 특별자치도지사 · 시장 · 군수 또는 구청장이 임면한다. 또한 법인, 단체 또는 개인에게 위탁 운영하는 경우로서 교직원 임면권을 수탁자에게 위임한 경우, 수탁자가 임면(직장어린이집 동일 적용)한다. 사회복지법인, 법인 · 단체 등, 직장, 가정, 민간어린이집 등의 경우, 어린이집 설치자가 임면하고, 협동어린이집은 조합을 결성하여 설치 · 운영하는 대표자가 임면한다.

보육교사 등 기타 직원은 원장의 제청으로 법인 · 단체의 대표자 또는 어린이집 설치자(교직원 임면권을 위임받은 수탁자 포함)가 임면하고, 사회복지법인어린이집의 경우, 관련 법령 「사회복지사업법」 제21조에 따라 대표자는 원장을 제외한 보육교사 등 기타 직원 겸직이 불가하다. 보육교직원의 채용 및 임면보고 절차에 대해 살펴보면 다음과 같다.

교직원 채용 및 임면 보고 절차

보육교직원 채용 (원장, 보육교사, 특수교사, 조리원(조리사) 등)	• 채용주체: 어린이집 설치자 • 채용조건: 자격기준을 갖춘 자 • 채용 시 구비서류 – (공통) 인사기록카드, 주민등록등본, 채용신체검사서, 성범죄 경력 및 아동학대 범죄전력 조회 회신서, 개인정보제공 및 고유식별정보 처리 동의서, 보수교육 수료증 – (자격이 필요한 자) 자격증 또는 면허증 사본 ※ 간호사 채용 시, 면허신고증도 제출해야 함
↓	
교직원 임면보고	• 임면보고 절차: 어린이집 → 특별자치시장 · 특별자치도지사 · 시장 · 군수 · 구청장(채용 후 14일 이내) • 임면보고 시 구비서류 – 인사기록카드, 채용신체검사서, 자격증사본, 성범죄 경력 및 아동학대 범죄전력 조회 회신서, 개인정보제공 및 고유식별정보 처리 동의서, 보수교육 수료증 ※ 간호사 채용 시, 면허신고증도 제출해야 함 ※ 자격증 사본 및 보수교육 수료증은 서면 제출 또는 보육통합정보시스템으로 온라인 제출 가능 ※ 인사기록카드는 "보육통합정보시스템"을 통해 임면보고 가능('15. 2. 2~) ※ 어린이집 및 시 · 군 · 구에서는 교직원 임면보고를 시스템을 통해 실시하고 적극 지도
↓	
교직원 자격의 적격성 확인	• 확인 주체: 특별자치시장 · 특별자치도지사 · 시장 · 군수 · 구청장 • 확인대상: 어린이집 원장, 보육교사, 특수교사, 장애영유아를 위한 보육교사, 치료사, 간호사, 영양사, 조리원 중 조리사 • 확인 방법: 각 자격별 자격증명 서류, 보수교육 수료증 및 보육통합정보시스템
↓	
교직원 결격사유 조회 및 범죄경력조회	• 결격사유 조회 및 범죄경력조회 주체: 특별자치시장 · 특별자치도지사 · 시장 · 군수 · 구청장 • 내용: 교직원 결격사유(법 제20조)
↓	
경력관리시스템 입력 관리	• 교직원 임면 사항을 경력관리시스템에 입력 관리

출처: 보건복지부(2023). 2023년 보육사업안내. p. 178.

생각해 보기

1. 보육교사의 특성에 대해 논의하고, 예비보육교사로서 자신의 성향이 어떠한지를 토론해 봅시다.

2. 보육교사 자격증의 종류에 대해 논의해 봅시다.

3. 보육교직원 채용과 임면 보고 절차에 대해 다시 한번 점검하고, 보육교사의 채용과 관련하여 구비서류에 대해 알아봅시다.

보육교직원의 전문성

Chapter 08

보육은 빈곤가정의 영유아를 구제하기 위한 목적으로 보육사업을 시작하였으며, 이후 사회변화에 따라 단순히 보호차원에서 벗어나 교육적인 차원까지 넓은 의미의 보육으로 발전하였다. 영유아기의 발달은 급속하게 이루어지는 시기이므로 그들의 발달은 이후 삶을 살아가는 데 원동력이 될 수 있다. 어린 나이에 영유아가 가정이 아닌 영유아보육기관에서 돌봄과 교육이 이루어지는 현재의 보육 상황을 감안할 때, 영유아들은 보육교직원의 전문성에 크게 영향을 받게 된다. 따라서 8장에서는 보육교직원 역할과 자질, 보육교직원의 인성과 윤리, 보육교직원의 전문성 향상에 관하여 살펴보고자 한다.

1. 보육교직원의 자질과 역할

어린이집의 보육교직원은 각자 직위와 업무에 따라 맡은 역할에 충실해야 한다. 영유아는 여러 사회적 여건과 요구로 인해 영유아교육기관에서 보육교직원과 함께 보내는 시간이 많아졌다. 그러므로 각자가 맡은 역할의 중요성을 인식하고 영유아가 행복한 삶을 누릴 수 있도록 노력하여야 한다(보건복지부, 2023; 윤매자 외, 2012).

1) 원장의 자질과 역할

어린이집 원장은 옳고 그름을 떠나서 자신만이 자기만이 가지고 있는 보육철학과 소신을 가지고 있어야 한다. 대부분 소신은 '이 나라의 영유아들을 잘 키우고 싶은 것'이다. 또한 어린이집을 운영해 나가는 능력이 필요하다. 그러기 위해서는 보육철학, 역할윤리, 리더십, 모델링, 다재다능함 등의 자질과 역할이 요구된다.

(1) 원장의 자질

어린이집 원장의 자질은 보육의 질에 직접적인 영향을 미칠 수 있으며, 일반적으로 원장이 갖추어야 할 자질은 다음과 같다(강문희 외, 2006; 임재택, 1999 재구성).

① 보육철학과 아동관

원장은 자신이 경영하고 있는 어린이집의 보육목적과 전반적인 운영계획을 수립하는 데 토대가 되는 자신의 보육철학을 정립해야 한다. 아울러 올바른 아동관을 정립하여 영유아의 인격과 개성을 존중하고, 영유아의 무한한 잠재력에 대한 신뢰감을 가진 경영자이자 교육철학자이어야 한다.

② 재미난 놀이를 창출하는 능력

원장은 영유아의 눈높이에 맞게 항상 재미난 일을 생각하는 놀이 창조자로서, 다양한 놀이를 고안해 내는 마술사 같은 창의력을 가진 능력이 있어야 한다.

③ 전문적인 시각

개별 영유아의 특성을 세심하게 관찰하고, 이를 보육교사들과 의논하는 전문적인 시각을 가진 관찰자로서 자질이 있어야 한다.

④ 전문적 보육지식

원내 보육프로그램, 교수–학습 방법, 보육과정 계획 등에 대해 목적과 목표를 달성하도록 지식을 갖춘 전문가로서 능력을 갖추고 있어야 한다.

⑤ 행정과 대외 관리능력

원장은 보육교직원의 인사관리, 재정관리, 보육프로그램의 효율적 운영, 대외관계 유지 등과 관련된 능력과 기술을 갖추어야 한다.

⑥ 대인관계 관리능력

원장은 어린이집 조직구성원, 영유아, 부모, 지역사회 주민 등 다양한 사람들과 인간적으로 상호작용할 수 있는 원만한 관계 형성에 노력해야 하며, 대인관계능력이 있어야 한다.

⑦ 합리적인 의사결정

원장은 어린이집 내에서 발생하는 다양한 문제를 해결하는 데 있어 보육교직원, 부모, 사무원 등 조직구성원과의 의견을 충분히 수렴하여 합리적이고 수렴 가능한 의사결정을 할 수 있어야 한다. 또한 보육교직원들의 상황에 맞게 자율성을 부여하는 등 융통성 있게 조정할 자질이 있어야 한다.

⑧ 지역사회의 봉사

원장은 어린이집의 질 높은 영유아보육을 통해 부모의 경제활동을 도와 가정복지 증진에 기여하고 나아가 지역사회발전에 봉사자로서 최선을 다해야 한다.

(2) 원장의 역할[1)]

원장은 어린이집을 대표하며, 보육교직원들을 통솔하고 어린이집의 제반 업무를 총괄하는 책임자이다. 어린이집의 효율적인 운영을 위해서는 다른 무엇보다도 보육교직원들 간의 팀워크가 중요하다. 팀워크가 어린이집의 효율적인 운영을 위한 긍정적인 방향으로 작용할 수 있도록 이끌어 가는 데 있어서 핵심적인 역할을 하는 사람이 바로 원장이다. 따라서 원장의 인간관, 보육철학, 영유아발달에 관한 지식, 시설관리 능력 등이 교직원들 간의 팀워크 유지와 어린이집 운영 방향에 지대한 영향을 미쳐 어린이집 운영의 성패를 좌우하게 된다. 또한 원장은 우선 자기 자신이 인격적으로 통합되어 있어야 하며, 운영자로서 전체를 보는 안목과 통합하는 능력을 개발하여 리더의 역할과 부드럽고 따뜻한 인간미를 바탕으로 인간중심으로 원아, 보육교직원, 부모 등을 대해야 하며, 보육교직원들에게 모범을 보여 모델링이 되어, 그들의 마음을 움직여서 각자 맡은 바 업무를 즐겁게 수행할 수 있도록 배려하는 역할을 해야 한다.

〈표 8-1〉 **원장의 역할**

영역	내용
원아관리	• 모집, 입소 및 퇴소, 졸업 관리: 졸업 후 현황 파악 • 출 · 결석 관리 • 보건위생 및 안전관리: 건강검진 확인, 화재 훈련, 방역 등 • 영양관리: 급식과 간식, 식단 점검, 식자재 관리 • 원아 가족, 가정실태 파악
보육활동	• 보육프로그램 관리 • 주제와 연령 등을 고려한 보육환경 관리 • 교재 · 교구와 시청각 자료 관리 • 보육일지, 관찰기록 관리와 활용 • 현장학습과 행사 운영관리 • 외부전문가와 자원봉사자의 인적 관리
보육교직원 관리	• 채용 및 퇴직 관리 • 경력 및 재직 관리 • 보육교직원 배치 및 업무분장

1) 윤매자 · 백은영 · 신혜경 · 이찬숙 · 이희정 · 주현경(2012). 보육학개론. pp. 273-274, 발췌 및 재구성.

영역	내용
	• 복리후생: 종사자 사회보험, 퇴직적립금, 건강검진 등 관리 • 교직원 보수교육(연수): 어린이집 내외 교육 참석, 보수교육 이수 경력 관리 • 근태상황 관리 • 보육교직원 회의 개최 및 피드백 • 보육교직원 업무 및 능력평가 • 보육교직원 면담 실시
시설 · 설비 관리	• 실외 놀이시설, 건물 내 · 외벽, 보일러실, 주방 설비 등에 대한 안전 점검 및 시설유지관리 • 비품, 소모품 구입 및 유지 관리
사무 및 재정관리	• 문서 관리 • 어린이집 예산 및 결산 관리와 증빙 처리
부모 관리	• 부모교육 및 상담: 오리엔테이션, 부모 워크숍, 강연, 수업 참관, 개별상담 등 • 부모 건의 사항 및 불만 등에 관한 관리
지역사회와의 협력	• 지역사회 요구 파악 및 자원 활용 • 어린이집 관련 단체와 협회, 행정관서 등과 관계 유지 • 지역사회와의 정보교환 및 봉사활동

출처: 윤매자 · 백은영 · 신혜경 · 이찬숙 · 이희정 · 주현경(2012). 보육학개론. p. 274.

(3) 원장의 소진

어린이집에서 원장의 역할과 자질은 매우 중요한 위치에 있다. 따라서 직무상의 스트레스를 받을 수 있고, 심지어 에너지가 고갈되어 소진을 경험할 수 있다. 유은주(2006) 연구에서 원장의 삶의 의미를 살펴보면, 원장의 소진에 대해 이해할 수 있다.

① 보육과정(표준보육과정)과 행사를 반복해야 하는 삶의 반복성

② 다양한 일들을 해결해 나가야 하는 삶의 복합성

③ 소규모 집단에서의 삶의 협소성

④ 인식되는 것들을 즉각적으로 해결 · 처리해야 하는 삶의 즉각성

⑤ 모든 부분에서 최고가 되어야 하는 삶의 정상성

2) 보육교사의 자질과 역할

인간 발달의 기초를 형성하는 영유아기에 경험하는 보육과 교육의 질은 영유아 자신뿐만 아니라 가정과 국가의 미래인력자원으로 중요하기 때문에 영유아의 발달과 교육은 교사의 질에 영향을 미친다. 그러므로 보육교사는 영유아를 바라보는 따뜻한 마음과 영유아를 사랑하는 마음을 갖고, 영유아기의 경험에 민감한 반응과 그들의 놀이 경험의 중요성을 인식해야 한다. 이처럼 보육교사는 영유아의 건강한 보육과 보다 전문적이고 수준 높은 보육환경을 제공하기 위하여 이에 합당한 역할과 자질을 갖추어야 한다.

(1) 보육교사의 자질

영유아가 받는 보육의 질을 결정하는 데 있어 결정적 역할을 하는 것은 보육교사의 자질이다. 그렇다면 어떤 자질을 갖춘 교사가 훌륭한 교사일까? 보육은 어린 영유아를 대상으로 전인적 성장을 목표로 하는 기초교육이며 삶의 교육으로, 보육을 담당하는 보육교사의 자질은 영유아의 신체 · 인지 · 언어 · 정서 · 사회성 등 전인 발달에 그대로 영향을 미치는 주요 요인이 되며 그에 따라 발달에 차이를 가져올 수 있다.

자질(資質)이란 사전적 의미로 타고난 성품이나 소질 또는 어떤 분야의 일에 대한 능력이나 실력의 정도(국립국어원, 2023)를 말하며, 어떤 직업이든 그 업무를 효율적으로 수행하기 위해 요구되는 소질이나 능력이 필요하다. 영유아를 담당하는 보육교사의 자질은 보육과정과 하루일과 속에서 이루어지는 교사의 판단과 계획, 실행을 결정짓고 교사의 구체적인 교수 행동에 영향을 미치게 되며, 보육의 질을 결정하는 기초가 되기에 보육교사는 바람직한 자질을 형성하기 위해 노력하는 것이 중요하다.

보육교사의 자질에 대한 개념과 정의는 학자에 따라 다소 차이가 있다. 보육교사에게 요구되는 자질의 내용은 인성적 측면에서 갖추어야 할 바람직한 품성을 의미하는 개인적 자질과 영유아와 보육과정에 관한 전문적 지식, 기술, 태도를 의미하는 전문적 자질로 나누어 정리하여 다음과 같다.

① 개인적 자질

개인적 자질은 주로 개인이 가지고 있는 사람됨과 관계된 성격적 특성으로 인성이라 말하기도 한다. 인성은 감정, 지각, 행동에 있어 독특성을 기반으로 한 규칙성과 일관성이며, 개인의 선천적 특성, 출생 이후 교육이나 환경에 의해 만들어진 특성, 행동양식, 가치 판단 등을 포함한다. 인성에는 특정한 직무에 상관없이 모든 사람에게 기본적으로 요구되는 보편적 인성과 직무에 관련된 인성 등이 있다. 인성은 어린이집 보육교사에게 요구되는 중요한 덕목으로, 이것은 태어나면서부터 삶을 살아가면서 고유하게 지켜오는 것이며, 교육을 통해 변화되기가 쉽지 않지만, 전문적인 노력을 하는 원동력이 되며, 교사의 자질로서 가장 중요한 요소이다.

힐데브란트(Hildebrand, 1981)는 교사의 개인적 자질로, 영유아에 대한 사랑, 교직 업무에 대한 자신감과 책임감, 직업의식, 아동-부모-동료 교사와의 원만한 관계 형성, 건전한 인생관, 유머 감각, 타인에 대한 신뢰 등을 제시하였다.

이숙희(2005)는 교사의 개인적 자질로 영유아에 대한 사랑, 인간에 대한 사랑, 성실성, 봉사성, 사려성, 자발성, 도덕성, 원만한 인간관계 등이 포함되는 인성 영역과 신체적 건강, 정신적 건강, 긍정적 자아관, 타인에 대한 긍정적 사고, 건전한 인생관, 정서적 안정 등이 포함되는 건강영역이 있다고 하였다. 그러므로 보육교사의 개인적 자질은 교사 자신의 신체적, 정서적 안정과 건강은 물론이고 영유아에 대한 사랑과 존중감, 직업에 대한 소명감과 책임감, 긍정적인 자아 인식, 인내심과 민감성 등을 포함한다. 구체적인 내용은 다음과 같다.

첫째, 영유아에 대한 사랑과 애정을 갖추어야 한다.

영유아는 보육교사와 상호작용을 하며 긍정적인 세상을 배워 나간다. 보육교사의 따스한 사랑과 애정은 영유아에게 자신뿐 아니라 타인도 소중하게 여기는 마음이 되도록 영향을 미치기 때문이다.

둘째, 신체적 · 정신적으로 건강해야 한다.

보육교사는 하루종일 영유아와 함께 지내므로 많은 신체적 활동과 에너지가 필요하기 때문이다. 필요할 때마다 안아 주기도 하고 같이 놀아 주기도 하며 교육해야 하므로 신체적 건강은 필수이다. 신체적으로 건강한 교사는 영유아들의 요구에 민감하게 반응하고 그들에게 즐거움으로 풍부한 기회를 제공해 줄 수 있다.

셋째, 성실하고 열정적인 태도가 필요하다.

보육교사는 전문적인 기능이나 능력을 갖추어 영유아를 가르치고 지도하는 일뿐만 아니라 부모를 대신하여 영유아를 보살피고 감싸 주는 자녀 양육의 대행자로서 역할을 해야 하므로, 인격, 애정, 경험, 열의, 사명감 등의 품성적 특성을 갖춘 열정적인 태도가 필요하다. 맡은 일에 열정을 다해 최선으로 노력하는 교사는 아이들에게 교육적으로 좋은 결과를 가져올 뿐 아니라 영유아들에게 좋은 모델로서 좋은 영향을 줄 수 있다.

넷째, 원만한 인간관계를 유지하기 위해 노력해야 한다.

보육교사들이 효과적으로 자신의 일을 수행하기 위해서는 영유아뿐만 아니라 그들의 부모와도 긴밀한 관계를 형성하고 보육교직원과도 좋은 관계가 필요하다. 어떤 조직이든 조직 내의 구성원들 간의 인간관계에 따라 조직의 효율적 운영이 좌우된다.

다섯째, 자기 발전을 위해 노력하는 자세가 필요하다.

보육교사는 자신의 욕구를 충족시킬 수 있는 능력을 가지고 끊임없이 노력할 때 발전하게 된다. 문제의식과 자기 발전을 위해 스스로 변화하려는 마음 자세를 가진 교사는 영유아에게 다양한 교수법을 사용하게 되며 영유아의 성장과 발달에 도움이 된다.

윤매자(2023)의 개인적 인성의 중요성을 통해 보육교사의 개인적 자질에 대해 살펴보면 다음과 같다.

첫째, 보육교사는 보육에 대한 사회적 책임자로서, 본인의 결혼상태와 무관하게 대리양육자의 역할을 하여야 한다.

둘째, 보육교사는 부모들보다 더 이른 시간에 출근하여 어린이집에서 영유아를 맞이하게 되고 한결 같은 모습으로 영유아에게 심리적인 안정감을 줄 수 있어야 한다.

셋째, 어린이집에서는 보육교사가 영유아의 대리보호자로서 영유아를 둘러싼 환경, 건강, 영양, 안전을 기본으로, 전인적인 발달을 통해 올바른 인성을 형성할 수 있도록 돕는 조력자의 역할을 하여야 한다.

넷째, 보육교사는 원만한 대인관계를 할 수 있어야 하며, 영유아에게 사랑과 관심을 주는 온화함을 지닐 필요가 있다.

다섯째, 보육교사는 영유아 인성 발달에 대한 지식과 교사 자신의 행동 실천에 따라, 크게 달라지며 교사의 정서적 영향에 의해 좌우된다.

여섯째, 영유아는 기본적으로 신체적, 정서적 요구가 필요하기 때문에 보육교사는 민감하고 즉각적인 반응이 중요하다.

일곱째, 보육교사는 성실한 태도를 가지고 있어야 하며, 정신적, 육체적으로 건강을 유지하고 있어야 한다.

② 전문적 자질

영유아의 성장과 발달을 위해 영유아보육을 담당하는 보육교사의 역할수행에 직접적인 영향을 미치는 것이 교사의 전문적 자질이다. 전문적 자질은 보육교사로서 갖추어야 할 전문적 지식과 기술을 의미하며, 교양, 교육과정, 교수−학습 방법 및 평가, 그리고 영유아에 대한 지식과 보육과정 구성, 프로그램 실천과 평가, 의사소통, 개방성, 창의성, 융통성, 교재 · 교구 제작 기술 등을 포함한다. 보육교사는 발달에 적합한 보육과정과 하루일과를 운영하는 전문적인 업무를 수행함에 있어서 보육과 관련한 전문적 지식, 기술, 태도 등을 갖추어야 하며, 영유아와 매일 상호작용하는 교사의 전문적 자질이나 능력은 영유아의 발달에 있어 큰 영향을 주기 때문에 중요하다.

힐데브란트(1981)는 교사의 전문적 자질로 아동의 발달 수준에 맞는 지도와 아동발달 이론에 대해 잘 알고 있어야 하며, 교사의 전문성 향상을 위해 노력하는 것이라고 하였다. 또한 조경자와 이현숙(2005)은 유아교사에게 필요한 전문적 자질은 유아교육에 대한 전문지식, 교육과정의 운영 능력, 교육 연구 능력, 유아를 다루는 능력, 직업윤리(도덕성, 정의, 공정함 등)라고 하였다.

미야롱고와 아이젠버크(Mjalongo & Isenberg, 2000)는 유아교사에게 필요한 전문적 자질에 대해 지식과 기술, 교직에 대한 태도를 다음과 같이 제시하였다. 첫째, 지식에 대한 하위개념으로, 교양 지식, 교수-학습 방법, 평가에 대한 지식, 유아교육과정에 대한 지식과 유아에 대한 지식이며, 둘째, 기술에 대한 하위개념으로, 교육과정을 구성하는 기술, 의사소통 기술과 프로그램 실천과 평가, 교재 · 교구의 제작 및 활용기술이다. 셋째, 교직에 대한 태도로는 교육에 대한 소명감과 전문성 증진을 위한 노력과 직업윤리 등이 있다. 따라서 보육교사의 자질은 단순히 영유아의 신체적 건강과 안전만을 돌보는 것만이 아니라, 이들에게 발달과정에 알맞은 질 높은 교육적 경험을 할 수 있도록 제공해야 한다.

(2) 보육교사의 역할

「영유아보육법」 제18조2항에 따르면, 보육교사의 직무는 '영유아를 보육하고, 어린이집의 원장이 불가피한 사유로 직무를 수행할 수 없을 때 그 직무를 대행한다.'라고 명시되어 있다. 이렇듯 보육교사는 행정가이기도 하다. 주된 역할은 영유아의 보호와 교육으로, 표준보육과정의 0~1세, 2세, 3~5세로 구분하여 각 영역별 내용범주와 내용에 따른 놀이지원, 교수-학습 방법, 관찰기록과 평가, 생활지도, 정서 지원, 부모 상담, 지역사회와의 관계 형성 등 많은 역할을 수행하게 된다. 이러한 다양한 보육교사의 직무수행에 따른 역할을 크게 돌봄과 양육자, 교수자, 학급운영자, 부모협력자, 지역사회협력자 등 다양한 역할로 구분할 수 있다. 구체적인 내용은 다음과 같다(윤매자 외, 2022a).

① 돌봄 · 양육자로서의 역할

영유아는 성장과 발달에 있어 많은 어려움에 봉착한다. 보육교사는 돌봄 · 양육자의 역할을 책임지는 사람이다. 영유아는 서툴고 어려워하는 일이 많다. 영유아는 도움을 필요로 하는 존재이지 실수하였다고 야단을 맞아야 하는 존재가 아니다. 탓하지 말고 도와주어야 한다. 보육교사는 초·중등교사와 달리 영유아를 보호하고 돌보는 일이 학습 내용을 가르치는 일보다 더 중요하다. 따라서 영유아를 사랑하는 마음을 갖추고 돌봄·양육자의 역할을 우선 수행해야 한다. 이를 위해서 영유아와 애착을 형성하고 존중하며, 친사회적 태도 등을 갖추는 것이 요구된다.

② 교수자의 역할

주로 양육자의 역할이 요구된 초기의 보육서비스는 이후 보육과정을 계획하고 실행하며 평가하는 교수자로서의 역할이 더 부가되는 변화가 있었다. '에듀케어(educare)'라는 용어에서 알 수 있듯이, 보육교사의 역할이 영유아의 돌봄(care)에만 머무르는 것이 아니라 교육(education)까지 포함됨을 보여 준다(정희정 외, 2019).

③ 학급운영자의 역할

학급 운영의 담당자는 담임교사이다. 많은 시간을 어린이집에서 보내는 영유아에게 담임교사의 역할은 매우 중요하다. 담임교사가 자신의 역할을 어떻게 인식하느냐에 따라 영유아를 대하는 태도가 달라지기 때문에 교사로서의 정체성과 자부심을 가지고 학급을 운영해야 한다.

④ 부모협력자의 역할

가정은 유아가 태어나서 제일 먼저 맞이하게 되는 환경이며 인간의 교육이 최초로 이루어지는 곳이다. 가족은 혈연, 사랑에 의해 이루어진 가장 일차적인 집단으로 가족들 간의 올바른 상호작용을 통해 영유아에게 바른 가정환경이 제공되어야 한다(하수연 외, 2015). 따라서 보육이 성공하기 위해서는 어린이집과 가정의 협력이 매우 중요하다. 이에 보육교사는 부모와 협력하여 영유아의 발달을 위해 함께 협력해야 한다.

⑤ 지역사회협력자의 역할

어린이집은 지역사회의 공공기관이나 단체와 협력하여 지역사회의 인적, 환경적, 문화적 자원을 통해 유아가 풍부한 경험을 할 수 있도록 교육과정 운영을 지원한다(교육부 · 보건복지부, 2019a). 영유아는 가정과 지역사회의 문화적 환경에 영향을 받으며 성장한다. 따라서 보육교사는 지역사회의 특성과 요구를 충분히 고려하여 학급을 운영하면서 지역사회의 자원과 능력을 활용함으로써 영유아에게 통합적인 성장과 발달을 이룰 수 있도록 해야 한다(문혁준 외, 2017).

2. 보육교직원의 인성과 윤리

인성은 사전적 의미로 '사람의 성품'으로 각 개인이 가지는 사고와 태도, 행동 특성을 뜻한다(국립국어원 표준국어대사전, 2023). 또한 인성은 개인의 성격, 도덕, 윤리, 사회적 행동에 영향을 주는 기본적인 정신적 특성을 말한다. 우리가 누구인지, 어떻게 행동하는지 결정하는 데 중요한 역할을 한다. 윤리(倫理)는 사람으로서 마땅히 행하거나 지켜야 할 도리를 의미하고, 직업윤리는 특정의 직업에 종사하는 사람들이 지켜야 하는 행동 규범(국립국어원 표준국어대사전, 2023)을 말한다. 보육교직원의 인성과 윤리는 그 교사가 지니고 있는 그대로 영유아에게 직 · 간접적으로 영향을 주게 된다. 영유아기는 인성의 기틀이 형성되는 시기이며, 형성된 습관과 태도가 평생을 좌우하는 영유아기는 보호자를 제외하고 가장 가깝게 생활하는 보육교사의 영향을 가장 많이 받는 중요한 시기이다. 그러므로 영유아에게 바람직한 인성을 형성시켜 주기 위해서는 교사로서의 바람직한 인성을 갖추는 것이 선행되어야 한다. 또한 영유아기는 다른 학령기에 비해 발달 특성상 주변 환경에서 사용하는 말투, 태도, 행동, 성격 등을 모방하는 성향이 강하여, 보육교직원의 인성과 직업윤리는 영유아에게 가장 많은 영향을 미치므로 보육교직원의 인성과 윤리의식이 중요한 요인이 되었다.

1) 보육교사의 인성

보육교사 인성은 보육교사가 갖추어야 할 인성적 자질로서 보육의 궁극적인 목적 달성을 위해 선행되어야 할 요인으로 지목되고 있다. 보육의 목적은 영유아가 건강하고 안전하게 전인적 발달을 도모하고, 다양한 경험의 습득을 통해 미래사회에 적응하는 사람, 미래사회를 주도할 역량 있는 사람을 길러 내는 것이다(윤매자, 2023). 이러한 목적 달성을 위해 바람직한 인성을 갖춘 교사가 필요하다. 또한 보육교사의 인성은 보호와 교육이라는 두 가지 차원의 직무를 담당하는 직업으로써 다른 직업인의 인성과 구별되는 독특한 인성적 특징을 가지고 있다. 그러나 여러 학자들의 견해와 주장이 서로 다르며, 학문 분야에서도 다르게 해석하고 있다. 일반적으로 인성의 요소는 가치관, 도덕적 원칙, 윤리적 행동, 성격특성, 자기 인식, 정서지능, 신념체계, 자기 통제, 책임감, 동기부여, 공감 능력 등 매우 다양하다. 최근 보육교사의 인성의 하위 덕목으로, 한지연(2021)[2]의 연구에서 보육교사의 인성을 측정하기 위해 사용한 7가지 구성요소에 대해 알아보고자 한다.

(1) 보육교사 인성의 구성요소

① 인간에 대한 사랑

인간에 대한 사랑은 인간애(人間愛)라고 하며 깊고 인정이 많음을 의미한다. 인간애의 대표적인 요인은 '사랑'으로, 특히 교사에게 있어 사랑이란 영유아를 보살피고 친밀한 관계를 형성하도록 돕는 능력(이경민, 2010: Goldstein, 1997: 한지연, 2021 재인용)이며, 교사들이 일반적으로 갖추어야 할 기본적인 성향이라고 할 수 있다. 인성은 평생동안 계발하고 발전시킬 수 있는 특성을 지니고 있어 지속적인 노력, 성찰, 경험, 학습을 통해 높은 수준의 인성을 갖출 수 있다.

2) 한지연(2021). 보육교사의 공감능력과 정서표현성이 교사-영유아 상호작용에 미치는 영향: 인성매개효과. pp. 36-40, 발췌 및 재구성.

② 원만한 인간관계

보육교사는 영유아, 동료 교직원, 부모, 지역사회 인력 등 다양한 사람들과의 관계 속에서 더불어 살아가고 있다. 성향이 다른 다양한 사람들과 잘 어울려 지내는 원만한 인간관계 능력은 매우 중요한 자질이다. 원만한 인간관계를 형성하는 능력은 영유아뿐 아니라, 부모나 동료 교직원, 더 나아가 지역사회와 함께 좋은 관계 맺기로 이어지고 있다. 이는 보육교사를 지속하게 만드는 중요한 요인이 될 수 있다.

③ 영유아에 대한 사랑과 이해

교사의 영유아에 대한 사랑과 이해를 토대로 고유한 인격을 가진 인격체로 인식하고 영유아권리존중 보육을 실행함으로써 영유아의 성장과 발달을 돕는다. 또한 교사와 영유아 관계가 친밀한 경우 교사와 영유아 간에 우호적이고 애정적인 상호작용이 원만하게 이루어진다. 보육교사는 영유아를 사랑함과 동시에 그들의 말에 귀 기울이고 경청하며, 영유아의 권리와 가치를 인정해 주어야 한다. 예를 들면, 따뜻하게 안아 주기, 눈 마주치기, 영유아의 말에 귀 기울이기, 영유아의 생각을 수용해 주기 등 긍정적인 태도를 보여 주어야 한다.

④ 성실성

성실성은 정성스럽고 진실한 품성을 말하며(국립국어원 표준국어대사전, 2023), 자기 자신을 비롯한 타인에게 진실한 마음으로 정직하게 행동하는 것을 말한다. 사회적 규범, 규칙, 원칙들을 기꺼이 지키려는 수준을 지칭하며, 성실성 수준이 높은 사람들은 열심히 일하고, 모든 일에 철저하며, 책임감이 강하고 계획성이 있는 등 상대방에게 신뢰감을 주는 특징을 지니는 것으로 정의된다(Buss, 1989: 한지연, 2021 재인용). 즉, 미래지향적 행동을 촉진하고 행동의 지속성을 지니며, 성실성이 높은 사람들은 사려가 깊고 책임감이 강하여 분별력이 있어 과제에 대한 조직력과 성취 욕구가 강하며, 자신의 의무이행에 철저하여 신뢰감을 주는 특징을 가지고 있다(Coasta & McCrae, 1992: 한지연, 2021 재인용).

⑤ 도덕성

도덕성은 '도덕적 품성으로 곧 선악의 견지에서 본 인격 판단, 행위 따위에 관한 가치'를 말한다(국립국어원 표준국어대사전, 2023). 도덕은 사회구성원들이 사회적 여론, 관습, 양심 등에 비추어 자발적으로 지켜야 할 행동 규칙과 규범의 총체를 의미한다. 영유아시기에 적절한 도덕성에 관한 교육이 이루어지지 않는다면, 올바른 인성교육을 기대하기 어렵다. 영유아기에 적절한 도덕성에 관한 교육이 이루어지기 위해서는 영유아의 모델링의 대상이 되는 보육교사의 도덕성이 선행되어야 할 것이며 보육교사는 도덕적 양심을 가지고 정직한 태도를 가질 수 있어야 할 것이다.

⑥ 인내심

인내심이란 괴로움이나 어려움을 참고 견디는 마음이다(국립국어원 표준국어대사전, 2023). 타인이 꺼리는 일이나 자신이 계획한 일 등을 끝까지 노력하며 열심히 하는 특성을 말한다. 이는 의욕, 감내, 집착심, 의지력, 저항력, 부단히, 시종일관, 굳세게, 지구력, 참을성 등과 같은 성격특성에 의해서 표현될 수 있다. 보육교사는 다양한 요구를 지닌 영유아, 부모, 동료 교직원들과의 관계에서 서두르지 않고 충분한 설득의 시간을 가진다(김현란, 2015 재인용). 특히 보육현장에서 미성숙한 어린 영유아를 대상으로 보육하기 때문에 특수성을 지니고 있다.

개성이 다른 영유아들을 보호하고 교육하는 업무는 다른 교직에 있는 교사들보다도 더 많은 인내심이 요구된다. 보육교사는 긍정적인 자아를 확립하여 부정적인 감정의 상황에서도 이를 인내하고 조절하는 능력으로, 어떤 상황에서도 영유아를 이해하는 인내심을 가져야 한다.

⑦ 봉사 정신

봉사란 '국가나 사회 또는 남을 위하여 자신을 돌보지 아니하고 힘을 바쳐 애씀'을 의미한다(국립국어원 표준국어대사전, 2023). 또한 봉사활동은 어떤 일에 자발적이며 기쁜 마음으로 최선을 다하여 사회에 공헌하는 활동을 말하며, 참여 정신으로 스스로 행하는 인간적 행동이다. 즉, 봉사 정신은 이타주의적 성향을 띠며, 인간에 대한 사랑을 바탕으로 자율적으로 하고 있다. 전문직인 보육교사는 영유아들에게 윤리적인 모범을 보이는 역할을 하며, 동시에 영유아에 대한 사랑과 헌신, 희생과 봉사를 실천해야 한다. 특히나 돌봄과 교육을 실천하는 보육교사는 다른 직업보다도 헌신적인 봉사 정신이 요구되는 직업이다.

2) 보육교직원의 윤리

한국표준직업분류(2023)에 따르면, 보육교사는 '공공 또는 민간 어린이집, 아동복지시설, 기타 유아교육기관 등에서 영유아를 대상으로 영유아의 발달과정에 맞는 교육을 지도하는 자'라고 명시하고 있다. 이에 보육교사의 윤리는 영유아를 지도하는 직업에 종사하는 사람이 마땅히 지켜야 할 행동 규범으로 정의할 수 있다.

보육교사는 영유아들을 대상으로 보육하는 과정에서 수많은 가치 판단에 직면하게 되기 때문에 높은 윤리의식이 필요하다(Dahlberg & Moss, 2005). 그러나 최근 매스컴을 통해 드러나고 있는 영유아교육기관 등에서의 아동학대 사건은 원장을 비롯하여 보육교사의 윤리와 전문성에 불신을 갖게 한다. 보육교사는 돌봄과 잘 지도하는 교육적 기술을 갖추는 것과 더불어 교사로서의 올바른 인성을 갖추어야 하며 영유아의 인권과 직업에 대한 올바른 윤리의식을 갖고 있어야 한다. 보육교사에게 윤리의식이 필요한 이유는 다음과 같다(Katz, 1988: 심정선, 2011 재인용).

첫째, 영유아는 스스로 가치 판단을 통해 방어하는 능력이 부족하기 때문에 보육교사는 힘을 남용하지 않고, 영유아의 인권을 보호하며, 교육적 가치를 지향하기 위해 명확한 가치 판단을 가질 수 있다.

둘째, 서로 다양한 요구를 가진 영유아와 부모로 인하여 발생하는 문제들을 해결하기 위해서다.

셋째, 교육과정은 정해져 있는 것이 아니라 영유아의 경험과 관심에 따라 끊임없이 변화할 수 있기에 교직 윤리가 필요하다(하수연, 2021 재인용). 따라서 보육교직원들은 자신이 올바른 길을 가고 있는지 항상 자기 성찰을 하여야 한다.

(1) 보육교사의 교직윤리와 필요성

① 교직윤리

교직윤리란 교사가 그 직무수행과 관련하여 스스로 또는 관련된 다른 사람들에 대하여 지켜야 할 것으로 기대되는 사회적 규범이다. 교직 사회라는 특정 사회의 윤리이며, 교직 사회의 구성원인 교사들에 의하여 지켜져야 할 것으로 기대되는 사회규범이자 행동 규칙이다.

② 보육교사의 교직윤리의 필요성

모든 전문직에는 전문직 사회의 결속을 높이고 그 직종에 종사하는 사람들의 이익을 보장하기 위해 윤리가 필요하다. 전문직이 갖게 되는 독창적 위치와 상당한 힘, 영향력의 남용이나 오용의 가능성을 막기 위한 장치로서 윤리가 필요하다(윤매자, 2023). 특히 보육교사의 교직윤리는 보육과 교육활동 중 오류가 발생할 경우 영유아의 전 생애에 걸쳐 심각한 악영향을 끼칠 수 있으므로 교육적 오류 최소화를 위한 윤리적 책무가 엄격해질 필요가 있다. 또한 교직윤리는 영유아들의 성장, 발달과 직결되는 전문적인 활동이라는 측면에서 그 중요성이 강조되기 때문에 필요하다. 따라서 보육교사의 전문성 함양과 교직 윤리의식 고취를 위한 지속적인 교사교육과 전문직으로 발전하기 위한 윤리강령은 반드시 필요하다.

(2) 보육교직원 윤리강령

보육은 영유아를 건강하게 양육하고, 안전하게 보호하며, 발달 특성에 적합한 교육을 제공하는 아동복지 서비스로써, 보육교직원은 영유아를 사랑과 존중 등 헌법이 정한 인간의 존엄과 가치를 가지고 있음을 인식하고, 전문지식을 바탕으로 영유아의 전인적 성장에 영향을 미치는 전문직업인으로 윤리강령을 준수해야 한다(윤매자, 2023). 또한 보육교직원 윤리강령이 필요한 이유는 보육교직원은 윤리강령을 직무수행의 규준으로 삼아, 보육현장에서 발생하는 윤리적 갈등을 해결하고, 영유아의 권리를 보장함으로써, 직무상의 윤리적 책임을 다하기 위해서이다. 또한 영유아와 그 가족, 동료와 나와 사회의 존엄성을 존중하는 보육 실천으로 다각적인 신뢰를 구축하고, 영유아의 잠재력을 최대한 발휘시킴으로써, 영유아가 긍정적인 자아개념을 형성하고, 유능한 사회인으로 성장할 수 있도록 지원하는 데 기여하기 위함이다.

(3) 어린이집 윤리강령

① 어린이집 윤리강령 전문

모든 영유아는 불가침의 인권을 가진 존재임을 확인하고, 보호의 대상이기 이전에 한 사람의 사회구성원으로서 「헌법」이 정한 인간의 존엄과 가치를 가지고 있음을 인식하여, 유엔아동권리협약의 이념에 따라 보육의 윤리원칙을 정하고, 이에 준거한 보육교직원 윤리강령을 준수할 것을 다짐한다(한국보육진흥원, 2021).

하나. 영유아 한 사람 한 사람을 독립된 인격체로 존중한다.
하나. 보육의 과정에서 영유아의 이익을 최우선으로 고려한다.
하나. 영유아를 어떠한 이유로도 차별하지 않고 평등하게 대한다.
하나. 영유아의 바람과 감정이 무엇인지 항상 귀 기울인다.
하나. 영유아가 보육경험을 통해 세상에 대한 신뢰를 형성하도록 돕는다.
하나. 부모가 자신의 양육책임을 잘 수행하도록 협력적 관계에서 보육을 수행한다.
하나. 동료를 공정하고 포용적인 태도로 존중하고 민주적인 조직문화를 조성한다.
하나. 보육업무의 가치에 자긍심을 가지고 보육철학, 지식, 기술을 지속적으로 키워 나간다.

② 어린이집 윤리강령

가. 제1장 유아에 대한 윤리

① 영유아를 독립된 인격체로 존중하고 건강하고 행복한 사회구성원으로 성장하도록 돕는다.
② 영유아를 성별, 종교, 문화, 장애, 가정 배경 등에 따라 차별하지 않고 평등하게 대한다.
③ 영유아의 신체적, 심리적 발달에 부정적인 영향을 주는 행위를 하지 않고 안전하게 보호한다.
④ 영유아의 발달 특성을 이해하고 영유아 개인의 흥미와 요구, 의견을 존중한다.
⑤ 놀이가 영유아의 권리임을 인식하고 충분히 놀이할 수 있도록 지원한다.
⑥ 영유아가 학대나 방임에 노출되어 있는지 민감하게 관찰하고 필요한 조치를 한다.
⑦ 특별한 보호와 지원이 필요한 영유아에게 관심을 가지고 적절한 서비스를 받도록 한다.
⑧ 영유아의 사생활을 존중하고, 개인정보에 관한 비밀을 보장한다.

나. 제2장 가족에 대한 윤리

① 양육의 1차적 책임이 부모에게 있음을 인식하고, 그들과 협력적 관계에서 보육을 수행한다.
② 개별가족의 양육가치와 신념, 가족의 사회문화적 다양성과 고유성을 이해하고 존중한다.
③ 어린이집의 보육철학, 프로그램 특성을 가족과 공유함으로써 보육에 대한 이해를 돕는다.
④ 영유아의 보육경험과 발달 특성, 건강 및 안전 상황에 관한 정보를 가족과 공유한다.
⑤ 어린이집을 가족에게 개방하고, 보육에 대한 가족의 참여를 보장한다.
⑥ 가족의 사생활과 비밀보장에 대한 권리를 존중한다.

다. 제3장 동료에 대한 윤리

- **보육교직원**
  ① 서로의 자율성과 다양성을 인정하고 존중과 신뢰를 바탕으로 협력한다.
  ② 갈등이나 의견 차이를 개방적이고 수용적인 태도로 해결한다.
  ③ 어린이집의 철학과 신념을 공유하여 프로그램을 지속적으로 개선시킨다.
  ④ 서로의 지식과 경험, 자원을 공유하고 전문성 향상을 위해 노력한다.
- **원장**
  ⑤ 보육교직원의 업무를 명확히 안내하고 업무 기준을 준수한다.
  ⑥ 근로 여건을 보장하고 최적의 인적, 물적 업무환경을 조성한다.
  ⑦ 민주적으로 의견을 개진하고 상호 협력하는 조직문화를 조성한다.
  ⑧ 원내외 교육, 학습공동체, 코칭 등으로 보육교직원의 전문성 향상을 지원한다.

라. 제4장 나와 사회에 대한 윤리

① 보육의 사회적 책임을 인식하고 질 높은 보육을 제공한다.
② 영유아와 보육교직원의 권익을 위한 제도의 수립과 개선에 적극 참여한다.
③ 아동친화적인 양육환경 조성을 위해 지역사회 관련 기관들과 협력한다.
④ 보육교직원으로서 사명감을 갖고 사회적 위상을 높이기 위해 노력한다.

3. 보육교직원의 전문성 향상

보육교사의 전문성은 영유아를 위한 보육서비스의 수준을 좌우하는 가장 중요한 요인이다. 보육교사는 영유아중심 · 놀이중심의 보육과정을 계획하고, 놀이 지원을 통해 영유아와 함께 만들어 가는 발현적 교육과정을 효과적으로 운영하는 등 전문적인 지식, 기술, 태도 등의 능력을 갖추는 것이다. 즉, 영유아를 가르치고 지도하는 일뿐만 아니라, 부모를 대신하여 보살피고 감싸 주는 자녀양육 대행자로서의 역할을 해야 하므로 전문적인 능력과 함께 인격, 애정, 경험, 열정, 사명감 등의 성품적 특성도 요구되는 직업이다(윤매자, 2023; 하수연, 2021). 질 높은 보육서비스를 일관성 있게 제공하고, 보육교사로서의 적절한 역할을 수행하기 위해서 보육교사는 다른 연령의 교사보다 더 많은 역할이 요구되고, 이러한 역할을 효율적으로 수행하기 위해서는 그에 합당한 전문성을 갖추고 나아가 반성적 사고를 통해 전문성을 향상시키고자 끊임없이 노력해야 한다(윤매자, 2023).

1) 보육교사 전문성의 기준

어떤 직업이 하나의 전문직이 되려면 고도의 지성을 요구하는 정신적 활동과 그 직업에 들어가려는 사람에 대하여 엄격한 자격 기준이 있어야 한다. 그 직업에 필요한 교육훈련이 단순한 지식이나 기술의 습득이 아니라 학문적 이론를 바탕으로, 그 응용에 기초를 두어야 한다. 즉, 애타적 동기를 중요시하는 봉사활동, 그 일에 종사하는 사람이 고도의 자유를 누림과 동시에 중대한 사회적 책임을 느껴야 하고, 스스로 자체의 활동을 규율하는 보육교사의 윤리강령 등의 특징을 지니게 된다.

2) 호샘(Howsam)의 보육교사 전문성에 대한 11가지 기준

- 보육교사는 개인과 사회에 서비스를 제공한다는 의미에서 기관과 연관성이 있어야 한다.
- 사회의 욕구와 기능을 파악하여야 한다.
- 개인의 전문화와 함께 실무에 필요한 기술과 행동의 범주, 지식이 필요하다.
- 아동과 가정, 부모에게 서비스를 제공해 줄 수 있어야 하고, 유효한 이론을 이용할 수 있어야 하며, 이론과 원리와 배경을 논의할 수 있어야 하며, 사회적 조건과 이론에 영향을 줄 수 있어야 한다.
- 전문성 있는 보육교사는 자신의 기술과 지식을 응용하고 자신의 통찰력을 보강할 수 있어야 한다.
- 사회적 책임과 함께 전문성과 관련된 것을 조직할 수 있어야 하고 환경 조건과 업무상 전문성을 인정받아야 한다.
- 업무수행과 승인을 위한 수행기준에 따라야 한다.
- 전문성 있는 보육교사의 양성은 대학이나 전문기관에서 장기간의 훈련 프로그램을 통하여 이루어져야 하며, 실증적 능력이 기본이 되어야 한다.
- 봉사적 동기가 기본신념으로 있어야 한다.
- 개별적 상황에 대해 개별 아동을 중심으로 서비스를 제공해야 한다.
- 보육교사로서의 명칭에 대한 책임을 인정받아야 한다.

3) 보육교사 전문성 향상을 위한 재교육

(1) 교사 연구회

① 보육교사 간의 스터디그룹을 형성하여 서로의 발전을 돕기 위해 피드백을 한다.

② 그룹은 연구영역을 명확히 해야 하고, 그 영역에서 각각의 참여자에 대한 장점들과 요구를 평가해야 한다.

③ 정의된 보육활동계획을 만들고, 교사로서 동료 교사들이 발전하도록 돕기 위한 피드백을 축적하는 전략을 세워야 한다.

④ 스터디그룹의 참여 교사들은 토론, 의견 교환, 비디오 시청 등 그들의 질문 기술 또는 어떻게 그들이 토론에 보조를 맞출 것인가를 강조하며, 다른 교사들의 실제들을 관찰함으로써 배운다.

(2) 교사 관찰하기

① 보육교사는 자신이 지도할 때는 교실 내의 많은 사건이나 행동들을 미처 못 깨달을 수 있다.

② 교사가 다른 교사를 관찰할 때는 객관적으로 관찰할 수 있다.

③ 한 교실에서 함께 일하는 담임교사와 보조교사가 서로를 관찰해 줄 수 있으며, 각자 다른 곳에서 일하는 교사들이 교대로 서로를 관찰해 줄 수 있다.

④ 관찰은 그 자체로 다른 교사의 교수-학습 방법을 배울 수 있는 기회가 된다.

(3) 멘토와 네트워킹

① 서로 간의 교류를 풍부하게 해 주기 위해 교사들의 보육과정, 물리적, 사회적 자료의 조사, 프로그램의 평가 등과 부모들과 함께 작업하는 방법들에 관한 실제적인 지식을 서로 나눌 수 있는 모임을 제공해 주는 데 이용될 수 있다.

② 경험이 많은 교사는 초임 교사에게 조력자가 될 수 있으며, 교사 교육자들은 초보교사와 경력 교사가 발달할 수 있도록 현장의 지식, 유아, 부모, 교직원, 지역사회에 대한 새로운 정보를 제공할 수 있다.

③ 이처럼 교사 교육자가 멘토가 되어 교사들이 성장하고 발달하도록 지원할 수 있으며, 보육교사로서 네트워킹을 형성하여 정신적 지지와 동기부여에 도움을 줄 수 있다.

(4) 다양한 배움과 상위 학교진학 지원

① 보육교사로서 근무하면서 점차 관심 있는 부분에 민간 자격증을 취득한다거나 대학원 등의 상위 학교에 진학하여 전문성을 향상시킬 수 있다.

② 보육교사가 전문성 향상을 위해 대학 또는 대학원 등 학위과정에 진학하여 전문성을 향상시키고자 한다면, 교사들의 근무를 계획할 수 있도록 업무분장에서 배려할 수 있다.

생각해 보기

1. 보육교사의 인성적 자질에 대해 논의하고, 예비보육교사로서 자신은 어떤 인성적 자질을 가지고 있는지 이야기해 봅시다.

2. 보육교직원의 윤리강령 제1장에서 4장까지 다 함께 읽어 보고, 더 추가해야 할 것이 있는지 논의하여 제안해 봅시다.

3. 보육교사의 전문성 향상을 위해 가장 중요하다고 생각하는 것을 말해 봅시다.

PART **4**

어린이집의 운영

영유아의 전인적인 성장과 발달을 도모하기 위해 영유아 교육기관에서는 합리적이고 효율적인 운영이 필요하다. 즉, 운영관리란 기관의 목적과 목표를 능률적이고 효과적으로 달성하도록 그 업무와 활동을 계획하여 지시하고, 조정하여 평가하는 과정을 말한다(이대균 · 송정원, 2008). 어린이집 운영은 어린이집의 환경과 영유아의 건강, 영양, 안전을 관리해야 하며, 인적, 물적 자원을 어떻게 관리해야 하는지, 또한 시설과 설비의 관리, 재정과 문서관리 등을 해야 한다. 또한 보육평가를 통해서 영유아, 부모, 교사를 평가하여, 질 높은 보육서비스를 제공하는 데 기여할 수 있다.

어린이집의 환경

Chapter 09

영유아기는 일생에서 가장 폭발적인 성장과 발달이 이루어지는 시기이다. 영유아의 성장은 환경과의 상호작용을 통해 이루어지므로, 바람직한 성장을 위한 양질의 환경을 제공하는 것은 매우 중요한 일이다. 어린이집은 영유아가 집을 떠나 최초로 접하게 되는 사회이며, 일상의 오랜 시간을 보내게 되는 공간이다. 따라서 영유아의 발달 수준에 적합한 안전하고 편안한 환경을 구성하는 것은 매우 중요하다. 그렇기에 어린이집 환경은 연령에 따라 다르게 구성되어야 하며, 발달에 적합한 환경구성은 영유아의 신체적, 인지적, 사회·정서적 발달을 촉진하게 될 것이다. 9장에서는 영유아의 성장과 발달에 중요한 영향을 미치는 보육환경의 인적, 시간적, 물리적 환경 중 물리적 환경에 초점을 맞추어 살펴보고자 한다.

1. 보육환경의 의미와 중요성

1) 보육환경의 의미

어린이집은 영유아가 처음으로 경험하게 되는 사회이자 일상의 오랜 시간을 보내는 생활공간이고 다양한 학습의 기회를 제공하는 교육의 장이기도 하다. 영유아는 출생 이후 가정과 부모의 곁을 떠날 경험을 할 기회가 많지 않다. 그러나 어린이집 생활을 하면서 처음으로 부모 곁을 떠나 타인인 교사 및 또래와 함께 익숙한 가정환경이 아닌 낯선 환경에서 보내게 된다. 따라서 보육환경은 영유아의 적응을 돕기 위해 가정과 같은 편안하고 정서적인 안정감을 줄 수 있는 공간이어야 한다. 또한 영유아는 아직 발달이 미숙하여 대·소근육의 조작이나 위험한 상황에서의 인지적 판단이 부족하기에 가장 안전한 환경이 되어 주어야 한다. 그리고 영유아의 성장을 촉진하는 적절한 자극을 주어 영유아의 신체적, 인지적, 사회·정서적 발달이 잘 이루어질 수 있도록 지원하는 공간이 되어야 한다. 또한 보육환경은 영유아에게 일상생활을 영위하는 집이며, 또래나 교사와의 상호작용하는 소통의 장으로, 발달과 학습을 촉진하는 배움의 터전이라 할 수 있다. 이러한 보육환경이 공간으로써 영유아, 교사, 부모에게 의미하는 내용은 다음과 같다(서영숙 · 김경희, 2006; 윤매자 외, 2012 재인용).

(1) 영유아를 위한 공간

① 잠재력과 능력을 키우는 공간
② 호기심을 표현하는 공간
③ 혼자 또는 또래나 교사와 함께 연구하고 탐색하는 공간
③ 전반적인 보육 활동을 실행하고, 스스로 구성하는 존재로 지각하는 공간
④ 다른 사람들과 활동하고 의사소통을 하는 공간
⑤ 자율성, 안전을 위한 공간
⑥ 정체성, 사적인 생활을 존중받는 공간

(2) 교사를 위한 공간

① 영유아, 부모와 관계가 통합되고 지지됨을 느끼는 공간

② 동료교사, 부모, 다른 성인과의 모임이 만족스럽게 인식되는 공간

③ 사적인 생활을 가질 수 있는 공간

④ 활동과정이나 전문적인 발달을 지지하는 공간

(3) 부모를 위한 공간

① 정보를 제공하고 듣는 공간

② 다른 부모와 교사를 만나고 협력을 즐길 수 있는 공간

③ 자녀의 생활 모습을 보고 즐길 수 있는 공간

2) 보육환경의 중요성

보육환경은 '제3의 교사'라고 불리며, 인적 요인과 함께 보육기관의 질에 영향을 미치는 매우 중요한 변인이다. 영유아는 환경 속에서 오감을 통해 탐색하고 경험하며 지식을 구성해 간다. 보육환경이 영유아의 성장과 발달에 영향을 미치는 중요한 요인이라는 사실은 많은 연구를 통해 검증되어 왔다. 즉, 김복희(2004)의 연구에서는 보육환경의 질이 높은 경우, 교사 역시 영유아에게 더욱 민감하게 반응하고 긍정적으로 상호작용을 하는 것으로 나타났으며, 환경이 우수한 기관에서 생활하는 영유아들은 또래나 교사와 긍정적인 상호작용을 더 많이 하고, 집중하여 활동하며 문제행동이 감소하는 것으로 보고되었다(권세경 · 이순영, 2005). 또한 어린이집의 물리적 환경은 단순한 공간적 의미를 넘어서 보육의 목표를 달성하기 위해 계획된 공간이어야 하며, 보육환경을 구성하는 공간배치, 환경의 자극, 상호작용성 등의 수준은 영유아의 발달을 촉진시키는 최적의 환경 구성이어야 한다. 영유아는 이러한 환경 속에서 모든 감각을 경험하고 탐색하며 학습할 수 있다.

2. 보육환경의 기능과 특징

영유아의 생활은 놀이와 활동이 주가 된다. 영유아기는 성장과 발달의 속도가 빠르고 환경을 어떻게 조직하고 합리적으로 잘 계획하고 구성하느냐가 보육과정 운영의 정상화에 영향을 미치며, 그 결과 영유아의 균형 있는 성장과 발달에도 큰 영향을 미치게 된다(정혜선, 2014). 보육환경은 다음과 같은 기능과 특성을 지니고 있다(서영숙 · 김경희, 2006).

첫째, 따뜻한 집과 같은 공간

교사, 영유아, 부모 모두가 따뜻함과 편안한 느낌을 주는 환경이어야 한다.

둘째, 아름다움을 느끼고 발견하게 하는 아름다운 공간

영유아가 생활하고 자라는 어린이집의 환경은 심미적으로 아름다워야 하며, 사회적 상호작용을 할 수 있도록 꾸며야 하며, 지역사회의 문화를 반영하여 미적 아름다움을 추구하는 환경으로 디자인해야 한다.

셋째, 대화, 상호작용, 협동을 자극하고 유지하는 공간

편안하고 안전한 환경 속에서 서로 협동하며 상호작용을 함으로써, 영유아 간의 상호작용과 소통이 활발하게 일어나고 유지될 수 있어야 한다.

넷째, 탐색하고 배우고 표현하도록 준비된 공간

놀잇감, 교재 · 교구, 시설물 등을 영유아의 발달 수준에 적절하게 제공하고 설치해야 하며, 영유아가 다양하게 탐색할 수 있는 환경 속에서 보육 활동의 질과 놀이 형태의 다양성을 느낄 수 있어야 한다.

다섯째, 영유아 나름의 생각과 표현에 몰입할 수 있는 공간

영유아에게 개인차가 있음을 고려하여, 보육환경 구성 시 개별 영유아의 요구에 맞게 생각과 표현을 할 수 있도록 배치하고 놀이에 몰입할 수 있는 공간을 마련해 주어야 한다.

여섯째, 기록하고, 기관의 역사를 보여 주는 공간

어린이집은 영유아의 생각과 신체의 발달 과정을 볼 수 있는 전시공간이다. 전시를 통해 영유아가 어떻게 생활하고 있는지 알 수 있어야 한다.

일곱째, 지역 주민의 역사와 문화, 이상을 반영하는 공간

환경은 만든 사람의 문화가 반영되며, 어린이집에도 기관 나름의 문화와 함께 지역사회의 문화가 포함되어 있다. 따라서 어린이집은 지역의 일반적인 문화와 특유의 역사가 반영되는 공간으로 창조될 수 있다.

3. 보육환경 구성을 위해 고려해야 할 사항

보육프로그램의 효과적인 운영을 위해 교사는 환경 구성과 운영관리를 융통성 있게 적용하는 능력을 갖춰야 한다. 영유아의 성장과 발달을 위한 최적의 보육환경을 구성하기 위해 고려해야 할 사항은 다음과 같다(최미현, 2000; 윤매자 외, 2012 재인용).

첫째, 가능한 독립된 단층 건물로써 활동하기에 충분한 실내외 공간이 있어야 한다.

영유아의 능동적이고 자발적인 활동을 위한 실내외 공간 구성과 풍부한 놀잇감, 교재·교구, 그리고 벽면 구성 등을 고려해야 한다.

둘째, 영유아 발달의 원리를 고려하여 전인적인 발달을 증진시키는 환경이어야 한다.

영유아의 발달 특성, 성숙도, 흥미, 개인차 등을 감안하여, 영유아가 쉽게 사용하고 정리할 수 있는 환경을 구성해야 한다. 또한 영유아의 신체 크기에 맞는 가구와 비품 사용은 영유아의 일상생활을 더욱 편안하고 안정감 있게 해 주며, 자존감을 느낄 수 있도록 해 주며, 영유아의 발달 수준에 적합한 도서나 다양한 놀잇감의 제공은 그들에게 흥미, 호기심, 몰입 등을 유도해 언어와 인지발달을 도모할 수 있는 환경이어야 한다.

셋째, 안전하고 청결하며 매력적이고, 충분한 공간이 있어야 한다.

어린이집의 시설 · 설비, 교재 · 교구는 영유아의 건강과 안전을 고려해야 하여, 충분하고 다양한 공간을 제공하여 영유아가 자유롭게 주변을 탐색할 수 있도록 해야 한다. 신체를 움직이고 자유롭게 이동할 수 있는 안전한 공간 확보를 통해 영유아의 신체 발달을 도모할 수 있으며, 영유아가 사용할 수 있는 설비와 가구를 배치하여 자조 기술을 습득할 수 있도록 도와야 한다.

넷째, 어린이집의 보육철학과 프로그램 목적에 기초한 환경으로 어린이집의 보육목표, 보육 내용 등을 달성할 수 있도록 구성해야 한다.

다섯째, 모든 시설을 설치할 때 효과적인 공간배열을 유념해야 한다.

채광, 통풍, 소음, 습기, 냄새, 색채, 전망, 바닥과 벽, 위치 등 여러 가지 요인을 고려하여 적절하고 안전하게 설치 · 배치함으로써 보육프로그램의 효과를 높일 수 있는 환경이 되어야 한다.

여섯째, 어린이집의 보육실은 연령에 따라 다양한 흥미영역으로 구분하여 구성하여야 한다. 예를 들면, 기저귀 갈이, 수유 및 이유식 영역은 만 2세 미만 영아반에는 해당하지만, 유아반의 경우 배치하지 않는 영역이다.

일곱째, 성인에 의해 쉽게 지도 · 감독이 될 수 있어야 하며, 혼자 있을 수 있는 실내외 사적인 영역이 제공되어야 한다. 오랜 시간 동안 집단생활을 하는 영유아들은 개인적으로 혼자 있는 기회를 필요로 할 수 있기에, 실내외 공간배치를 계획할 때, 집단과 경계를 가진 내부의 작은 공간, 즉 터널과 같은 형태의 공간 등의 사적인 공간을 배치하여야 한다.

여덟째, 영유아는 신체 균형, 협응력, 위험대처 능력이 미숙하기에 무엇보다 안전한 환경의 제공이 우선으로 제공되어야 한다.

4. 어린이집의 환경구성

어린이집의 보육환경은 크게 실내환경과 실외환경으로 구분할 수 있다. 실내환경은 흥미영역 중심으로 이루어지며, 실외환경은 바깥놀이, 놀이터 등으로 구성된다. 어린이집의 환경 구성은 영유아의 자발성, 교사의 지원, 물리적 환경에 영향을 받으며 동일한 공간이어도 어떻게 구성하느냐에 따라 놀이 활동의 질이 달라질 수 있다(윤매자 외, 2021). 놀이환경은 영유아가 보고 듣고 만지며 자유롭게 표현할 수 있어야 하며 다양한 놀이가 이루어지도록 하는 중요한 교육적 자원이다. 따라서 교사는 풍부한 놀이자료를 제공하고 다양한 실내외 놀이환경을 구성하여 영유아의 놀이가 활성화될 수 있도록 지원해야 한다.

1) 실내환경의 구성

실내환경은 어린이집에서 영유아들이 가장 오랜 시간을 보내는 공간이며 가장 친숙한 환경이다. 영유아의 발달에 적합하게 구성된 실내환경은 탐색과 놀이를 촉진하고 행동을 조절하는 데 도움을 주며, 상호작용을 도와 즐겁게 활동에 참여할 수 있도록 한다(박정옥 외, 2017). 따라서 실내환경은 안전한 가운데 다양한 탐색과 발달을 촉진 시킬 수 있는 놀이환경으로 구성되어야 한다. 이를 위해 영유아가 놀이와 활동에 집중할 수 있는 편안하고 쾌적한 공간이어야 하며, 장시간 어린이집에서 생활하는 영유아의 놀이와 휴식 모두를 지원하는 공간이 되어야 한다.

(1) 실내환경[1]

① 영유아를 맞이하는 공간

현관은 영유아, 보육교직원, 부모나 그 밖의 사람들이 등원하면서 처음으로 접하는 공간이며 또래, 교사와 만나는 공간이자 부모와 헤어지는 공간이므로 기분 좋고 유쾌한 기분이 들도록 구성해야 한다. 현관에는 신발장, 그 기관의 교육철학을 담은 게시판 등을 비치하고 공간의 면적에 따라 꽃이나 식물들로 구성할 수 있다.

영유아를 맞이하는 공간

② 보육교직원을 위한 공간

교사가 영유아를 위한 교육 활동을 연구 계획하고, 서로의 의견도 교환하며 하루의 일을 정리하고 내일을 계획하는 공간으로 서류장, 책장, 교직원의 책상, 옷장, 그 외의 자료들을 보관할 수 있는 장, 그리고 함께 모여 의견을 나눌 수 있는 큰 테이블 등을 잘 고려하여 준비한다. 또한 영유아용 침대와 비상구급 상비약을 준비하여 아픈 영유아를 위한 아늑한 공간을 구성해 줄 수 있다.

사랑 가득한 교사 공간[2]

1) 윤매자 · 백은영 · 신혜경 · 이찬숙 · 이희정 · 주현경(2012). 보육학개론. pp. 215-220.
2) 사랑 가득한 영천시어린이집: https://blog.naver.com/jk6952/220086251468(2023.06.30. 인출).

③ 교실 공간

교실은 통합된 공간으로 영유아가 자율적으로 활용하도록 하는 것이 좋다. 넓고 아늑한 공간으로 영유아가 편안하게 생활할 수 있는 공간이 되어야 한다. 보육실 공간은 기본적인 시설·설비와 함께 영유아를 위한 교육 자료들로 구성하고, 영유아와 함께 수집한 다양한 매체들로 구성하며, 화분을 활용하여 여러 가지 식물을 키우도록 한다.

통합된 자율적인 공간

④ 유희실 공간

비가 많이 오는 장마철이나 눈이 많이 올 때 바깥놀이터를 대신하여 신나게 뛰고 구르며 놀 수 있는 넓은 공간으로 구성한다. 각 반 교실에서 하기 힘든 동적인 놀이나 대그룹 활동 등으로도 활용되는 공간이다. 피아노, 교육기자재, 부피가 큰 대근육 활동이나 놀잇감 등을 서로 방해받지 않도록 효율적으로 비치해 놓고 함께 공동으로 사용한다.

대근육 활동 공간

⑤ 화장실 공간

화장실은 교실 내에 혹은 가까이에 배치하며, 영유아가 자유롭게 배변할 수 있게 벽면에는 다양한 모양의 거울을 달아 주고, 매력적인 비누를 준비해 주거나 영유아의 삶의 흔적을 담은 사진들을 걸어 주는 등, 아름답고 깨끗하게 구성하여 화장실에 대하여 긍정적인 감정을 갖도록 해야 한다. 또한 통풍이 잘되도록 하고 자연 방향제인 식물이나 숯 등을 사용하여 쾌적한 환경을 마련한다.

쾌적한 화장실 공간

⑥ 개인적인 공간

교실 안에 혹은 교실 밖에 비치한 조그만 공간은 혼자 조용히 가서 그냥 혼자 있고 싶은 작은 공간이다. 구석진 공간에 천을 이용한 천장, 편안한 쿠션으로 꾸며 주거나 냉장고 박스를 이용하여 작은 집을 개조할 수 있다. 또한 영유아는 각자 자기 물건을 둘 수 있는 개인 사물함이 필요하다. 각자 자기 가방, 옷과 신발을 보관하고, 집에서 가져온 소중한 것들, 낮잠 시간을 위한 모포, 그리고 개인의 그림, 작품 등을 보관할 수 있다.

개인적인 공간[3]

3) 개인적인 공간: https://blog.naver.com/liebevolledu/70165270558(2023.06.30. 인출)

⑦ 벽면 공간

영유아의 삶의 흔적과 기관의 철학이 담긴 기록물이나 정보 등을 전시, 감상하는 장소이다. 전체적인 벽면이나 부분적인 게시판으로 활용하여, 영유아와 함께 활동한 작품이나 영유아의 흥미를 돕는 정보를 제공할 수 있는 공간으로 채워지도록 해야 한다.

활용하는 벽면 공간

⑧ 주방과 식사 공간

영유아의 건강을 위해 간식과 식사를 준비하는 곳으로 영양공급을 하는 중요한 곳이다. 위생적인 시설 · 설비가 필요하며, 그릇은 항상 깨끗이 씻어 보관하고, 음식 재료를 신선하게 보관하여야 한다. 다양한 주방 도구로 인해 영유아들에게 접근을 금지하는 안전교육이 필요하며, 주방 안은 투명해야 하며, 성인들만 드나들 수 있는 잠금장치를 설치하여 영유아가 위험에 노출되지 않도록 세심한 배려가 필요하다.

위생적인 주방 공간

(2) 흥미영역의 구성

교사는 실내공간 구성을 통해 영유아의 놀이가 더욱 활발히 이루어질 수 있도록 지원할 수 있다. 흥미영역은 실내공간을 구분하여 비슷한 성격의 놀잇감을 모아서 구성하는 각각의 영역을 의미한다. 이러한 흥미영역은 영유아의 자발적인 놀이 참여를 유도하고 스스로 놀이를 선택할 기회를 제공함으로써 흥미와 욕구에 적절한 활동을 용이하게 선택할 수 있다. 또한 영역별로 경계를 설정하고 공간을 구분함으로써 영역 내에서의 안정감을 주고, 스스로 놀이활동에 몰입할 수 있도록 돕는다. 영유아가 흥미를 보이지 않는 영역은 다른 영역과 통합하여 재구성하거나 다른 영역으로 대체 할 수 있다. 흥미영역 중심의 실내 환경구성을 위해 고려할 점에 대해 알아보면 다음과 같다(이숙재, 2011).

① 놀이의 활동성과 소음 수준, 물의 사용 여부에 따라 정적 놀이영역, 동적 놀이영역, 물을 사용하는 영역과 그렇지 않은 영역으로 구분하여 공간을 배치함으로써 놀이가 서로 방해받지 않고 진행될 수 있도록 한다. 상세한 내용은 [그림 9-1]에 제시되어 있다.

② 서로 연관되는 놀이영역을 인접하게 배치함으로써 놀이 효과를 높인다. 예를 들어, 쌓기영역과 역할영역을 인접하게 배치하면 남아와 여아가 함께 놀이할 수 있는 환경구성을 용이하게 하며, 서로 통합되어 더욱 심화된 놀이가 이루어질 수 있다.

③ 각 놀이영역에 필요한 공간을 고려해야 한다. 각 영역에 4~5명의 영유아가 자유롭게 놀이할 수 있는 공간이 제공되어야 하며, 흥미영역의 특성에 따라 공간의 배치가 이루어져야 한다. 예를 들면, 동적인 놀이는 넓은 공간을, 정적인 놀이는 비교적 적은 공간으로 구성할 수 있다. 움직임이 역동적이거나 부피가 큰 놀잇감을 이용하는 쌓기영역과 역할영역 등은 넓은 공간이 필요하고 반면에 수, 조작영역이나 과학, 언어영역과 같이 정적이며 움직임이 적은 영역은 넓은 공간이 아니어도 가능하다.

④ 책꽂이, 교구장 등을 활용하여 각 놀이영역을 구분한다. 이는 영유아의 놀이가 방해받지 않도록 경계를 지어 주거나 서로 자유롭게 이동할 때 통로를 제공하여 공간을 구성하는 것을 의미한다. 교구장은 영유아의 키보다 낮아야 하며, 이동하기 쉽게 제작하여 영유아의 요구나 참여 인원수에 따라 놀이영역을 확대 또는 축소하기 쉬어야 한다. 또한 영유아의 눈높이에 맞춰 각 영역의 명칭을 글씨나 그림으로 표시하면 영역을 구분하는 데 도움이 된다.

⑤ 보육실의 공간배치는 교사가 영유아를 돌보고 지도하는 데 불편함이 없어야 하며 교사가 모든 놀이영역을 한눈에 볼 수 있도록 공간을 구성해야 한다. 특히 보조교사가 없는 기관은 영유아의 안전관리에 노력해야 한다.

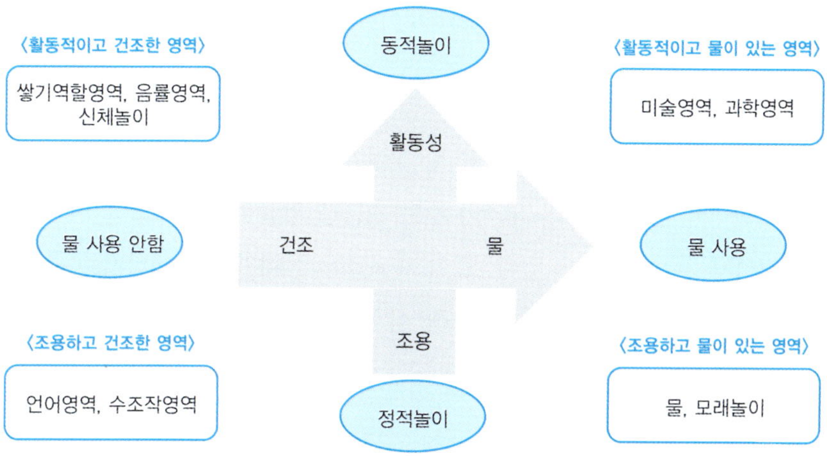

[그림 9-1] **프로스트와 키싱어(Frost & Kissinger)의 놀이영역 구성**

2) 실외환경의 구성

영유아는 실외공간에서 마음껏 뛰어놀고 계절과 자연의 변화를 탐색할 수 있다. 따라서 교사는 영유아가 위험으로부터 안전하게 자신을 보호하며 몸을 활발히 움직여 즐겁게 놀이할 수 있도록 실외환경을 구성해 주어야 한다. 또한 실외공간에 텃밭, 화단 등을 구성하여 자연을 탐색할 수 있는 공간으로 인근 지역사회의 공원과 놀이터 등을 활용할 수 있다.

(1) 실외환경

영유아의 놀이에 대한 욕구는 실내와 실외를 구분하여 나타나지 않지만, 실외는 실내와 다른 특성으로 인해 영유아에게 특별한 놀이 경험을 제공할 수 있다(윤매자 외, 2021). 실외놀이는 실내놀이를 확장하는 기회가 될 수 있다. 즉, 실내에서 하던 미술활동이 실외의 자연물을 활용하는 것으로 확장될 수 있고, 역할놀이는 다양한 신체활동이나 표현을 시도하는 동적인 활동이 일상생활에서 보던 모습을 그대로 재현해 볼 수 있는 기회로 발전할 수 있다. 실외환경은 신체운동만을 위한 것이 아닌 영유아의 전인적인 성장과 발달을 촉진할 수 있는 공간이다. 실외환경에서 영유아가 경험할 수 있는 내용은 다음과 같다(이숙재, 2011/2014).

① 다양한 신체활동을 자유롭게 할 수 있는 장소

영유아는 실내와 같은 공간의 제약이 없는 가운데 활발하게 뛰어놀고 마음껏 소리칠 수 있으며 자유롭게 놀이할 수 있다. 또한 자유로운 신체활동은 에너지를 충분히 발산할 수 있으며 자연과의 상호작용을 통해 심신의 긴장을 해소할 수 있다.

② 자연학습의 장소

영유아는 실외놀이를 하면서 자연을 체험하고 학습하게 된다. 곤충, 꽃, 나무 등을 관찰하고 사육장에서 토끼, 닭(병아리) 등을 보살피며 생명의 소중함을 알게 되고 자연의 아름다움을 느낄 수 있다.

③ 정적인 놀이를 할 수 있는 장소

영유아는 실외공간에서 동적이고 활동적인 신체활동을 많이 하지만 자연 속에서 정적인 책 읽기, 그림 그리기, 돌멩이 쌓기, 자연 관찰하기 등의 정적인 활동을 하기도 한다.

④ 다양한 사회관계를 맺는 장소

실외환경은 실내환경보다 훨씬 개방적인 공간이므로, 또래들과 폭넓은 사회적 관계와 상호작용을 할 수 있다. 실외공간에서 다른 또래들과 함께 놀이하며 갈등, 규칙, 양보, 배려와 타협을 배울 수 있게 된다. 예를 들면, 게임을 하며 공동으로 지켜야 하는 규칙을 경험하게 되고 차례를 지키는 것을 훈련할 수 있고, 놀이시설과 놀잇감을 공유하며 함께 더욱 즐겁게 놀이할 수 있다는 것을 알게 된다.

⑤ 영유아에게 휴식을 제공하는 장소

영유아는 실외공간에서 활발하게 뛰어놀고 목청껏 소리를 지르기도 하지만 조용한 나무 그늘, 벤치, 돗자리 등에서 평안하고 여유롭게 휴식을 취하기도 한다.

⑥ 영유아에게 즐거움을 주는 장소

영유아는 개방적인 환경에서 자율적으로 탐색하고 활발하게 뛰어놀고 다양한 욕구를 성취하는 경험을 한다. 실외공간은 영유아가 자신의 에너지를 마음껏 발산하며 다양한 기쁨을 누릴 수 있도록 안전이 보장된 즐거움을 누릴 수 있는 환경이어야 한다.

(2) 실외환경의 공간구성[4)]

실외환경은 실내공간에서 이루어지는 것과 유사한 활동이 이루어질 수 있어야 하고 심미적인 즐거움을 줄 수 있어야 한다. 그러나 역동적인 활동이 이루어져 안전사고가 발생할 확률이 높기에 무엇보다 실외환경은 안전하게 구성되어야 한다(윤매자 외, 2021). 실외환경은 신체활동영역, 물 · 모래놀이영역, 자연탐구 및 관찰영역, 작업영역, 휴식영역 및 놀잇감 보관창고 등으로 구성되며, 외부인이나 차량으로부터 영유아를 보호하기 위해 울타리나 담장을 활용할 수 있다. 어린이집 실외환경의 공간구성을 살펴보면 다음과 같다.

① 신체활동영역

영유아가 활동적이고 움직임이 큰 운동놀이를 통해 대근육을 발달시킬 수 있는 공간이며, 그네, 미끄럼틀 등 기어오르기, 매달리기와 같은 운동 놀이를 할 수 있는 놀이시설을 설치한다. 이 영역에서 영유아는 몸의 균형을 유지하고 조절하는 대근육을 발달시키는 기초를 형성하며, 놀이 경험을 통해 자신의 몸을 안전하게 사용하고, 위험으로부터 보호하는 방법을 터득하게 된다.

복합 놀이시설 및 모래바닥 설치

4) 윤매자 · 이종숙 · 안창희(2021). 놀이지도. pp. 134-138, 발췌 및 재구성.

② 물 · 모래놀이영역

물과 모래로 놀이하는 영역

자연물인 물과 모래를 활용하여 놀이할 수 있는 영역으로, 물놀이 영역과 모래놀이 영역을 가깝게 배치하여 영유아의 놀이가 확장될 수 있도록 공간을 구성한다. 물 · 모래놀이 영역은 배수가 잘되고 햇볕이 잘 들며 통행이 빈번하지 않은 곳에 있어야 한다. 물과 모래놀이는 사용 방법이 정해지지 않아 영유아는 창의적으로 활동에 몰두할 수 있고, 물과 모래의 재료적 특성에 의한 정서적 안정감을 느낄 수 있게 된다.

③ 자연탐구 및 관찰 영역

방울토마토 기르기

영유아가 식물, 동물, 곤충 등의 자연환경을 자유롭게 탐색할 수 있는 영역으로, 크게 동물과 식물 기르기 영역으로 구분할 수 있다. 영유아는 동식물을 기르고 관찰하고 탐구하며 자연에 대한 지식을 습득하고 자연물에 대한 이해와 정서적 교감을 나눌 수 있다. 식물 기르기 영역은 햇빛이 잘 들고, 물 주기가 쉬운 곳에 배치해야 하며, 동물 기르기 영역은 동물의 성장 과정과 변화를 관찰하기 쉽고 지나친 햇볕과 바람은 막아 주고, 배수가 잘되는 사육장이 좋다. 물과 사료 공급이 용이해야 하며 영유아가 직접 먹이를 주고 관찰할 수 있도록 지원한다.

④ 작업영역

못을 사용해서 선반 만들기

작업영역은 실외의 다양한 환경적 특성을 통해 다양한 주제와 흥미, 계절감을 느낄 수 있는 게임놀이, 미술놀이, 다목적 놀이 등을 할 수 있는 공간이다. 물감으로 그림 그리기, 목공놀이, 점토놀이, 큰 블록 쌓기 등의 놀이 등이 이루어지며 소집단으로 신체 놀이를 하기도 한다. 이 영역에서는 다양한 크기의 블록과 목공 테이블, 목공놀이 도구 등을 지원할 수 있고 작업한 활동의 결과물을 전시할 수 있는 공간을 마련하도록 한다.

⑤ 휴식영역

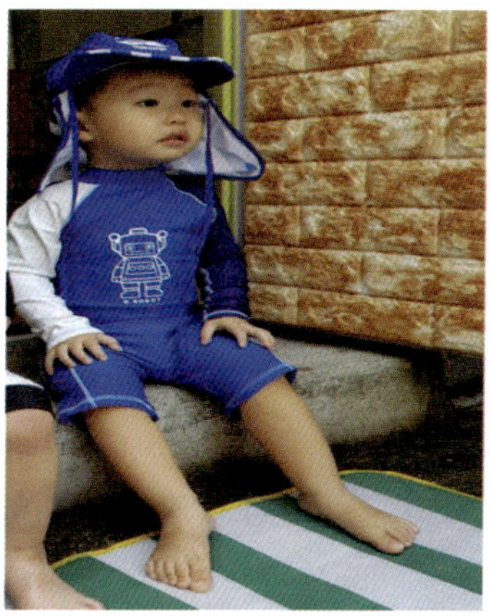

실외놀이 후 그늘 휴식

휴식영역은 영유아가 동적 활동을 한 후 휴식을 취하거나 다른 친구들이 노는 모습을 보며 편안하게 휴식을 취하는 공간이다. 즉, 나무 그늘, 정자, 지붕이 있는 테라스, 텐트나 비치파라솔 등을 활용하여 햇볕을 피할 수 있는 그늘을 마련해야 한다. 소음이 많은 공간에서 영유아가 개인적으로 분리되어 조용히 긴장을 풀고 쉴 수 있는 장소를 마련해 주어야 하며, 더운 여름이나 추운 겨울에는 실외 온도 조절에 유의해야 한다.

⑥ 보관창고

보관창고는 실외 놀이기구 정리와 보관을 위한 장소로, 놀이기구의 적절한 사용과 보관을 위해 필요하다. 놀이 후 스스로 정리할 수 있도록 낮은 선반이나 정리함을 준비하고 습기가 차지 않도록 채광과 통풍이 좋은 곳에 있어야 한다.

실외 놀이기구 보관창고[5)]

3) 연령별 보육환경과 놀이지원

보육실(교실)은 영유아와 선생님이 가장 많이 활용하는 공간이며, 흥미영역을 중심으로 구성되어 있다. 연령에 따라 영유아가 관심을 가지는 다양한 놀이 형태는 영유아의 발달 수준을 파악하는 데 도움이 되므로 교사는 보육환경을 제공할 때, 그 대상을 중심으로 영아와 유아로 구분하여 보육환경와 놀이를 지원하여야 한다.

(1) 영아를 위한 보육환경과 놀이지원

오랜 시간 어린이집에서 생활하는 영아에게 보육환경은 편안하고 안전해야 하며, 위생적이고 쾌적한 환경이어야 한다. 따라서 영아를 위한 보육공간은 정서적 안정감을 느낄 수 있는 아늑한 공간이어야 하며, 대·소근육을 활발하게 움직이며 놀이할 수 있는 공간이어야 하고 자유로운 탐색이 가능하도록 충분한 놀잇감이 제공되어야 한다. 또한 영아는 월령에 따른 발달 차이가 크기 때문에 교사는 보육환경 구성 시 이러한 특성을 고려해야 한다.

영아반의 환경구성은 유아반과 차이가 있으며, 일상생활영역과 놀이영역으로 구성된다. 일상생활영역은 수유, 급식, 기저귀 갈이, 휴식과 낮잠 등이 이루어지는 영역이

5) 다산초등학교병설유치원: https://blog.naver.com/jikjiedu/222591986528(2023.06.30.인출).

며, 놀이영역은 흥미영역이라고 볼 수 있는데, 〈표 10-3〉과 같이 영아반의 흥미영역은 연령에 따라 구성의 차이가 있다. 영아반을 위한 환경구성은 다음과 같다.

① 일상생활영역

일상생활영역은 개별 영아의 욕구에 따라 기저귀를 갈고, 수유하고 낮잠을 재울 수 있는 하루일과의 과정이 이루어지는 공간이다. 교사는 이러한 일을 각 영아와 개별적인 상호작용의 기회로 활용하는 것이 좋으며 영아가 가정과 같은 편안함을 느낄 수 있도록 정서적인 지원을 할 수 있어야 한다.

가. 기저귀 갈이 영역

기저귀 갈이 영역은 수유와 이유, 잠자는 영역과 떨어져 있어야 하며, 기저귀를 가는 동안에도 교사가 교실 전체를 조망할 수 있는 곳에 배치해야 한다. 영아를 눕히기 적당한 크기의 따뜻한 공간이어야 하고 위생과 청결을 위해 청소가 쉬운 마감재를 사용해야 한다. 사용한 기저귀를 처리할 수 있는 폐기용 비닐 및 휴지통, 기저귀 갈이에 필요한 도구를 수납할 수 있는 선반과 장을 비치한다. 기저귀 갈이는 영아와 교사 간의 개별적이고 정서적인 상호작용이 이루어질 수 있는 시간으로 활용할 수 있다.

나. 낮잠과 휴식영역

영아의 컨디션이 좋지 않거나 일과 중 졸릴 때 혼자 조용히 쉴 수 있는 공간으로 아늑하고 편안한 환경이 제공되어야 한다. 영아의 휴식과 수면에 방해되지 않도록 소음이 발생하거나 역동적인 놀이를 하는 영역과 구분될 필요가 있으며 교사가 항상 관찰할 수 있어야 한다. 영아가 원할 시 언제든지 자유롭게 이용할 수 있어야 하며 푹신한 의자, 쿠션, 캐노피, 러그, 이불, 베개 등을 준비하고, 집에서 가져온 담요, 장난감, 인형 등도 사용할 수 있도록 한다.

다. 수유와 이유 영역

수유와 이유를 위한 공간은 놀이영역과 구분하여 배치해야 하고 편안한 의자, 흔들의자, 쿠션, 방석 등을 준비한다. 개별 영아마다 월령별 수유나 이유 단계, 먹는 양

등에 차이가 있어 우유병과 이유식 용기에 개별 영아의 이름과 수유병, 이유 기록표를 준비하여 먹을 때마다 그 양을 기록해야 한다. 식탁에 앉아 혼자 먹기가 가능한 영아들은 낮은 책상이나 테이블을 마련하여 다른 영아들과 소집단으로 함께 식사를 할 수 있도록 한다.

② 흥미영역(놀이영역)

흥미영역은 영아가 놀이하도록 환경구성을 해야 하며, 영아의 감각적인 호기심과 탐구심을 기를 수 있도록 세심한 관찰과 교사의 즉각적인 반응이 중요하며, 놀잇감으로 인한 갈등이나 다툼이 일어나지 않도록 한다. 영아반 흥미영역의 구성은 다음 〈표 9-1〉과 같다.

〈표 9-1〉 **영아반 흥미영역의 구성**

연 령	영역 구성
만 0세	신체, 언어, 감각 · 탐색
만 1세	신체, 언어, 감각 · 탐색, 역할 · 쌓기
만 2세	신체, 언어, 감각 · 탐색, 역할 · 쌓기, 미술 · 음률

가. 신체영역

영아는 움직임에 대한 욕구가 강하므로 보육실 내에서도 대근육 활동을 할 수 있는 영역이 필요하다. 영아가 안전하게 기고, 걷고, 오르고, 뛰고 움직일 수 있는 시설 · 설비를 갖추고, 안전사고를 사전에 방지할 수 있는 장치를 해야 한다. 높이가 낮은 오르기 기구, 미끄럼틀, 계단, 흔들 목마, 탈 수 있는 놀잇감, 밀고 당길 수 있는 인형 유모차 등을 제공한다.

나. 언어영역

영아와 교사가 함께 풍부한 언어적 상호작용을 경험할 수 있도록 공간을 구성해야 한다. 영아가 그림책을 보거나 교사, 또래와 이야기를 할 수 있도록 흔들의자, 쿠션 등을 준비한다. 내용이 반복되는 친숙한 그림 동화책, 색상이 아름답고 단순한 삽화의 그림책, 감각 및 촉각 그림책, 헝겊 책 등을 제공한다.

다. 감각 · 탐색영역

영아는 보고, 듣고, 만지고, 맛보고, 냄새 맡는 오감을 사용하여 주변 환경을 활발하게 탐색한다. 다양한 재질과 형태의 놀잇감, 손으로 조작하며 눈과 손의 협응력을 발달시킬 수 있는 놀잇감 등을 준비한다. 예를 들어, 퍼즐(1세: 손잡이 퍼즐 1~2조각, 2세: 2~5조각), 촉각 상자, 냄새 맡기 병, 큰 구슬 꿰기, 여러 가지 자연물과 확대경, 가볍고 커다란 블록, 자동차, 동물 모형 등의 소지품을 제공한다.

라. 역할 · 쌓기영역

영아는 일상생활에서 보고, 듣고 경험한 것을 모방하여 역할놀이로 표현하며, 쌓기놀이를 통해 공간에 대한 지각력과 도형 이해의 기초를 형성하게 된다. 따라서 영아가 일상에서 친숙하게 경험하는 다양한 인형, 카트, 유모차, 음식모형, 모형 주방용품 등의 놀잇감을 준비하여 모방 놀이를 할 수 있도록 지원한다.

마. 미술 · 음률영역

영아는 다양한 악기, 그림 그리기, 만들기 자료 등을 통해 자기의 생각, 느낌 등을 창의적으로 표현하며 즐거움을 경험한다. 영아가 끼적이기, 찢기, 오리기, 자르기, 붙이기 등을 할 수 있도록 자료를 제공해 주어야 하며, 이를 통해 탐색능력, 대 · 소근육 조절능력, 눈과 손의 협응력을 기를 수 있다. 또한 자신의 감정과 욕구를 다양한 매개체를 활용하여 표현할 수 있도록 악기, 음악테이프, 리본, 스카프 등을 제공한다.

③ 영아를 위한 환경구성 시 고려할 사항

가. 실내환경 구성 시 고려할 사항

- 영아의 건강과 안전을 최우선으로 고려해야 한다. 청결하고 위생적인 설비와 관리가 필수이며, 내장재와 외장재는 방염과 천연마감재를 사용하여 안전한 환경이 되도록 구성해야 한다.
- 정서적인 안정감을 주는 공간이어야 한다. 포근하고 안정감을 줄 수 있는 환경으로 편안함을 느낄 수 있도록 쿠션, 캐노피 등을 이용하여 아늑한 공간에서 영아가 잠깐이라도 혼자 편안하게 쉴 수 있는 공간을 마련해 준다.
- 움직임과 이동성을 확보해야 한다. 걸음마를 배우며 이동 능력이 발달하는 영아들에게는 대 · 소근육을 활발히 사용할 수 있는 충분한 공간이 확보되어야 하며, 안전이 확보된 상황에서 영아가 충분히 탐색하고 활동할 수 있는 넓은 공간이 필요하다.
- 탐색과 발견의 기회가 주어져야 한다. 영아는 한 가지 활동이나 놀잇감에 오래 집중하지 못하며 사물과 환경에 대해 다양하고 새로운 방법으로 탐색하는 특성이 있으므로, 영아가 자유롭게 탐색 활동을 할 수 있도록 충분한 시간과 공간을 마련해 주어야 한다(김중기 외, 2021).

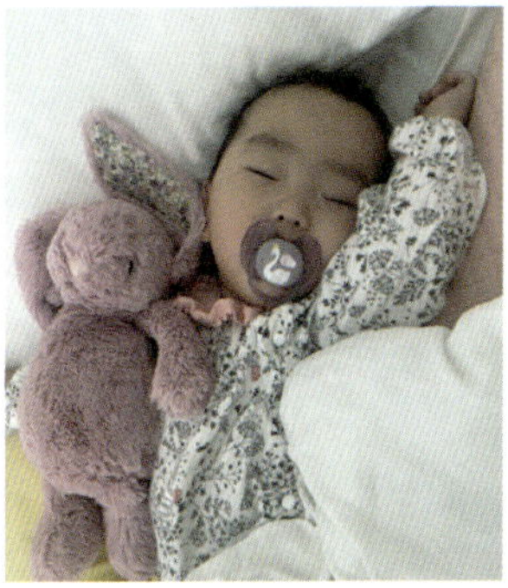

나. 실외환경 구성 시 고려할 사항

- 안전하고 편안하게 환경을 조성해야 한다. 즉, 그늘막, 낮은 경사, 낮은 계단 등을 설치해야 한다.
- 다양한 움직임이 가능하도록 충격 방지를 최소화하는 바닥 구성을 해야 한다. 즉, 영아가 넘어지더라도 충격을 받지 않도록 기준에 적합한 바닥재를 사용해야 하며, 놀이기구의 높이나 형태를 안전하게 계획하고 재료는 인체에 무해한 페인트 등을 사용해야 한다.
- 감각을 자극하는 공간이 되도록 해야 한다. 탐색을 위하여 잔디밭, 모래, 물 등을 준비하여 다양한 촉각 경험을 할 수 있도록 한다.
- 호기심 자극, 도전적 활동이 될 수 있어야 한다. 즉, 도전감과 감각·운동적 자극을 많이 줄 수 있는 터널, 안전 그네, 네 바퀴 자동차, 유모차 등을 준비해야 한다.

④ 영아를 위한 놀이지원[6)]

가. 관찰과 상호작용을 통한 놀이지원

교사는 일상생활에서 영아의 흥미와 관심을 반영하여 영아가 즐거운 경험을 통해 성장해 갈 수 있도록 지원해야 한다. 영아의 놀이과정을 관찰하고 영아의 흥미와 욕구를 반영하여 놀이계획과 환경을 구성해야 한다. 또한 섬세한 관찰 시 필요한 상황에서 언어적, 비언어적 상호작용을 함으로써 영아의 놀이가 발전하고 확장될 수 있도록 지원할 수 있다.

나. 다양한 경험을 통해 즐거운 배움을 제공

영아는 월령에 따라 발달의 차이가 크므로, 교사는 영아의 발달 단계에 따라 적절한 놀이를 계획해야 한다. 영아에 대한 놀이계획은 표준보육과정에 따른 0~2세의 보육과정 목표에 따라 통합적으로 운영되도록 계획되어야 하며, 기본생활, 신체운동, 의사소통, 사회관계, 예술경험, 자연탐구 영역 등을 균형 있게 경험하며 즐거운 배움이 이루어져야 한다.

다. 안전한 실내외 공간 구성

영아의 관심, 흥미, 요구를 존중하며 다양하고 안전한 실내외 환경을 구성해 주어야 한다. 감각과 운동 활동을 통해 주변 환경을 탐색하고 놀이하며 학습하는 영아에게 안전한 물리적 환경을 구성해 주는 것은 매우 중요하다. 실외공간에서 자유롭게 움직이기에 제약이 있는 영아들은 안전이 확보된 실내환경에서 편안하고 활발하게 신체활동을 할 필요가 있다(김현자 외, 2021). 따라서 영아가 안전하게 기어오르거나 잡고 걷기 등을 할 수 있는 공간을 제공해야 하며, 영아의 안전을 위해 교사는 어디에서든 교실 전체를 조망할 수 있도록 공간을 구성해야 한다.

6) 교육부 · 보건복지부 · 육아정책연구소(2019). 2019 개정 누리과정 교사연수 자료, 발췌 및 재구성.

(2) 유아를 위한 보육환경과 놀이지원

유아에게 보육실 내에 적합한 놀이공간을 제공하기 위해서는 3~5세 누리과정에 근거하며, 생활공간과 교육공간으로 나누고, 일반적으로 생활공간은 유아들이 사용하는 사물함, 화장실, 물 먹는 곳, 교사가 사용하는 책상 등이 있다. 교육공간으로는 교육을 목적으로 활동하는 다양한 흥미영역들이 있다. 즉, 쌓기놀이영역, 역할놀이영역, 수·조작영역, 음률영역, 과학영역, 언어영역, 미술영역, 물·모래놀이영역 등이 있다(윤매자 외, 2021).

유아를 위한 보육환경은 영아와 달리 생활영역보다 교육과 놀이영역을 더 많이 활용하기 때문에 유아에게 친숙한 실물 자료, 재활용품, 상품화된 교재·교구 등을 충분히 제공하여 주제에 따라 자유롭게 놀이하도록 지원하여야 한다. 생활영역은 식사하는 영역, 낮잠이나 휴식하는 영역, 화장실 등이 있다. 교육과 놀이영역은 흥미영역 중심으로 유아의 흥미, 관심, 욕구에 따라 언제든지 각 영역의 재배치가 가능해야 한다. 유아들이 매일 일상적으로 반복되는 생활영역은 다음과 같다(윤매자 외, 2012).

① 일상생활영역

가. 식사하는 영역

유아들은 교사의 도움을 받아 어느 정도는 급식 준비를 할 수 있으므로 자율 급식을 위한 식기나 식수통, 배식대 등을 준비하는 것이 필요하다. 배식대는 유아와 어른의 키 차이를 고려하여 배식대 바닥의 높이를 조절함으로써 서로가 편한 위치에서 주고받을 수 있도록 하는 것이 좋다(양옥승 외, 2002).

나. 낮잠이나 휴식을 위한 영역

유아들도 낮잠을 자도록 유도하는 것이 좋으나 자지 않으려고 하는 유아의 경우 편히 휴식을 취할 수 있게 해 준다. 공간은 역시 가정과 같은 분위기로 꾸며 주고 채광 조절용 가리개나 커튼을 설치하며, 신선한 공기를 유지하기 위해 환기장치를 해 준다. 침구는 정기적으로 세탁과 일광욕을 시켜 주고, 침대 시트와 베개를 넣을 수납공간도 마련해 준다(조성연 외, 2006).

다. 화장실

화장실은 실내·실외의 활동 영역과 가까운 곳에 설치하여 놀이 중 쉽게 이용할 수 있도록 해 준다. 폐쇄형 문은 폐쇄감이 들지 않도록 칸막이를 낮게 설치하는 것이 좋다. 변기의 크기는 유아가 혼자 사용하기에 불편함이 없고, 독립성을 길러 주고, 변기 속에 빠진다는 등의 두려움이 들지 않도록 유아의 신체 크기에 맞는 것을 설치해 준다.

② 흥미영역(교육과 놀이영역)

유아는 자신의 요구와 흥미에 따라 학습 요소가 포함된 여러 종류의 놀이자료를 이용하고 탐구하여 스스로 자유롭게 활동하면서 많이 배우고 성장하게 된다. 흥미영역에서의 놀이는 능동적 학습이라고 부르며, 창의적인 놀이로 발전할 수 있도록 교재·교구를 배치하고 영유아의 개별적 또는 소집단 활동이 가능하게 한다. 유아를 위한 흥미영역의 환경구성은 다음과 같다(김현자 외, 2018; 윤매자 외, 2021).

가. 쌓기놀이영역

어느 정도 소음이 있을 수 있기 때문에 정적 놀이공간과 떨어진 곳에 배치하는 것이 좋다. 카펫이나 매트를 이용하여 충격을 흡수할 수 있도록 하며, 역할놀이영역과 인접하게 배치하면 두 영역이 놀이가 통합될 수 있어서 효과적이다. 블록을 사용하고 정리함에 블록 모양을 붙여놓아 유아들이 사용 후 정리하기가 용이하도록 한다. 여러 가지 크기, 모양, 재질의 블록과 소품을 제공한다.

나. 언어영역[7]

유아들이 듣기와 말하기, 읽기와 쓰기 등과 같은 다양한 언어활동을 경험하는 영역으로 의사소통 능력, 언어능력, 상상력 증진 등의 능력을 기를 수 있는 영역이다. 동적 놀이 영역과 떨어진 곳에 있어야 하며 조용한 장소에 배치하는 것이 바람직하다. 동화를 듣거나 다소 폭신한 앉을 곳이 있으면 좋다. 유아들에게 언어영역은 따뜻하고 편안한 공간이 되도록 준비해 놓는다.

다. 역할놀이영역

남아와 여아가 모두 사용할 수 있는 여러 가지 역할을 가작화 할 수 있는 소품을 준비한다. 실제 사건이나 인물을 모방해 보거나 가상적인 다양한 직업군과 관련된 놀이가 이루어짐으로 활동적인 놀이로 동적 놀이영역과 인접하게 배치한다. 이 영역에서는 양성 평등사회로 나아갈 수 있는 사회적 역할을 연습하는 곳이다. 또한 역할놀이 영역에서는 다양한 제품을 만들기도 함으로 교사가 마련해 준 교구 이외에도 자신들이 직접 필요한 물품을 만들어 사용하도록 권장한다.

7) 언어영역: 그림 출처 https://blog.naver.com/khjviolet/220949723359(2023.07.30. 인출.).

라. 수 · 조작영역

유아가 소근육을 사용하여 놀잇감을 구성하고 조작하는 활동을 하며, 퍼즐 맞추기, 끼워서 구성하기 등과 같은 소근육과 관련된 활동, 분류, 비교, 서열 등의 수 활동 등을 하는 영역으로 유아는 수 · 조작 활동을 하며 눈과 손의 협응력, 소근육 발달, 논리, 수학적 개념, 문제해결 능력과 집중력을 향상할 수 있다. 수 · 조작 영역은 개별적으로 집중해야 하는 활동이 많기에 조용히 집중할 수 있는 곳에 배치해야 하며 유아의 발달 수준과 흥미에 따라 활용할 수 있도록 난이도가 다양한 놀잇감을 준비해야 한다.

마. 과학영역

과학영역은 유아가 자신의 주변 세계의 생물, 무생물, 자연물 등에 호기심을 가지고 탐색하고 실험하고 조사과정을 경험한다. 자연현상과 계절의 변화 등을 관찰하고 작은 동식물을 기르며 보살피는 경험을 할 수 있다. 과학영역은 조용하고 햇빛이 잘 들며, 물 공급을 쉽게 받을 수 있도록 세면대 가까이에 배치하는 것이 좋다. 또한 온도계, 거울, 프리즘, 저울, 티스푼, 계량컵 등을 안전하게 사용할 수 있도록 조용하고 왕래가 적은 장소로 배치한다.

바. 음률영역

유아는 음률영역 활동을 통해 음악을 감상하고 음악적 요소를 찾으며, 음악에 따라 움직임으로 감정을 표현하는 등의 활동을 하게 된다. 유아들이 사용하기에 부담 없는 악기를 배치하고, 정적 놀이영역과 멀리 떨어진 곳에 배치하는 것이 좋다. 어려운 악기보다 두드려서 소리를 내는 악기, 불어서 소리를 내는 악기 등이 유아들이 사용하기에 용이하다. 교사가 미리 준비한 녹음 소리로 악기 이름을 맞추거나 노래를 맞추는 게임 등 즐거운 경험을 할 수 있도록 준비한다.

사. 미술영역

유아들은 그리기, 만들기, 꾸미기, 구성하기 등을 통해 자신의 느낌과 생각을 자유롭게 표현하며 성취감을 느낄 수 있다. 미술과 관련하여 다양한 재료들은 준비한다. 다양한 자료들이란 각종 종이류, 크레파스, 사인펜, 가위, 풀, 색지, 색종이, 테이프, 물감과 붓 등으로 흔히 볼 수 있는 것이다. 유아들의 창의성을 키울 수 있는 재료들은 자연물이나 재활용품, 돌, 목판, 지점토, 찰흙 등도 포함되며, 미술전시 관람도 포함된다. 미술 활동은 손이 더러워지기 쉬우므로 세면대 가까이에 배치하면 효과적이다.

③ 유아를 위한 환경구성 시 고려할 사항

가. 실내환경 구성 시 고려해야 사항(시옥진 외, 2020)

- 건강과 안전이 보장되는 환경에서 자유롭게 탐색하고 움직이고 새로운 도전과 편안하게 생활할 수 있는 공간이어야 한다.
- 흥미영역을 중심으로 구성하여, 교육적으로 자극할 수 있고 정서적으로 안정된 환경이어야 한다.
- 유아의 흥미와 관심에 따라 1년에 4~5번 정도 재배치하는 것이 좋으며, 자료는 놀이 주제에 따라 수시로 교체해 주어야 한다.
- 학기 초에는 교사 주도로 배치하지만 점차 유아들과 함께 논의하여 재배치하여야 한다.
- 융통성 있는 공간 변경이 가능하며, 이동의 편의성이 보장되도록 통로를 배치한다.
- 유아의 요구에 따라 놀잇감을 선택하고, 진행되고 있는 주제를 반영하여 교재·교구, 활동 등에 반영할 수 있어야 한다.
- 활동 후 휴식과 개인적 생활이 보장되는 공간을 마련하여야 한다.

나. 실외환경 구성 시 고려할 사항

- 유아는 개방적인 실외환경에서 활발한 신체활동을 하고 자연과 상호작용을 할 수 있다. 실외놀이를 통해 운동기술, 의사소통 능력, 인지능력, 사회적 기술 등이 발달할 수 있다.

- 유아가 실내에서 경험할 수 있는 활동은 공간과 환경의 제약이 많아 실외환경에서는 유아가 충분히 에너지를 발산하고, 자연환경을 관찰하고 주변을 탐색할 수 있도록 지원해 주어야 한다.
- 유아가 놀이를 확장할 수 있도록 안정적으로 신체활동을 할 수 있는 올라가는 구조물이나 철봉, 외줄 건너기 등 도전하고 성취를 느낄 수 있는 환경 구성이 필요하다.

④ 유아를 위한 놀이지원

가. 놀이지원의 특성(교육부 · 보건복지부, 2019b)

- 충분한 시간을 제공하고 융통성 있게 공간을 운영한다.
- 기다리고 지켜보면서 유아의 생각을 수정하지 않고 따라간다.
- 놀이를 공유하며, 함께 놀이한다.
- 다양한 매체를 제공하고 자유롭게 놀잇감을 선택하게 한다.
- 교사가 놀이를 제안하되 유아들이 그것을 어떻게 경험하는지 바라본다.

나. 효과적인 놀이지도와 개입(곽혜경 외, 2010)

- 유아를 중심으로 자율적으로 이루어지도록 교사가 주도적으로 나서지 않는다.
- 교사는 유아가 모든 흥미영역을 고루 선택하여 놀이가 일어나도록 지도한다.
- 놀이 시 자유롭고 허용적인 분위기를 제공하여 유아–유아, 유아–놀잇감, 유아–교사 간의 상호작용이 활발하게 일어나도록 지도한다.
- 사회적 놀이를 장려하여 사회적 상호작용, 언어적 의사소통이 많이 일어나게 지

도한다.

- 놀이 시 발생하는 갈등 상황을 중재하기 위해서 사전에 유아가 스스로 자율적인 놀이 규칙을 정하도록 한다.
- 유아들의 놀이 유형에 따라 교사는 함께 놀이하기, 평행 놀이하기 등의 역할 수행을 할 수 있도록 한다.
- 유아들에게 질문하면 효과적인 상호작용이 일어나도록 지원한다.

5. 보육환경 평가

영유아교육기관의 실내외 환경구성은 계속적인 평가와 관리가 필요하다. 환경은 영유아가 사용함에 따라서 훼손되기도 하고, 영유아가 성장함에 따라 필요와 불필요함이 달라질 수 있다. 또한 단순한 물리적 환경구성의 평가만이 아니라 영유아가 의미 있는 경험을 하고 있는가에 대한 평가가 반드시 이루어져야 한다. 보육환경 평가의 기준으로 고려되어야 할 점을 살펴보면, 다음과 같다(윤매자 외, 2012).

- 안전한 공간인가?
- 위생과 청결이 유지되고 있는가?
- 영유아의 건강에 해가 되는 부분은 없는가?
- 놀이영역 구성은 발달과 학습이 촉진될 수 있도록 유지되고 있는가?
- 교육적인 놀잇감은 적시에 투입되고 있는가?
- 영유아의 흥미가 이미 사라진 공간이 방치되고 있지 않은가?
- 영유아와 성인 모두가 편리함, 안락감, 심미감을 느낄 수 있는 공간인가?

또한 2023 어린이집 평가매뉴얼에 따른 실내 공간구성 및 운영, 실외공간 구성 및 운영으로 구분하여 살펴보면, 다음과 같다(보건복지부 · 한국보육진흥원, 2023).

1) 실내공간 구성 및 운영에 대한 평가

실내공간은 영유아가 놀이와 활동에 집중할 수 있는 편안한 공간이어야 하며, 놀고자 하는 욕구와 쉬고자 하는 욕구를 모두 지원할 수 있는 공간으로 구성되어야 한다(보건복지부 · 한국보육진흥원, 2023). 이를 위해 영유아의 연령과 발달 수준을 고려하여 놀이영역을 구성해야 하고, 다양한 놀이와 활동 자료를 마련해 주어야 한다. 또한 어린이집에서 보내는 시간이 길고 각기 다른 욕구를 가진 영유아들의 욕구를 충족하기 위한 공간이 별도로 마련되어야 한다. 어린이집 평가매뉴얼(2023)에서는 실내공간에 대해 4개의 평가항목으로 평가하고 있으며, 그 내용은 보육실 놀이영역에서 영유아의 놀이를 반영하여 구성되어 있는지, 실내 시설 · 설비가 영유아의 발달 수준에 적합한지, 영유아의 요구를 충족하는 다양한 공간이 마련되어 있는지, 비품과 활동 자료를 체계적으로 정리, 보관하고 있는지에 대해 평가한다. 보건복지부와 한국보육진흥원의 2023년 어린이집 평가매뉴얼에 따른 평가지표의 내용은 다음과 같다.

평가항목		결과
2-1-1	보육실 내 놀이영역은 영유아의 연령, 발달 특성 및 놀이를 반영하여 구성한다.	□Y □N
2-1-2	실내 시설 및 설비가 영유아의 발달수준에 적합하다.	□Y □N
2-1-3	영유아의 요구를 충족하는 보육실 이외의 별도의 공간을 마련하고 있다.	□Y □N
2-1-4	비품과 활동자료를 보관하는 별도의 공간이 있고 체계적으로 정리하고 있다.	□Y □N
합 계		총 계

지표 평정기준

우 수	4개의 평가항목 중 ' Y ' 개수가 4개
보 통	4개의 평가항목 중 ' Y ' 개수가 2~3개
개선필요	4개의 평가항목 중 ' Y ' 개수가 1개 이하

출처: 보건복지부 · 한국보육진흥원(2023). 2023 어린이집 평가매뉴얼(어린이집용). p. 128.

2) 실외공간 구성 및 운영에 대한 평가

영유아는 바깥놀이를 통해 새로운 도전을 하고자 시도하며, 체력 발달, 대·소근육의 사용법, 다양한 실외 환경탐색이나 실험, 또래와의 상호작용, 자연 감상과 탐색 등을 경험하게 된다(보건복지부·한국보육진흥원, 2023). 바깥놀이 활동은 영유아의 신체, 인지, 정서, 사회성의 발달에 영향을 미치기 때문에 발달을 촉진할 수 있는 적합한 실외환경 구성은 매우 중요하다. 장시간 어린이집에서 생활하는 영유아는 바깥놀이를 통해 자연을 접하고 탐색하는 경험이 반드시 필요하다. 따라서 안전하고 자연 친화적인 실외환경을 구성하여야 하고 영유아가 자발적으로 놀이할 수 있는 실외환경이 구성되어야 한다(보건복지부·한국보육진흥원, 2023). 2023 어린이집 평가매뉴얼에서 어린이집의 실외환경 구성에 대한 평가항목은 어린이집 옥외놀이터나 바깥놀이에서 영유아의 발달을 지원하는 다양한 놀이와 활동자료 준비, 바깥놀이 활동이 실제로 이루어지고 있는지를 평가한다. 평가자료에 관한 내용은 다음과 같다.

평가항목		결과
2-2-1	옥외놀이터 등을 구비하고 있다.	□Y □N
2-2-2	영유아의 발달을 지원하는 다양한 놀이 및 활동자료가 준비되어 있다.	□Y □N
2-2-3	영유아의 발달에 적합한 다양한 바깥놀이 및 활동이 이루어진다.	□Y □N
합 계		총 계

지표 평정기준

우 수	3개의 평가항목 중 ‘Y’ 개수가 3개
보 통	3개의 평가항목 중 ‘Y’ 개수가 2개
개선필요	3개의 평가항목 중 ‘Y’ 개수가 1개 이하

출처: 보건복지부·한국보육진흥원(2023). 2023 어린이집 평가매뉴얼(어린이집용). p. 137.

이러한 평가는 필요에 따라 장·단기적으로 이루어져야 하며 안전과 관련된 내용 등은 문제가 발견되는 즉시 시정되어야 하며, 반면 놀이환경은 유아의 놀이활동을 관찰하고 평가한 후에 평가가 이루어져야 하고 다음 계획 시 참고사항으로 반영한다(윤매자 외, 2012). 보육환경의 평가 부분은 2023 어린이집 평가매뉴얼에서 제시된 평가지표를 기준으로 하고 있다.

생각해 보기

1. 영아반와 유아반 보육환경 구성 시 차이를 두어야 하는 부분에 대해 논의해 봅시다.
2. 영아를 위한 일상생활영역에 어떤 영역들이 있는지를 말해 보고, 영아반의 생활영역의 중요성에 관해 토론해 봅시다.
3. 유아를 위한 흥미영역의 공간배치 시 고려해야 할 사항에 대해 말해 봅시다.

건강 · 영양 · 안전

Chapter 10

영유아교육기관에서 가장 중요하게 다루어야 하는 건강 · 영양 · 안전은 영유아기의 발달을 최우선으로 해야 하는 결정적 시기이므로, 이 시기에 올바른 예방과 관리는 영유아에게 있어 평생을 건강하고 안전하게 생활할 수 있는 연결선상에 있다고 볼 수 있다(윤매자 외, 2012). 따라서 영유아들이 생활하고 있는 어린이집에서 건강 · 영양 · 안전은 안정적으로 관리해야 하는 의무사항이며, 국가직무능력표준(NCS)에서도 보육교사의 건강 · 영양 · 안전에 관한 직무내용으로 규정하고 있다. 또한 건강한 삶을 추구하는 삶에 대한 관심으로 영유아의 건강 · 영양 · 안전의 중요성이 더욱 강조되고 있다. 10장에서는 건강 · 영양 · 안전에 관해 각 영역의 기본적인 개념과 중요성을 알아보고, 영유아의 발달에 따른 관리, 영유아기의 문제, 어린이집에서의 관리 등에 대해 살펴보고자 한다.

1. 건강

건강이란 개인의 신체적 상태를 의미하는 것으로, 주로 질병이 없는 상태를 말하며, 체력이 튼튼하다는 의미로 받아들이지만, 적극적인 의미에서는 단순히 신체적 측면만을 강조하는 것이 아니라, 보다 광범위한 뜻으로 환경에 잘 적응하고, 질병에 대한 저항력과 면역력이 높은 상태이며, 또한 사물을 느끼고 생각하며 판단하는 마음이 건강해야 하고, 올바른 생활습관을 가지고 있다는 의미를 포함하고 있다(윤매자 외, 2022a). 따라서 영유아를 보호하고 교육하는 교사도 영유아 건강에 대한 개념을 이해하고, 건강 예방과 관리에 대해 세심한 관심을 가져 영유아들의 건강을 지켜 줄 수 있어야 한다.

1) 건강관리의 기초

영유아의 건강은 성장과 발달의 기초를 형성하는 시기로, 이후 발달에 영향을 준다는 점에서 더욱 중요하다. 이와 관련하여 세계보건기구(World Health Organization, 2003)는 신체적 건강을 보장받지 못한다면 교육의 기회마저 보장받기 어렵다는 것을 보고하면서, 영유아기의 건강한 삶의 대한 중요성을 강조하였다. 즉, 교육과 건강은 서로 상호보완적이 관계이기 때문에 건강에 대한 교육이 효과적으로 이루어진다면 영유아들의 삶이 건강해질 수 있고, 영유아들의 삶이 건강하게 유지될 때 지속적인 교육과 학습이 가능할 수 있다(김정미 · 안지영, 2015a). 세계보건기구(WHO)에서 건강은 영유아의 성장과 발육이 저해되지 않고 순조롭게 진행되는 상태로, 질병에 감염되지 않고 허약하지 않은 상태, 신체적 · 정서적 · 사회적으로도 문제가 없는 상태를 의미한다(김은심 외, 2012). 이처럼 영유아의 건강은 영유아가 신체적, 정신적, 사회적 측면에 영향을 받을 수 있으므로, 영유아교육기관에서는 영유아의 건강에 대한 중요성을 인식하고 건강을 유지하는 데 관심을 가져야 할 것이다. 건강에 대한 중요성과 건강지도에 관해 살펴보면, 다음과 같다(윤매자 외, 2012).

(1) 건강의 중요성

영유아기는 기본생활 습관과 태도가 형성되는 시기이다. 따라서 영유아의 초기 건강은 성인기 건강에 영향을 주며 건강습관으로 이어져 평생 지속될 가능성이 높기 때문에 더욱 중요하다. 과거에는 영유아의 건강을 돌보는 것이 부모의 책임이었지만, 사회구조의 변화로 많은 영유아들이 어린 시기부터 어린이집에서 보내는 시간이 많아짐으로 인해 부모 외에 어린이집과 보육교직원도 영유아의 건강을 책임지고 있다. 따라서 보육교직원은 주의 깊게 영유아의 건강 상태를 살펴보고 관찰하여, 적절한 대처를 해야 하며, 영유아 스스로 건강을 유지하고 할 수 있도록 지도해야 한다.

(2) 건강지도

올바르게 형성된 건강습관은 병으로부터 자신을 보호할 수 있는 능력과 함께 건강한 몸과 마음을 일생 동안 유지하고 증진시켜 줄 수 있다. 따라서 건강한 습관을 기르기 위한 영유아의 건강교육은 일상생활 속에서 지속적으로 실시되어야 한다(심성경 외, 2010).

(3) 영유아 건강에 영향을 미치는 요인

영유아의 건강은 다양한 요인에 영향을 받고 있으나 크게 유전적 요인, 환경적 요인으로 구분할 수 있다. 그러나 이 두 요인은 서로 복합적으로 작용함으로써 어느 한 요인만 영향을 미치고 있다고 볼 수 없다. 따라서 부모나 교사들은 건강에 미치는 요인에 대해 이해하고 영유아들의 건강을 유지시켜 줄 수 있도록 해야 한다.

① 유전적 요인

영유아는 부모에게서 받게 되는 유전인자로 신체적, 정서적 특성이 결정되며, 건강도 이 중 일부에 해당한다. 영유아의 키와 몸무게뿐만 아니라 알레르기, 질병, 장애 정신질환 등이 유전적 요인과 상당히 깊게 관련되어 있다(윤매자 외, 2022a). 이렇듯 부모로부터 받은 유전적 요인은 영유아 개인의 건강 상태를 좌우할 뿐만 아니라 개인의 특성을 결정하는 데 중요한 역할을 한다. 따라서 부모는 자신의 건강 상태에 대해 인지하고, 자녀의 건강에 부정적 영향을 미칠 수 있는 유전적 요인들을 미리 예방하고 치료하는 것은 매우 중요한 사항이다.

② 환경적 요인

영유아의 건강은 그들이 생활하는 환경적인 요인에 따라 크게 영향을 받을 수 있다. 영유아가 속해 있는 문화적 배경, 영양, 기후와 계절, 질병, 상해, 운동, 가족, 또래 집단, 사회계층 등의 환경적 요인뿐만 아니라 영유아의 건강습관, 식생활 습관, 의생활 습관, 배변습관 등 생활습관 요인도 영유아 건강에 영향을 미치고 있다(김은심 외, 2012).

〈표 10-1〉 **영유아 건강에 미치는 환경적 요인**

구분		내용
환경적 요인	문화적 배경	집단이 지니는 가치, 신념, 사상과 관습
	영양	영양의 부족과 과잉
	기후와 계절	기후의 변화(미세먼지, 폭염, 폭설 등)
	질병	질병(알레르기, 감염병 등)
	상해	사고(다치거나 후유증)
	운동	생리적 활동과 근육활동 증진
	가족	정서적 안정감
	또래 집단	동료집단의 가치관
	사회계층	가족이 속한 사회계층(교육, 직업, 주거지역, 수입 등)
생활습관 요인	건강습관	규칙적인 일상생활(청결, 휴식, 운동 등)
	식생활습관	균형 잡힌 영양
	의생활습관	발육과 계절에 따른 의복
	배변습관	바람직한 대소변 훈련

출처: 김은심 · 성은영 · 윤성운 · 손미애 · 김선의(2012). 영유아 건강교육. pp. 22-26.

2) 발달에 따른 건강관리

영유아의 건강관리를 위해 일상생활에서 기본적으로 알아야 하는 치아관리, 손씻기, 수면과 휴식, 배변훈련과 각종 전염병 예방과 관리를 위한 질병관리, 예방접종, 정신건강에 대해 살펴보고자 한다[1]. 특히 각 전염병마다 감염시기가 다르고, 감염시킬 위험이 있는 영유아의 경우 영유아교육기관에서는 해당 영유아에게 휴원 조치를 하는 것이 바람직하다.

(1) 치아관리

이 닦기는 건강한 치아를 유지하는 데 중요한 습관이며, 치아는 젖니(유치)와 영구치로 구분되며, 젖니는 20개, 영구치는 32개이다. 첫 치아가 나는 시기는 생후 4개월, 늦은 영아의 경우 14개월 정도에 난다. 생후 6개월부터 26~30개월까지 대개 1개월에 한 개의 젖니가 나오는데 대부분 3세 정도까지는 이 닦기에 어른의 도움이 필요하며 매일 이를 닦는 습관과 함께 정기적인 치과 검진을 통해 지속적인 관리를 해 주어야 한다. 아울러 치아 건강에 도움이 되는 식품을 섭취해야 한다. 발달단계별 치아 건강관리 방법은 다음과 같다(김경화 외, 2012).

젖니가 나오는 순서는 아랫니부터 나오기 시작하는데 영아에 발달 속도에 따라 조금씩 차이가 있다. 일반적으로 치아가 나는 시기는 [그림 10-1]과 같다. 그러나 12개월까지도 첫 치아가 나오지 않는 경우 치과를 방문하여 점검해 볼 필요가 있다.

1) 윤매자 · 백은영 · 신혜경 · 이찬숙 · 이희정 · 주현경(2012). 보육학개론. pp. 180-185, 발췌 및 재구성.

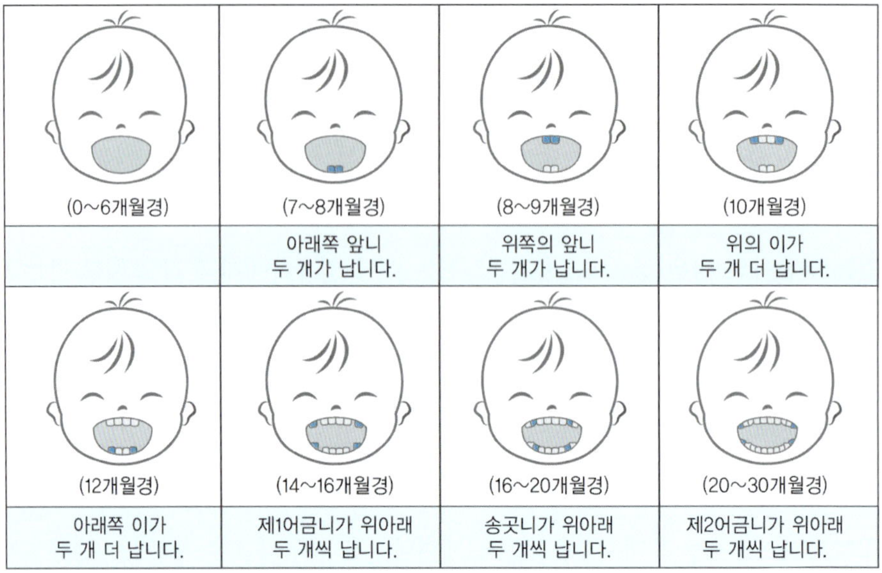

[그림 10-1] **치아가 나는 순서**[2]

① 신생아기

첫 치아가 나온 후는 칫솔질을 해 주어야 하며, U자형의 칫솔이나 실리콘 칫솔을 사용하기도 하지만, 잇몸이 약한 신생아는 칫솔보다는 젖은 헝겊으로 깨끗하게 닦아 주어야 한다. 특히 보호자나 가족 중에 충치균이 있는 경우 뽀뽀하거나 예뻐하는 과정에서 침 속에의 충치균이 신생아에게 옮길 수도 있어 주의해야 한다.

② 영아기

치아가 올라오기 시작하면 치아관리를 하게 되는데, 어린 영아는 보호자나 교사의 도움을 받아서 이를 닦는다. 그러나 어금니가 올라오는 시기인 약 18개월 정도부터는 영아 스스로 칫솔질을 할 수 있도록 지도해야 한다. 칫솔질은 식후와 자기 전에 실시하며 자기 전에 반드시 하는 것이 좋다. 젖병을 늦게까지 사용하는 영아에게는 잠자기 전에 우유나 주스가 들어 있는 젖병을 잠이 잘 때까지 입에 물고 있기 때문에 충치균의

2) 치아가 나는 순서: http://hellosia.tistory.com/19(2023.06.08. 인출).

발생률이 높다. 이를 예방하기 위하여 젖니가 난 이후에는 늦은 시간에는 수유나 이유식을 하지 않도록 하고 필요한 경우 우유와 주스 대신에 물을 주도록 한다.

③ 유아기

유아기는 젖니가 완전히 난 상태이므로, 유아가 칫솔질을 스스로 잘할 수 있을 때까지 교사는 치아의 표면과 구강점막을 세심하게 관찰하고 이 닦기를 지도한다. 일반적으로 충치가 발생하기까지 소요 시간이 6개월 정도이므로 유아기에는 6개월마다 정기적인 치과 검진을 받도록 권장한다.

(2) 손씻기

손씻기는 질병을 예방하는 일차적인 방법이다. 영유아에게 올바른 손씻기 방법을 반복 지도함으로써 손씻기 습관을 길러 주어야 한다. 또한 영유아가 손을 자주 씻어 청결을 유시할 수 있도록 세심한 지도와 함께 교사는 모범을 보여야 하며, 올바른 손씻는 방법은 아래 [그림 10-2]와 같다.

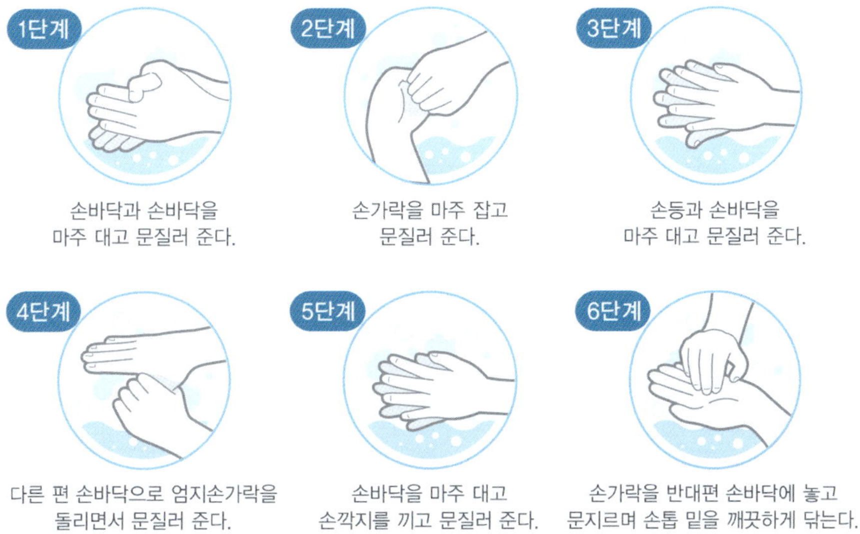

[그림 10-2] **올바른 손씻는 방법**[3]

(3) 낮잠과 휴식

낮잠과 휴식은 하루일과에서의 오전의 피로를 풀어 주고 활기찬 오후 활동을 위해 필요하다. 또한 낮잠과 휴식은 신체적 · 심리적 활동 후에 영유아의 몸을 회복시켜 주는 역할을 한다. 영유아는 대개 하루에 한두 번 낮잠을 자며, 5~6세경까지는 하루에 1~2시간 정도의 낮잠을 자게 하는 것이 바람직하다. 수면시간은 18개월 된 영아는 하루에 16시간의 수면이 필요하며, 1~2세 영아는 12시간, 3~4세 유아는 11.5시간, 5세 유아는 11시간 정도의 수면을 필요로 한다. 그러므로 교사는 낮잠과 쉴 수 있는 적절한 환경을 만들어 영유아가 원하면 언제든지 편안하게 휴식을 취할 수 있도록 도와야 한다.

(4) 배변훈련

배변훈련은 대소변을 조절하는 기술이다. 즉, 자신의 신체 기능에 대한 통제력을 습득하도록 돕고, 그 과정은 긍정적으로 이루어져야 한다. 긍정적인 과정은 영아가 배변훈련을 할 수 있는 신체적 · 심리적으로 준비가 되었을 때 시작해야 한다는 의미이다. 대개 영아들은 18개월~2세 정도에 통제력이 생기지만 개인에 따라 차이가 있다. 영아가 준비되었을 때 실시하는 배변훈련은 자기 신체와 세상에 대한 이해를 높이고, 성취감과 독립심을 기르는 기회가 된다(조경자 · 이현숙, 2005). 또한 배변훈련은 또래의 모델링을 통해 효과적으로 배울 수 있으며, 배변훈련 시에는 가정과 연계하여 일관성 있게 계획을 세워 접근해야 한다. 따라서 어린이집에서는 가정과 비슷한 배변훈련과 일관된 용어를 사용하는 것이 효과적이다.

(5) 질병관리

영유아기는 전염병에 대한 면역이 약한 시기이므로 다른 영유아에게 쉽게 전염된다. 감염된 영유아는 휴원하도록 조치하고, 휴원 기간은 질환에 따라 기간이 다르므로 감염병 질환에 대한 내용을 부모들에게 안내하고 지키도록 해야 한다. 또한 보육교직원

3) 질병관리청: 손씻기. https://www.kdca.go.kr(2023.06.08.인출)

이 전염성 질환에 걸렸을 때는 즉시 휴직 조치를 해야 한다. 영유아의 휴원이 필요한 주요 전염성질병은 다음 〈표 10-2〉와 같다.

〈표 10-2〉 **영유아의 격리가 필요한 질병**[4]

병 명	증 상
수두	• 미열, 두통, 근육통, 피부발진(가슴과 배부터 시작해서 얼굴, 팔, 다리에 반점이던 것이 수포로 되고, 수포가 딱지가 됨)
수족구	• 통증, 발진, 붉은색 물집, 가려움 증세 등 • 입 안, 목에 작은 물질, 손바닥이나 발바닥에 작은 돌기(구진)가 나며, 그 끝에 물질이 맺힘
유행성결막염	• 눈 가려움, 안구 통증, 이물감, 발적, 부종, 눈곱 등 • 눈물이 자주 나고 눈이 충혈되며, 손으로 눈을 자주 비빔
돌발성 발진	• 고열과 경련, 식욕감소, 림프절 확대, 발진(주로 몸통, 목, 귀 뒤에 나타나며, 얼굴이나 다리에 발생함)
농가진	• 작은 수포, 진물, 물집, 무기력, 설사, 고열, 발진(주의에 수포나 농포를 형성하고 이것이 터져서 누런 딱지를 형성함)
디프테리아	• 전신 권태, 고열, 식욕부진, 빠른 맥박, 코피, 기침(심하면 숨쉬기가 곤란, 쉰 목소리가 남), 인후통(충혈되고 편도선에 위막 형성함)
백일해	• 기침, 발열, 콧물, 무호흡, 청색증, 경막하 출혈, 하안검 부종 등 • 감기처럼 시작하여 기침이 심해지고 경련성 발작을 일으킴
유행성이하선염 (볼거리)	• 발열, 두통, 근육통, 압통, 식욕부진 등 • 한쪽 또는 양쪽 볼이 커지며 붓고, 음식을 삼킬 때 통증 있음
홍역	• 고열, 전신 무력감, 비충혈, 재채기, 비염, 결막염, 기침, 눈부심, 발진 등 • 귀의 뒤쪽 → 목 → 앞이마 순으로 발진이 나타남. 점차 아래로 발진함 • 39~40℃ 고열, 기침, 발진이 사라지면 열이 내리고 증상이 사라짐
풍진	• 두통, 권태감, 발열, 피부 발진, 목 뒤쪽 부종, 충혈 등 • 발진이 첫날은 얼굴과 목에, 다음 날 가슴, 등, 팔 등에 새롭게 나타남
일본뇌염	• 감각이상, 경련, 구토, 두통, 무증상, 발열, 의식 변화, 혼수 등 • 증상이 심할 때 고열, 흥분, 경련, 팔, 다리 마비가 생김
세균성 이질	• 설사, 심한 복통, 오한, 열이 나고 심하면 탈수와 허탈 상태에 빠짐

출처: 김경회 · 문혁준 · 김선영 · 김신영 · 김지은 · 김혜금 · 서소정 · 안선희 · 안효진 · 이희경 · 정선아 · 황혜원(2013). 보육학 개론(제3판). p. 135, 재구성.

4) 질병관리청: 전염병 예방. https://www.kdca.go.kr/index.es?sid=a2(2023.06.08. 인출).

(6) 예방접종

예방접종이란 전염성 질환을 예방하기 위하여 미생물 병원성을 제거하거나 약하게 하여 인체에 주사 또는 접종하여 특정 질병에 대하여 면역을 갖게 하는 것이다. 만일 예방접종을 하지 않은 상태에서 영유아가 그 질병에 걸렸을 경우 중증으로 갈 확률이 높아지고 위험해질 수 있다(윤매자 외, 2022a). 영유아기에 발생하는 전염병을 예방하기 위해 적절한 시기에 예방접종을 해 주는 것은 무엇보다 중요하다. 그러므로 어린이집에서는 부모님께 가정통신문 등을 통하여 예방접종 시기를 알려 주고 권장해 주며 교사는 예방접종에 대해 관심을 가져야 한다(김경화 외, 2012).

2023년 무료접종 대상 백신(17종)

결핵(BCG, 피내용), B형간염(HepB), 디프테리아/파상풍/백일해(DTaP), 파상풍/디프테리아(Td), 파상풍/디프테리아/백일해(Tdap), 폴리오(IPV), 디프테리아/파상풍/백일해/폴리오(DTaP-IPV), 디프테리아/파상풍/백일해/폴리오/b형헤모필루스인플루엔자(DTaP-IPV/Hib), b형헤모필루스인플루엔자(Hib), 폐렴구균(PCV), 홍역/유행성이하선염/풍진(MMR), 수두(VAR), 일본뇌염 불활성화 사백신(IJEV), 일본뇌염 약독화 생백신(LJEV), A형간염(HepA), 사람유두종바이러스(HPV), 인플루엔자(IIV) 등

출처: 질병관리청(2023). https://nip.cdc.go.kr(2023.06.09. 인출).

(7) 정신건강

정신건강은 신체적 건강과 더불어 행복하고 원만한 사회생활을 영위하도록 하는 기초가 되므로 매우 중요하다. 영유아의 건강한 생활을 위해서 신체뿐만 아니라 정신적으로도 편안하고 안전한 환경이 제공되어야 한다. 영유아는 놀이에 적극적으로 참여하면서 신체적, 심리적으로 건강해진다. 또한 놀이를 통하여 타인과 상호작용을 할 때 자신의 감정을 표현하고 독립심을 발달시킨다. 이러한 과정에서 영유아는 신체적인 건강과 함께 정신적인 건강을 촉진시킬 수 있다. 따라서 교사는 영유아의 정신건강을 위해 자신의 감정을 적절히 표현하는 방법을 알려 주고, 독립심을 발달시키고, 자기조절 능력을 함양하고, 스트레스에 적응하여 대처하며 또래들과 잘 어울려 지낼 수

있도록 도와주어야 한다(김연진 외, 2007).

3) 영유아기의 건강문제[5)]

영유아의 건강은 놀이를 통해서 건강하게 생활하고, 전반적 발달에 필요한 강인한 체력과 활동력을 지니고, 자신의 신체적, 정서적, 심리적, 사회 · 환경적 요인을 포함하여 온전한 성인으로 성장하는 데 목적이 있다. 그러나 부모나 양육자, 교사 등과의 문제에서 기인된 여러 가지 요인과 스트레스 요인에 의해, 영유아가 우울하거나 충동조절이 어렵거나 심리적인 불안 등으로 영유아기의 건강문제가 발생할 수 있다.

(1) 영아기의 건강문제

① 수유장애

영아기 수유장애는 정상적으로 있을 수 있다. 수유장애의 형태는 수유 후에 소량의 젖이 다시 넘어오는 것으로 보통 트림과 함께 나타난다. 이것은 흔히 있는 일이므로 흡수성이 강한 턱받이를 사용하고 피부의 청결에 유의하도록 한다. 그리고 우유 알레르기는 우유 단백질에 대해 전체적 혹은 부분적인 위장반응을 나타내는 질환이다.

② 영아돌연사 증후군

외적으로 보기에 건강한 영아가 갑자기 사망한 채로 발견되는 증후군으로, 사망에 이를 만한 과거의 병력이 없고 일상적 부검으로 사인을 분명히 밝힐 수 없는 경우를 '영아돌연사 증후군'이라고 한다. 영아돌연사는 90%가 6개월 이전에 발생하며, 1~4개월 사이에 최고조에 달하고, 생후 8개월 이후에는 잘 발생하지 않는다고 한다.

5) 윤매자 · 백은영 · 신혜경 · 이찬숙 · 이희정 · 주현경(2012). 보육학개론. pp. 186-188, 발췌 및 재구성.

③ 설사와 탈수

영아의 변이 묽고, 상태가 안 좋아 보이며, 식욕도 없고 열이 오르거나 토한다면 의사에게 진찰을 받아야 하며, 상태가 심하지 않다면 미지근하게 식힌 보리차를 조금씩 먹여 가면서 탈수를 방지해야 한다. 이때 약한 탈수증세는 가정에서 안정을 취하면서 치료할 수 있지만, 중등도의 탈수는 병원 치료기 필요하다.

④ 폐렴

폐렴은 폐조직에 생긴 염증을 의미하며, 영아와 걸음마기 영아에게 가장 흔하게 발생한다. 열, 피로, 기침, 가슴 통증, 호흡곤란 등의 증상을 보이며 호흡곤란이 심하면 산소를 공급해야 하며 열이 있을 때는 해열제를, 심하게 보챌 때는 진정제를 처방한다.

⑤ 중이염

중이염은 고막과 내이 사이의 중이관에서 발생하는 염증을 의미하는데, 겨울철에 많이 발생하며 연쇄상구균, 폐렴구균, 헤모필루스 인플루엔자균 등 주로 세균 감염으로 발생한다. 급성중이염은 1~2주일 정도 항생제 치료를 하며, 만성중이염은 경우 청각장애를 예방하기 위하여 수술을 할 수 있다.

⑥ 발열

체온조절을 담당하는 중추인 시상하부에 의하여 사이토카인으로 중개되는 염증반응의 일종인 발열이 있을 때 서늘하고 어두운 조용한 방에서 휴식이나 수면을 하게 하고 고열이 심할 경우 얼음주머니를 사용하고, 수분공급을 위하여 식사나 간식에 수분이 많이 포함된 식품이나 음료를 주도록 한다.

(2) 유아기의 건강문제

① 전염성 질환

유아기에 흔한 전염병으로는 수두(Chicken pox), 풍진(German measle), 홍역(measles), 볼거리(mumps), 백일해(Whooping cough), 수족구병(Hand, foot and mouth disease) 등이 있다.

② **후천성면역결핍증**(Acquired Immune Deficiency Syndrome, AIDS)

후천성면역결핍증은 주로 감염된 어머니로부터 태반을 통해 자궁 내에서 전파된 것으로 3세 이전에 증상이 나타난다. 주요 증상으로는 피로와 권태감, 열, 설사, 재발되는 감기, 림프선 종창, 비장비대, 발달 지연 등 비특이성 증상들이 나타난다. 특히 중추신경계 감염이나 폐렴은 직접적인 사망의 원인이 되기도 한다.

③ **천식**(Asthma)

알레르기 질환은 영아기에 우유 알레르기와 태열을 시작으로 점차 성장하면서 전형적인 아토피성 피부염, 천식, 알레르기 비염, 알레르기성 결막염 등과 동반되어 나타나는데, 천식의 정형적인 증상은 호흡곤란, 청진기 없이도 들을 수 있는 천명음, 기침 등으로 증상이 호전되지 않으면 성인까지 증상이 지속된다. 그러므로 천식의 치료와 간호를 위해서 유아를 안정시키고 처방대로 투약하며 가습기를 틀어 기관지 점막이 마르는 것을 예방한다.

4) 영유아교육기관에서의 건강관리[6]

어린이집에서는 입학 전에 영유아의 건강상태를 파악하기 위해 각 가정으로부터 영유아의 건강사에 관한 자료를 수집한다. 보육교사는 영유아의 건강에 있어 가정의 부모만큼이나 중요한 역할을 한다. 어린이집 내에서의 건강관리는 영유아의 건강증진을 위해 보다 세밀하게 이루어져야 할 것이다.

(1) 어린이집에서 지켜야 할 건강관리

① 옷차림을 청결하게 한다.

② 배변 후 손을 깨끗이 닦는다.

6) 윤매자 · 백은영 · 신혜경 · 이찬숙 · 이희정 · 주현경(2012). 보육학개론. pp, 185-186, 발췌 및 재구성.

③ 식사 후 양치질을 한다.

④ 분비물(콧물, 침, 재채기 등)을 닦은 후 손을 깨끗이 닦는다.

⑤ 바깥놀이 이후 손을 깨끗이 닦는다.

⑥ 물컵은 사용 전과 사용 후 구분하여 사용한다.

⑦ 바른 자세로 식사한다.

⑧ 충분한 휴식(수면)을 취한다.

아픈 영유아에 대한 지침

- 몸이 아픈 영유아가 발견되면 즉시 원장이나 주임교사에게 보고한다.
- 응급상황일 경우 즉시 119에 신고하고, 절차에 따라 응급처치를 한다.
- 감염성 질환일 경우 보호자에게 연락하여 영유아의 상황을 알린다.
- 보호자가 약을 보냈을 경우, 부모가 의뢰한 투약 사항(약의 종류, 용량, 시간, 보관방법, 의뢰자 등을 정확히 확인)에 따라 정확히 투약하고 기록하여 보호자에게 알려 준다.
- 긴급하게 대처해야 하는 상황(고열 등)에서는 보호자와 유선으로 연락 후 필요한 조치를 취할 수 있다(긴급하게 해열제를 투약해야 할 경우, 보호자와 통화 후 투약하고 기록으로 남긴다.)
- 아픈 영유아가 어린이집에 부득이 등원하여야 할 경우, 양호실에서 분리 보육하며 성인 보호하에 쉴 수 있도록 배려한다.

출처: 보건복지부 · 한국보육진흥원(2020). 어린이집 평가매뉴얼, p. 178.

또한 어린이집에서 장시간 생활하는 영유아들의 등원 및 맞이하기부터 하원까지 하루일과에 따른 건강과 위생관리를 살펴보면, 〈표 10-3〉과 같다.

〈표 10-3〉 **어린이집 하루일과에 따른 건강과 위생관리**

구분	건강과 위생관리 내용	준비사항
등원 및 맞이하기	• 영아의 건강상태를 살핀다.	질병, 사고 등
	• 투약의뢰서를 확인한다.	상온 보관 냉장 보관
기저귀 갈이	• 교사는 손을 깨끗이 씻는다.	매트 소독제 등
	• 기저귀 갈이 매트를 청결하게 유지한다.	
화장실 가기	• 용변을 본 후 물을 내린다.	휴지 손 세정제
	• 용변을 본 후 손을 깨끗이 씻는다.	
간식 및 식사	• 영아는 손을 깨끗이 씻는다.	손 세정제 행주 등
	• 책상(식탁)을 깨끗이 닦는다.	
	• 알레르기 원아를 관리한다.	알레르기 조사서 알레르기 지침 알레르기 관리 대장
	• 식용 수를 위생적으로 관리한다.	신선한 물 제공 사용 전후 컵 관리
	• 식사 후 양치할 수 있도록 시원한다.	칫솔, 치약 등
놀이시간	• 놀잇감을 위생적으로 관리한다.	놀잇감 소독하기
	• 교실 환경을 청결하게 관리한다.	먼지 제거 환기 등
바깥놀이	• 날씨(미세먼지, 폭염, 폭설 등)에 따른 바깥놀이를 실시한다.	자외선차단제 마스크 등
	• 바깥놀이 나갈 시 휴대용 의약품을 가져간다.	면봉, 소독약, 연고, 밴드 등
	• 바깥놀이 다녀온 후 손을 깨끗이 씻는다.	손 세정제 등
낮잠 및 휴식	• 낮잠 이불(휴식 매트)을 청결하게 관리한다.	분비물(땀, 침 등) 관리
하원	• 영유아 건강 살피기	질병, 사고 등

2. 영양

영양은 영유아의 건강과 직결되므로 매우 중요하며, 영유아기의 급속한 성장과 발달을 이루는 데 충분하고 균형 있는 영양을 섭취하는 것이 필요하다. 또한 영유아기는 신체적 성장과 발육이 가장 활발한 시기이고 활동 범위도 넓으며, 이 시기 영양에 관련된 다양한 부분은 일생에 걸친 식습관 형성에 영향을 주게 된다(김일옥 외, 2010).

1) 영양관리의 기초[7)]

영유아기는 급속한 성장과 발달이 이루어지는 시기이므로 안전하고 신선한 식재료 사용과 영양적 균형을 고려하여 조리된 식단을 계획하고 제공함으로써 영유아의 성장과 발달을 도와주어야 한다. 또한 식습관이 형성되는 시기로 식품에 대한 기호가 생기면서 편식이나 식욕부진 등의 현상이 나타나기도 한다. 이때 좋은 식습관이 형성되어 영양을 골고루 섭취한다면, 다방면에서 자신의 잠재능력을 충분히 발휘할 수 있게 되고 질병을 예방할 수 있다(박유미 · 안연경, 2012 재인용).

(1) 영양의 중요성

영유아의 건강한 성장과 발달을 위해서는 어릴 때부터 건강한 몸으로 성장하도록 다양한 음식의 맛과 향, 질감을 경험하게 하여 먹는 일을 인생의 즐거운 경험의 한 부분으로 인식하도록 해야 한다(김경화 외, 2012 재인용). 또한 영유아는 성인기 식생활 습관의 기초가 되는 중요한 시기이므로 올바른 식습관 지도가 필요하며, 충분한 영양 섭취와 올바른 식습관 형성을 위한 영유아교육기관과 교사의 역할이 더욱 중요해졌다.

7) 윤매자 · 백은영 · 신혜경 · 이찬숙 · 이희정 · 주현경(2012). 보육학개론. pp. 188-190, 발췌 및 재구성.

(2) 영양 섭취기준

영양 섭취기준(Dietary Reference Intakes: DRIs)이란 건강한 사람이 건강을 유지하기 위해 체내에 영양소가 알맞게 공급되려면 하루에 영양소를 얼마나 섭취해야 하는가를 영양소별로 수치로 나타낸 것이다. 한국영양학회(2010 재인용)에서 발표한 한국인 영양 섭취기준은 평균 필요량(Estimated Average Requirement: EAR), 권장섭취량(Recommended Nutrient Intake: RNI), 충분 섭취량(Adequate Intake: AI), 상한 섭취량(Tolerable Upper Intake Level: UL) 등 4가지로 제시하고 있다. 평균 필요량은 건강한 사람들의 절반에 해당하는 사람의 일일 필요량을 충족시키는 영양소 섭취기준으로, 특히 비만 방지를 위한 기준이 된다(김경회 외, 2006). 권장섭취량은 대다수 사람의 평균 필요량을 충족시키는 영양소의 섭취 수준이며, 충분 섭취량은 영양소의 필요량에 대한 정확한 자료가 부족한 경우 건강한 사람들에게 부족할 확률이 낮은 영양소의 섭취량을 말한다. 한편, 영유아의 1일 영양 섭취기준은 0~5개월, 6~11개월, 1~2세, 3~5세로 구분하여 평균 섭취량, 권장섭취량, 충분 섭취량으로 구분하여 제시하고 있다(한국영양학회, 2005).

2) 발달에 따른 영양관리[8)]

영유아에게 양적, 질적으로 풍부한 균형 있는 영양을 섭취하게 하고 바른 식습관을 형성하는 것은 매우 중요하다. 영유아가 발달에 맞게 적절한 영양을 섭취할 때 그들의 신체와 두뇌는 정상적으로 발달할 수 있으며, 영양섭취가 제대로 이루어지지 못하면 성장은 늦어지고, 운동기능과 인지발달 등 전인 발달이 지연될 것이며, 또한 에너지 부족으로 체력 저하를 느낄 수 있다(Broen & Marcotte, 2002: 정옥분 외, 2012 재인용). 부적절한 영양관리는 추후 발달에 부정적인 영향을 미치기 때문에 영양관리의 문제점을 조기에 발견하여 적절한 조치와 예방을 해야 한다.

8) 윤매자 · 백은영 · 신혜경 · 이찬숙 · 이희정 · 주현경(2012). 보육학개론. pp. 191-193, 발췌 및 재구성.

(1) 영아기의 영양관리

영아기는 급속히 신장과 체중이 늘어나며, 골격의 크기와 수는 증가하고, 신생아기에 부드럽던 뼈의 조직도 경화되기 시작하므로, 일생 중 성장과 발달이 가장 왕성한 시기이다. 따라서 보호자, 양육자, 교사는 영아가 잘 자라도록 돌봄과 애정이 넘치는 환경을 만들어 주고 적절한 열량과 영양소를 공급하는 것이 무엇보다 중요하다.

① 모유 영양

모유는 신생아와 영아의 정상적인 성장과 발달을 위해 필요한 모든 영양소를 함유하고 있다. 또한 설사나 감염에 저항하는 면역성분이 함유되어 있어 출생 후 6개월까지는 모유를 수유하는 것을 권장하고 있다. 유의할 점은 모유에는 철분 함량이 낮음으로 생후 5~6개월이 되면 이유식으로 영양을 보충해야 한다.

② 인공영양

모유를 먹일 수 없는 경우 조제분유를 먹이게 되는데, 조제분유는 모유의 성분에 가장 가깝게 조제된 것이 좋다. 조제분유의 경우 단백질, 무기질 등의 영양소는 많으나 흡수율이 떨어지고 농도만 달리할 뿐 그 성분이 일정하여 영아에게 필요한 모유만큼 영양분을 채워 주지 못한다는 연구가 있다(김정미 · 안지영, 2015b). 또한 면역성분이 부족한 조제유를 먹는 영아는 모유를 먹는 영아와 비교하면 면역력이 떨어져 각종 감염이나 질병에 걸릴 확률이 높다. 부득이하게 조제유를 먹이는 경우 안전하고 영양소가 충분한 것을 선택하고, 조제 과정은 철저한 위생, 정확한 용량, 적절한 온도 등을 고려하여야 하며, 반드시 유효기간을 확인하고 보관 방법을 준수해야 하며, 먹다 남은 조제유는 반드시 버리는 것이 안전하다.

③ 이유식

이유식이란 단순히 젖을 뗀다는 뜻이 아니라 모유나 조제유만으로 양육되던 영아에게 점차로 성인과 유사한 정상적인 식생활 행동으로 옮겨가기 위한 식생활의 변화과정을 의미한다. 이 시기는 영아의 개별적인 적응도에 따라 다양한 식품을 소량씩 맛보이도록 하며, 이유식을 하더라도 모유나 조제유는 계속 먹이도록 한다. 이유식이 늦어지면 성장지연, 빈혈, 면역 저하, 신경계 장애 유발 등의 가능성이 발생할 수 있다. 이유식은 생후 4~6개월 사이에 시작하고, 신선한 식재료를 사용하여 간을 하지 않고 조리하며, 처음 시작할 때는 맑은 액체를 주다가 점차 미음이나 죽 등 유동식, 반유동식, 고체식으로 먹이는 것이 좋다. 또한 영아의 소화능력에 따라 양을 조절하고, 생후 1년이 지나면 서서히 이유식을 끝내야 한다.

〈표 10-4〉 **단계별 이유식 방법**

단계	방 법
이유 초기 (생후 4~6개월)	• 하루 1회 미음, 달걀노른자, 채소 미음, 과일즙 등의 유동식 혹은 반유동식을 숟가락으로 먹이며, 모유나 조제유 외의 음식에 대한 습관을 들이는 시기이다.
이유 중기 (생후 7~9개월)	• 묽은 죽, 익혀서 으깬 채소와 생선, 달걀 등의 반고형식을 하루 2회 준다.
이유 후기 (생후 10~11개월)	• 죽밥, 잘게 썬 채소, 다진 고기 등의 고형식을 하루 3회 준다. • 이유식이 영양의 주된 공급원이 되고 모유나 분유는 감량한다. • 생선, 달걀, 고기 등의 단백질을 영양의 약1/3을 섭취하고, 그 외 5가지 식품군을 고루 섭취하며, 모유나 분유는 400ml만 준다.
이유 완료기 (생후 12~18개월)	• 첫돌이 되면 가족과 함께 하루 3회 진밥과 반찬을 골고루 먹고, 컵으로 생우유를 하루에 400ml 정도 마시게 한다.

출처: 윤매자 · 백은영 · 신혜경 · 이찬숙 · 이희정 · 주현경(2012). 보육학개론. p. 193.

(2) 유아기의 영양관리

유아기는 영아기에 비해 성장 속도가 비교적 완만하지만, 여전히 활동이 왕성하므로 다양한 영양소의 섭취가 필요하다. 또한 유아기는 혼자서 음식을 먹을 수 있는 섭식 기술을 배우게 되고, 식품의 기호가 생기며, 운동기능이 발달하는 등 건강과 직접 관련이 있는 시기로 음식의 종류와 맛, 재료의 질감, 조리 방법, 냄새, 모양 등에 세심한 관심을 가져야 한다. 그렇지 않는 경우 편식이나 특정 음식에 대해 거부감을 나타낼 수 있다. 음식을 접하고 섭취하는 과정에서 다양한 식품의 종류와 색, 모양 등에도 신경을 쓰면 유아의 창의력과 정서발달에도 도움을 줄 수 있다(보건복지부, 2010). 더불어 유아기는 편식, 과식, 식욕부진, 특정 음식의 거부 등과 같은 식습관의 문제행동도 함께 나타나는 시기이므로 균형 잡힌 영양 섭취와 올바른 식습관과 태도를 형성하도록 지도해야 한다. 또한 유아는 하루 세끼의 식사로 영양분이 충분히 공급되지 않으므로 전체 열량의 10~15% 정도 오전과 오후에 간식을 제공하는 것이 바람직하다.

3) 영유아기의 영양문제

영유아는 충분하고 균형 있는 영양을 섭취하여야 현재의 건강을 유지할 수 있고, 나아가 성장발육, 지능발달, 체격발달 등을 도모할 수 있으며, 개인의 잠재력을 계발할 수 있다. 그러나 영유아기의 영양에 문제가 있다면 각종 질병에 쉽게 노출될 수 있고, 회복이 느리며, 이로 인해 다시 질병에 대한 저항력이 약화되는 등 악순환이 발생할 수 있다. 이에 영유아기에 발생할 수 있는 영양과 관련된 문제를 살펴보고[9], 이에 따른 대처가 필요하다.

(1) 영아기의 영양문제

① 젖병 증후군: 젖병을 너무 오래 물고 있거나 누워서 마시면 충치를 유발하고 귀의 감염, 질식을 유발할 수 있다. 특히 치아우식증[10]이 생길 가능성이 높다.

② 치아 나기: 생후 6개월 전후로 치아가 나기 시작하며, 일시적으로 영아의 식생활에 변화가 나타난다.

③ 영아 비만: 영아 비만은 인공영양 시 과식하거나 이유식의 양을 많이 제공했을

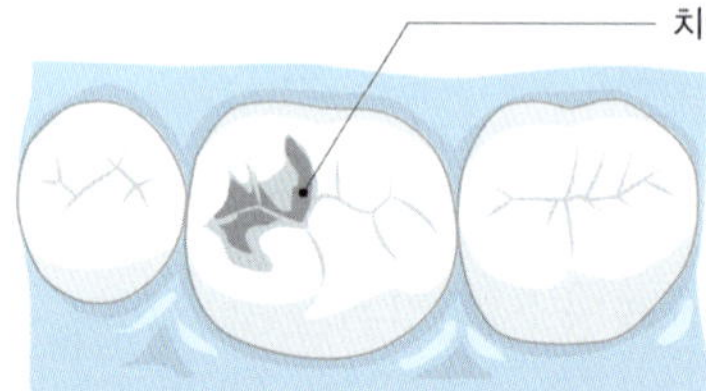

[그림 10-3] 치아우식증

9) 윤매자 · 백은영 · 신혜경 · 이찬숙 · 이희정 · 주현경(2012). 보육학개론. pp. 196-198, 발췌 및 재구성.

10) 치아우식증: 흔히 '충치'라고 부르며, 발생은 입안에 서식하고 있는 박테리아에 의해 설탕, 전분 등이 분해되면서 생기는 산에 의해 치아를 덮고 있는 법랑질 또는 에나멜질의 손상됨.
https://linknf.com/29(2023.06.10.인출)

때 나타난다. 수유와 이유식를 제공할 때 영아가 보이는 포만의 신호를 알아차리는 것이 중요하며, 영아기의 과식은 이후 유아기, 아동기, 청년기, 성인기 등 지속적인 비만과 관련이 있을 수 있다.

(2) 유아기의 영양문제

① 식욕부진

식욕부진이 일어나기 쉬운 시기는 이유기와 4세 전후이다. 이유기에 식욕부진이 생기는 것은 이유식의 조리법이나 먹이는 방법에 문제가 있으며, 4세 전후는 '자아'가 발달하면서 여러 가지 일에 관해 자신이 선호하는 것과 자신의 감정이 뚜렷해지고, 음식에 대해서도 싫은 것에 대한 거부반응을 나타낸다. 유아의 식욕이 다소 떨어지더라도 지나치게 신경쓰지 말고, 식사를 즐겁고 편안한 분위기 속에서 할 수 있도록 배려가 필요하다(윤매자 외, 2012).

② 편식

편식이란 음식을 골고루 잘 먹지 않고 자신의 기호에만 맞는 음식을 선호하는 뚜렷한 상태를 말한다. 식품의 기호가 나타나는 시기는 심리적 변화가 심한 유아기에 가장 많이 보이고, 성격이 예민하고 신경질적이며 부모의 양육태도나 과잉보호를 하는 가정에서 많이 나타난다(정아란, 2012). 편식의 대책 방법으로는 싫어하는 것을 당분간 중지하고 조리법을 변경하거나 양을 조금씩 적응시키거나 충분한 운동을 시켜 식욕을 높이거나 편식을 안 하는 또래 친구와 함께 식사하는 자리를 마련해 주는 방법 등을 사용하며, 이를 통해 편식 개선에 도움을 줄 수 있다.

〈표 10-5〉 **편식습관 예방을 위한 식생활 관리**

구분	내용
이유기	• 이유는 무리 없이 진행되어야 하며 한 가지 음식에만 치중되지 않도록 주의한다. 이유가 진행되어 가면, 보다 다양한 식품에 접할 수 있도록 배려한다. • 이유는 단계적으로 진행한다. • 아이의 생리적 발달 수준에 적합한 음식을 적당한 양에 맞추어 진행한다. • 이유식의 맛은 자극성 없이 연하게 하며 당분을 많이 주지 않도록 한다. (아이의 입맛을 성인의 기호에 맞추지 않도록 주의한다)
유아기	• 부모나 가족이 편식하지 않는 모습을 보인다. • 아이와 함께 요리하며, 적당한 조리법을 선택하여 조리의 수고를 아끼지 않는다. • 아이가 싫어하는 음식의 경우 조리법을 개선하고 좋아하는 음식과 함께 조리한 형태로 제공하는 등의 배려를 아끼지 않는다. • 음식을 강제로 주지 않는다. • 식사 환경과 분위기를 즐겁게 한다. • 식사량에 대하여 지나치게 관심을 보이거나 강요하지 않는다. (다만, 영양공급이 충분한지는 확인해야 한다)

출처: 윤매자 · 백은영 · 신혜경 · 이찬숙 · 이희정 · 주현경(2012). 보육학개론. p. 197.

③ 알레르기

유아에게 만성적으로 영향을 미치는 가장 흔한 영양상의 문제가 알레르기이다. 주된 원인은 대개 음식에 의해서 발생한다. 식품 알레르기란 음식물이 항원으로 작용하여 이에 대응하여 과민반응을 일으키는 알레르기성 질환을 말한다. 알레르기를 일으킬 수 있는 식품은 달걀, 우유, 땅콩 등이며, 영유아기에 가장 흔하다가 성장하면서 과민반응이 점차 줄어든다. 알레르기 반응은 비염, 설사, 구토, 두드러기, 복통, 피부염, 과민증, 호흡곤란과 같은 다양한 증상으로 나타나며 심지어는 사망에 이르기도 한다. 따라서 어린이집에서는 식품 알레르기에 대해 이해하고 증상이 있는 영유아를 관리해 주는 것은 매우 중요하므로 식품 알레르기 지침을 마련하여 절차에 따라 운영하는 것이 바람직하다. 어린이집에서의 식품 알레르기 관리는 다음 〈표 10-6〉과 같이 진행한다.

〈표 10-6〉 어린이집에서의 식품 알레르기 관리

식품 알레르기 조사서	식품 알레르기 지침	식품 알레르기 관리 대장

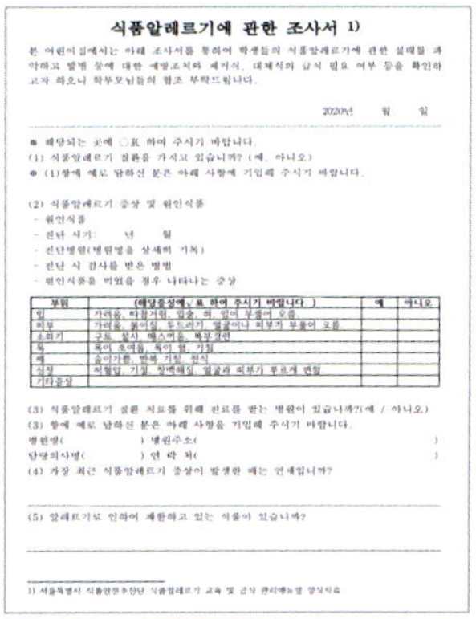

식품알레르기에 관한 조사서 1)

본 어린이집에서는 아래 조사서를 통하여 학생들의 식품알레르기에 관한 실태를 파악하고 발병 등에 대한 예방조치와 제거식, 대체식의 급식 필요 여부 등을 확인하고자 하오니 학부모님들의 협조 부탁드립니다.

2020년 월 일

※ 해당되는 곳에 ○표 하여 주시기 바랍니다.

(1) 식품알레르기 질환을 가지고 있습니까? (예, 아니오)

※ (1)항에 예로 답하신 분은 아래 사항에 기입해 주시기 바랍니다.

(2) 식품알레르기 증상 및 원인식품

- 원인식품
- 진단 시기: 년 월
- 진단병원(병원명을 상세히 기록)
- 진단 시 검사를 받은 병원
- 원인식품을 먹었을 경우 나타나는 증상

부위	(해당증상에 √표 하여 주시기 바랍니다.)	예	아니오
입	가려움, 따끔거림, 입술, 혀, 입이 부풀어 오름.		
피부	가려움, 붉어짐, 두드러기, 얼굴이나 피부가 부풀어 오름.		
소화기	구토, 설사, 메스꺼움, 복부경련		
목	목이 조여옴, 목이 쉼, 기침		
폐	숨이가쁨, 반복 기침, 천식		
심장	저혈압, 기절, 창백해짐, 얼굴과 피부가 푸르게 변함.		
기타증상			

(3) 식품알레르기 질환 치료를 위해 진료를 받는 병원이 있습니까?(예 / 아니오)

(3) 항에 예로 답하신 분은 아래 사항을 기입해 주시기 바랍니다.

병원명( ) 병원주소( )

담당의사명( ) 연 락 처( )

(4) 가장 최근 식품알레르기 증상이 발생한 때는 언제입니까?

(5) 알레르기로 인하여 제한하고 있는 식품이 있습니까?

1) 서울특별시 식품안전추진단 식품알레르기 교육 및 급식 관리매뉴얼 양식자료

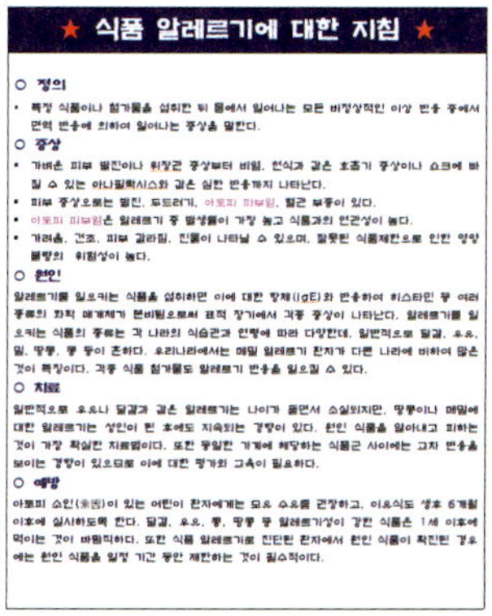

★ 식품 알레르기에 대한 지침 ★

○ 정의

- 특정 식품이나 첨가물을 섭취한 뒤 몸에서 일어나는 모든 비정상적인 이상 반응 중에서 면역 반응에 의하여 일어나는 증상을 말한다.

○ 증상

- 가벼운 피부 발진이나 위장관 증상부터 비염, 천식과 같은 호흡기 증상이나 쇼크에 빠질 수 있는 아나필락시스와 같은 심한 반응까지 나타난다.
- 피부 증상으로는 발진, 두드러기, 아토피 피부염, 혈관 부종이 있다.
- 아토피 피부염은 알레르기 중 발생률이 가장 높고 식품과의 연관성이 높다.
- 가려움, 건조, 피부 갈라짐, 진물이 나타날 수 있으며, 잘못된 식품제한으로 인한 영양 불량의 위험성이 높다.

○ 원인

알레르기를 일으키는 식품을 섭취하면 이에 대한 항체(IgE)와 반응하여 히스타민 등 여러 종류의 화학 매개체가 분비됨으로써 표적 장기에서 각종 증상이 나타난다. 알레르기를 일으키는 식품의 종류는 각 나라의 식습관과 인형에 따라 다양한데, 일반적으로 달걀, 우유, 밀, 땅콩, 콩 등이 흔하다. 우리나라에서는 메밀 알레르기 환자가 다른 나라에 비하여 많은 것이 특징이다. 각종 식품 첨가물도 알레르기 반응을 일으킬 수 있다.

○ 치료

일반적으로 우유나 달걀과 같은 알레르기는 나이가 들면서 소실되지만, 땅콩이나 메밀에 대한 알레르기는 성인이 된 후에도 지속되는 경향이 있다. 원인 식품을 알아내고 피하는 것이 가장 확실한 치료법이다. 또한 동일한 가계에 해당하는 식품군 사이에는 교차 반응을 보이는 경향이 있으므로 이에 대한 평가와 고속이 필요하다.

○ 예방

아토피 소인(素因)이 있는 어린이 환자에게는 모유 수유를 권장하고, 이유식도 생후 6개월 이후에 실시하도록 한다. 달걀, 우유, 콩, 땅콩 등 알레르기성이 강한 식품은 1세 이후에 먹이는 것이 바람직하다. 또한 식품 알레르기로 진단된 환자에서 원인 식품이 확진된 경우에는 원인 식품을 일정 기간 동안 제한하는 것이 필수적이다.

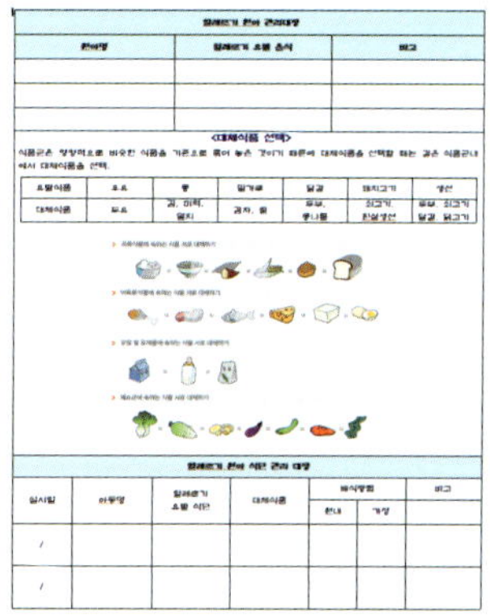

④ 비만

비만은 유아가 성장과 활동에 열량 소비보다 음식을 섭취한 열량이 과도하게 많을 때 체내에 지방이 축적하여 발생한다. 비만의 발생 요인은 당질이 높은 음식, 기름진 음식, 고열량의 음식 위주의 식사나 간식의 과다한 섭취가 가장 높은 요인이라 볼 수 있다. 유아가 뚱뚱하기만 하고 다른 증상이 없으면 단순형 비만이다. 단순형 비만은 병은 아니지만, 단순비만이 유아기에 오랫동안 지속되면, 소아당뇨나 고혈압과 같은 질병이 생길 수 있으므로 주의하여야 한다. 유아는 살이 찌면 운동기능이 저하되고 열등의식이 생기며, 이로 인한 운동 부족과 원만한 성격의 결여로 더욱 비만이 가중되는 악순환을 가져오기 쉽다(윤매자 외, 2012). 비만을 예방하고 치료하기 위해서는 식사관리로 열량을 조절하고, 신체적 활동을 통해 에너지를 소비하며, 긍정적인 심리적 지원으로 식습관이 바뀌도록 노력해야 한다.

4) 영유아교육기관에서의 영양관리

어린이집에서의 급식은 점심과 보충식인 이유식, 간식 등으로 나눌 수 있다.

「영유아보육법」 제34조에 의해, 영양사에 의한 급식을 관리하게 되며, 영유아의 발달 맞게 균형 있는 식단 작성, 위생적인 조리환경은 건강한 음식을 제공할 수 있다.

(1) 영유아의 식단계획

어린이집에서 영유아의 식단은 「영유아보호법」 제34조에 의해 영양사가 작성한 식단에 따라 급식을 제공해야 하며, 어린이집 사정에 따라 식단을 변경할 때는 영양사의 검수를 받아야 한다. 그러나 모든 어린이집에 영양사가 상주하는 것이 아니며, 어린이집 규모에 따라 다르므로, 각 지역별 어린이집 급식지원센터 또는 육아종합지원센터의 식단표를 참고하여 제공하고 센터 내의 영양사에게 식단에 대한 검수와 영양교육을 받을 수 있다(김일옥 외, 2010).

「영유아보호법」 제34조

- 「영유아보호법」 제34조(급식관리) 보육시설의 장은 영유아에게 보건복지부령으로 정하는 바에 따라 균형 있고 위생적으로 안전한 급식을 하여야 한다.
- 급식은 영유아가 필요한 영양을 섭취할 수 있도록 영양사가 작성한 식단에 따라 공급하여야 한다.

또한 어린이집에서의 식단계획을 위한 기본 요건을 살펴보면 다음과 같다(윤매자 외, 2012).

① 식단은 영유아의 성장과 발달을 위해 제안된 영양기준에 맞아야 한다. 즉, 영유아의 1일 영양 섭취기준에 따라 6대 영양소가 적절하게 함유되도록 6가지 식품군이 골고루 포함된 식단을 구성해야 한다(한국영양학회, 2010).

② 곡류에 해당하는 식품을 주식으로 하되 단백질 반찬 1~2가지, 채소 반찬 2~3가지를 갖추고 간식으로 과일과 우유 등을 섭취할 수 있도록 한다.

③ 식단은 영양학적 지식과 전문성을 갖춘 영양사가 작성해야 한다. 영양사를 두고 있지 않은 100인 미만의 어린이집은 육아종합지원센터, 보건소 등에서 근무하는

영양사의 지도를 받아 식단을 작성해야 한다(「영유아보육법 시행규칙」 제34조1항).

④ 매주 보육계획안에 식단표를 게재하여 가정에서의 식단과 조화가 이루어지도록 한다.

영유아 식단표

oo구 어린이급식지원센터 12월 유아 식단 <식단 작성자 : ooo 영양사>

2020년 12월 영유아식단표

	월	화	수	목	금	토
	☆생일식단☆	1	2	3	4	5
오전간식	행사당일 오전간식적용	씨리얼/두유(우유)	채소스틱/치즈(우유)	요구르트	계절과일	잡곡가루/우유
점 심	쌀밥 소고기미역국 순살치킨 양배추콘샐러드 (백)김치 후식(어린이젤리)	잡곡밥 아욱된장국 가자미살구이 (돈육구이) 들깨무나물 김치	<국없는날> 돈육(굴소스)덮밥 숭늉 고구마건포도샐러드 김치	쌀밥 근대된장국 닭갈비 브로콜리숙회 김치	잡곡밥 감자버섯국 소고기파채불고기 참나물무침 김치	고구마영양밥 *양념장 물만둣국 김치
오후간식	케이크(떡)/우유(차)	잔치국수	찐계란/차(주스)	(김가루) 주먹밥/차	(설기)떡/우유(두유)	
Kcal. Ca.Fe	776-299-3.2	566-321-4.6	571-174-2.7	606-321-6.1	601-261-5.3	507-256-2.3

▣ 원산지표시

원산지 표시	소고기 (한우,육우,젖소)	돼지고기	닭고기	오리	쌀 (밥/죽/누룽지)	배추김치: 배추	배추김치: 고춧가루	비고
	산	산	산	산	산	산	산	원산지 확인 후 기재

[그림 10-4] 어린이집 영유아 식단표(사례)

(2) 급식

영유아는 동일한 음식과 조리법에 쉽게 싫증을 느끼며 소식, 식욕부진, 편식 등과 같은 영양문제를 초래하기 쉬우므로 조리법에 특히 신경 써야 한다. 연령과 발육 단계에 맞추어 먹기 쉽고, 보기 좋으며, 소화하기 쉽고, 영유아의 기호에 맞도록 조리 방법을 선택하되, 특히 맵고 짜거나 자극성이 강한 음식은 가능한 피하고 조미료를 적게 해서 담백한 음식이 되도록 해야 한다.

(3) 보충식

① 간식

간식은 정규 식사로는 모자라는 영양소와 열량을 보충하여 피로회복, 기분전환을 위해 정규 식사 사이에 먹는 음식이다. 간식은 영유아들의 건강한 발달을 위해 필수적이지만 무계획적인 간식은 좋지 못한 결과를 초래할 수 있기 때문에 신중하게 계획하여 제공해야 한다. 영유아에게 제공되는 간식의 양과 시간, 횟수는 다음과 같다(김경화 외, 2012).

- 간식의 양은 하루의 총 에너지 필요량의 10~15%임
- 양이 적으면 만족감을 줄 수 없고, 지나치면 다음 식사의 식욕을 감퇴시킴
- 하루일과 중 오전 10시와 오후 3시경 2회로 함
- 다음 식사 시간까지는 적어도 2시간 정도의 간격을 둠
- 간식시간, 분량, 종류 등을 알맞게 배분해야 함
- 아침 식전이나 자기 직전에 간식은 식욕부진과 편식의 원인이 됨
- 간식 주는 시간을 정해 놓고 규칙적이고 적절한 양을 제공함

② 이유식

이유식이란 이유기(離乳期)에 먹이는 모유나 조제유 이외의 음식이다. 이유란 여태까지 액체로 빨아 먹던 단계를 벗어나 고형식, 즉 덩어리 음식을 씹어 먹는 훈련이다. 즉, 첫돌이 되기 이전까지 부드러운 음식으로 시작하여 단단한 음식을 먹을 수 있도록 연습을 하게 된다. 음식을 입에 넣고 씹는 행동 자체가 두뇌와 미각 발달에 도움이 된다.

(4) 급식위생

어린이집은 식품의 위생관리를 철저하게 해야 하는데, 특히 식품구입과 보관, 음식물의 제조 · 조리 · 보관 과정 · 조리기계 · 기구류와 조리도구의 세척 · 살균과 관리, 방충망을 비롯한 주방 시설 등에 있어서 비위생적인 요소를 발견하면 즉시 제거하고,

보육교직원의 감염병 감염 여부와 건강진단과 개인위생 상태를 확인하며, 보육교직원에 대한 위생 안전교육을 주기적으로 실시해야 한다(보건복지부, 2023; 윤매자 외, 2012).

① 식재료의 구입과 보관

- 식재료를 구매할 때, 품질을 확인할 수 있는 제품을 취급하는 업체에서 구매하고, 구매절차는 모두 문서로 남기며, 무표시 또는 무허가 제품, 유통기한 지난 제품은 구매하지 않도록 한다.
- 원산지 표기가 명시된 제품을 구입하고, 특히 쇠고기, 돼지고기, 쌀, 김치 등은 원산지 미표기 시 과태료 부과 품목이므로 원산지를 알 수 없는 제품을 구매하지 않도록 한다.

② 보관

- 식품을 냉장, 냉동보관 시 식재료 간의 교차오염이 일어나지 않도록 전 처리(채소류, 육류, 어류, 가금류 등)를 한 후 보관해야 한다.
- 같은 식품이라도 제조회사마다 저장 방법이 다를 수 있으므로, 식품표시 사항을 확인하여 지정된 저장장소에 저장한다.
- 개봉 후 냉장 보관이라는 표시가 있는 제품(간장 등의 장류, 케첩, 소스 등)은 개봉 후에는 반드시 냉장 보관을 해야 한다.
- 저장된 식자재는 유통기한을 확인하고 관리한다. 냉동보관 표시가 없는 품목은 임의로 냉동저장하지 않고 습관적으로 냉동실에 저장하는 식품(멸치, 다시마, 마늘, 고춧가루 등)은 꼭 저장 방법을 확인하여 지정된 장소에 저장한다. 달걀, 부침가루, 밀가루, 커피, 차 등의 유통기한은 제품의 포장 겉면에만 기록되는 경우가 많으므로 포장 겉면을 오려서 식품과 함께 보관한다.

③ 조리사

- 조리 전 비누를 사용하여 손을 깨끗이 씻는다.
- 음식을 조리할 때는 앞치마, 위생모, 위생복, 위생화, 마스크 등을 착용한다.

- 조리하는 사람은 귀금속을 착용하거나, 매니큐어 등을 바르고 조리할 수 없으며, 조리 전 건강 상태(감기, 설사, 손의 상처 등)를 확인한다.

④ 위생관리

- 음식 조리 시 사용하는 칼, 도마(나무 도마: 안됨)는 교차오염을 예방하기 위해 어류, 육류, 채소류로 구분하여 사용한다.
- 음식의 맛을 볼 때는 맛보기 숟가락을 사용한다.
- 조리 시는 식기류와 조리 기구는 청결하게 유지관리한다.

⑤ 배식

- 위생적인 배식관리를 한다.
- 배식 전 손을 깨끗이 닦는다.
- 배식 전 책상(식탁)을 닦는다.
- 밥, 국, 반찬 배식 시 각각 국자, 주걱, 반찬별 집게를 사용한다.
- 당일 배식 후 남은 음식은 반드시 폐기한다.

3. 안전

영유아는 자신의 신변에 대해 스스로 보호할 수 있는 능력이 미숙하여 주변 환경으로부터 위험에 노출되어 있다. 부모나 양육자, 교사는 영유아의 안전사고를 사전에 방지하기 위해 안전한 환경을 제공하고 안전교육을 통해 예방할 수 있어야 한다. 영유아의 안전관리는 예방을 우선으로 각종 안전사고에 대한 지식, 태도, 습관을 익힘으로써 자발적인 자기 보호와 타인의 피해를 최소화할 수 있는 안전교육이 필요하다. 또한 부모와 양육자, 교사는 안전사고가 났을 때 신속하게 대처하는 능력을 길러야 한다.

1) 안전관리의 기초

영유아기는 발달 특성상 주변의 사물이나 환경에 대한 호기심이 많고, 탐구하고자 하는 성향이 강하다. 반면에 위험 상황에 대한 인식과 위험 예측 능력이 부족하고, 신체 조절 능력이 미숙하여 성인에 비해 위험에 노출될 가능성이 높다(박영선 · 신동주, 2014). 그러므로 이 시기에 발생하는 사고로 인해 치명적인 결과를 초래할 수 있기 때문에 영유아들의 사고를 적극적으로 예방하는 것이 중요하다. 예전에는 부모나 가족이 영유아의 안전에 모든 책임과 의무를 져야 했으나, 지금은 대부분 영유아가 영유아교육기관을 이용하는 빈도가 높아졌고, 이용 시간까지 길어지고 있기 때문에 각 기관에서는 영유아의 안전을 담당하게 됨으로써 역할과 책임은 더욱 커지고 있다(김영식 · 윤진주, 2010).

(1) 안전관리의 필요성

영유아에게 잠재적으로 위험한 모든 상황을 안전하게 행동하도록 가르치는 것은 불가능하다. 그러나 이에 대처하는 방법을 미리 알려 줌으로써 어느 정도는 사고의 위험성을 감소시킬 수 있다. 특히 영유아의 보육에 있어 안전은 중요한 요소로 작용하는데, 놀이공간의 부족, 놀이시설의 파손, 불량 놀잇감, 일반 시설물 점검 부족 등으로 영유아가 위험에 쉽게 노출될 수 있다. 따라서 영유아를 둘러싼 환경에 대한 특별한 주의가 필요하며, 영아의 경우 양육자와 대부분 시간을 보내며, 위험으로부터 비교적 안전하게 보호되는 반면에, 유아는 이동 능력과 신체 기능의 발달로 활동영역이 넓어지고 호기심이 발달하여 다양한 탐색활동이 늘어나면서 각종 안전사고에 노출되기 쉽다.

(2) 영유아기 사고 발생원인

영유아기는 발달 특성상 위험에 노출될 가능성이 있어 안전사고의 위험성이 높은 시기이며, 이에 따른 영유아기 사고 발생 원인은 다음과 같다(김일옥 외, 2010; 정아란, 2012 재구성).

영유아기 사고 발생원인

- 자기중심적 사고
- 신체 · 운동 조절 능력 부족
- 위험 감지, 상황 예측 인지 능력 부족
- 안전을 위한 지식이나 기술 부족
- 안전사고 발생 시 대처 능력 부족
- 왕성한 호기심과 탐구심에 비해 신체, 지적, 정서발달의 미성숙
- 각종 시설물, 생활환경의 구조물이 성인 위주

2) 발달에 따른 안전관리

보육 활동은 그 과정에서 항상 안전사고의 가능성을 내포하고 있으며, 실제로 보육 현장에서는 예기치 않은 영유아 안전사고가 종종 발생하기도 한다. 이러한 안전사고는 성인의 안전사고와 달리 영유아의 발달 특성과 밀접하게 연관되어 있다(김경회 외, 2006). 부모나 양육자, 교사는 영유아에게 안전한 환경을 마련해 주고, 영유아가 안전하게 생활하는 데 필요한 지식과 태도를 기를 수 있도록 지도함으로써 사전에 사고를 예방할 수 있다(기순신 · 김호인, 2012; 윤매자 외, 2012 재인용).

(1) 영유아의 발달 특성과 안전사고

영유아의 안전사고의 주된 원인은 위험을 예측하는 능력이 부족하거나 신체 조절 능력이 미숙한 영유아의 발달 특성에 기인하고 있다. 안전사고와 관련하여 영유아의 일반적인 발달 특성을 살펴보면, 다음과 같다(김경회 외, 2006).

① 어릴수록 몸의 중심이 높아서 균형을 잃고 넘어지기 쉽다.

② 손에 잡히는 것은 무엇이든지 입으로 가져가려고 하고, 가만히 있지 않는다.

③ 제한된 주의력과 지각 능력을 가지고 있다.

④ 추상적인 말을 이해하지 못하고, 환상과 실제를 구별하기 어렵다.

⑤ 자기의 관심과 타인의 관심을 구별하지 못한다.

⑥ 행동이 지극히 자기중심적이어서 결과를 예측하지 못한다.

⑦ 호기심이 강하고 성인들이 생각하지 못하는 놀이나 사용 방법으로 만들어 낸다.

(2) 영유아 안전의 3요소

영유아를 안전하게 보호하기 위한 안전관리, 응급처치, 안전교육 등을 안전의 3요소라고 할 수 있다. 구체적인 내용은 다음과 같다(심창섭, 2014).

① **안전관리**: 영유아의 주변 환경에서 발생할 수 있는 안전사고를 대처하기 위해 인적 · 물적 환경에 잠재하는 위험요인을 초기에 발견하고 제거하여 사고나 재해를 방지하려는 노력이다.

② **응급처치**: 영유아에게 응급상황이나 우발적인 사고 발생 시 적절한 응급처치를 실시하여 부상의 정도를 감소시키고 회복을 빠르게 하며, 후유증을 감소시킬 수 있다. 따라서 영유아의 안전이 지켜 실 수 있도록 부모나 양육자, 교사가 응급처치의 지식과 능력을 갖추는 것이 중요하다.

③ **안전교육**: 사고의 위험을 사전에 방지하여 사고율을 줄이고, 사고에 대한 대책을 마련하여, 피해를 최소화할 수 있는 내용으로 교육을 한다.

(3) 영유아기 안전사고의 유형

영유아기 안전사고 발생유형을 살펴보면, 영아는 넘어짐, 미끄러짐이 가장 많고, 유아는 침대, 소파, 의자 등에서 추락사고가 가장 많은 것으로 나타났다(심창섭, 2014). 가장 낮은 순위로는 영아는 생선 등 어패류의 가시가 목에 걸림이며, 유아는 애완견 등 애완동식물 등에 물리거나 쏘임, 찔림이 가장 낮았다. 구체적인 내용은 〈표 10-7〉과 같다.

〈표 10-7〉 영유아기 안전사고 유형

순위	영아기	유아기
1	방, 거실 등에서 넘어짐/미끄러짐	침대, 소파, 의자 등에서의 추락
2	침대, 소파, 의자 등에서의 추락	방, 거실 등에서 넘어짐/미끄러짐
3	유모차, 자전거 등에서의 추락	놀이터 기구 등에서 추락/넘어짐
4	놀이터 기구 등에서 추락/넘어짐	자전거 등에서의 추락/넘어짐
5	창문, 방문 등에 눌림/넘어짐	창문, 방문 등에 눌림/넘어짐
6	정수기, 다리미, 고대기 등 가정용 기기로 인한 화상	구슬, 장난감 등 놀잇감 삼킴
7	구슬, 장난감 등 놀잇감 삼킴	영유아 교육기관 등에서 다침
8	눈썹 정리칼, 커터칼, 가위 등의 찔림/베임	생선 등 어패류의 가시가 목에 걸림
9	영유아 교육기관 등에서 다침	가정용 주방제품에 베임/찔림
10	생선 등 어패류의 가시가 목에 걸림	애완견 등 애완동식물 등에 물림/쏘임

출처: 심창섭(2014). 유아교사와 부모를 위한 영유아 안전사고. p. 9, 재구성.

(4) 영유아기의 안전문제

영유아기에 안전문제가 발생하지 않도록 하기 위해서는 모든 환경으로부터 사고를 미리 예방할 수 있어야 한다. 그러나 부주의 또는 돌발적인 사고가 발생했을 때, 응급처치 및 대처하는 방법을 알고 있어야 하며, 이후 같은 사고유형이 다시 발생하지 않도록 안전문제의 원인에 대비하여야 한다(김영식 · 윤진주, 2010).

① 이물 흡입사고

호기심이 왕성한 영아기에는 모든 물건을 입으로 탐색하려는 성향이 높다. 그러므로 유독물질이나 크기가 작은 물건들을 삼키지 않도록 각별한 주의가 요구된다. 작은 물건들을 삼킬 시 기도를 막아 질식사고가 일어날 수 있으므로 너무 작거나 날카로운 물건은 영아의 주변에 두지 않으며, 만약의 이물질 흡입에 대처할 수 있도록 부모나 양육자, 교사는 응급처치로 할 수 있는 '하임리히법'에 대해 알고 즉시 응급처치를 할 수 있어야 한다(김순신 · 김호인, 2012).

② 화상사고

영유아의 화상사고는 가정 내에서 많이 발생하며 뜨거운 물과 음식 등의 열탕화상, 전기밥솥, 전기콘센트 등에 의한 전기화상 등이 있다. 화상치료는 다면적인 장기간의 치료가 필요하며, 특히 영유아의 심각한 화상에 의한 피부 손상은 성장과 발달이 끝나는 시기까지 수십 차례의 치료가 필요하며, 신체적, 정신적 고통이 다른 안전사고보다 그 심각성이 매우 높다. 되도록 뜨거운 것에 가지 않도록 주의하며, 만약 화상을 입었을 시 화상 부위에 붙어 있는 옷가지 등은 제거하지 말고, 부득이하게 제거해야 하는 경우 가위로 잘라서 제거한다. 또한 화상 표면은 오염물이 접촉되지 않도록 하고, 화상 부위가 가벼운 경우 깨끗한 수돗물로 냉각하여 열기를 식히고 통증을 감소시키거나, 소독 거즈로 화상 부위를 덮어 주어 감염예방을 최소화해야 한다. 그리고 의료적 도움이 필요할 경우, 병원이나 전문 화상병원으로 신속하게 이송한다.

〈표 10-8〉 **영유아의 발달적 특성에 따른 화상사고의 특성과 위험요소**

구분	특성	위험요소
기어다니는 시기 (6~11개월)	• 손가락이 정교해져 핀셋을 조작할 만큼 능숙	• 부엌 가스레인지의 자동 점화 가능 • 뜨거운 물, 뜨거운 음식, 전열기기
걸음마기 (12~35개월)	• 다양한 이동 능력과 대 · 소근육 발달, 호기심 증가	• 뜨거운 물, 뜨거운 음식, 뜨거운 증기, 전기콘센트, 난로, 다리미, 가스레인지
유아기 (3세~6세)	• 대근육 활동이 자유로워 활동 범위가 넓어짐 • 대처 능력이 부족하여 사고위험이 큰 시기	• 성냥, 라이터 등 불장난, 전열 기구, 가스레인지, 정수기 뜨거운 물 등

출처: 한국소비자보호원(2005). 어린이 화상사고 실태 및 개선방안.

③ 열성경련

5세 이하의 영유아는 39도 이상의 고열이 나면, 고열에 의해 경련을 일으킬 수 있다. 경련을 일으키는 것은 온도 자체라기보다 체온의 급상승이 원인이 된다. 이때 우선 열을 내려야 경련을 멈출 수 있으므로 옷을 벗기고 심장 밖에서 안쪽으로 미지근한 물로 천천히 닦아 열을 내리게 해 준다. 그러나 체온을 떨어뜨리기 위해 얼음물이나 알코올로 몸을 문지르지 않아야 하며, 고열로 떨고 있는 영유아를 담요로 싸지 말아야 한다(김일옥 · 이정은, 2012 재구성).

④ 골절과 탈구

영유아는 신체 조절 능력이 미흡하여 넘어지는 경우가 잦아 골절이 발생할 가능성이 있다. 골절은 뼈가 부러지는 것으로, 뼈의 주의 피부가 찢어지지 않은 폐쇄성 골절과 피부 표면에 상처가 나거나 깨진 뼈가 피부를 뚫은 경우 개방성 골절로 구분한다(김일옥 · 이정은, 2012 재구성). 이때 즉시 119에 신고하고 되도록 움직이지 않도록 하고 편안하게 해 줌으로써 더 이상의 외상과 통증을 유발하지 않게 한다. 또한 발가락이나 손가락을 가볍게 만져 감각이 있는지 확인하고 감각이 없다면 신경계나 척추손상의 우려가 있으므로 각별한 주의가 필요하다.

탈구는 관절에서 원래 있던 뼈가 빠져나가는 것으로 어깨, 팔꿈치, 손가락, 턱 등에 발생할 수 있다. 영유아에게 외상 없이 흔히 발생할 수 있으며, 골절과 구별하기 어려울 때의 처치는 골절과 같은 방법으로 처치를 한다. 즉, 편안한 자세를 취하게 하고 붕대나 삼각붕대로 고정하며, 찬 찜질을 하고 병원으로 이송한다.

⑤ 코의 출혈

코피는 대부분 건조한 공기, 강한 바람, 코 후비기, 코의 상처 때문에 발생한다. 코피가 폐로 유입되지 않도록 가능한 환아를 앉은 상태에서 머리를 앞으로 숙이도록 하고, 윗입술과 잇몸 사이에 둥글게 말은 거즈를 넣고, 코를 손가락으로 눌러 압박하고 10분 후 압박을 풀어 준다. 그래도 멈추지 않는 경우 코 위에 얼음주머니를 올리고 15~20분 이상 멈추지 않고 출혈이 계속되는 경우 의사에게 진찰을 받는다(김일옥 · 이정은, 2012).

⑥ 두부 손상

영유아의 머리에 혹이나 찢어진 상처, 일시적인 구토, 일시적인 의식 상실, 혼미, 어지럼증 등의 증상은 경한 두부 손상이며, 머리에 피가 쏟아져 나오거나 장시간 의식 상실, 기억력 상실, 복시, 경련, 맑은 피 또는 피 섞인 콧물, 의사소통의 어려움, 신체 움직임의 불가능 등의 증상이 나타난다(김일옥 · 이정은, 2012). 두부 손상이 경미한 경우 상처 부위를 깨끗한 거즈로 압박해서 지열하고 움직이지 않도록 하며, 척추손상이 의심되면 척추를 고정하여 병원으로 이송해야 한다.

3) 영유아교육기관에서의 안전관리

어린이집에서는 보육실을 포함하여 실내외 시설과 설비를 안전하게 구비하고, 상시 점검을 통해 위험요인을 즉시 수리 · 보완하여 영유아가 안전사고의 위험 없이 즐겁게 생활할 수 있는 환경을 조성해야 한다. 또한 영유아의 등원과 하원 시 차량 운행, 안전사고의 책임 한계, 안전교육 등을 지도하고 감독하여 영유아의 안전사고를 최소화하여야 한다.

(1) 어린이집의 실내외 및 설비의 안전관리

① 실내시설과 설비의 안전관리

실내시설과 설비는 「영유아보육법」 규정에 따라 안전을 준수해야 하며, 정기적인 안전 점검을 통해 적절히 보수하여야 한다. 보육실 외의 현관, 문, 창문, 화장실, 원장실, 교사실, 조리실, 보일러실, 자료실, 유희실 등 실내의 모든 장소는 영유아가 접근해도 안전하게 되어 있거나 그렇지 못한 장소에는 영유아가 접근할 수 없도록 해야 한다(정아란, 2012). 또한 원장과 보육교사는 실내시설 · 설비가 안전한지 정기적으로 점검하고, 수리가 필요할 때는 사용 불가 표시를 한 후, 즉시 수리함으로써 영유아를 사고로부터 보호하여야 한다. 어린이집 실내시설과 설비의 장소에 따른 위험요인에 대해 살펴보면, 〈표 10-9〉와 같다.

〈표 10-9〉 실내시설과 설비의 위험요인

구분		위험요인
장소	현관	• 개폐장치가 설치
	문	• 손 끼임 방지 장치 설치
	창문	• 추락 방지를 위한 창문 보호대
	화장실	• 바닥 미끄럼 방지 조치 • 세면대 온수 조절 장치, 잠금장치 • 청소용품 관리
	원장실	• 영유아 출입 금지, 안전장치
	교사실	
	조리실	
	보일러실	
	자료실	
시설 및 설비	벽면 설치 물건	• 안전하게 고정장치
	선풍기	• 안전 덮개, 영유아 손이 닿지 않은 곳 설치
	정수기	• 온수 잠금장치
	세면대	• 온수 조절장치
	칫솔소독기, 건조기	• 온도조절장치 잠금장치
	콘센트	• 안전 덮개 설치
	전선줄	• 걸려 넘어지지 않도록 관리
	교구장	• 파손 부분 없도록 안전조치
	놀잇감	• 파손 부분 없도록 안전조치 – 영아(0~1세) 3.5cm 미만의 놀잇감 제외 • 자연물 제시 시 안전 고려해야 함 – 양파, 감자 싹: 매움, 독성 – 밤송이: 가시 • 유리 등 파손 염려 물품 제외 • 수은 온도계 제외 • 연필깎이, 커터기, 호치키스 등 제외 • 목공용 본드, 침핀 사용 제외
	의약품	• 영유아 손이 닿지 않는 곳에 관리
	교사 소모품	• 영유아 손이 닿지 않는 곳에 관리

출처: 보건복지부 · 한국보육진흥원(2020). 2020 어린이집 평가매뉴얼.

② 실외시설과 설비의 안전관리

실외시설과 설비란 어린이집 건물의 외부에 있는 모든 시설과 설비를 의미하는 것이다. 실외시설과 설비는 영유아의 안전과 밀접하게 관련되므로 관련 규정에 따라 안전하게 설치해야 한다. 어린이집 실내시설과 설비의 장소에 따른 위험요인에 대해 살펴보면, 〈표 10-10〉과 같다.

〈표 10-10〉 **실외시설과 설비의 위험요인**

구분	위험요인
비상시	• 피난설비(비상등, 비상계단 또는 미끄럼틀, 피난구 등) 관리 • 소화설비(소화기 등) 관리 • 경보설비(자동화재탐지설비 감지기, 가스누설경보기 등) 관리
놀이터	• 고정식 놀이기구 안전하게 설치, 파손 여부 확인 • 놀이터 안전점검 실시 여부 확인
차량 (차량 운행 시)	• 안전 수칙 • 영아용 보호장구, 개별안전띠 • 차량용 소화기 • 비상약품 구비 • 승 · 하차확인장치 • 차량안전점검표

출처: 보건복지부 · 한국보육진흥원(2020). 2020 어린이집 평가매뉴얼.

(2) 어린이집에서의 안전교육

① 아동안전에 대한 교육

영유아교육기관의 영유아와 보육교직원 대상의 안전교육을 실시하고 있다. 영유아의 안전교육은 「아동복지법」 제31조 동법 시행령 제28조의 '아동의 안전에 대한 교육'에 근거하여 매년 안전교육을 실시해야 한다. 영유아의 안전교육의 구체적인 내용은 다음 〈표 10-11〉과 같다.

「아동복지법」 제31조(아동의 안전에 대한 교육)

• 제31조(아동의 안전에 대한 교육)

① 아동복지시설의 장, 「영유아보육법」에 따른 어린이집의 원장, 「유아교육법」에 따른 유치원의 원장 및 「초·중등교육법」에 따른 학교의 장은 교육대상 아동의 연령을 고려하여 대통령령으로 정하는 바에 따라 매년 다음 각 호의 사항에 관한 교육계획을 수립하여 교육을 실시하여야 한다.

1. 성폭력 및 아동학대 예방
2. 실종·유괴의 예방과 방지
3. 감염병 및 약물의 오남용 예방 등 보건위생관리
4. 재난대비 안전
5. 교통안전

② 아동복지시설의 장, 「영유아보육법」에 따른 어린이집의 원장은 제1항에 따른 교육계획 및 교육실시 결과를 관할 시장·군수·구청장에게 매년 1회 보고하여야 한다.

〈표 10-11〉 **아동의 안전에 대한 교육(「아동복지법」 제31조)**

구분	교통안전교육	실종·유괴예방의 방지교육	약물 오·남용 예방교육	재난대비 안전교육	성폭력 예방교육
실시 주기	2개월 1회 이상 (연간 10시간 이상)	3개월 1회 이상 (연간 10시간 이상)	3개월 1회 이상 (연간 10시간 이상)	6개월 1회 이상 (연간 6시간 이상)	6개월 1회 이상 (연간 6시간 이상)
교육 내용	1. 차도, 보도 및 신호등의 의미 알기 2. 안전한 도로 횡단 법 3. 안전한 통학버스 이용법 4. 날씨와 보행안전 5. 어른과 손잡고 걷기	1. 길을 잃을 수 있는 상황 이해하기 2. 미아 및 유괴 발생 시 대처방안 3. 유괴 방법에 대한 개념 4. 유인 유괴 행동에 대한 유괴 예방법	1. 몸에 해로운 약물 위험성 알기 2. 생활 주변의 해로운 약물 화학제품 그림으로 구별하기 3. 모르면 먼저 어른에게 물어보기 4. 가정용 화학제품 만지거나 먹지 않기	1. 화재의 원인과 예방법 2. 뜨거운 물건 이해하기 3. 옷에 불이 붙었을 때 대처법 4. 화재 시 대처법 5. 자연 재난의 개념과 안전한 행동 알기	1. 내 몸의 소중함 2. 내 몸의 정확한 명칭 3. 좋은 느낌과 싫은 느낌 4. 성폭력 예방법과 대처법
교육 방법	1. 전문가 또는 담당자 강의 2. 시청각 교육 3. 실습교육 또는 현장학습 4. 일상생활을 통한 반복 지도 및 부모교육	1. 전문가 또는 담당자 강의 2. 장소 상황별 역할극 실시 3. 시청각 교육 4. 사례분석	1. 전문가 또는 담당자 강의 2. 시청각 교육 3. 사례분석	1. 전문가 또는 담당자 강의 2. 시청각 교육 3. 실습교육 또는 현장학습 4. 사례분석	1. 전문가 또는 담당자 강의 2. 장소 상황별 역할극 실시 3. 시청각 교육 4. 사례분석

출처: 보건복지부·한국보육진흥원(2020). 2020 어린이집 평가매뉴얼.

② 보육교직원의 법정의무교육

영유아교육기관은 「아동복지법」,「영유아보육법」 등에 따라 매년 법정의무교육을 이수해야 한다. 보육교직원의 법정의무교육은 다음 〈표 10-12〉와 같다.

〈표 10-12〉 **보육교직원의 법정의무교육**

교육	교육주기	관련 법령 및 규정
아동학대 예방 및 신고의무자 교육	연 1회 60분 이상	아동복지법 제26조
교사인성교육	1, 2학기 총 4시간 이상	영유아보육법 제23조
응급처치 및 심폐소생술 교육	이론+실습포함 총 3시간 이상	응급의료에 관한 법률 제12조
장애인식개선교육	연 1회 60분 이상	장애인복지법 제28조
약물의 오남용예방교육	연 1회 60분 이상	아동복지법 제31조
개인정보보호교육	연 1회 60분 이상	개인정보보호법 제28조
보육교직원 안전교육 • 교통안전교육 • 실종유괴예방 방지교육 • 약물오남용 예방교육 • 재난대비 안전교육	연 1회 60분 이상	아동복지법 제31조
아동성폭력예방교육	1, 2학기 총 2회 이상 각 60분 이상	성폭력방지 및 피해자 보호 등에 관한 법률 제5조
통학차량 안전교육	동승자+운전자 연 1회 60분 이상	도로교통법 제53조
인터넷, 스마트폰 중독 예방교육	연 1회 60분 이상	국가정보화기본법 제30조

(3) 등·하원 차량 운영

영유아의 등 · 하원용 차량을 운행하는 경우 차량 비상약품과 차량용 화재소화기를 갖추고, 반드시 교사가 동승하여 등 · 하원에 따른 안전교육을 실시하여 운행하도록 한다(김영식 · 윤진주, 2010). 또한 교사는 영유아가 반드시 보호자에게 직접 인도할 수 있도록 조치하며, 만약 보호자를 만나지 못했을 경우 보호자와 다시 연락한 후 영유아를 인계하도록 한다(윤매자 외, 2012).

(4) 안전사고에 대한 어린이집의 책임 한계

영유아의 사고에 대한 어린이집이 갖는 책임의 한계가 명확하게 문서로 규정되어 있어야 한다. 또한 이를 부모에게 충분히 설명하여 알리도록 한다. 어린이집 보육교직원과 부모는 안전사고가 발생할 경우를 대비하여 책임의 소재와 한계를 명확히 이해하는 것이 필요하다. 일반적으로 영유아를 보호자로부터 인계받는 시점부터 다시 보호자에게 인계할 때까지 영유아에 대한 일차적인 책임은 어린이집이 진다(윤매자 외, 2012).

생각해 보기

1. 영유아 건강에 미치는 유전적인 요인과 환경적인 요인에 대해 어떤 점을 중점적으로 다루어야 하는지 이야기해 봅시다.

2. 어린이집에서 식단계획을 위한 기본 요건이 무엇인지 논의해 봅시다.

3. 영유아기 안전사고의 취약한 점이 무엇인지 논의하고 예방법을 말해 봅시다.

어린이집 운영관리

Chapter 11

어린이집을 합리적이고 체계적으로 운영하기 위해서는 기관의 유형에 상관없이 운영관리계획을 세우는 것이 필요하다. 보육의 궁극적인 목적은 영유아의 심신을 보호하고 건전하게 교육하여 건강한 사회구성원으로 육성하는 데 있다. 성공적인 보육이 이루어지기 위해서는 먼저 보육의 대상인 영유아, 부모, 그리고 지역사회의 특성, 필요와 요구 조건들을 잘 분석한 후 그에 기초해서 체계적인 운영관리를 해야 한다(Sciarra & Dorsey, 1998: 윤매자 외, 2012 재인용). 어린이집 운영관리 영역에는 다양한 부분이 있으나 11장에서는 운영관리의 개념과 필요성, 인적 자원관리, 시설 · 설비 관리, 재정 · 문서 관리 등을 중심으로 살펴보고자 한다.

1. 운영관리의 개념과 필요성

어린이집 운영관리의 목적은 영유아의 발달을 추구하며 사회와 국가의 공인된 가치, 신념, 지식 지도 등을 통해 미래에 대한 가치와 비전을 실현하는 것이다(이경화 · 김정원, 2012). 이에 어린이집 운영관리는 보육사업의 목적을 달성하기 위해서 시간적 요인과 공간적 요인들을 잘 조정하여 보육교사와 영유아, 가족, 어린이집과의 효과적인 관리를 의미한다.

어린이집의 설치와 운영에 관한 정책의 수립은 중앙정부나 지방자치단체에서 진행하고, 정책에 따른 어린이집 사업실행은 어린이집 원장이 담당한다. 보육정책을 수립하는 자와 실행하는 자는 충분한 의사소통을 통해 합리적인 어린이집 운영관리를 진행해야 한다. 어린이집 원장은 지역사회의 요구나 문제점, 바람직한 정책을 정부나 지방자치단체에 건의하고 정부는 개선 방향을 제시하여 합리적인 운영관리를 실천해야 한다(문혁준 외, 2020).

1) 운영관리의 개념

운영관리의 개념 정의는 학자들에 따라 다소 차이가 있다. 타일러(1979)는 운영관리란 "기관의 목적을 달성하기 위하여 사람, 돈, 공간, 시간 등을 효율적으로 계획(planning)하고, 조직(organizing)하고, 실행(implementing)하며, 평가(evaluating)하는 일련의 과정이다."라고 하였다(윤매자 외, 2012). 운영관리의 개념은 각 기관의 목적을 달성하기 위해 사람, 자원, 시간을 효율적으로 조정하고 운영하는 것으로, 조직의 활동을 관리함으로써 운영 효율성을 보장하고, 자원을 최적으로 활용하여 손실과 낭비를 최소화하여 최소의 비용으로 최대의 효과를 얻고자 한다.

어린이집의 운영관리 영역은 학자별로 다양하며, 용어나 범주에 따라 다소 차이가 있으나 크게 보육환경 영역, 행정관리 영역, 보육과정 영역, 건강 및 영양 영역, 안전

영역, 가정 및 지역사회관계 영역 등으로 구별된다.

어린이집의 운영관리 영역 중, 첫째, 보육환경 영역은 영유아의 보육활동과 기본적인 생활공간에 대한 영역으로 보육활동 자료, 보육활동 공간, 실내외 공간 등을 포함한다. 둘째, 행정관리 영역은 영유아의 보육활동에 필요한 기본적인 교육 조건을 마련하는 것으로 운영프로그램 관리, 인사관리, 재무관리 등을 포함한다. 셋째, 보육과정 영역은 보육목표 달성을 위해 영유아의 교육적 경험을 계획적으로 관리하는 것으로, 여기에는 시간 계획, 보육활동 계획, 생활지도 등이 포함된다. 넷째, 건강 및 영양 영역은 영유아의 건강 유지를 위한 영역으로, 기관에 입학하기 전에 실시하는 검사, 일일 건강검진, 아픈 영유아에 대한 조치 및 약물 투여 여부, 영양 및 음식물 취급, 건강 및 영양에 대한 교육 등 이에 관련된 지침을 포함한다. 다섯째, 안전 영역은 영유아가 하루일과 전반에 걸쳐 안전하게 지낼 수 있도록 영유아가 생활하는 물리적 환경뿐만 아니라 또래와 안전하게 놀이하고, 인계되는 모든 과정, 위험 상황에 적절하게 대처하는 방법, 지식, 태도를 기르는 내용 등이 포함한다. 여섯째, 가정 및 지역사회관계 영역은 부모, 지역사회, 행정당국과의 관계를 말하며, 운영위원회 구성과 위원의 선정, 부모회의 구성 등과 관련된 정책 등이 주요한 관심 대상이다(문혁준 외, 2020; 윤매자 외, 2012).

2) 운영관리의 필요성

어린이집 운영관리가 필요한 것은 제한된 어린이집의 자원을 가지고 조직 구성원의 만족감이 높도록 효율적인 운영이 되게 하기 위함이다. 어린이집은 영유아와 부모들에게 최상의 보육서비스를 제공하는 것이 목적인데, 이러한 목적을 달성하기 위해서는 보육교직원을 채용하고, 조직을 구성하고 체계적인 운영관리가 되게 한다(문혁준 외, 2020). 또한 영유아와 부모의 요구를 분석하여 반영하며, 어린이집 보육의 질이 높아지도록 노력해야 한다. 결국 어린이집의 운영관리는 어린이집이 가지고 있는 인적 자원과 물적 자원을 최대한 효과적으로 활용하는 것이다. 이에 따라 우수한 프로그램을 계획하고 조직 구성원들에게 적절한 역할을 부여하며, 그들이 소명감을 가지고 보육업무를 수행하도록 동기를 부여하여 보육프로그램이 잘 운영되도록 관리해야 한다(보건복지부, 2010). 만약 관리가 잘되지 않으면 보육교사는 소명감 없는 보육을 수행하게 되고 영유아는 발달에 부적절한 영향을 미치게 된다. 어린이집에서 영유아에게 제공되는 적성과 능력에 맞는 활동프로그램과 보육서비스 질에 대한 학부모의 만족도는 어린이집 평가와 원아모집에 매우 큰 영향을 미친다. 이에 체계적이고 효율적인 어린이집 운영관리는 어린이집의 경쟁력을 높일 수 있기에 중요하다.

효율적인 운영관리를 통해 어린이집에서 이루어지는 활동들은 영유아의 발달을 긍정적으로 이끌며 보육교직원의 만족감 향상과 함께 사회에도 긍정적인 영향을 미치게 된다. 따라서 어린이집은 시대와 사회 변화, 교육 흐름에 빠르게 반응하고 대처해야 하는 운영관리가 필요하다. 우리나라의 어린이집은 소규모이며 교육과정 운영상의 특수성으로 인해 다소 운영관리가 체계적이지 못한 측면이 있으므로 특수성에 대한 이해를 기반으로 한 효율적인 어린이집 운영관리의 필요성이 요구된다.

2. 인적 자원 관리

어린이집은 보육과 교육을 하는 기관으로, 효율적인 어린이집 운영관리를 위해 인적 자원 관리는 매우 중요한 부분이다. 어린이집에서의 인적 자원 관리는 원아 관리, 학부모 관리, 보육교직원 관리로 나눌 수 있다.

1) 원아 관리

원아 관리인 원아를 모집하기 위한 홍보, 원아모집 시기, 입소 우선순위 등에 대해 구체적으로 살펴보면, 다음과 같다(보건복지부, 2023 재구성).

(1) 원아 모집

어린이집 운영관리에서 가장 주된 부분은 원아 모집이다. 어린이집의 원아 모집은 기관의 유형과 특성에 따른 정원, 학급 편성 등 연령별 모집 인원이 결정된다.

(2) 홍보

어린이집의 원활한 원아모집을 위해 효과적으로 홍보활동을 해야 한다. 원아모집을 위한 홍보 방법은 다양하며, 어린이집 운영자는 어떤 방법을 통해 기관을 홍보할 것인지를 결정해야 한다. 홍보 방법으로 신문, 라디오, TV, 잡지, 인터넷을 이용한 홍보활동과 현수막, 벽보, 전단지 배포 등을 통해 어린이집을 알릴 수 있다.

(3) 원아모집 시기

어린이집의 학기가 3월에 시작되기 때문에 관할 지방자치단체에서는 원아모집을 전년도 12월부터 입소 대기 관리시스템에서 신학기 입소예정자를 당해 연도 2월 말까지 확정하도록 권장하고 있다. 그러나 어린이집 원아모집은 연중 자유롭게 이루어지기도 하며, 퇴소하는 영유아가 있을 시 정원의 범위 내에서 합리적으로 이루어지고 있다.

(4) 입소 우선순위

어린이집의 입학대상은 「영유아보육법」 제2조(정의) 제1호 '영유아란 6세 미만의 취학 전 아동을 말한다.' 규정과 동법 제27조 '어린이집의 이용대상은 보육이 필요한 영유아를 원칙으로 한다. 다만, 필요한 경우 어린이집의 원장은 만 12세까지 연장하여 보육할 수 있다.'(「영유아보육법」 제28조, 시행규칙 제29조)에 따른다.

〈표 11-1〉 **어린이집 입소 순위**

1순위(법 제28조, 시행령 제21조의4, 시행규칙 제29조)

① 「국민기초생활보장법」에 따른 수급자
② 「한부모가족지원법」 제5조의 규정에 의한 보호대상자의 자녀
③ 「국민기초생활보장법」 제24조의 규정에 의한 차상위계층의 자녀
④ 「장애인복지법」 제2조에 따른 장애인 중 장애의 정도가 심한 장애인의 자녀 또는 형제자매
⑤ 아동복지시설에서 생활 중인 영유아
⑥ 부모가 모두 취업 중이거나 취업을 준비 중인 영유아
⑦ 「다문화가족지원법」 제2조제1호에 따른 다문화가족의 영유아
⑧ 「국가유공자 등 예우 및 지원에 관한 법률」 제4조제1항에 따른 국가유공자 중 전몰자(제3호), 순직자(제5호 · 제14호 · 제16호), 상이자(제4호 · 제6호 · 제12호 · 제15호 · 제17호)로서 보건복지부령으로 정하는 자의 자녀
⑨ 자녀가 3명 이상인 가구 또는 영유아 2자녀 가구의 영유아
⑩ 제1형 당뇨를 가진 경우로서 의학적 조치가 용이하고 일상생활이 가능하여 보육에 지장이 없는 영유아
⑪ 산업단지 입주기업체 및 지원기관 근로자의 자녀로서 산업단지에 설치된 어린이집을 이용하는 영유아

2순위

① 기타 「한부모가족지원법」에 따른 한 부모 가족 및 조손 가족
② 가정위탁 보호아동 및 입양된 영유아
③ 동일 어린이집 재원 중(신학기 입소 확정 포함)인 아동의 형제 · 자매

(5) 입소자 결정

어린이집의 원장은 신청순위에 따라 어린이집 이용신청자명부(시행규칙 별지 제17호의 2서식)를 작성 비치하여 이를 열람할 수 있도록 해야 한다. 입소대기관리시스템 상 '신학기 입소대기 관리기능'은 매년 11월 1일 개통한다. 이용신청자명부는 입소대기관리시스템의 이용신청자 명부 출력물로 대체가 가능하다. 또한 원장은 당해 시설에 결원이 생겼을 때마다 상기 "입소 우선순위"를 기준으로 선순위자를 우선 입소 조치한다.

(6) 입소 준비

영유아의 어린이집 입소가 결정되면, 어린이집에서는 영유아의 관리를 위해서 영유아와 가족에 대해 필요한 정보를 수집해야 한다. 영유아의 발달 수준과 특성, 흥미와

요구, 생활습관과 건강 상태, 특이사항 등을 수집하여 개별적 영유아의 적합한 관리를 하게 된다.

어린이집의 원장은 영유아 생활지도와 초등학교 교육과의 연계지도에 활용할 수 있도록 영유아의 발달상황 등을 종합적으로 관찰하고 평가하여, 보건복지부장관이 정하는 기준에 따라 생활기록부를 작성하여 관리하여야 한다(「영유아보육법」 제29조2). 생활기록부는 어린이집에서 영유아들이 보육을 받는 동안 생활습관, 인적 사항, 인지 능력, 건강 상태, 성장과 발달을 종합적으로 관리하여 작성해야 하는 공식문서로, 영유아 지도를 위한 기초정보로 활용할 정보를 기록한다. 또한 어린이집에서의 활동 결과를 작성하고 보존함으로써 영유아의 학습에 대한 기능도 갖는다. 생활기록부의 내용은 영유아 각 개인의 신상 정보가 기록되어 있으므로 교육목적 이외는 사용되어서는 안 된다.

생 활 기 록 부(영아)

1. 인적사항

<table>
<tr><td colspan="2">어린이집명</td><td colspan="4"></td></tr>
<tr><td rowspan="3">아동</td><td>이 름</td><td>(한글)
(한자)</td><td>성 별</td><td>남 · 여</td><td rowspan="3">사진
(3×4㎝)</td></tr>
<tr><td>생년월일</td><td></td><td>입 · 퇴소일</td><td>입소
퇴소</td></tr>
<tr><td>주 소</td><td></td><td>혈 액 형</td><td></td></tr>
<tr><td rowspan="3">보호자</td><td>아동과의 관 계</td><td>부</td><td>모</td><td colspan="2">기 타</td></tr>
<tr><td>이 름</td><td></td><td></td><td colspan="2"></td></tr>
<tr><td>전화번호</td><td></td><td></td><td colspan="2"></td></tr>
</table>

2. 기본생활습관 및 발달상황

<table>
<tr><td colspan="2">연령
영역</td><td>0세</td><td>1세</td><td>2세</td></tr>
<tr><td rowspan="3">기본생활습관</td><td>수 면</td><td></td><td></td><td></td></tr>
<tr><td>배 변</td><td></td><td></td><td></td></tr>
<tr><td>식 사</td><td></td><td></td><td></td></tr>
<tr><td rowspan="5">활동발달</td><td>신체운동</td><td></td><td></td><td></td></tr>
<tr><td>사회관계</td><td></td><td></td><td></td></tr>
<tr><td>의사소통</td><td></td><td></td><td></td></tr>
<tr><td>자연탐구</td><td></td><td></td><td></td></tr>
<tr><td>예술경험</td><td></td><td></td><td></td></tr>
</table>

3. 출결상황

연령 구분	0세	1세	2세
보육일수			
결석일수			
의 견			

4. 영유아 표준예방접종[1)]

대상전염병	백신종류 및 방법	접종차수	접종일자	접종기관
결핵	BCG(피내용)	1회		
B형간염	HepB	1차		
		2차		
		3차		
디프테리아 파상풍 백일해	DTaP	1차		
		2차		
		3차		
		4차(추가)		
폴리오	IPV	1차		
		2차		
		3차		
b형헤모필루스 인플루엔자	Hib	1차		
		2차		
		3차		
		4차		
홍역 · 유행성이하선염풍진	MMR	1차		
수두	Var	1회		
일본뇌염	JEV(사백신)	1차		
		2차		
		3차		
	JEV(생백신)	1차		
		2차		
인플루엔자	Flu	매년 접종		
장티푸스(24개월 이상부터)	주사용	고위험군에 한함		
A형간염	HepA	1차		
		2차		
폐렴구균	PCV(단백결합)	1차		
		2차		
		3차		
		4차		
	PPSV(다당질)	고위험군에 한함		
기타 임시예방접종 등		*명칭 기재*		
		명칭 기재		

1) 예방접종 도우미 사이트 참조.

5. 건강진단

연 령	실시여부	실시일자	실시기관	비 고
0세				□ 영유아건강검진(차수: ______ 차) □ 영유아건강검진 외 □ 미실시(사유: ______________, 고지 횟수 · 일자: ______________)
1세				□ 영유아건강검진(차수: ______ 차) □ 영유아건강검진 외 □ 미실시(사유: ______________, 고지 횟수 · 일자: ______________)
2세				□ 영유아건강검진(차수: ______ 차) □ 영유아건강검진 외 □ 미실시(사유: ______________, 고지 횟수 · 일자: ______________)

※ 실시여부 표시: 실시의 경우 ○, 미실시의 경우 ×
※ 비고: 해당항목 체크 및 내역기재

6. 병력기록

병 명	질병 발생 연월일 및 질병의 정도	
	입 소 전	입 소 후

7. 신체 발달상황

측정시기 / 구분								
신 장(㎝)								
몸 무 게(㎏)								
측 정 자								

비고: 18개월 미만의 영아는 2개월마다, 그 이상의 영아는 6개월마다 측정 · 기록한다.

기록관리자

① 신입 원아의 적응

어린이집에서는 영유아들의 안정적인 적응을 돕기 위하여 오리엔테이션 및 신입 원아 적응 프로그램을 실시하고 있다. 신입 원아를 위한 오리엔테이션은 어린이집에 대한 두려움을 줄이고 어린이집에 오고 싶다는 기대감이 들도록 입소 전에 미리 영유아들이 어린이집을 방문하여 교사와 어린이집 환경에 친숙한 느낌을 갖도록 하는 과정으로, 영유아들이 어린이집에 잘 적응하도록 도와주기 위한 프로그램이다. 영유아의 사전 방문 시간은 30~50분 정도가 적당하며 영유아들이 지루하지 않도록 배려하는 것이 좋다. 적응 기간은 영유아의 개별적인 성향과 연령을 고려하여 계획하는 것이 중요하다. 일반적으로 어린이집에서는 적응 기간을 3주에서 4주로 진행하나 영유아의 개인차를 고려하여 융통성 있게 줄이거나 늘려서 진행한다. 보육 시간은 첫째 주는 약 2시간 정도에서 시작하여 매주 1시간씩 점진적으로 늘려 가는 것이 좋다. 신입 원아의 단계별 적응프로그램과 어린이집 적응 안내 및 내용은 [그림 11-1], 〈표 11-2〉와 같다.

1단계	2단계	3단계	4단계	5단계
어린이집 탐색	어린이집 환경 탐색	교사와 친밀감 형성하기	어린이집 일과 흥미 가지기	하루 종일 지내기
(부모님 혹은 양육자와 함께 참여해요)	(부모님 혹은 양육자와 잠시 헤어져요)	(선생님과 친해져요)	(재미있는 놀잇감으로 활동해요)	(일과에 즐겁게 참여해요)

[그림 11-1] 신입 원아 단계별 적응프로그램

〈표 11-2〉 어린이집 적응 안내 및 진행

주	기간	적응 안내	진행 내용
1주	3~6일	• 헤어질 수 있어요. – 아이와 인사하고 헤어지기 – 귀가 후 영아가 휴식을 취할 수 있도록 도와주세요.	• 1시간 헤어져 있기 – 애착 형성을 위한 인형, 익숙한 놀잇감, 가족사진 가져오기 – 오전 프로그램에 짧게 참여하기 – 친구들과 함께 간식 먹기

주	기간	적응 안내	진행 내용
2주	7~14일	• 적응행동 격려하기 – 적응상태를 지켜보고 조절 – 잠들기 전 어린이집 생활에 대해 이야기 나누고, 아이의 마음에 긴장을 풀어 주세요.	• 일과에 차츰 적응 – 친구에게 관심 갖기 – 친구와 사귀기 – 친구들과 함께 점심 먹기 – 점심 식사 후 귀가 – 낮잠(적응) 잔 후 귀가
3주	15일 이후	• 적응 후 지속적인 애정 표현하기	• 적응에 대한 애정 표현 – 일과에 잘 적응합니다. – 친구와 함께 놀이합니다. – 간식, 점심을 맛있게 잘 먹습니다. – 실외놀이에도 잘 참여합니다. – 편안한 마음으로 낮잠을 잡니다.

② 재원 원아의 적응

재원하는 원아들도 교실, 교사의 이동으로 처음에는 조금 불안을 느낄 수 있어 교실이 이동되기 전부터 올라갈 반에 관심을 가지게 하고 함께 놀이를 즐겨 하는 연계 활동 등을 진행하여 익숙함을 느끼도록 한다. 재원이지만 신입일 때처럼 처음 적응이 필요한 원아들은 개별성에 맞춰서 적응이 진행되도록 한다.

2) 부모 관리

부모 관리를 통해 어린이집과 부모가 신뢰감을 가지고 밀접하게 협력할 때 영유아는 가정과 어린이집의 일원으로서 소속감과 안정감을 느낄 수 있고, 자신이 속한 주변 환경의 특성에 대해 자연스럽게 이해할 수 있게 된다. 또한 부모는 지역사회와 연계되어 어린이집 홍보를 통해 원아모집에 영향을 미치기도 하고, 어린이집과의 원활한 교류를 통해 성공적인 부모–자녀 관계와 함께 어린이집의 질적, 양적 성장에 많은 영향을 준다.

어린이집은 영유아에게 보다 풍성하고 질 높은 보육을 제공하고자 노력한다. 그러나 보육교직원만의 힘으로는 한계가 있으므로 다양한 지원 제공이 부족할 수 있다. 다양한 능력을 가진 부모의 재능과 열정을 함께 제공한다면, 질 높은 보육서비스를 제공받을 수 있다. 따라서 영유아 교육의 효율성 극대화를 위해 어린이집에서는 다양한 부모교육프로그램과 부모상담을 통해 부모가 자녀와 어린이집을 지지하고, 정보를 공유하는 기회를 마련할 필요가 있다.

(1) 부모교육프로그램

① 부모 오리엔테이션

부모 오리엔테이션은 영유아가 어린이집에 입학하기 전 학부모에게 어린이집의 운영에 대한 부분과 입학을 위해 필요한 어린이집의 전반적인 사항을 전달하는 집단모임 활동으로, 자녀의 입학과 동시에 원활한 가정과의 연계 교육을 위해 실시되는 프로그램이다.

② 강연회

강연회는 대집단으로 이루어지는 활동으로 부모들에게 자녀 양육 시 필요한 정보를 제공하기 위해 전문가나 강사를 초빙하여 전달해 주는 부모교육의 활동으로, 강연 후에는 부모와 자녀들이 함께하는 다양한 활동들이 있다.

③ 부모참여 수업

어린이집에서 부모의 직접 참여를 통해 어린이집 운영과 자녀의 전반적인 생활과 활동에 대하여 알게 하는 부모교육의 활동으로, 어린이집과 가정에서의 양육을 일관성 있게 지도함으로써 자녀의 발달에 도움을 줄 수 있도록 하는 프로그램이다.

④ 보조교사로서 부모참여 수업

어린이집에서 행사나 특별한 교육을 진행하는 과정에서 부모가 지원자가 되어 담임 선생님을 도와 교육 활동에 도움을 주는 활동으로 부모가 어린이집에 봉사와 기여하는 프로그램이다.

⑤ 워크숍

부모들이 자발적으로 모여서 활동에 참여하여 양육에 대한 주제로 토론하고 전문 강사를 통해 강의를 듣고 자녀 양육기술과 함께 자신의 발전을 도모하는 부모교육프로그램이다.

(2) 부모상담

영유아의 전인적 발달을 도모하기 위해서는 어린이집과 가정과의 긴밀한 협조와 의견교환이 있어야 한다. 어린이집은 부모와 자유롭게 상담하는 가운데 자녀에게 영향을 주는 가정생활과 가족관계에 관해 이야기함으로써 교사가 자녀를 이해하는 데 도움이 된다. 영유아 행동의 원인이 될 수 있는 각 가정의 배경을 이해하고, 교사가 자녀를 도울 수 있는 방법을 찾을 수 있는 데 도움을 받는다. 부모는 자녀의 성장과 발달, 그리고 문제행동에 대해 담임교사와 상담하는 기회를 통하여 자신의 자녀에 관해 새로운 사실과 재인식을 하게 되면서 문제해결에 도움이 된다(윤매자 외, 2021 재구성). 부모상담은 크게 개별상담과 집단상담으로 나눌 수 있다.

① 개별상담

개별상담은 부모와 교사가 개인 대 개인의 관계로 대면하여 진행하는 것을 말한다. 이러한 개별상담은 교사와 부모와의 친밀감 형성이 용이하며, 상담의 내용에 대한 비밀 유지가 쉽다.

② 집단상담

집단상담은 교사가 몇 명의 부모들과 상담관계를 형성하여 진행하는 방식으로 집단 구성원 간의 역동적 관계를 바탕으로 부모 개인의 문제해결 및 변화가 이루어지는 상담 방법이다. 개인상담에 비해 시간과 노력이 절약될 수 있고, 부모들에게 심리적인 도움을 줄 수 있다.

(3) 어린이집 운영위원회[1)]

어린이집 원장은 어린이집 운영의 자율성과 투명성을 높이고 지역사회와의 연계를 강화하여 지역사회 실정과 특성에 맞는 양질의 보육을 실천할 수 있도록 부모 협동어린이집을 제외한 모든 어린이집에서 어린이집 운영위원회를 설치 · 운영하여야 한다. 운영 횟수는 분기별 1회 이상으로 한다.

① 설치와 운영

어린이집 운영위원회는 당해 어린이집의 원장, 보육교직원 대표, 부모 대표, 지역사회 인사(직장어린이집의 경우 당해 직장의 어린이집 업무담당자)를 포함한 5인 이상 10인 이내로 구성한다. 가정어린이집의 경우 지역사회 인사는 제외할 수 있다. 운영위원회의 위원장은 보육교직원이 아닌 위원 중에서 호선한다. 운영위원회의 회의는 가급적 상 · 하반기 각 1회 이상 개최하고 공개를 원칙으로 하며 회의록을 작성 · 보관한다.

② 운영위원회의 기능

어린이집 운영위원회는 다음 각호의 사항을 심의한다.

- 어린이집 운영규정 제 · 개정에 관한 사항
- 어린이집의 예산 및 결산의 보고에 관한 사항
- 영유아의 건강 · 영양 및 안전에 관한 사항
- 보육시간, 보육과정의 운영 방법 등 어린이집의 운영에 관한 사항
- 보육교직원의 근무환경 개선에 관한 사항
- 영유아의 보육환경 개선에 관한 사항
- 어린이집과 지역사회의 협력에 관한 사항
- 그 밖에 어린이집 운영에 대한 제안 및 건의 사항

1) 윤매자 · 백은영 · 신혜경 · 이찬숙 · 이희정 · 주현경(2012). 보육학개론. p. 312.

3) 보육교직원 관리[2)]

보육교직원은 어린이집에서 영유아의 보육과 건강관리, 보호자와의 상담, 어린이집의 관리 및 운영 등의 업무를 담당하는 자로서 어린이집 원장과 보육교사와 그 외 직원을 말한다. 보육교직원은 보육의 질에 직접적인 영향을 미치므로 어린이집에서의 보육교직원 관리는 매우 중요하다. 질적 수준이 높은 어린이집이 되기 위해서는 바람직한 운영관리 체계를 갖추고 보육인력의 전문성을 강화하기 위한 보육교직원 관리는 반드시 필요한 부분이다(보건복지부, 2023).

(1) 인사관리

인사관리는 효율적으로 어린이집을 운영하기 위하여 보육활동에 필요한 인사를 적절하게 배치하고 관리하는 기술이다. 효율성 있는 인사관리를 위해서 어린이집 보육철학과 보육교직원의 역할을 충분히 인식하고 실천할 수 있는 자질과 자격을 갖춘 보육교직원을 임용하여야 한다.

(2) 교직원 임용

보육교직원의 임면 등의 사항은 「영유아보육법」 제19조에 근거하며, 특별자치도지사 시장·군수·구청장은 보육교직원의 권익 보장과 근로 여건 개선을 위하여 보육교직원의 임면과 경력 등에 관한 사항을 관리하고, 어린이집 원장은 보건복지부령으로 정하는 바에 따라 보육교직원의 임면에 관한 사항을 14일 이내에 인사기록카드 사본을 첨부하여 보고하고 보육통합정보시스템에 등록하여야 한다.

① 채용방법

국가 또는 지방자치단체로부터 보육교직원의 인건비를 보조받는 어린이집의 경우 보육교직원의 채용은 공개 경쟁을 원칙으로 한다. 국공립어린이집의 경우 국가 또는

2) 보건복지부(2023). 2023년 보육사업안내. pp. 178-206, 발췌 및 재구성.

지방자치단체의 장이 선발고사 등을 통하여 별도로 보육교사를 채용·배치할 수 있다. 어린이집 관련 사이트 또는 육아종합지원센터 홈페이지 등 다양한 어린이집 관련 기관의 구직·구인란을 통해 공개채용을 위한 내용을 제시한 후 보육교직원을 채용한다. 또한 보육교직원 결원 시 1개월 이내에 신규 교직원을 채용해야 한다.

② 채용 시 구비서류

임면권자는 보육교직원을 채용할 경우 반드시 아래 구비서류를 제출받아 자격의 적격 여부를 판단하고 관련 서류를 보관하여야 한다.

가. 공통서류

- 인사기록카드(「영유아보육법 시행규칙」 별지 제7호 서식)
- 주민등록등본
- 채용신체검사서(공무원 채용신체검사서 준용 가능)

※ 채용기간이 1개월 미만인 대체교사(임시교사) 등 단기간 근로자, 보육실습생, 특별활동강사, 노인일자리 파견자는 보건소의 전염성 질환(폐결핵, 장티푸스, 전염성 피부질환 등)에 대한 건강진단결과서(구, 보건증)로 갈음할 수 있음

※ 채용신체검사서는 전염성 질환 및 정신질환 등에 대한 검사를 포함하고 있는 경우에는 명칭에 관계없이 채용신체검사서로 인정 가능

※ 「식품위생법」 제40조제1항 및 동법 시행규칙 제49조에 의한 건강진단 대상자(영양사, 조리사, 조리원, 배식 인력)는 전염성 질환(장티푸스, 폐결핵, 전염성 피부질환)에 대한 검사결과 포함하여 제출

※ 보수교육 수료증(단, 보육업무를 수행하기 이전 만 2년 이내 동안, 장기미종사자 교육시간 이상으로 실제 근무한 보육업무 경력이 있는 사람은 경력증명서 제출 필요)

가) 원장 및 보육교사

- 원장과 보육교사 국가자격증 사본
  - 국가자격증 발급 예정자는 자격증 취득 후 자격증 사본 구비

나) 장애영유아를 위한 보육교사, 특수교사 및 치료사

- 장애영유아를 위한 보육교사, 특수학교 교사 자격증, 치료사 자격을 증명하는 서류

다) 간호사·영양사·조리사 등 자격(면허)을 요하는 교직원: 자격증(면허증) 사본

③ 성범죄 경력조회 및 관리

임면권자는 「아동·청소년의 성보호에 관한 법률」 제56조에 따라 어린이집 취업자

본인의 동의를 받아 성범죄 경력조회를 경찰청 온라인시스템을 통하여 신청하고 확인한다. 성범죄 경력조회 요청 시 「영유아보육법」에 의한 어린이집임을 확인할 수 있는 어린이집 인가증 사본(국공립어린이집은 고유번호증)과 채용예정자의 동의서를 첨부한다. 특별활동 강사, 노인 일자리 사업 파견 인력, 보육실습생, 도우미 등 어린이집에 노무를 제공하는 자에 대해서도 반드시 성범죄 경력조회를 반드시 실시해야 한다.

어린이집을 설치 · 운영하고자 하는 자(대표자)에 대해서도 지자체에서는 성범죄 경력조회를 실시해야 하며, 조회 결과 어린이집을 설치 · 운영할 수 없는 자에 대해서는 어린이집 인가를 승인하지 않아야 하고, 설치 · 운영 중인 자에 대해서는 인가를 취소해야 한다.

「아동 · 청소년의 성보호에 관한 법률」 제57조에 따라 관할 시 · 군 · 구의 장은 임면보고된 보육교직원에 대하여 '성범죄 경력자의 취업 점검 · 확인(연간) 계획'을 수립하고, 연 1회(상 · 하반기, 부분 또는 전수조사 가능) 이상 확인하고, 점검하여, 보건복지부에 보고를 해야 한다. 성범죄 경력조회 위반 시 「아동 · 청소년의 성보호에 관한 법률」 제67조에 따라 과태료가 부과되며, 성범죄 경력조회 결과 어린이집 취업 또는 사실상 노무 제공이 제한되는 자는 채용에서 배제해야 하며 근무 중인 자에 대해서는 해임해야 한다.

④ 아동학대 관련 범죄 전력 조회 및 관리

임면권자는 「아동복지법」 제29조의3에 따라 어린이집 취업자 본인의 동의를 받아 아동학대 관련 범죄 전력 조회를 경찰청 온라인시스템을 통하여 신청하고 확인한다. 아동학대 관련 범죄 전력 조회 요청 시 「영유아보육법」에 의한 어린이집임을 확인할 수 있는 어린이집 인가증 사본(국공립어린이집은 고유번호증)과 채용예정자의 동의서를 첨부한다. 특별활동 강사, 노인 일자리 사업 파견 인력, 보육실습생, 도우미 등 어린이집에 노무를 제공하는 자에 대해서도 반드시 아동학대 관련 범죄 전력 조회를 해야 한다.

어린이집을 설치 · 운영하고자 하는 자(대표자)에 대해서도 지자체에서는 아동학대범죄 관련 전력 조회를 해야 하며, 조회 결과 어린이집을 설치 · 운영할 수 없는 자에 대해서는 어린이집 인가를 승인하지 않아야 하고, 설치 · 운영 중인 자에 대해서는 인가를 취소해야 한다.

「아동복지법」 제29조의4에 따라 관할 시 · 군 · 구의 장은 임면 보고된 보육교직원에 대해 '아동학대 관련 범죄 전력자의 취업 점검 · 확인(연간) 계획'을 수립하고, 연 1회(상 · 하반기, 부분 또는 전수조사 가능) 이상 확인하고, 점검하여, 시 · 도에서 취합하여 보건복지부에 보고해야 한다. 아동학대 관련 범죄 전력 조회 위반 시 「아동복지법」 제75조에 따라 과태료가 부과되며, 아동학대 관련 범죄 전력 조회 결과, 어린이집 취업 또는 사실상 노무 제공이 제한되는 자는 배제해야 하고, 근무 중인 자에 대해서는 해임해야 한다.

(3) 보육교직원의 업무분장

보육교직원은 어린이집에서 영유아의 보육, 건강관리, 보호자상담, 기타 업무를 담당하는 인력이다. 어린이집의 보육교직원에는 원장, 보육교사, 간호사, 영양사, 사무원, 조리원, 관리인, 위생원 등이 있으며, 이들 각자가 자신의 업무와 역할을 성실하고 효과적으로 수행할 때 보육의 효과가 극대화될 수 있다. 보육교직원 배치기준은 「영유아보육법」 제17조, 시행규칙 제10조에 의거하여, 어린이집의 적정한 보육교직원의 배치기준에 관해 규정하고 있다.

〈표 11-3〉 **보육교직원의 배치기준**

구분	배치기준	자격기준	비고
원장	• 전 어린이집별 1인 ※ 다만, 영유아 20인 이하를 보육하는 어린이집은 어린이집의 원장이 보육교사를 겸임할 수 있음	「영유아보육법 시행규칙」 제10조 [별표2]	정원 기준
보육교사	• 만 1세 미만 ⇒ 영아 3인당 1인 • 만 1세 이상 만 2세 미만 ⇒ 영아 5인당 1인 • 만 2세 이상 만 3세 미만 ⇒ 영아 7인당 1인 • 만 3세 이상 만 4세 미만 ⇒ 유아 15인당 1인 • 만 4세 이상 미취학 유아 ⇒ 유아 20인당 1인 ※ 유아 40인당 1인: 보육교사 1급 자격자여야 함 • 취학아동 ⇒ 20인당 1인 • 장애아 3인당 1인	「영유아보육법 시행규칙」 제10조 [별표2]	현원 기준

구분	배치기준	자격기준	비고
	※ 장애아 9인당 보육교사 1인은 특수교사 자격소지자여야 함 • 연장반 만 3세 미만 ⇒ 영아 5인당 1인 • 연장반 만 3세 이상 ⇒ 유아 15인당 1인 ※ 연장반의 만 1세 미만 및 장애아 ⇒ 3인당 1인		
간호사	• 영유아 100인 이상을 보육하는 어린이집	–	현원 기준
영양사	• 영유아 100인 이상을 보육하는 어린이집	–	현원 기준
조리원	• 영유아 40인 이상을 보육하는 어린이집	–	현원 기준 (방과 후 제외)

출처: 보건복지부(2023). 2023년 보육사업안내. p. 205.

영유아 20명 이하를 보육하는 어린이집의 원장은 보육교사를 겸직할 수 있다. 단 겸직 시에는 원장 자격증과 보육교사 자격증을 모두 소지해야 한다. 또한 현원 기준으로 영유아 100명 이상을 보육하는 어린이집에서는 간호사(간호조무사 가능)와 영양사를 채용해야 한다. 어린이집 단독으로 영양사 채용이 곤란할 경우 동일 시·군·구의 5개 이내 어린이집이 공동으로 영양사를 채용할 수 있다. 영유아 40명 이상 80명 이하를 보육하는 어린이집의 경우 조리원 1명을 두며, 영유아 80명을 초과할 때마다 1인씩 증원한다. 영유아 현원은 방과 후 아동을 제외한 영유아를 기준으로 하며, 보육교직원 배치기준에 따라 근무하는 조리원의 경우 취사 업무에 지장을 주지 않는 범위 내에서 8시간 미만 근무도 가능하다. 다만, 정부에서 인건비를 지원받는 경우 평일 8시간 근무를 해야 한다. 또한 「식품위생법」에 따라 상시 1회 50명 이상에게 급식하는 어린이집은 시·군·구청 위생 관련 부서에 집단 급식소로 신고·운영하고 조리사 면허를 갖춘 조리원을 배치한다.

〈표 11-4〉 **조리원 채용기준(예시)**

조리원 수	1명	2명	3명	4명	5명
영유아 수	40~80명	81~160명	161~240명	241~320명	320명 이상

출처: 보건복지부(2023). 2023년 보육사업안내. p. 205.

원장은 어린이집의 규모와 특성에 따라 의사(또는 촉탁의사), 사회복지사, 사무원, 관리인, 위생원, 운전기사, 치료사 등의 보육교직원을 둘 수 있으며, 원장이 간호사 또는 영양사 자격이 있는 경우 겸직이 가능하다. 어린이집에 의무적으로 배치해야 하는 교직원 이외에 어린이집의 여건에 따라 어린이집 부담으로 보육교직원을 추가적으로 배치할 수 있다. 교사 1인당 영유아 수를 예외 적용하는 경우 가급적 교사 1인당 영유아 수는 일반기준을 준수할 수 있도록 원장, 보조교사 등이 해당 시간에 순환 근무하여 영유아를 관찰하고 보호해야 한다.

〈표 11-5〉 **교사 대 영유아의 비율(예시)**

구분	교사 1인당 아동 수	
	일반기준	보육교사 휴게시간 시 예외
0세	3명	최대 6명
1세	5명	최대 10명
2세	7명	최대 14명
3세	15명	최대 30명
4세 이상	20명	최대 40명

출처: 보건복지부(2023). 2023년도 보육사업안내. p. 206.

(4) 근로계약과 복무 규칙[3)]

보육교직원 채용 시 임금, 근로시간, 그 밖의 근로조건 등을 명시한 근로계약을 체결해야 한다. 이 경우 근로계약과 관련하여 부당한 내용(결혼, 출산, 육아휴직 등으로 인한 퇴직요구 등)이 포함되어서는 아니 되며, 관할 행정기관은 이를 적극 지도·감독하여야 한다. 원장과 보육교직원은 근로계약서를 작성할 때 복무 규칙에 관한 사항을 함께 읽고, 복무 규칙의 내용을 확인하고 이에 동의한 사항을 반드시 준수할 수 있도록 서명을 받는다. 복무 규칙의 문서는 반드시 보육교직원들이 언제든지 확인할 수 있는 장소에 보관한다. 복무 규칙에 관한 내용은 다음과 같다.

3) 보건복지부(2023). 2023년도 보육사업안내. pp. 209-212, 발췌 및 재구성.

① 교직원의 근무시간

어린이집 원장의 근무시간은 평일 8시간을 원칙으로 한다. 다만, 어린이집의 운영시간(평일 12시간 원칙)을 고려하여 연장 근무할 수 있다. 어린이집 원장이 1일 8시간 근무하는 경우 보육교사 중 원장 업무를 대행할 자를 지정하여 어린이집 운영에 지장이 없도록 해야 한다. 어린이집 원장(교사 겸직 원장 포함)이 휴가, 병가, 보수교육 참여 등 불가피한 사유로 직무를 수행할 수 없는 경우 보육교사가 그 직무를 대행할 수 있는 기간은 15일(연속, 휴일 제외) 이내로 제한하며, 실제 대행 시작일을 기준으로 15일을 초과하는 경우 대체 원장을 배치해야 한다. 또한 보육교직원의 근무시간은 평일 8시간을 원칙으로 하되, 연장반 전담교사의 근무시간은 평일 4시간을 원칙으로 한다. 보육교직원의 근무시간과 근로조건 등은 「근로기준법」 등 노동관계 법령에 따라야 하며 이를 위반하는 경우가 발생하지 않도록 한다.

② 교직원의 겸임 제한

보육교직원은 휴일, 휴가 등 근무하지 않는 날을 제외하고는 근무시간 동안 어린이집에 상주하며 상시 해당 직무에 종사해야 하는 전임이어야 하므로, 다른 업무나 다른 시설의 업무를 겸임할 수 없다. 다만, 보조교사, 연장반 전담교사는 근무시간을 달리하는 경우 겸임이 가능하고 어린이집 원장이 간호사 또는 영양사 자격이 있는 경우, 간호사나 영양사를 겸임할 수 있다.

③ 교직원의 휴가 등 기타 복무 관리

「근로기준법」 제54조(휴게)에 따라 사용자(어린이집 원장 또는 대표자)는 근로자(보육교직원)의 근로시간이 4시간인 경우 30분 이상, 8시간인 경우에는 1시간 이상의 휴게시간을 근로시간 도중에 주어야 한다. 휴게시간은 조기퇴근이나 수당 지급으로 대체할 수 없으며, 담임교사가 휴게시간을 사용하는 동안 원장이나 보조교사가 담임교사의 업무를 대행할 수 있다.

보육교직원의 휴가는 보육 공백을 최소화할 수 있도록 순번제로 실시하고, 보수교육, 출산휴가 등으로 어린이집의 원장, 보육교사 또는 그 밖의 보육교직원의 공백이 생기는 경우 이를 대체할 수 있는 대체 원장, 대체 교사 혹은 그 밖의 인력을 각각 배치해야 한다.

담임교사가 「남녀 고용평등과 일 · 가정 양립 지원에 관한 법률」 제19조의2에 따른 육아기 근로시간 단축제도를 활용하는 경우 보육 공백을 대체할 인력을 신규 채용하거나 기존 인력(다른 반 담임교사, 보조교사, 연장보육 전담교사 등)을 활용하여 배치하여야 한다. 다만, 기존 인력을 활용하여 배치할 경우, 당초 편성된 동일 연령반과 혼합반의 연령별 교사 대 아동비율을 준수해야 한다.

④ 보육교직원의 권익보호

지방자치단체는 「영유아보육법」 제4조제4항에 따라 어린이집 보육교직원의 근로여건 개선 및 권익보호를 위하여 노력하여야 한다. 또한 시 · 도 또는 시 · 군 · 구는 보육교직원의 권익보호를 위해 필요한 세부 사항을 지방자치단체 조례로 정할 수 있다.

(5) 보육교직원의 보수[4]

호봉이란 근무경력의 기간에 따라 1년을 단위로 인건비 책정을 달리하는 기준을 말하며, 호봉승급이란 일정한 재직기간의 경과에 따라 현재의 호봉보다 높은 호봉을 부여하는 것을 의미한다. 또한 호봉인정 근무경력이란 호봉산정 시 인정되는 어린이집 등에 종사한 경력을 말하며, 원장 자격취득 및 보육교사의 자격 승급을 위해 필요한 경력(보육 등 아동복지업무 경력, 보육업무 경력)과는 다른 개념이다.

호봉 확정 시 인정되는 호봉인정 근무경력은 다음 경력에 의해 인정되며, 근무한 경력을 증명하여야 한다. 즉, 특별자치시장 · 특별자치도지사 · 시장 · 군수 · 구청장이 발행하는 경력증명서는 경력관리시스템(보육통합정보시스템)을 통하여 조회, 확인이 가능하므로 별도로 제출하지 않고 시 · 군 · 구에서 확인할 수 있다. 어린이집 경력인정 범위는 다음과 같다.

4) 보건복지부(2023). 2023년도 보육사업안내. pp 197-200, 발췌 및 재구성.

- 「영유아보육법」 제정 전 새마을유아원, 탁아시설에 근무한 경력
- 어린이집 보육교직원으로 근무한 경력
- 육아종합지원센터에 근무한 경력(대체교사 경력 포함)*
- 2019년 6월 12일 이후 한국보육진흥원에서 근무한 경력**
- 2005년 1월 30일 이후 보육교사 자격을 가지고 방과 후 과정을 운영하는 유치원에 근무한 경력
- 군 복무경력(병적증명서상 실제 복무한 경력, 최대 3년)

※ 군 복무경력에 대한 경력산정은 「2022 사회복지시설 관리안내」 준용
* 육아종합지원센터에 근무한 경력: 센터장, 보육전문요원, 특수교사, 대체 교사, 시간제 보육 담당 보육교사, (상근)컨설턴트
** 한국보육진흥원에서 6급 상당 또는 그 이상의 직급, 현장 평가직으로 근무한 경력

호봉승급에 필요한 기간은 1년으로 하며 매달 1일자로 시행한다. 또한 방과 후 과정을 운영하는 유치원(구 종일제 유치원 포함) 및 특수학교(유치원)에 근무한 경력의 호봉인정 기준은 「영유아보육법」 제50조에 따라 어린이집에 근무하는 자 중 「유아교육법」에 의한 유치원 교원의 자격을 가진 자에 대하여 동 시설에서의 근무경력을 「유아교육법」에 의한 교육경력으로 인정하며, 유치원(「유아교육법」 제2조제6호에 따른 방과 후 과정 수업과정을 운영하는 유치원에 한함)에 근무하는 자 중 「영유아보육법」에 의한 보육교사의 자격을 가진 자에 대하여는 유치원에서 근무경력을 「영유아보육법」에 의한 보육경력으로 인정한다.

3. 시설 · 설비 관리

영유아가 어린이집에서 안전하고 건강하게 생활하기 위해서는 물리적 환경이 영유아의 발달 수준에 적합하게 구성되고 관리되어야 한다. 시설관리란 어린이집 공간에 포함된 개별 공간을 비롯하여 다양한 공간에 비치된 각종 설비들을 기준에 맞게 설치하고 운영하는 것을 말한다. 어린이집 시설 · 설비에 대한 기준은 다음과 같다(「영유아보육법 시행규칙」 제9조, [별표]).

1) 어린이집 시설과 설비기준

어린이집 구조 및 일반기준에 따르면, 보육실을 포함한 시설면적(놀이터 면적 제외)은 영유아 1명당 4.29m² 이상으로 하며, 어린이집(보육실)은 1층 또는 건물 전체(5층 이하)에 설치해야 한다. 또한 어린이집은 하나의 건물에 설치해야 한다. 다만 담 또는 울타리로 둘러싸인 동일 대지 안에 여러 개의 건물(모두 5층 이하여야 함)이 있는 경우 모든 건물 전체가 어린이집으로 사용되고 옥외놀이터가 설치된 경우는 예외적으로 여러 동 건물에 어린이집 설치를 허용한다. 어린이집의 실내외 공간별 설치기준은 다음과 같다.

(1) 보육실

보육실은 건물 1층에 설치하거나 건물 전체(5층 이하)에 설치해야 한다. 또한 「건축법」에서는 층수와 관계없이 해당 층 4면의 100분의 80 이상이 지상에 노출되어 있고, 해당 층 주 출입구의 하단이 지표면으로부터 1미터 이내인 층(이하 "1층"이라 한다)에 설치하여야 한다. 건물 전체가 어린이집인 경우, 사업주가 직장어린이집을 설치하는 경우, 1층부터 5층까지 보육실을 설치할 수 있다. 건물 전체를 어린이집으로 사용하는 경우, 건물 전체(지하층 포함)가 「건축법」상 노유자시설(어린이집)로 용도가 지정되어 어린이집으로 전용되어야 하며 영아반 보육실은 1층에 우선 배치한다.

보육실은 거실과 유희실을 포함하여 영유아 1명당 2.64m² 이상으로 침구, 놀이기구, 쌓기놀이 활동, 소꿉놀이 활동, 미술 활동, 언어 활동, 수학 · 과학 활동, 음률 활동 등에 필요한 교재 · 교구를 갖추어야 하고 환기 · 채광 · 조명 · 온도 및 습도가 적절히 유지 · 관리되도록 하여야 하며 바닥 난방시설을 갖추어야 한다.

(2) 조리실

조리실은 1층에 설치하는 것이 원칙이며, 채광이 잘되도록 하고, 기계 환기 시설을 하여 청정한 실내 환경을 유지하도록 하며, 창문에는 방충망을 설치하여야 한다. 식기를 소독하고 위생적으로 취사 및 조리할 수 있는 설비를 갖추어야 한다.

공공기관이나 사회복지관 안에 설치된 어린이집의 경우 같은 건물에 있는 조리실을 함께 사용할 수 있으며, 유치원과 같은 건물에 설치된 어린이집은 유치원의 조리실을 함께 사용할 수 있다. 사업주가 직장어린이집을 설치한 경우는 직장어린이집이 설치된 건물에 집단 급식소를 운영하는 경우는 조리실을 별도로 설치하지 아니할 수 있다. 이 경우 영유아를 위한 음식의 조리공간은 분리(벽이나 층으로 구분) 또는 구획(칸막이, 커튼 등) 되어 있어야 한다.

(3) 목욕실

목욕실은 난방이 되어야 하며 바닥은 미끄럼 방지 장치를 해야 한다. 샤워 설비, 세면 설비 및 냉온수 공급을 위한 설비를 갖추어야 하며, 수도꼭지는 온수 사용 시 화상을 입지 아니하도록 온도 조정과 고정할 수 있어야 한다. 또한 목욕실은 보육실과 인접한 공간에 위치해야 한다.

(4) 화장실

화장실 바닥은 미끄럼 방지 장치를 하여야 하며, 세정장치와 수도꼭지 등은 냉·온수의 온도 조정과 고정할 수 있어야 한다. 또한 화장실은 수세식 유아용 변기를 설치하고, 보육실과 같은 층의 인접한 공간에 설치하여야 한다. 다만, 가정어린이집의 경우 성인용 변기에 디딤판과 탈부착식 유아용 변기를 설치하고 이동식 유아용 변기를 갖춘 경우는 유아용 변기를 설치하지 아니할 수 있다.

(5) 교사실

보육 정원이 21명 이상인 어린이집은 교사가 교육 활동을 계획하고, 준비하는 자료 제작 등을 할 수 있도록 구획된 교사실을 설치하여야 하며 교사실에는 교육활동 준비와 행정사무, 휴식 등에 필요한 설비를 갖추어야 한다.

(6) 놀이터

놀이터는 보육 정원 50명 이상인 어린이집(12개월 미만의 영아만을 보육하는 어린이집은 제외)은 영유아 1명당 3.5제곱미터 이상의 규모로 옥외놀이터를 설치하는 것을 원칙으로 한다. 다만, 보건복지부장관이 어린이집 규모(정원)에 따라 같은 시간대에 놀이 활동에 참여하는 최대 영유아 수 및 면적의 기준을 정하는 경우는 그 기준에 따라 놀이터를 설치할 수 있다.

옥외놀이터에는 모래밭(천연 및 인공 잔디, 고무매트, 폐타이어 블록 또는 「어린이놀이시설 안전관리법」에서 정하는 기준에 적합한 것을 포함)에 6세 미만의 영유아가 이용할 수 있는 대근육 활동을 위한 놀이기구 1종 이상을 포함하여 놀이기구 3종 이상이 설치된 옥외놀이터를 설치하여야 한다. 다만, 지역적 특수성에 따라 옥외놀이터를 설치하는 것이 불가능한 경우에는 옥내놀이터(지하층에는 설치 불가)를 설치하거나 「어린이놀이시설 안전관리법」에 따라 설치·관리되는 인근 놀이터를 활용할 수 있다. 또한 어린이집의 놀이터, 놀이기구 및 어린이용품은 「품질경영 및 공산품안전관리법」, 「어린이놀이시설 안전관리법」, 「환경보건법」에서 정한 기준을 준수하여야 한다. 옥내외 놀이터는 다음과 같이 설치한다.

① 옥내놀이터

- 놀이터로 사용하는 공간 및 그 주변에 소음·분진·폭발·화재의 위험이 없어야 하며, 실내공간을 활용하는 경우 조명·채광·환기·온도·습도가 적정하여야 한다.
- 보육실로부터 5층 이내에 설치하며, 층 간 이동을 위하여 유아용 손잡이 레일을 설치하는 등 안전에 필요한 장비를 구비하여야 한다.
- 엘리베이터가 없는 경우 영유아가 이동할 때 손잡이 레일이 필요하며, 영유아가 잡거나 짚고 올라갈 수 없는 구조이어야 하며, 영유아의 신체가 빠지거나 끼는 사고가 없도록 설치한다.

② 옥외놀이터

- 울타리나 보호난간을 최소 1.5m 이상으로 설치하되, 놀이기구의 높이 등에 맞춰 안전을 확보할 수 있는 높이로 설치하여야 하고, 그 밖에 안전에 필요한 장비를 구비하여야 한다.
- 울타리나 보호난간의 재질은 부식 · 파손의 위험이 없어야 한다.
- 어린이집의 최상층 바닥면에 설치하는 경우, 울타리나 보호난간은 바닥면 최하단으로부터 1.2m까지는 콘크리트 · 조적(벽돌 등) 또는 강화유리 등으로 설치하여야 한다.
- 고정식 놀이기구는 해당 층 바닥이 설치하고자 하는 놀이시설의 하중을 견딜 수 있도록 건축되어 있어야 하며, 「어린이놀이시설 안전관리법」에서 정한 기준에 적합한 경우에 설치할 수 있다.

(7) 비상재해 대비시설

비상재해 대비를 위한 소화용 기구를 갖춰 두고 비상구를 설치하는 등 비상재해에 대비한 시설을 갖추어야 한다. 이 경우 비상구는 상단에 비상구 유도등을 달고 잠금장치를 문 안쪽에 설치하여야 한다. 어린이집은 비상시 양방향으로 대피할 수 있어야 한다.

「건축법 시행령」 제34조제2항에 따라 어린이집 내부에 직통계단을 2개소 이상 설치하거나, 「소방시설 설치 및 관리에 관한 법률」(「소방법」) 개정으로, 약칭 「화재예방법」과 「소방시설법」으로 분법하여, 화재알람설비(무선) 및 소방시설 정보관리시스템 구축과 운영 등 체계적으로 관리하게 되었다. 어린이집 등 노유자시설은 연면적 규모에 관계없이 스프링클러 설비와 자동화재탐지 설비, 자동화재속보설비 설치를 의무화하였다. 또한 어린이집에서 가스를 사용하는 경우는 「도시가스사업법」, 「액화석유가스의 안전관리 및 사업법」에서 정한 규정에 따라 설치하고 관리하여야 한다. 그 밖에 비상재해 대비시설 설치에 필요한 구체적인 기준은 보건복지부장관이 정한다.

이 밖에도 시설의 규모에 따라 사무실, 양호실, 식당, 자료실, 상담실, 강당, 놀이터 등의 설치가 가능하며, 어린이집 원장 사무실은 보육실과 동일한 층 설치가 바람직하나 어린이집 내에 사적 용도를 위한 시설 등 영유아의 보육 목적에 부합하지 않는 시설은 설치가 불가하다(「영유아보육법 시행규칙」 [별표1] 제3호가목1 참고).

<table>
<tr><th>면적기준
시설규모</th><th>어린이집 전용면적</th><th>보육실 면적</th><th>놀이터 면적</th><th>산정 기준</th></tr>
<tr><td>50인 미만 시설</td><td rowspan="2">영유아 1인당 4.29m²</td><td rowspan="2">영유아 1인당 2.64m²</td><td></td><td rowspan="2">각 면적 산정 인원 중 가장 적은 수를 정원으로 함</td></tr>
<tr><td>50인 이상 시설</td><td>영유아 1인당 3.5m² 원칙</td></tr>
</table>

출처: 보건복지부(2023). 2023년도 보육사업안내. p. 35.

2) 어린이집 유지와 관리

어린이집은 지속적으로 관리하고 보수하여 유지해야 한다. 효율적인 관리를 위해 유지와 보수에 대한 연간계획을 세우는 것이 바람직하고, 관련 업체의 연락처를 정리해 두는 것이 유용하다. 또한 시설 · 설비 관리책임자를 임명하고, 관리대장을 작성해 일상적으로 시설 전반에 대해 관찰하도록 하며, 시설설비에 대해 추가적인 교체나 유지보수를 통해 청결하게 관리하도록 한다. 특히 시설설비의 교체나 보수에는 많은 비용과 시간이 소요될 수 있으므로, 미리 예산을 확보할 수 있도록 점검하고 계획적으로 관리할 필요가 있다. 어린이집 유지와 관리 전반에 관하여 보건복지부(2000; 윤매자 외, 2012 재인용)에서는 다음과 같이 제안하고 있다[5].

5) 윤매자 · 백은영 · 신혜경 · 이찬숙 · 이희정 · 주현경(2012). 보육학개론. pp. 324-326, 발췌 및 재구성.

(1) 시설유지 및 관리의 중요성

어린이집을 이용하는 영유아는 사물이나 상황에 대한 호기심이 강하며 활동적인 반면, 운동발달 미숙으로 위험한 상황에 관한 판단이나 대처 능력이 부족하다. 이러한 특성으로 인해 항상 위험에 노출될 수 있으므로 영유아들의 건강과 생명 보호를 위해 안전관리에 철저해야 한다. 시설과 설비에 대한 정기적인 안전 점검을 통하여 시설의 노후화를 막고, 영유아들에게는 항상 쾌적하고 안전한 환경을 제공한다는 의미에서 어린이집의 시설유지 및 관리는 매우 중요하다.

(2) 시설유지 및 관리

① 청결관리

어린이집을 이용하는 영유아들은 집단생활로 인해 다양한 병원균에 노출되기 쉬우므로 어린이집의 청결관리는 우선되어야 하며, 쾌적하고 위생적인 환경을 조성하여야 한다.

가. 보육실

- 1일 3회 정도는 보육실의 커튼이나 블라인드를 걷고 창문을 열고 반드시 환기시킨다.
- 바닥에 물건 조각이나 음식물 찌꺼기 등이 있으면 즉시 제거한다.
- 보육실 한구석에 걸레나 비 등을 비치하여 쉽게 사용할 수 있도록 한다. 다만, 영유아의 손이 닿지 않는 곳에 비치한다.
- 쓰레기통은 뚜껑이 있는 것으로 하며 매일 비운다.
- 기저귀 등 냄새가 날 수 있는 쓰레기는 생기는 대로 실외로 옮긴다.
- 완구장, 도서대, 문 손잡이 등 영유아들의 손이 자주 닿은 물품은 수시로 닦아 준다.
- 보육실이 카펫, 소파 등은 수시로 햇빛에 소독하며, 진공청소기로 먼지를 제거해 준다.
- 교재·교구는 정기적으로 소독하고 세척한다.

- 영유아의 침구는 정기적으로 세탁하고 햇볕 좋은 날 햇빛에 소독한다.

나. 주방

- 식판과 간식용 접시, 컵, 수저 등은 세제로 깨끗이 씻은 후 소독하고 건조시킨다.
- 각종 그릇은 1일 1회 소독한다.
- 행주와 도마는 매일 소독한다.
- 도마는 육류와 야채류를 구분하여 별도로 사용한다.
- 음식물 저장고에 바퀴벌레, 개미 등의 해충이 접근하지 않도록 한다.
- 식탁은 자주 소독액으로 닦는다.
- 냉장고, 냉동고의 적정온도를 유지한다.

다. 기타

- 화장실에서 냄새가 나지 않도록 변기 소독과 수도꼭지, 대·소변기 손잡이 등을 자주 닦고 소독한다.
- 유리창, 출입문 등은 수시로 닦는다.
- 계단, 복도바닥의 물건 조각이나 먼지 등은 보는 대로 제거한다.
- 방역은 혹서기와 혹한기에는 매월, 나머지 계절에는 격월로 실시한다.

② 시설점검

어린이집의 시설점검은 위험한 사태를 미리 예방하여 오래도록 시설을 안전하고 쾌적하게 사용할 수 있게 해 준다. 시설점검은 크게 네 영역으로 나누어 점검할 수 있다.

- **건축물 점검**: 건물 벽체, 축대, 천장, 도색, 도배 상태 등이다. 옥탑이나 뒷곁 등 사각지대에 대한 점검도 소홀히 하지 않는다.
- **전기점검**: 전기시설, 전기 차단시설에 관한 부분이다.
- **소방점검**: 소화전, 유도등, 소화기 배치 등이 포함된다.
- **설비점검**: 냉난방 설비, 주방가스 시설, 화장실 비품 파손 등에 관한 점검이다.

이러한 점검을 하기 위해서는 시설점검표를 만들어 월 1회 이상 담당자를 정해 점검해야 한다. 또한 누전, 누수가 의심될 경우는 전문가의 도움을 받아 점검하고, 손전등과 같이 비상시에 사용할 수 있는 물품을 준비해 놓아 비상사태에 대비한다.

4. 재정 · 문서 관리

어린이집에서 재정관리는 운영자의 재무활동을 의미하며, 어린이집 재무회계 규칙의 법적 기준에 따라 운영관리가 이루어진다. 즉, 사회복지법인 및 사회복지시설 재무 · 회계 규칙의 법적 기준에 따라 운영해야 한다. 또한 어린이집 경비의 지출항목별 한도에 대한 세부 기준을 제시하고, 보육행정전산망과 연계하여 보조금을 지원하고 있다. 또한 어린이집의 문서관리는 사무를 수행하는 과정에서 문서의 사물화(私物化)를 방지하고 문서 활용과 보관, 문서보존, 불필요한 문서의 폐기 등을 관리하며 비용의 절감 등을 위해 필수적인 관리라고 할 수 있다.

1) 재정관리[6)]

재정관리는 1년의 수입과 지출을 예상하여 적절한 예산을 편성하고 편성된 예산안에 투명하게 지출하여 결산을 통해 마무리하는 전 과정이 포함된다. 예산편성은 기관운영에 사용될 재원을 추계하고 이를 위한 지원에 지출할 규모를 확정하는 것이며, 예산결산은 한 회계연도 내에서 세입예산의 모든 수입과 세출예산의 모든 지출을 확정적인 계수로 표시하는 작업이다.

어린이집에서 재정관리는 별도의 수입 담당자와 지출 담당자를 두는 것이 원칙이지

6) 보건복지부(2020). 2020년도 보육사업안내. pp. 84-86, 발췌 및 재구성.

만 소규모의 어린이집인 경우는 회계 규모를 고려하여 어린이집 원장이 수입과 지출의 회계업무를 담당하며, 필요시에 보육교직원에게 회계업무를 겸임하게 할 수 있다.

어린이집에서 전자 장부를 사용하는 경우는 회계장부를 둔 것으로 본다(「사회복지법인 및 사회복지시설 재무 · 회계 규칙」 제6조의2 및 제24조). 그 외 회계 관련 지출결의서, 세금계산서, 현금영수증 등 회계서류 및 증빙서류는 비치해야 한다.

(1) 수입·지출 기본원칙

- 어린이집의 재무회계에 관한 사항은 「사회복지법인 및 사회복지시설 재무 · 회계 규칙」에 따라 실시해야 하며, 주요 항목별 기준 등을 준수해야 한다.
- 어린이집의 모든 수입 및 지출 관리는 통장을 통해서 해야 한다. 어린이집의 수입 · 지출만 관리하는 별도 어린이집 명의로 된 통장을 개설해야 한다. 모든 수입과 지출을 관리하기 위하여 '보조금 관리통장'과 '보조금 이외 관리통장'으로 구분하고 이외 보육교직원들에게 원천 징수한 사회보장금과 세금을 보관할 수 있는 어린이집 명의의 세입 · 세출 외 통장 개설이 가능하고, 적립금 및 단기차입금 등 필요시에 어린이집 명의의 별도 통장 개설이 가능하다.
- 수입과 지출 행위 시에는 수입 · 지출 결의를 한 후 현금출납부, 총계정원장에 기록하고 청구서, 영수증, 지급내역서 등 관련 근거 서류를 반드시 첨부해야 한다.
- 어린이집을 운영하면서 생기는 보육료 수입 잉여금은 보육교직원 보수상향 지급, 보육교직원 성과급 지급, 교재 · 교구 구입, 어린이집 환경개선 등 균형 있게 사용해야 한다. 국공립어린이집 등이 운영 과정에서 잉여금이 발생할 경우는 보육교사 등의 수당 추가지급 등에 사용이 가능하다.
- 어린이집 재무회계 규칙에 의한 회계 보고를 의무화하여 어린이집은 매월 보조금 신청 시 보육통합정보시스템에서 정한 형태와 내용에 따라 재무회계 관련 자료를 전송 또는 입력해야 한다. 보육통합정보시스템(CIS)에 입력(전송)해야 하는 수입 · 지출 항목 등 재무회계 자료는 동 시스템에서 요구하는 바에 따라 시행한다.
- 어린이집의 원장은 보육교직원의 근로소득을 관할세무서에 신고해야 한다.

〈표 11-6〉 **재무회계 절차 총괄표**

	예산편성	예산집행	결산
원칙	• 모든 세입과 세출은 예산에 포함	• 예산의 목적 외 사용금지/예산의 전용 • 수입 · 지출의 관리는 예금통장에 의해 행한다.	• 세출예산의 이월
관련 서류	• 사업계획서 • 세입세출 예산서 • 준예산 • 추가경정예산	〈장부〉 • 현금출납부 • 총계정원장 • 봉급대장 • 보육료대장 • 비품관리대장 〈증빙서류〉 • 계좌입금증빙서류 • 수입 · 지출결의서 • 반납결의서 • 과목전용조서 • 예비비 사용조서 • 정부보조금 명세서	• 세입세출 · 결산총괄 설명 • 세입 · 세출결산서 • 연도말 잔액증명 • 퇴직적립금 통장사본 & 잔액증명서
과정	• 예산편성지침(2개월전) • 예산안 제출(개시5일전)	• 수입 · 지출 사무의 관리책임자 선정	• 제출(다음 연도 5월 31일까지)

출처: 보건복지부(2020). 2020년도 보육사업안내. p. 85.

① 보육료 수납

어린이집의 원장은 보육료 수납영수증을 발급해야 하지만, 아이행복카드를 이용 시에는 카드발급영수증으로, 대체가 가능하며 아이행복카드 이외의 일반아동 보육료는 신용카드 및 금융기관을 통하여 수납한다. 무통장입금 또는 통장 자동이체, 계좌이체, 지로, 신용카드 등을 이용한다. 현금 수납은 원칙적으로 불가능하나, 불가피한 사유로 현금 수납하는 경우는 보육료 절차 및 원칙을 준수한다. 수입이 발생할 경우는 수입결의서를 작성하고 관련 서류를 첨부한다.

보육료 현금 수납 시 절차 및 준수사항

• 어린이집의 원장은 보육료 수납 시 무통장 입금 또는 통장 자동이체, 계좌이체 지로 등을 통하여 납부하도록 해야 하나, 불가피하게 현금을 수납하는 경우에는 다음 절차를 따라야 함

보육료 수납영수증 발행 (어린이집 원장 → 보호자)	• 어린이집 원장은 〈서식Ⅱ-3〉 서식에 따라 보호자에게 보육료 수납 영수증 발행
↓	
보육료 납부 (보호자 → 어린이집 원장)	• 보호자는 어린이집의 원장에게 보육료를 현금으로 납부하고 어린이집의 원장은 보호자에게 보육료 수납 영수증을 발행
↓ (다음 날)	
금융기관에 무통장 입금 (어린이집 원장 → 금융기관)	• 어린이집 원장은 보호자로부터 수납한 보육료를 수납한 날의 다음 날까지 어린이집 관리 통장에 보육아동 명의로 무통장 입금(일괄 입금 불가) • 어린이집 원장은 무통장 입금증 원본 보관
↓	
수입결의서 작성 비치 및 관련 장부 정비 (어린이집 원장)	• 보육료 수납영수증 및 무통장 입금증 원본을 첨부하여 수입결의서를 작성, 수입처리하고 관련 장부 정비 (수입처리 시점은 무통장 입금일 기준)

② 지출관리

어린이집의 지출은 어린이집 전용 체크(신용)카드, 계좌 입금으로 한다. 다만, 어린이집에 지원되는 국가 또는 지방자치단체의 보조금 지원은 보조금 전용카드나 보조금 전용계좌를 이용해야 하며, 시·도지사가 정하는 소액의 범위 내에서 현금결제가 가능하다. 지출할 때 세금계산서, 카드결제 영수증, 현금영수증(현금결제) 등 관련 서류를 첨부한다.

국공립, 법인어린이집 등 보육교직원 인건비 국고지원을 받는 어린이집(정부지원 어린이집)의 원장은 보건복지부장관이 정한 인건비지원 기준에 따라 지급하되, 지방자치단체에서 별도 지급하는 교사처우개선비 등은 부가적으로 지급한다. 모든 어린이집은 보육교사에게 「최저임금법」에 의한 최저임금 이상의 보수를 지급해야 하며, 지방자치단체에서 별도 지급하는 교사처우개선비 등은 부가적으로 지급하고, 4대 보험료의 사업자

부담분은 별도 부담한다. 또한 보육교직원 인건비 지급은 반드시 개인 계좌로 입금해야 하며, 보육교직원에게는 봉급명세서를 발급해야 한다.

(2) 예산편성과 집행

① 예산편성

어린이집의 예산은 다음 회계연도의 사업계획을 재정적인 용어와 금액으로 표시하여 예산안을 작성하는 것으로, 어린이집의 재무회계 연도는 당해 연도 3월 1일에 시작하여 익년 2월 말일에 종료한다. 따라서 1회계연도에 속하는 어린이집의 세입, 세출의 출납사무는 다음 연도 2월 말일까지 완결해야 한다. 어린이집 예산편성은 예산총계주의 원칙에 따르며, 예산총계주의 원칙에 따라 1회계연도의 모든 수입은 세입으로 하고 모든 지출은 세출로 하되, 세입과 세출은 모두 예산에 넣어야 한다.

② 예산결산

어린이집은 매 회계연도 의무적으로 결산을 해야 한다. 이 과정을 통해 어린이집의 지출이 원래의 계획대로 합리적으로 잘 이루어졌는지 확인할 수 있다. 결산 시에는 세입 · 세출을 예산의 과목별로 세분하여 결산하며, 산출기초는 상세하게 기재하여야 한다. 어린이집의 원장은 세입과 세출 결산보고서를 작성한 후 시장 · 군수 · 구청장에게 제출해야 하며, 확정된 결산개요를 어린이집의 게시판이나 홈페이지에 20일 이상 공지하여 기관 운영의 투명성과 신뢰성을 높이도록 한다.

2) 문서관리

문서관리는 보육서비스를 효율적으로 하기 위해, 보육활동의 수행과정에서 수반되는 기록과 장부의 작성 및 보관, 공문서의 발송과 접수 등 문서 관리를 집행하고 처리하는 업무를 말한다(임재택, 2001; 윤매자 외, 2012 재인용). 어린이집의 효율적인 행정업무를 위해 각종 문서의 표준화와 전산화 작업이 필요한데, 표준화된 문서양식은 교사의 업무처리를 수월하게 해 주고, 전산화 작업은 서류의 기록과 보관 작업을 쉽게 해 준다(이순형 외, 2012). 어린이집에서는 많은 업무를 기록하고 관리·보관되어야 하므로 어린이집 현장에서 보육교사의 서류 업무 부담이 크다는 의견이 제기되었다.

(1) 문서의 종류

어린이집에서 갖추어야 할 서류는 운영관리, 건강·영양·안전, 보육교직원 관리, 보육과정 운영, 회계 및 사무 관리의 다섯 가지 영역으로 구분할 수 있다. 세부 서식은 중앙육아종합지원센터 및 한국보육진흥원 홈페이지에서 다운받아 사용할 수 있다.

어린이집 작성·비치 서류(시행규칙 별표8)

1) 재산목록과 그 소유를 증명하는 서류(부동산을 임차하는 경우에는 임대차 계약서를 포함한다)
2) 어린이집 운영일지 및 보육통합정보시스템의 전자출석부
3) 보육교직원의 인사기록카드(채용구비서류, 이력서 및 사진을 포함한다)
4) 예산서 및 결산서
5) 총계정원장 및 수입·지출 보조부
6) 금전 및 물품출납부와 그 증명서류
7) 소속 법인의 정관 및 관계 서류
8) 어린이집 이용신청자 명부
9) 생활기록부, 영유아보육일지
10) 보육교직원의 인사·복무 및 어린이집 운영에 관한 규정 등
11) 통합안전점검표
12) 영상정보 열람대장
13) 그 밖에 어린이집 운영에 필요한 서류

※ 상시 영유아 20명 이하인 어린이집으로서 어린이집의 원장이 보육교사를 겸임하는 어린이집의 경우에는 1)·3)·4)·5)·6)·8)·9)·11) 및 12) 외의 장부 및 서류(전자문서를 포함한다)는 갖춰 두지 아니할 수 있다.

출처: 중앙육아종합지원센터 자료실(http://central.childcare.go.kr/ccef/main.jsp).

(2) 문서작성 및 관리

문서 작성 시에는 각 업무별 문서 작성 서식과 작성 방법을 충분히 숙지하여 작성하고자 하는 내용을 명확하고 간결하게 기술한다. 작성하는 모든 서류는 표준화된 양식에 따라서 기한에 맞게 작성하여, 한 학기 혹은 학년이 마감될 때 서류를 정리하여

전체적으로 보관해야 한다. 어린이집에서 구비해야 하는 각종 문서의 비치 및 보존 연한은 「영유아보육법」 공공기록물 관리에 관한 법률에 의거하여 작성한다.

〈표 11-7〉 **어린이집 문서 보존 연한**

구 분	보존기간
• 기관 및 단체의 신분, 재산, 권리, 의무를 증빙하는 서류 – 인사기록카드, 보육교직원관리대장 등	준영구
• 공사 관련 장부 및 증빙서류	10년
• 회계 관련 장부 및 증빙서류 – 현금출납부, 총계정원장, 재산대장, 비품관리대장 – 과목전용조서, 수입·지출 원인행위 위임에 관한 위임장 – 보육료대장, 봉급대장 – 수입과 지출에 따른 증빙서류 등 • 영유아 생활기록부	5년
• 기타 어린이집 운영에 관한 서류 – 어린이집 운영일지 – 어린이집 이용신청자명부 및 이용아동연명부 – 연간·월간·주간보육계획안, 보육일지 등	3년
• 기타 업무연락, 통보, 조회 등과 관련된 기록물	1년

출처: 보건복지부(2020). 2020년도 보육사업안내. p. 82.

생각해 보기

1. 어린이집에서 인적 운영관리 중 원아 관리를 위해 진행하는 순서에 대해 말해 봅시다.

2. 「영유아보육법」 제17조, 시행규칙 제10조에 의거하여, 영유아의 연령에 따른 보육교사와의 배치기준을 확인하고 서로 그 내용을 말해 봅니다.

3. 어린이집에서 갖추어야 할 서류에 관해 5가지 영역을 확인하고, 각 영역마다 어떤 내용이 들어가야 하는지 말해 보고, 더 추가해야 할 서류가 있다면 어떤 것이 필요한지 논의해 봅시다.

부모와 지역사회와의 협력

Chapter 12

영유아의 발달은 부모와 가정의 노력만으로 이루어지는 것은 아니다. 영유아는 사회 구성원으로서, 가정을 비롯하여 사회의 가치관과 흐름에 영향을 받는 존재이다. 따라서 바람직하고 전인적 발달을 촉진하기 위해서는 가정과 사회 모두의 노력이 필요하다. 일정한 시간 동안 부모 역할을 대신 수행하고 있는 영유아교육기관은 지역의 특성에 맞게 지역사회와 연계되는 프로그램을 개발하고 보급할 수 있는 좋은 자원이 될 수 있다. 12장에서는 부모 협력의 개념과 필요성, 어린이집과 부모와의 협력 및 지역사회와의 협력 등에 대해 구체적으로 살펴보고자 한다.

1. 부모 협력의 개념과 중요성

현대사회는 여성의 취업률 상승과 저출산, 다양한 가족구조의 변화를 초래하였다. 이로 인하여 양육에 대한 역할모델의 부재로 부모들은 새로운 형태의 생활양식에 따라 자녀를 양육하며, 사회적 돌봄이 필요하게 되었다. 2013년부터 취학 전 영유아에게 무상보육을 실시하게 되었고, 어린 시절부터 영유아교유기관에서 보내는 시간이 길어졌다. 따라서 부모나 양육자의 역할을 대신하고 가정교육을 비롯하여 생활습관까지 교사의 영향을 받게 되므로 보육교직원과 부모와의 협력을 통해 영유아의 양육과 교육을 바람직하게 이끌어 나가야 한다.

1) 부모 협력의 개념

영유아의 전인적 발달을 위한 부모의 역할은 많은 학자들에 의해 강조되어 왔으며, 영유아교육기관에서 역시 부모는 중요한 의미를 지닌다. 과거에는 부모교육, 부모참여 등으로 영유아교육기관에서 부모에게 자녀에 관심을 가질 수 있도록 기회를 재공해 왔다. 하지만 대부분이 기관중심의 프로그램으로 계획되어 부모는 제한적이며 소극적인 참여 수준을 유지할 수밖에 없었다. 이에 대해 최근에는 부모와 교사, 기관은 보다 수평적이며, 양방향적인 협력체계를 구축해야 함을 강조하게 되었다.

협력이란 '힘을 합하여 서로 돕는다'는 의미로, 부모와 교사가 영유아발달에 도움이 되는 지식이나 정보를 함께 나눔으로써 교육에 참여하는 형태를 말한다(방글이, 2015). 즉, 부모와 교사가 대등한 위치에서 영유아의 긍정적 발달이라는 공동의 목표를 이루기 위해 상호호혜적인 관계를 형성하는 것을 말한다. 부모의 요구를 들어주어, 기관이 제공하는 교육과 활동에 제한적 참여가 아니라, 상호소통하는 가정과의 연계와 협력을 의미한다(Epstein, 2001). 다시 말해, 일방적이기보다는 기관에서 제공하는 보육과 교육프로그램에 관심을 갖고, 계획 및 의사결정에 참여하며 영유아를 위한 프로그램과 환경을 위해 함께 노력하는 관계이다(Keyes, 2000).

이를 요약하면, 부모 협력이란 영유아를 위한 부모와 교사의 상호보완적인 실천적 관계라 할 수 있으며, 영유아의 발달을 위해 한곳을 바라보고 나아가는 동반자적 입장이라 볼 수 있다(Hujala et al., 2009; 김은주, 2021).

2) 부모 협력의 중요성

브론펜브레너(Bronfenbrenner, 1979)의 생태학적 체계이론에 의하면, 영유아를 중심으로 한 주변 세계는 미시체계, 중간체계, 외체계, 거시체계, 시간체계로 나눌 수 있으며, 중간체계란 미시체계에 속해 있는 요소들 간의 상호작용과정을 말한다. 가족구조의 변화로 맞벌이 가족의 증가와 가족 형태가 다양해졌고, 영유아들이 보육이나 교육기관의 이용 시간이 확대되었다. 영유아가 처음 속하는 사회는 더 이상 가정에 제한되지 않으며 영유아교육기관을 포함한 환경은 영유아의 성장과 발달에 있어서 중요한 환경체계가 된다(방글이, 2015). 영유아의 올바른 성장과 발달을 위해서는 이 두 환경체계가 긍정적인 관계를 형성하여 영유아에게 의미 있는 경험을 제공하도록 해야 한다.

또한 부모와 교사가 서로 협력적인 관계를 유지하여 긍정적인 관계가 형성된다면 좋은 파트너로서 교육의 효과를 높이고 부모는 교사에게 든든한 지원군이 될 수 있지만, 부모와 교사의 협조가 잘 이루어지지 않는다면 오히려 부모는 심각한 방해요인이 될 수도 있으므로 다각적으로 접근해야 한다(유연화 · 서정연, 2016). 자녀교육에 대한 모든 책임과 의무가 기관과 교사에게 있다고 여기던 과거의 패러다임에서 벗어나, 부모와 교사가 자녀교육을 위해 함께 노력하는 협력자가 되어야 한다는 새로운 관점으로 바뀌었다(Epstein, 2001).

2. 어린이집과 부모와의 협력

영유아를 위한 질 높은 보육프로그램을 제공하기 위해서는 부모를 포함한 가족의 참여와 그들의 요구를 반영하는 것은 필수적이다. 과거에는 소극적이고 기관 중심의 '부모참여'를 강조했으나 최근에는 협력체계를 구축하여 함께 교육을 위해 노력하는 협력적 역할에 관한 관심이 증가되고 있다(방유선 · 권귀염, 2019). 그리고 부모가 교사를 전문가로서 인정하고 신뢰할 경우, 교사는 스스로 삶에 대한 가치뿐만 아니라 영유아의 삶에도 지대한 영향력이 있다는 것에 큰 가치를 두고 직무에 최선을 다할 것이며, 부모와 교사의 협력이 이루어질 경우 자녀 육아에 부족한 면을 채울 수 있어 자녀 양육에 대한 긍정적인 정서가 높아질 것이다(김은주, 2021). 부모와 교사는 동반자적인 관계임을 인식하고 있을 때 협력의 효과를 증대시킬 수 있다. 그러나 단순히 부모와 교사의 협력으로만 성공적인 보육과 교육이 이루어질 수 없으며, 보육과 교육에 있어서 영유아가 중심이 되어야 함을 잊지 말아야 한다(강유정, 2021).

1) 부모 협력의 필요성

부모는 영유아의 사고와 행동 발달에 있어 기초적인 경험을 제공하며, 영유아 생활의 장을 결정하고 중재하는 가장 중요한 역할자이며 교육자이다(Berger, 1995). 또한 부모는 자녀의 인성, 성격의 장 · 단점, 행동, 태도 등에 대해 가장 많은 정보를 갖고 있는 존재이다(임미경, 2016). 따라서 영유아를 바르게 이해하고 교육적 효과를 높이기 위해 기관과 부모의 협력은 필요하다. 그리고 영유아의 개별적인 특성이 고려되어야 함에도 불구하고 자녀 양육에 대한 정보의 과도한 양과 속도에 치우치거나 보편적인 양육정보에 의지하는 경향이 강해지고 있다(방글이, 2015). 또한 오히려 혼란을 불러일으키는 등의 개별성을 고려하지 않은 부적합한 양육정보가 이미 확산되어 있기에 전문적인 부모 협력 과정이 필요하다(박근주 외, 2020).

부모와의 협력이 필요한 이유를 영유아, 부모, 교사로 나누어 살펴보면 다음과 같다.

(1) 영유아에게 필요한 이유

① 영유아의 어린이집 초기 적응에 도움이 된다. 어린이집은 가정 이외에 처음 경험하게 되는 '사회'로 주 양육자와의 분리로 인한 어려움을 유발한다. 이때 부모와 교사의 소통을 통해서 교사와 영유아의 관계를 더욱 원만하게 해 주고, 영유아가 안정적으로 적응하는 데 중요한 영향을 준다(김유환 · 김경숙, 2012).

② 영유아를 이해하는 데 도움이 된다. 특히 의사 표현이 어려운 영아에게는 필수적이다. 영유아의 성장배경과 특징을 부모로부터 전달받을 경우, 영유아에 대한 이해도를 높일 수 있으며, 이는 영유아에게 편안하고 안정적인 보육환경을 제공할 수 있게 한다.

③ 영유아의 성공적인 학습에 도움이 된다. 가정과 기관의 연계 활동이 이루어질 경우, 영유아는 정서적 안정을 느낄 뿐만 아니라 교실에서 배운 학습이 가정까지 확장되어 성공적인 학습이 이루어질 수 있다(윤정진 · 안선희, 2019).

④ 영유아의 전인적 발달을 돕는다. 영유아는 급성장하는 시기로 영유아의 발달과 양육에 필요한 지식을 부모에게 제공하고, 영유아의 개별적인 특성을 부모로부터 전달받음으로써 영유아에게 적합한 보육활동을 계획할 수 있다.

(2) 부모에게 필요한 이유

① 부모에게 영유아발달과 자녀 양육에 필요한 지식을 제공한다.
부모강연회, 워크숍 등의 형태로 필요한 정보를 제공하거나 경험해 볼 수 있는 기회를 마련할 뿐만 아니라 개별 영유아의 특성에 따라 필요한 도움 방안을 제시할 수 있다.

② 의사 표현이 어려운 영아에게는 기관에서의 경험을 부모에게 알릴 수 있다. 기관에서의 보육활동 및 안내가 필요한 상황에 대해 부모에게 전달함으로써 가정과 기관의 연계를 활발히 할 수 있다.

③ 양육의 고민을 공유함으로써 부모는 정서적 지원과 지지를 받을 수 있다.

④ 기관에 대한 불안감을 감소시키고 교사에 대한 신뢰감을 형성할 수 있는 기회가 된다(김근주, 2019). 기관에 대한 정보를 제공하고 참여의 기회를 늘림으로써 부모는 어린 자녀의 기관 생활에 대한 불안감을 감소시킬 수 있다.

(3) 교사에게 필요한 이유

① 영유아에 대한 정보를 제공받음으로써 영유아를 이해한다. 교사는 부모와의 의사소통을 통해 영유아의 가정을 이해할 수 있다(방글이, 2015).

② 영유아에게 적합한 교육활동 계획이 가능하고 나아가 보육 교육의 질을 향상시킨다. 부모로부터 영유아의 관심사와 흥미에 대한 정보를 통해 의미 있는 학습활동을 계획할 수 있을 뿐만 아니라 필요한 자료를 제공받을 수 있다.

③ 부모의 지지는 교사의 효능감 및 자존감에 긍정적 영향을 준다. 부모와 교사의 긍정적인 관계는 교사가 더욱 자신감 있게 영유아를 지도하고자 하는 열정을 선사하며(Gestwicki, 2007), 부모와 교사가 협력할수록 자신에 대한 교사로서의 유능감을 높게 인식한다(최미숙, 2016).

2) 부모 협력의 형태

부모 협력은 시기와 특성, 목적에 따라 다른 형태를 지닌다. 대부분 연간 보육 계획안을 구성하면서 부모 협력의 시기와 내용을 계획한다. 어린이집에서 일반적으로 실시되고 있는 부모 협력의 유형은 다음과 같다.

(1) 오리엔테이션

오리엔테이션은 기관의 보육과 교육철학, 운영방침의 전반적인 내용을 전달하는 것을 목적으로 부모에게 기관에 대한 이해를 높이고, 영유아의 적응을 돕는다. 보통 새학기가 시작되기 전 계획되며 2월 말에서 3월 초에 이루어진다. 주요 전달내용은 어린이집의 운영 방침(운영보고서 첨부), 보육교직원 소개, 어린이집 운영시간 및 개방원칙, 보육프로그램, 보육환경, 등하원 절차(귀가 동의서), 안전 지침 사항(가정보육을 요하는 전염성 질환 목록) 등이 있다.

〈표 12-1〉 **신입원아 오리엔테이션 안내 메일(예시)**

안녕하세요?
○○어린이집 가족이 되신 것을 축하드립니다.
어린이집의 이해 및 자녀의 어린이집 적응을 위한 오리엔테이션을 준비하였습니다. 참석하시어 활발한 교류의 장이 되길 바랍니다.
어린이집에서는 20____년 새로이 입소할 소중한 우리 아이들을 만날 설레임을 간직하며 최선을 다해 준비하며 기다리고 있겠습니다.

— 다 음 —

1. 신입원아 부모대상 오리엔테이션

어린이집 운영방침, 연령별 진행되는 교육프로그램 등에 대해 설명해 드리는 신입원아 부모 오리엔테이션이 예정되어 있습니다.

① 일 시: 20_____년 ____월 ____일 (____) 오전 ______시 (약 _____시간 소요 예정)
② 장 소: _______ 어린이집
③ 내 용: 어린이집의 교육프로그램 및 주요 운영방침 안내, 담임교사 인사
④ 참석자: 한 가정당 2명 이상의 성인과 자녀 동반

※ 교육프로그램 외 어린이집 소개를 안내받을 성인 한 분과 동 시간대 어린이집 내에서 자녀와 함께 놀이해 주실 성인 한 분으로, 자녀를 동반할 경우 성인 2분의 참석을 부탁드립니다. 주 양육자 외 조부모님 또는 대리 양육자 등 (실제 적응프로그램에 도움을 주실 성인)이 함께 참석해 주시면 더욱 좋습니다.

2. 첫 등원일: 20____년 _____월 ____일 (____)

3. 신입생 O.T. 참석 여부 회신

아래 내용을 기입하여 본 메일 답장으로 2월 ○○일(금)까지 제출해 주시기 바랍니다.

1) 자녀 이름: 20____년생 , 이름 ○○○
2) 오리엔테이션 참석 여부: 참석( ), 불참( )

〈표 12-2〉 **어린이집 운영안내서의 내용**

어린이집 운영안내서

- 어린이집에서는 운영 철학 및 보육목표, 운영 내용을 포함하는 운영 방침을 수립하고 이를 안내하여야 한다.
- 보육료 및 필요 경비 수납한도액을 어린이집 운영안내서에 포함하여 작성할 수 있다.
- 평가인증: 어린이집 운영 철학, 보육목표, 보육프로그램의 특성(보육 방침), 보육시간, 보육료, 연령별 집단 크기와 보육교사 수, 보육교직원 구성, 어린이집의 환경(보육실, 실내외 놀이시설 등), 어린이집 개방 원칙, 전문가 정보, 감염병 대책, 아프거나 다친 영유아 처리, 영유아 인계 과정에 대한 규정, 신입인력 · 신입 원아 오리엔테이션 자료 등이 포함 가능하다(형식은 리플렛, 안내문 등으로 다양).
  ※ 39인 이하 유형에서는 전문가 정보는 생략이 가능하다.

구분	필수기재 사항
운영방침	어린이집 운영철학, 보육목표, 보육프로그램의 특성(보육방침), 보육시간, 보육료, 연령별 집단 크기와 보육교사 수, 보육교직원 구성, 어린이집의 환경(보육실, 실내외 놀이시설 등), 어린이집 개방원칙
신입 원아 부모를 위한 오리엔테이션 자료	보육교직원 소개, 보육시간, 어린이집의 환경, 보육프로그램 및 보육과정, 어린이집 개방원칙, 등 · 하원 절차 및 안전지침
감염병 대책	영유아에게 자주 발생하는 전염성 질환(예: 수두, 볼거리, 홍역, 수족구, 독감, 뇌염 등), 등원하지 않아야 할 전염성 질환의 종류와 기간, 전염성 질환에 걸렸을 경우 대처방법
영유아 인계과정	영유아가 등원하는 구체적인 절차와 방법(예: 차량운행, 영유아를 직접 데리고 등 · 하원 등), (부모가 희망하더라도) 영유아를 혼자 귀가시키지 않도록 함. 반드시 지정된 보호자에게 영유아를 인계함

- 서울형(신규 · 재공인): 맞춤보육을 운영하는 경우에는 맞춤보육운영계획을 운영안내서에 포함할 수 있다.
- 부모모니터링: 영유아 및 보육교직원의 식중독 및 감염병 대처방법의 안내자료를 운영안내서에 포함할 수 있다.

출처: 서울육아종합지원센터(http://seoul.childcare.go.kr).

〈표 12-3〉 어린이집 운영안내서 내용(예시)

차 례

Ⅰ. 보육철학 및 목표
1. 보육철학
2. 보육목표

Ⅱ. 운영현황
1. 어린이집 연혁
2. 어린이집의 환경
3. 보육시간
4. 보육료
5. 연령별 집단크기와 교사 수
6. 보육교직원 구성
7. 보육교직원 역할

Ⅲ. 보육프로그램

Ⅳ. 하루일과

Ⅴ. 건강 · 영양 · 안전관리
1. 건강관리
2. 영양관리
3. 안전관리

Ⅵ. 부모 및 지역사회와의 협력
1. 부모참여프로그램
2. 어린이집 운영위원회
3. 지역사회기관과의 연계
4. 지역사회 전문가 정보

Ⅶ. 공지사항
1. 신입원아 적응프로그램
2. 어린이집의 개방원칙
3. 감염병 대책
4. 아프거나 다친 영유아에 대한 처리 절차 및 응급처치동의서 작성 안내
5. 등 · 하원 절차 및 귀가 동의서 작성 안내
6. 상해, 화재, 배상보험 가입 안내
7. 안전사고 발생 시 어린이집이 갖는 책임 한계에 관한 규정
8. 기타

출처: 서울육아종합지원센터(http://seoul.childcare.go.kr).

〈표 12-4〉 응급처치 및 귀가 동의서(예시)

응급처치 및 귀가 동의서

■ 원아 기본정보

성 명	(남, 여)	반 이 름	
주 소		주민등록번호	

■ 보호자 연락처

성 명	관 계	연락처(1)	연락처(2)	비고

■ 응급처치 절차

1. 응급상황 발생 시 위의 보호자께 연락해 주십시오.
2. 영유아의 의료보험 관련 정보는 다음과 같습니다.
   의료보험 종류______________________________
   번호______________________________
3. 필요한 경우 119구조대에 연락하며(어린이집에서 지정하는 의료기관이나, 보호자가 정한 의료기관) ______________________________으로 응급 수송해 주십시오.

■ 귀가 동의

위 원아의 귀가 시 위의 보호자에게 인도하여 주십시오. 다른 사람에게 인계할 때에는 사전에 반드시 연락을 취하겠습니다.

※ 저희 어린이집에서는 부모님이 원하시더라도 영유아를 보호자 없이 혼자 귀가시키지 않습니다.

■ 등하원 방법: □ 통학버스 □ 보호자 동행

■ 귀가 요청시간: 시 분

귀 어린이집에서 위의 절차에 따라 귀가 및 응급처리를 하는 것에 동의합니다.

20 년 월 일

보호자 인(서명)

__________어린이집 원장 귀하

출처: 보건복지부 · 한국보육진흥원(2016). 2016 어린이집 평가인증 안내.

(2) 부모 면담

부모 면담은 규모에 따라 개별면담과 집단면담, 시기에 따라 정기적인 면담과 수시로 진행되는 면담으로 구분할 수 있다. 면담을 통해 교사와 부모가 영유아의 발달과 교육관, 기관에 대한 정보를 나눔으로써 협력적인 관계를 형성한다. 부모와의 개별면담은 연 2회 이상 계획하며, 학기별로 진행되는 경우가 많다(윤매자 외, 2021). 학기 초에 진행되는 면담은 담임교사가 영유아에 대한 이해를 위한 목적에 비중을 두고 부모로부터 영유아에 대해 알아 두어야 하는 사항 및 부모의 바람을 듣고 앞으로의 생활에 관한 이야기를 나눈다. 그리고 학기 말에 진행되는 면담은 1년간의 영유아의 변화, 발달 상황을 포함한 지도, 도움 방안과 앞으로의 방향에 대한 전반적인 이야기를 나눈다(윤매자 외, 2021).

면담 일정은 사전에 공지한 후 부모와의 협의를 통해 조율하며 상황에 따라 전화와 화상 프로그램(예, zoom프로그램)을 활용하여 진행할 수 있다. 면담 일정이 정해지면 사전 면담 질문지를 발송하여 부모가 면담에 참여하기 전 질문이나 건의 사항을 미리 확인할 수 있다.

영유아에 대한 관찰 정보와 기록을 토대로 효율적인 면담을 위한 계획안을 작성할 수 있다. 긍정적인 분위기를 조성하여 부모와의 신뢰 관계를 구축할 수 있도록 하며, 영유아의 발달 상황에 대해 전달할 때는 구체적이고 객관적인 준거를 활용하는 것이 바람직하다. 예를 들어, '잘 발달하고 있습니다'와 같이 일반적인 진술을 자제하는 것이 좋다. 또한 부모에게 충분히 이야기할 수 있는 시간을 제공하고 교사는 경청해야 한다. 부모가 편안하게 참여할 수 있도록 교사가 배려하면, 교사와 부모 관계의 질이 향상되며 이는 일상적인 부모 협력에도 긍정적 영향을 줄 수 있다(Dorothy et al., 2013).

〈표 12-5〉 **면담의 내용**

- 인사말과 면담 진행 방향 개요
- 최근 영유아의 긍정적인 경험(놀이, 활동, 상호작용의 예 포함)
- 부모에게 영유아의 가정생활에 관한 질문 및 경청
- 영유아의 포트폴리오 및 작업 표본, 발달 가능성
- 일화를 토대로 한 영유아의 장점과 향상 가능한 부분
- 부모의 자녀에 대한 기대
- 영유아발달을 위한 도움, 지도방안(기관과 가정의 연계)
- 다음 면담 일정 합의와 추후 소통 가능성에 대한 안내(교사와의 연락 방법 등)

출처: Dorothy et al.(2013). *Developing and administering a child care and education program*(8th). Wabsworth.

〈표 12-6〉 **면담 후 점검 사항**

- 부모에게 이야기할 수 있는 시간을 충분히 제공했는가?
- 부모의 이야기에 경청하는 태도를 보였는가?
- 조언이 필요한지를 묻고 일방적인 조언을 자제했는가?
- 능동적인 경청을 통해 부모가 말한 사안을 재진술했는가?
- 부모로 하여금 교사가 영유아와 가족을 진심으로 대하고 있음을 느꼈는가?

출처: Dorothy et al.(2013). *Developing and administering a child care and education program*(8th). Wabsworth.

(3) 부모 참관 및 참여 수업

부모 참관과 참여 수업은 실제 영유아가 기관에서 제공받는 교육활동을 직접적으로 관찰하고 경험할 수 있는 기회가 된다. 연 1회 이상 계획하며, 참관 수업은 교사와 영유아 간의 활동 모습을 관찰하는 것으로, 기관에서의 일상을 유추해 볼 수 있는 기회가 된다. 참여 수업은 부모도 활동에 직접 참여함으로써 함께 진행되는 형태를 말한다. 과거에는 참관 수업의 형태가 많이 진행되었으나 최근에는 참여 수업을 지향하고 있다.

(4) 간담회 및 강연회

간담회와 강연회는 집단의 형태로 이루어진다는 특징을 지니고 있으며, 연 1회 이상 계획하는 것이 바람직하다. 간담회는 어린이집에 대한 현안과 건의 사항, 부모들이 공통적으로 관심 있는 분야에 대해서 나누는 토론과 유사한 형태를 지닌다. 이때, 각 학급별로 담임교사와 진행하거나 어린이집 전체를 대상으로 할 수 있다.

강연회는 특정 주제에 대해서 정보를 부모에게 전달하는 형태를 지닌다. 일반적으로 해당 주제의 전문가를 강연자로 초청하여 진행된다. 강연회가 이루어지는 시기와 참여 부모의 자녀 연령 등을 바탕으로 공통의 관심 있는 주제를 선정하도록 한다.

(5) 홈페이지 및 어플리케이션, 전화, 가정통신문

홈페이지에는 기관에 대한 연혁, 교육철학, 교육 목표와 전반적인 계획을 제시하며 주간 보육계획안, 월간 보육계획안, 식단 등의 주기적으로 제공되는 정보를 업로드한다. 최근에는 어플리케이션을 이용하는 형태로 변화하고 있으며, 어플리케이션 또한 기관에 대한 전반적인 정보와 함께 학급별 공지 사항과 영유아의 활동사진 등을 부모의 사전동의를 받아 공유한다. 또한 경우에 따라 가정통신문의 형태로 안내문을 발송할 수 있다. 그리고 수시로 발생하는 특수한 상황에 대해서는 전화를 통해 교사와 부모간 소통이 이루어진다.

〈표 12-7〉 **가정통신문(예시)**

3월 2주 가정통신문

부모님께

따스한 봄을 맞이하여 인사드립니다.

저희 ○○어린이집에서는 부모님들의 자녀 양육을 돕고자 가능한 시간을 서로 의논하여 어린이집을 개방하고 있습니다. 이를 통해 부모님께 하루일과를 지켜보거나 활동의 일부를 자녀와 함께할 수 있도록 기회를 제공하고자 합니다. 자녀와 함께하는 이러한 보육경험은 자녀의 행동 및 어린이집을 이해하는 데 도움이 될 것입니다.

반별 보육실 개방에 대해서는 담임선생님과 협의하여 주시기 바랍니다. 그리고 어린이집 개방과 관련하여 다음 사항을 지킬 수 있도록 사전 협조 부탁드립니다.

1. 부모님의 보육실 입실과정에서 영유아들의 안정된 생활과 선생님들의 보육활동이 원활히 진행될 수 있도록 협조 부탁드립니다.
2. 특히, 영아반 부모님께서는 보육실 입실 시 어린이집 원아들의 건강과 청결한 위생을 위해 손을 깨끗이 씻고 입실하여 주시기 바랍니다.

※ 기타: 영유아의 침구(개인 이불과 베개)를 세탁하여 00월 00일까지 보내 주시기 바랍니다.

20 년 월 일

○ ○ 어린이집

출처: 서울육아종합지원센터(http://seoul.childcare.go.kr).

〈표 12-8〉 **부모 만족도 조사(예시)**

부모 만족도 조사

- 부모 만족도 조사 설문 문항은 어린이집의 상황을 반영하여 구성할 수 있다.
- 어린이집 부모 만족도 조사 결과는 어린이집 질 개선, 부모교육 등 어린이집 운영에 자체적으로 활용할 수 있다.

예) 어린이집 부모 만족도 조사 설문 문항

범주	문항
어린이집 환경	1. 우리 아이가 다니는 어린이집 시설은 깨끗하고 안전하다.
	2. 어린이집에는 다양하고 충분한 양의 놀잇감(동화책, 교구 등)이 있다.
건강·안전	3. 우리 아이에게 제공되는 급·간식에 만족한다.
	4. 아이가 아프거나 다쳤을 때 어린이집에서는 적절한 조치(부모연락 및 응급처치 등)를 취한다.
	5. 어린이집에서의 등·하원(차량운행)이 안전하게 이루어진다.
보육 과정	6. 어린이집 보육프로그램 및 행사계획을 잘 안내받고 있다.
	7. 어린이집에서 아이들에게 제공하는 활동에 대해 만족한다.
	8. 우리 아이는 어린이집에서 편안하게 생활한다.
상호 작용	9. 어린이집 선생님들은 아이를 존중하고, 적절한 언어를 사용하며 따뜻하게 대한다.
	10. 우리 아이는 담임교사를 좋아하고 따른다.
	11. 어린이집에서 우리 아이는 갈등 문제가 없다.
운영의 개방성 및 가정 연계	12. 어린이집은 부모가 언제든 방문할 수 있도록 개방되어 있으며, 필요시 의견을 제안할 수 있다.
	13. 어린이집에서는 우리 아이의 생활 및 발달에 대한 정보를 충분히 알려 준다.
	14. 어린이집에서는 부모가 어린이집 활동에 참여할 수 있도록 다양한 기회를 제공한다.
	15. 어린이집에 아이를 보내는 것이 나의 직장생활이나 가정생활에 도움이 된다.

출처: 보건복지부·한국보육진흥원(2015). 2015 어린이집 부모 만족도 조사 시범사업.

3. 어린이집과 지역사회와의 협력

어린이집에서의 지역사회 협력은 어린이집이 위치한 지역 공동체와의 교류를 의미한다. 어린이집과 지역사회의 협력 역시 상호호혜적인 관계가 되도록 해야 한다. 협력적인 관계에서 지역사회 자원을 활용한 활동은 영유아의 경험을 확장시키는 가치 있는 교육 방법이다. 또한 지역사회는 일차적인 생태학적 환경으로 영유아가 가족과 함께 거주하는 삶의 터전이다(남미경, 2011).

1) 지역사회의 연계

(1) 지역사회와 협력의 개념

지역사회 어원의 개념을 살펴보면, 지역사회란 'community'로 영어의 공동의 의미인 'common'과 공동자치제의 의미인 'communal'의 어원으로 '공동 소유'의 의미를 내포하며, 의사소통의 의미를 지닌 'communication'의 의미를 담고 있다(정지웅 외, 2000). 즉, 지역사회는 일정한 지역 내에서 함께 살며 서로의 상호작용을 통해 공동의식을 가지고 있는 공동체를 의미한다(이정빈, 2019).

(2) 지역사회와의 협력의 필요성

보건복지부 · 한국보육진흥원(2020)에서 발표한 어린이집 평가매뉴얼에 따르면, 어린이집에서 부모와 밀접하게 협력하고 지역사회와 활발하게 교류할 때 영유아는 가정과 어린이집, 지역사회의 일원으로서 소속감과 안정감을 느낄 뿐만 아니라 자신이 속한 주변 환경의 특성에 대해 자연스럽게 이해한다고 보고하고 있다. 지역사회 특성을 잘 활용하면 영유아의 적극적인 참여를 극대화할 수 있으며, 지역사회는 영유아의 사회화 과정에서 중요한 환경이므로 교육적 의의가 있다(Bronfenbrenner, 1979). 또한 효율적인 지역사회 협력 프로그램은 영유아로 하여금 자신과 타인을 존중하고 더불어 생활하는 능력과 태도를 갖추며, 나아가 사회구성원으로서의 역할과 책임을 실천하며 민주시민으로 성장하는 교육적 경험을 갖게 한다(서희전 · 김혜정, 2018). 그러므로 유아 교육 · 보육기관은 지역사회와 동반적 관계임을 인식하고 지역 수준에서의 교육적 서비스, 유용한 프로그램을 제공할 필요가 있다(Hereington, 2011). 뿐만 아니라 영유아를 이해하기 위해서는 영유아를 둘러싼 주변 세계에 대한 탐구가 함께 이루어져야 한다. 또한 교육적 효과를 높이기 위해서는 가정과 기관의 연계는 필수적이다. 유아교육은 영유아교육기관에서 이루어지는 공식적인 학습 경험과 가정, 지역사회에서 이루어지는 비공식적인 학습 경험의 연속선상에 있음을 유념해야 한다(교육부, 2000).

요약하면, 지역사회에서의 다양한 경험은 영유아에게 어린이집에서 경험할 수 없는 것을 관찰하거나 오감을 통해 경험을 접해 볼 수 있는 기회를 마련하고, 보육 · 교육 주제에 대해 구체적이고 체험적으로 접근할 수 있게 한다(정지웅 외, 2000). 이러한 지역사회의 구성원과 상호작용하고 학습하는 과정을 통해 지역사회에 대한 이해가 높아지고 그 사회 고유의 삶과 생활양식을 포함한 문화적인 체험을 하게 되어 긍정적으로 영유아의 사회화를 돕고 사회의 적응력을 향상시킨다(조봉희, 2017).

(3) 어린이집이 지역사회에 대한 역할[1)]

① 보육기관을 개방하여 지역사회 구성원들이 어린이집을 이용할 수 있도록 하며, 어린이집에서 개최하는 각종 행사에 지역사회 구성원들이 참여하여 다양한 지식을 얻고 유익한 경험을 통해 지역사회 공동체의식을 고취시킨다.

② 지역사회의 특성과 실정을 고려한 보육프로그램을 운영한다. 예를 들면, 맞벌이 부부가 많은 지역인 경우, 부모의 일하는 시간에 맞추어 연장보육을 실시하거나 농촌의 경우 농번기에 맞추어 보육시간을 조정할 수 있다.

③ 어린이집이 지역사회 주민을 위한 다양한 교육을 수행하는 교육의 장이 되도록

1) 윤매자 · 백은영 · 신혜경 · 이찬숙 · 이희정 · 주현경(2012). 보육학개론. p. 265, 발췌 및 재인용.

한다. 즉, 부모를 대상으로 한 교육 내용뿐만 아니라 지역주민에게 필요한 다양한 교육을 실시하여 평생교육의 기회를 제공할 수 있다.

④ 육아정보 나눔터를 마련하여 지역주민의 자녀 양육 관련 상담서비스를 제공할 수 있다. 특히 가정생활의 안정을 위하여 가족관계 증진 교육, IT, 건강교육 등을 제공할 수 있다.

⑤ 교육기관의 소식지, 지역신문, 정보 홍보물을 활용해서 육아 관련 정보를 정기적으로 소개함으로써 육아정보를 제공할 수 있다. 이를 통해 지역주민은 자녀 양육에 대한 올바른 지식을 갖추게 되며 영유아 보육기관에 대한 신뢰감을 높일 수 있다.

⑥ 지역사회에게 보육기관에서 실시하는 보육내용에 대한 설명을 통하여 보육에 대한 주민들의 역할과 책임을 인식시켜 주어야 한다.

2) 지역사회와의 협력 유형

지역사회 협력 유형을 살펴보기 위해서는 지역사회 자원의 형태를 살펴봐야 한다. 지역사회 자원은 과거에는 인적 자원과 물적 자원으로 분류하는 것이 일반적이었으나, 최근에는 지역사회 내의 자연적인 환경과 사회 · 문화적인 가치를 존중하여 자연적인 자원과 문화적 자원을 포함한다(Gestwicki, 2004). 지역사회의 풍부한 자원들을 연계한 활동은 영유아의 삶의 경험을 확장시키는 의미 있는 교육 방법이다(조봉희, 2017).

〈표 12-9〉 **지역사회의 자원**

구분	내용
물적 자원	• 공공기관인 은행, 경찰서, 소방서, 의료기관, 도서관 등을 활용한 견학 등 현장학습 • 재래시장, 편의점 등의 유통기관을 활용한 시장 놀이 체험 • 미술관, 박물관, 문화회관 등을 활용한 문화체험 • 극장, 어린이회관 등의 공연장을 활용한 뮤지컬, 연극, 인형극 체험 • 공원, 하천 등의 장소 및 자연물을 활용한 자연 체험
인적 자원	• 의사, 간호사 등 의료인의 협력으로 영유아의 의학적인 진단과 치료 등 필요한 도움 • 소방관의 협력으로 안전한 보육환경과 화재 시의 대처요령에 대한 정보 • 경찰관의 협력으로 성폭력과 유괴로부터의 안전에 대한 정보 • 정부기관(보건복지부, 교육부 등) 협력으로 영유아 교육에 대한 자료 • 부모의 협력으로 영유아의 보육프로그램 진행에 도움 • 노인 자원봉사자의 협력으로 영유아에게 구연동화 및 전통문화 놀이 • 급식지원센터의 협력으로 위생 안전교육과 바른 식생활 교육 • 문화예술인 • 지역사회 주민

출처: 장선미(2020). 서울지역 보육시설의 지역사회 연계 현황 및 요구조사. p. 193.

(1) 지역사회의 인사 활용

지역사회 내의 전문가, 재능을 갖고 있는 인사 등의 어린이집 방문과 활동은 영유아로 하여금 흥미와 참여도를 높이며, 교육적 효과를 기대할 수 있다. 효율적 운영을 위해서 교사는 지역사회 내의 다양한 인적 자원에 대한 정보를 수집하고 조직하여 보육활동과 연계되어 진행할 수 있도록 해야 한다(조봉희, 2017). 일반적인 지역사회 인적 자원의 활용은 경찰관, 소방관, 의료진과 함께하는 안전교육, 건강교육과 지역 내 급식관리지원센터의 영양사와 함께하는 영양교육 등이 있으며, 이 외에도 공공기관 및 상점의 직원과 함께 다양한 주제와 연계하여 교육활동을 진행할 수 있다. 또한 복지관과 연계하여 할아버지, 할머니를 포함한 지역 내 주민들과 함께하는 활동을 계획할 수 있다. 이웃과 함께하면서 느꼈던 즐거움, 일상적으로 주고받았던 도움, 자연스럽게 나누었던 인사가 영유아를 미래 민주시민으로 성장시킬 수 있다(성미영 외, 2019).

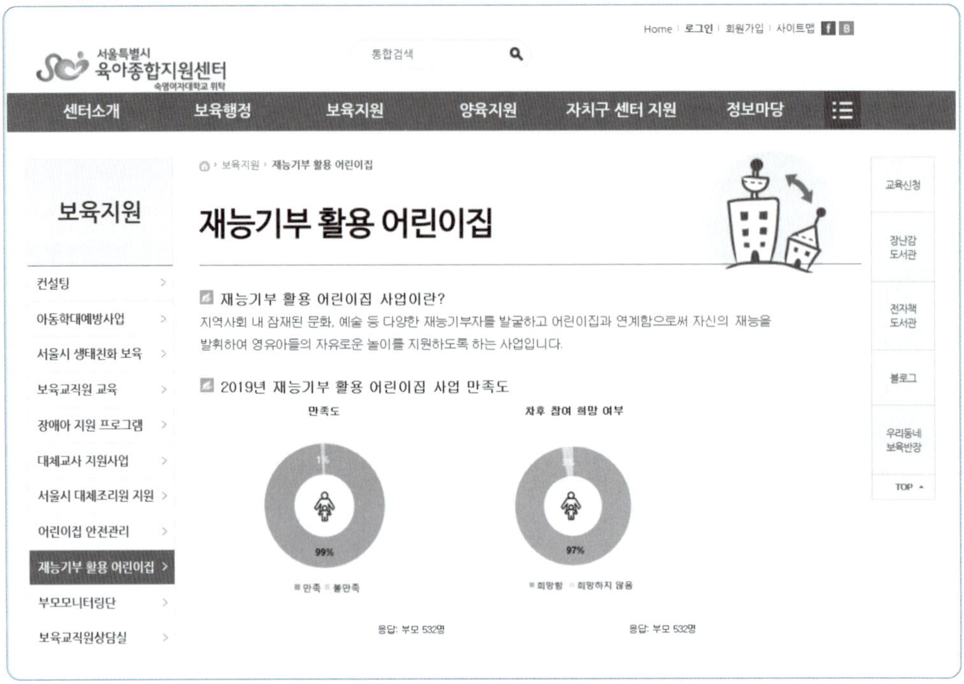

[그림 12-1] **재능기부활용 어린이집**

출처: 서울육아종합지원센터(http://seoul.childcare.go.kr).

(2) 어린이집 운영 참여자로서의 활용

어린이집에서는 「영유아보육법」 제25조에 의거하여, 보육교직원, 부모, 지역사회인사를 포함한 운영위원회를 설치 · 운영한다. 어린이집 운영위원회는 어린이집 원장, 보육교사 대표, 학부모 대표, 지역사회 인사로 구성하며, 어린이집의 운영 규정이나 제정, 예산 및 결산 보고, 보육프로그램 운영과 보육교직원의 근무 환경, 지역사회의 협력 사항 등을 포함한 전반적인 운영에 대한 제안과 건의 사항을 다룬다(「영유아보육법」 시행 2019.7.1.).

〈표 12-10〉 어린이집 운영위원회 회의록(예시)

<table>
<tr><th colspan="7">20 년도 000 어린이집 운영위원회 회의록 (차)</th></tr>
<tr><td>일시</td><td colspan="4">20 년 월 일 요일 시</td><td>위원장</td><td>(인)</td></tr>
<tr><td>장소</td><td colspan="4"></td><td>원장</td><td>(인)</td></tr>
<tr><td rowspan="9">위원 구성
및
참석 현황</td><td colspan="4">위원회 구성</td><td colspan="2">참관인</td></tr>
<tr><td>직위</td><td colspan="2">성명</td><td>확인</td><td>직위</td><td>성명</td></tr>
<tr><td>위원장</td><td colspan="2"></td><td>(인)</td><td></td><td></td></tr>
<tr><td>원장</td><td colspan="2"></td><td>(인)</td><td></td><td></td></tr>
<tr><td>지역위원</td><td colspan="2"></td><td>(인)</td><td></td><td></td></tr>
<tr><td>학부모위원</td><td colspan="2"></td><td>(인)</td><td></td><td></td></tr>
<tr><td>교사위원</td><td colspan="2"></td><td>(인)</td><td></td><td></td></tr>
<tr><td>총원</td><td colspan="2"></td><td>(인)</td><td></td><td></td></tr>
<tr><td>참석</td><td>명</td><td>불참</td><td>명</td><td></td><td></td></tr>
<tr><td>구분</td><td colspan="6">회 의 내 용</td></tr>
<tr><td>보고
사항</td><td colspan="6"></td></tr>
<tr><td>토의
및
심의
안건</td><td colspan="6"></td></tr>
<tr><td>토의
및
의결
사항</td><td colspan="6"></td></tr>
<tr><td>비고</td><td colspan="6"></td></tr>
</table>

(3) 지역사회의 자원봉사자 활용

지역사회 내 인사를 어린이집의 자원봉사자로 활용함으로써 영유아의 바람직한 발달을 위한 지원과 질 높은 보육환경을 구성하는 데 기여할 수 있다. 자원봉사자에게 기대할 수 있는 역할은 다음과 같다(윤정진 · 안선희, 2019; 여성가족부, 2007 재구성).

① 영유아를 마주하는 보조교사 및 특별활동 강사의 역할을 할 수 있다. 담임교사가 주 교사의 역할을 하고, 자원봉사자가 보조교사로 영유아 활동의 개입이나 도움이 필요할 경우 지원해 줄 수 있으며, 미술과 음악 체육의 전문가가 1일 특별교사로 참여할 수 있다.

② 보육환경을 위한 역할을 할 수 있다. 보육활동을 위한 교재교구 제작, 세척 등에 도움을 주거나 보육환경 정비를 위해 많은 인력이 필요할 경우 자원봉사자가 참여할 수 있다.

③ 어린이집의 다양한 행정업무를 위한 역할을 할 수 있다. 어린이집에서 진행되는 행정적 업무에 대해서 전문가의 조언을 듣거나 교육을 하는 등 교사의 업무 효율을 높일 수 있다.

(4) 지역사회의 시설 활용

지역사회에 있는 다양한 기관이 시설을 활용할 수 있다. 소방서, 경찰서, 병원, 은행, 도서관, 육아종합지원센터, 마트 등의 기관은 교육활동과 연계하여 좋은 견학처가 될 수 있으며, 또한 영유아가 직접 방문하여 해당 기관의 담당자로부터 교육과 체험 등의 서비스를 제공받을 수 있다. 또한 어린이집 인근의 문화유적지, 자연환경을 통해 민족과 역사의식을 고취시키고, 생태체험을 제공할 수 있다. 영유아는 지역사회의 기관이나 시설, 자연환경을 이용함으로써 지역사회를 보다 잘 이해하게 되고 공동체 의식을 갖게 된다(정옥분 외, 2019).

생각해 보기

1. 어린이집에서 부모와의 협력이 필요한 이유를 영유아, 부모, 교사로 구분하여, 2가지씩 말해 보세요.

2. 부모 협력의 유형으로, 부모 '오리엔테이션'을 통하여 영유아에게 긍정적인 측면을 줄 수 있는 것이 무엇인지 논의해 보세요.

3. 지역사회 협력 프로그램이 영유아의 성장과 발달에 있어 어떤 교육적 경험을 제공하는지 말해 보세요.

보육평가

Chapter 13

평가란 평가를 받거나 평가를 하는 경우로 그리 쉬운 일은 아니기 때문에 양측 모두 긴장하게 된다(정진이, 2021; 윤매자 외, 2012). 특히 영유아교육기관에서 현재 이루어지고 있는 대부분의 평가는 미리 설정한 특정 목표의 달성 여부만을 알아보거나 혹은 영유아와 기관의 현재 상태가 어떠하다는 보고에서 끝내지 말아야 한다. 즉, 보육활동이 영유아의 성장과 발달에 적절한지, 계획한 보육목표가 활동을 통하여 얼마나 달성되었는가를 알아보는 과정으로 평가가 이루어져야 한다. 이와 같은 과정에서 영유아에 관한 평가 방법은 관찰, 면접, 작품, 상호작용을 통하여 알아볼 수 있으며, 그 밖에 표준화 검사나 포트폴리오 등으로 평가할 수 있다(윤매자 외, 2021). 또한 보육에 관여하는 부모, 교사, 프로그램에 관한 평가도 함께 이루어지며, 어린이집의 평가는 평가제도를 통하여 진행되고 있다. 13장에서는 보육평가의 이해, 평가의 대상과 방법, 어린이집에서의 평가제도 등에 대해 구체적으로 알아보고자 한다.

1. 보육평가의 이해

보육평가는 영유아의 발달 수준과 국가수준의 표준보육과정, 보육프로그램에 대해 주기적인 평가와 교사 자신의 자질, 전문성에 대한 반성적 사고에 의한 자기평가 등의 과정을 통해 이루어진다. 이는 개별 영유아에게 제공되는 보육의 질을 높이기 위해 교사는 지속적인 노력이 필요하며, 부모평가를 통해 가정과 연계하여 영유아의 전인적인 발달을 돕고자 한다. 특히 보건복지부의 어린이집 평가제도는 보육의 질을 높이기 위한 정책으로 자리매김하고 있다.

1) 보육평가의 목적과 필요성

(1) 보육평가의 개념

보육평가는 영유아에게 제공되는 보육의 질을 향상시키기 위해 개별 영유아의 발달 수준과 특성을 제대로 파악하여 그에 적절한 활동이나 놀이지원, 바람직한 환경 등을 제공하여 보육의 질을 향상시키는 것을 목적으로 하고 있다. 즉, 보육프로그램과 환경을 개선하여 양질의 보육을 실시하기 위함이며, 기존 계획안에서 계획된 보육목표가 어느 정도 달성되었는지, 보육환경이 영유아의 발달과 특성에 적합한지, 이러한 평가를 바탕으로, 다음 보육계획안에 반영하여 개선하는 등 보육활동에 관한 필요한 정보를 수집하여 분석하고 판단하는 체계적인 과정이므로 반드시 필요하다. 보육평가는 다음과 같은 의도로 이루어져야 한다(윤매자 외, 2012).

① 영유아의 전인적 발달에 긍정적으로 미치는 영향을 중심으로 이루어져야 한다.
② 방법은 과학적 · 합리적으로 교사나 기관의 주관적인 평가 방법은 피하도록 해야 한다.
③ 평가 그 자체에 목적이 아니며, 보육에 대한 개선과 진보 방향을 위한 것이어야 한다.

④ 결과보다 보육활동의 경험과 놀이과정을 중요시해야 한다.

⑤ 평가는 교사에 의해서만 이루어지는 것이 아니라, 필요에 따라 심리학자, 교육학자 등 전문가의 지도를 받거나 부모의 의견을 반영하여 평가가 이루어져야 한다.

⑥ 영유아들에게 스스로 평가할 기회를 주어 상호 평가를 할 수 있도록 지도해야 한다. 즉, 바람직한 보육평가는 그 자체에 의미가 있는 것이 아니라, 다음에 진행될 새로운 활동이나 놀이에 대한 원동력이 되어야 한다.

(2) 보육평가의 필요성

보육의 질적 향상을 위한 보육평가는 영유아의 신체, 인지, 정서, 사회성 발달을 도모하는 보육서비스이며, 가족의 자녀양육을 지원하고 보충하기 위한 보육서비스이다(Koldberg, 1999; 정옥분 외, 2012 재인용). 이러한 측면에서 보육평가는 중요하며, 보육의 질적 개선으로 이어지기 때문에 지속적인 보육평가의 요구도는 높아질 것이다. 보육평가의 필요성을 구체적으로 살펴보면, 다음과 같다(윤매자 외, 2012).

① 보육평가를 통하여 영유아들의 현 발달상황을 제대로 이해하고, 그들의 바람직한 지식, 태도, 성격 등을 살펴볼 수 있기 때문에 영유아에게 필요하다. 이는 점수화, 수량화, 등급화로 영유아들이 어느 정도 능력을 가졌는가에 초점을 두는 것이 아니라, 영유아의 현재 정보를 바르게 파악하고, 그들의 전인적인 발달에 도움을 주는 데 필요하다.

② 보육목표가 제대로 성취되었는지를 밝혀 프로그램의 전반적인 과정을 더욱 발전시키기 위해 평가는 필수적이다. 프로그램의 목표 성취 여부를 확인하기 위해서는 그 목표에 의해 선정된 내용, 계획과 방법, 환경 구성, 교사와 영유아의 상호작용 형태 등 프로그램의 전반적인 영역의 평가가 필요하다.

③ 영유아발달 상황은 교사뿐만 아니라 부모도 알아야 하며, 이는 가정과의 연계를 위한 자료로 사용할 수 있는 하나의 매개 역할로 영유아의 발달상황을 과학적이고 체계적으로 입증하기 위해 필요한 것이다.

2) 보육평가의 기준과 방법[1)]

(1) 스포덱(Spodek)의 보육평가 기준

① 보육의 기본과정: 아동관, 교육관, 교사관, 종교관 등

② 보육내용: 보육내용의 범위, 학습 경험의 순서 등

③ 보육목표: 장기적 목표, 단기적 목표, 양자의 관계, 목표의 세분화 정도 등

④ 지도전략: 영유아와 영유아 간의 상호작용의 특징, 교사와 영유아 간의 상호작용의 특징, 영유아와 교재·교구 간의 상호작용의 특징, 교사의 지도전략에 관한 서술의 명료성 등

⑤ 보육의 개별화 정도

⑥ 보육조직: 시간조직, 공간조직, 영유아 집단조직, 교사들의 활용 정도 등

⑦ 보육의 효율성: 목표 성취, 다른 프로그램과의 비교 등

⑧ 보육의 실용성: 프로그램의 경비, 교사들의 자격 요건, 교재·교구의 조건, 유용한 자료 구입의 가능 여부 등

(2) NAEYC 질적으로 우수한 보육프로그램의 평가기준

① 교사들과 성인들이 친절하고 반응적인가?

② 영유아의 언어발달을 적극적으로 격려하고 확장하는가?

③ 영유아의 놀이를 격려하고 보살피는 하루일과를 학습의 기회로 이용하는가?

④ 가족이 자신의 영유아를 사랑하듯이 영유아 개개인의 개성을 존중해 주는가?

⑤ 영유아발달과 학습의 원리를 이해하고 특별한 상황에서 적용하는 방법을 알고 있는가?

⑥ 어린 영유아의 개별적 요구를 수용할 수 있을 만큼 그룹의 크기가 작은가? (예를 들어, 영아는 최소 2명의 성인과 6~8명보다 적은 그룹인지, 걸음마기 영아는 최소 2명의 성인과 8~12명을

---

1) 윤매자·백은영·신혜경·이찬숙·이희정·주현경(2012). 보육학개론. pp. 336-337, 발췌 및 재인용.

초과하지 않는 그룹인지를 확인한다)

⑦ 영유아들이 안전하고 성취감을 느끼면서 활동할 수 있는 도전적인 활동과 많은 놀잇감, 활동 자료들이 준비되어 있는가?

⑧ 교사들과 부모들이 영유아와 함께하는 일들에 관하여 정기적으로 정보를 공유하고 있는가?

⑨ 손 씻기, 기저귀 갈기, 음식 먹기 등에 대한 지속적인 위생 관리와 영유아들의 건강과 안전에 관하여 주의 깊은 관심이 있는가?

또한 보육평가 기준과 영역은 시설 및 설비, 교재 · 교구 등 영유아교육기관의 환경뿐만 아니라 표준보육과정의 운영, 교사의 교수-학습 방법, 영유아와 가정과의 관계, 영유아의 건강과 운영 관리, 재정을 포함한 기타 운영의 전반적인 면이 모두 포함된다고 할 수 있다. 이러한 평가의 기준과 영역은 어린이집 평가제도를 통해 실질적인 평가를 실시하고 있다.

2. 보육평가의 대상과 방법

보육의 질을 높이기 위한 보육평가는 무엇을, 어떻게, 왜 평가하는지에 대한 목적이 있어야 한다. 즉, 궁극적으로 변화시키고자 하는 바가 무엇이며, 보육평가에 있어 그 대상이 포함되어야 한다(윤매자 외, 2012). 평가의 대상에 따라 영유아 평가, 교사 평가, 보육프로그램 평가 등이 있으며, 어린이집 전반을 평가하는 평가제도(평가제)가 있다.

1) 영유아 평가[2)]

영유아 평가란 영유아가 무엇을 알고, 행동하고, 어떻게 하는가에 관심을 갖고, 영유아의 발달과 학습 과정을 관찰, 기록, 문서화하는 과정이다. 영유아 평가는 영유아의 개별적 특성에 따라 여러 목적으로 실행할 수 있으며, 영유아를 위한 의사결정 및 계획에 필요한 영유아의 발달과 학습을 수정하는 모든 전략을 포함한다(Wortham, 2001). 평가는 영유아와 가족에게 도움을 주어야 하며, 영유아교육기관의 입장에서도 자연스럽게 받아들일 수 있도록 배려하는 것이 필요하다. 영유아의 평가 방법은 다음과 같다.

(1) 관찰법

관찰법(observation)은 설문지 등 과학적 도구를 사용하지 않고 측정하는 연구 방법으로, 측정은 규칙에 따라 어떤 대상에게 수치를 부여하는 것이다(윤매자 외, 2021b). 측정은 결과를 수치로 나타내는 것이 일반적이지만 관찰의 경우 도구를 사용하지 않는 연구 방법이기 때문에 결과는 수치 또는 언어로 나타낼 수 있다. 이러한 관찰연구 방법이 영유아교육기관에서 널리 사용되고 있는 이유를 살펴보면, 다음과 같다(윤매자 외, 2021b).

첫째, 대부분의 영유아는 관찰자의 존재를 크게 의식하지 않고 자연스러운 행동을 보인다는 점에서 유아의 일상생활에 대한 자연스러운 관찰이 가능하다.

둘째, 영유아는 자신의 감정과 생각을 언어로 정확하게 표현하고 전달하기에는 어려움이 많다. 따라서 영유아의 언어적 표현과 목소리, 표정, 눈빛, 웃음 등의 비언어적인 표현인 행동관찰을 통해 영유아의 중요한 정보를 수집할 수 있다.

셋째, 영유아는 자발적인 놀이의 상황에 몰입하는 능력은 뛰어나지만, 주의지속 시간(attention span)이 짧기 때문에 검사나 면접과 같이 제시된 상황에 장시간 주의집중하는 것은 힘든 일이다. 따라서 질문지법이나 면접법보다 관찰이 보다 적합한 경우가 많다.

2) 윤매자 · 백은영 · 신혜경 · 이찬숙 · 이희정 · 주현경(2012). 보육학개론. pp. 341-347, 발췌 및 재구성.

넷째, 윤리적인 측면에서 영유아 행동연구를 위한 어떠한 조작도 하지 않아도 된다는 점에서 관찰은 다른 어떤 관찰 방법보다 영유아 연구에 적합하다.

이처럼 관찰연구 방법을 활용한 일상생활에서의 자연스러운 영유아 행동연구의 결과는 영유아교육현장에서 영유아를 이해하고, 교육함에 있어 보다 총체적이고 깊이 있는 자료를 제공해 줄 수 있다. 관찰법에는 표본기록법, 일화기록법, 시간표집법, 사건표집법, 평정척도법, 행동목록법 등이 있으며, 구체적인 내용을 살펴보면, 다음과 같다(윤매자 외, 2021b 재구성).

① 표본기록법

표본기록법(specimen record)은 미리 정해 놓은 시간이나 활동이 끝날 때까지 관찰 대상이 한 말과 행동, 사건 내용을 시간적 순서대로 자세하게 기록하는 관찰 방법이다. 기록은 관찰 대상의 말과 행동뿐 아니라 그것이 일어나게 된 환경적 배경까지 상세하게 서술한다는 장점이 있지만, 기록과 평가하는 데 시간이 많이 들고, 관찰자의 주관적인 해석과 추론이 들어갈 수 있다는 단점이 있다.

② 일화기록법

일화기록법(anecdotal record)은 특별한 양식 없이 관찰 대상자의 한 가지 행동이나 상황에 초점을 맞추어 관찰하고 기록하는 관찰 방법이다. 장점은 기록을 위한 사전 준비와 계획없이 진행할 수 있고, 기록하는 시간이 짧고, 사건 발생 후 언제든지 편리할 때 기록할 수 있다. 그러나 시간이 지난 후 기록함으로써 상황을 잊어버리거나, 사건에 대한 연속성이 결여되어 자료의 가치가 제한받을 수 있다는 단점이 있다. 일화기록법의 작성요령과 절차를 관찰 전, 관찰 상황, 관찰 후로 나누어 살펴보면, 다음 〈표 13-1〉과 같다.

〈표 13-1〉 **일화기록법의 작성요령과 절차**

단 계	작성요령 및 절차
관찰 전	• 교사에 따라 달라짐
관찰 중	• 관찰 시간: 하나의 특정 행동 및 상황 지속 사건 • 관찰기록화법: 직접화법 • 관찰관점: 객관적, 사실적 관점 • 관찰기록대상: 관찰 영유아 이름, 생년월일, 성별, 관찰자, 관찰날짜, 관찰 시간, 관찰장면, 관찰맥락(동료유아, 유아교사, 부모 및 교재 · 교구) • 관찰기록범위: 관찰 영유아 행동의 객관적 묘사 관찰행동의 전후 맥락에 대한 묘사 관찰행동의 발달 및 교육과정 관련 영역
관찰 후	• 관찰행동 요약 및 교육과정에의 피드백 관련 내용

출처: 김이영 · 곽은복 · 김태인 · 김현정 · 윤정임 · 이경희 · 장기덕 · 장정애(2018). 아동관찰 및 행동연구. p. 39.

③ 시간표집법

시간표집법(time sampling)은 미리 선정된 관찰 대상의 행동들을 정해진 시간 동안 일정 간격을 두고 반복적으로 관찰하는 것으로, 특정 행동이 정해진 시간 안에서 얼마나 자주 일어나는지의 행동의 출현 빈도를 수집하여 양적으로 수량화할 수 있는 방법이다(황해익, 2019). 또한 시간표집법은 실제 관찰에 들어가기 전에 상당한 시간과 노력이 필요하다. 즉, 연구자는 조작적 정의를 내려야 하고, 관찰의 행동 범주를 구분하고 이를 부호화하여 기록 양식지를 만들어야 하는 번거로움이 있다(윤매자 외, 2021b). 장점은 매우 다양한 상황 속에서 비교적 짧은 시간 내에 많은 관찰 대상자를 관찰할 수 있고, 관찰 대상자의 특수한 행동에만 초점을 두고 행해지며, 관찰 범주가 미리 정해진 후 관찰이 이루어지기 때문에 일상생활을 방해하지 않고 기록과 채점이 가능하다는 것이다. 그러나 비교적 높은 빈도로 발생하는 행동(최소한 15분에 한번 정도 발생 가능)과 외현적 행동에는 적합하지만, 그렇지 못한 경우에는 적용이 어렵고, 관찰계획 단계에서 시간과 노력이 필요하며, 체크리스트 관찰양식에 준비된 범주만을 사용하기 때문에 관찰의 내용에 편견이 들어갈 우려가 있다는 것이 단점이다(윤매자 외, 2021b).

④ 사건표집법

사건표집법은 단순히 어떤 행동의 출현 유무만을 조사하기보다는 행동의 순서를 자세히 기술하려는 시도이다. 따라서 관찰자는 어떤 특정 행동이나 사건이 발생하기를 기다렸다가 그 행동이나 사건이 일어나면 그때마다 일정한 형식에 따라 기록하게 된다(황혜정 외, 2014). 따라서 사건표집법은 '행동의 표집'을 얻으려 한다는 점에서 시간표집법과 유사하지만, 측정의 단위가 시간단위가 아니라 행동의 단위라는 점에서 큰 차이가 있으며, 관찰자가 특정 행동이 나타날 때까지 기다렸다가 일단 그 행동이 발생하면 관찰하고 기록함으로써 언제 꼭 관찰해야 한다는 시간적 제약이 없다(윤매자 외, 2021b 재구성).

⑤ 평정척도법

평정척도법(rating scale)은 사전에 준비된 범주에 따라 관찰 대상자의 특정 행동의 특성, 특질, 성격 등을 몇 등급으로 구분하여 기록하는 방법이다(윤매자 외, 2021b). 또한 개인이 지니고 있는 어떤 특성이나 성격은 미리 정해진 범주에 따라 평가할 때 사용되는 관찰의 보조 도구로서, 이는 관찰자가 사전에 관찰하려는 행동 영역에 대해서 미리 알고 있을 때 유용하게 사용될 수 있다(황해익, 2019). 관찰하고자 하는 어떤 행동의 출현 유무를 표시할 뿐만 아니라, 행동의 질적 특성이나 발생빈도에 따라 수량적인 차이를 나타내도록 구성되기 때문에 숙련된 관찰자나 교사에 의해 사용될 때 신뢰성 있는 자료를 수집할 수 있다. 일반적으로 영유아의 특징에 대하여 다른 대상과 비교하여 그 정도를 3단계, 5단계, 7단계로 평정하며, 척도의 표시는 숫자, 그림, 언어 등의 여러 형태로 나타낸다(윤매자 외, 2021b).

⑥ 행동목록법

행동목록법(behavior checklist)은 사전에 관찰자가 관찰하고자 하는 행동의 특성에 대한 항목을 선정해 두고, 이 행동 특성의 출현 유무를 체크(✓)로 표기하는 방법이다. 즉, 체크리스트는 단순한 행동 목록으로, 중요하게 생각되는 행동 유무를 확인하기 위한 것이며, 특히 관찰자의 주관적인 평가를 배제할 수 있고, 관찰 시간이 절약되고 영유아의 행동을 쉽고 객관적으로 관찰할 수 있다는 장점이 있지만, 관찰되는 행동의 지속시간, 특성, 빈도 등에 대한 정보를 설명해 주지는 못하는 단점이 있다(윤매자 외, 2021b).

(2) 면접법

면접법은 직접 영유아를 대면하여 표정, 느낌, 언어적인 반응 등으로 알아보는 것으로, 심층적이고 다양한 상황을 알 수 있으며, 영유아 개인의 상황에 맞는 자료를 얻을 수 있다(윤매자 외, 2012). 특히 면접법은 정의적 특성, 즉 개인의 태도, 흥미, 인성 등에 관한 정보를 얻는 데 많이 활용되고 있다. 언어에 의한 질문법으로 그 회답의 신뢰성이 영유아의 성실함에 달려 있으며 영유아가 내용을 이해하는지, 영유아의 반응을 살펴가면서 교사가 융통성 있게 관찰해야 한다. 다른 평가 방법에 비해 피면접자의 특성에 따라 대응하기 때문에 다양한 자료를 얻을 수 있다. 그러나 면접자는 객관성과 신뢰성, 그리고 타당성을 높이기 위하여 고도의 기술과 훈련이 요구된다. 영유아가 이해할 수 있는 언어를 사용하는 것이 중요하다. 면접법에는 면접의 절차와 방법에 따라 구조화된 면접법과 비구조화된 면접으로 구분하고 절충된 형태의 반구조화된 면접법 등이 있다(윤매자 외, 2021b; 황해익, 2017).

① 구조화된 면접법

구조화된 면접법은 질문의 내용, 순서 등을 사전에 계획하고 정해진 계획에 따라 면접을 하는 방법이다.

② 비구조화된 면접법

비구조화된 면접법은 면접 계획을 세우되 면접 목적만을 명백하게 하고, 정해진 주제에 관한 내용을 자유롭게 질문함으로써 필요한 정보를 알아내는 방식이며, 질문의 구성, 순서, 방법 등을 상황에 따라 융통성 있게 면접한다.

③ 반구조화된 면접법

반구조화된 면접법은 사전에 치밀한 계획은 세우지만, 면접 장면에서는 면접자가 융통성 있게 면접한다.

(3) 작품분석법

작품분석법은 영유아의 작품을 체계적으로 수집·분석하여 영유아의 전인적인 발달 수준을 파악하여 전인적인 발달을 할 수 있도록 지원하는 방법이다. 또래와의 비교가 아닌 오랜 시간에 걸쳐 수집된 작품을 비교하여 영유아발달의 흐름을 알고 지원하기 위한 방법이다(윤매자 외, 2021b). 작품 수집은 영유아 스스로에게 자신의 발달 과정을 알게 하고, 관심을 제공하며 부모들에게 정보를 제공한다. 따라서 작품을 수집하는 과정에 교사는 날짜를 기록하고 주의 깊게 수집할 필요가 있다.

(4) 표준화 검사법

표준화 검사는 객관화된 형식, 절차, 방법을 통하여 영유아의 인지적 능력, 정서 상태에 대한 평가와 개인의 행동 특성을 세부적인 검사를 통해 측정하고, 측정한 결과를 정해진 기준에 비추어 해석하는 것으로, 영유아의 잠재력과 강점 또는 약점 등을 파악하여 개별 영유아에게 맞는 교수계획에 도움을 준다(황해익, 2019). 영유아는 개인차가 있으며, 발달 속도가 달라서 개별적으로 정확한 지침에 따라 사용하는 것이 중요하다. 또한 검사 상황에 따라 영유아의 반응이 제한적으로 나타날 수 있으므로, 교사는 영유아발달 전문가와 연계하여 적절한 검사 도구를 선정해야 한다. 또한 결과를 해석할 때 주로 표준화된 기준에 의존하여 규정짓기 때문에 한 가지 검사만을 사용하는 것보다 다른 평가 방법과 함께 사용하는 것이 바람직하다(윤매자 외, 2021b).

(5) 포트폴리오

포트폴리오(portfolio)는 영유아의 수행 결과물, 수행과정에 대한 사진과 동영상 자료,

체계적 관찰을 위한 체크리스트와 일화기록 등의 관찰 자료, 교사와 영유아의 개별 면담, 부모와의 면담자료 등 포괄적이고 다양한 자료들이 포함될 수 있다. 따라서 포트폴리오 평가는 단편적 · 일회적으로 영유아를 평가하지 않고 시간의 흐름에 따른 영유아 개개인의 성장변화, 발달 과정을 지속적 · 종합적으로 평가하는 방법으로 오늘날 이슈로 제기되고 있으며, 대안적 평가이며 수행평가의 한 유형으로 볼 수 있다(윤매자 외, 2021b). 또한 포트폴리오 평가는 영유아 개인의 경험과 노력, 발달상황이나 성과를 알 수 있어, 영유아의 학습과 발달을 지원하는 지침에 활용할 수 있다.

(6) 자기 느낌 평가

자기 느낌 평가란 영유아 스스로가 각 흥미영역에 참여하여 체험하고 경험한 만족도를 스스로 평가하는 방법이다. 영유아가 하루일과 중 경험한 것에 대한 자신의 성취도를 직접 표현하여 영유아 스스로가 지각한 활동 참여에 대한 이해 정도와 내면화되는 과정을 알 수 있다. 또한 언어적으로 자신의 경험에 대한 만족감을 표현하고 자신의 경험을 재구성할 수 있는 교육적 성과를 얻을 수 있다(강란혜 · 곽미영, 2011; 윤매자 외, 2012).

2) 부모평가

부모평가는 영유아교육기관에서 부모교육이나 부모참여 등을 통해 부모, 자녀, 기관에 정보를 교환하여 영유아의 발달을 지원하기 위한 노력을 평가한다고 볼 수 있다.

(1) 부모평가의 필요성

영유아교육기관에서는 부모의 적극적 참여가 영유아발달에 도움이 되며, 가정과의 연계가 보육의 질을 결정하는 중요한 요소가 되기 때문에 부모평가의 중요성을 간과할 수 없다. 부모평가는 부모가 부모교육에 참여 수준, 기관과의 정보교환, 기관의 자문자로서 역할 등에 참여하게 되고 이를 평가하게 된다. 부모가 얼마나 보육프로그램에 정보를 알고 영유아와 기관에 지지해 주는지는 이후 영유아발달에 영향을 미치기 때문에 평가가 필요하며, 부모교육 프로그램에 참여하여 영유아교육기관과 가정에서의 일관된 보육과 교육은 바람직한 성과로 나타날 수 있다. 또한 보육현장에서 자원봉사자로서의 활동은 자녀를 객관적으로 볼 수 있는 역량을 기르기 때문에 자원봉사자로서의 부모평가가 필요하다.

(2) 부모평가의 방법

일반적으로 부모가 습득한 지식, 태도, 역할 수행 등 여러 가지 방법에 의해 평가되는데(이은해 · 이기숙, 1994), 부모 면접이나 질문지, 관찰 혹은 가정환경자극검사(The Home Observation for Measurement of the Environmnet: HOME) 등 기존의 다양한 측정 도구를 사용하여 자료를 수집하고 평가할 수 있다. 특히, HOME 검사의 목적은 가정 내 물리적 환경의 질과 양, 가정에서 제공되는 발달적 자극의 정도를 측정하기 위한 것이다. 이러한 평가 도구를 사용하여 적용하고자 하는 목적은, 첫째, 영유아발달에 지장을 줄 수 있는 가정환경의 위험 요소를 판별할 수 있고, 둘째, 부모의 양육 기술 증진을 위한 부모교육프로그램을 평가하며, 가정환경과 영유아발달의 관계에 대한 기초 연구에 사용할 수 있다(윤매자 외, 2021b).

또한 부모들이 어린이집의 각종 활동(예: 부모교육에의 참여 횟수나 태도, 부모가 주도한 교사 면담 등)에 얼마나 적극적으로 참여하고 있는지 등을 참고할 수 있는 비반응적 측정치를 사용하여 평가할 수 있다.

3) 교사의 평가 방법

교사의 자질이 교육의 질을 좌우한다는 말이 있다. 교사 평가는 교사가 하는 일의 가치를 판단하기 위해 교수 활동에 관한 정보를 수집하고, 수집된 정보에 의해 해석하여 가치를 매기는 행위이다(임승렬, 2001; 윤매자 외, 2012).

(1) 교사 평가의 필요성

교사가 스스로 교사로서의 활동을 평가하는 것은 보육의 질적 수준을 향상시키는 것이며, 교사의 자기 발전에서 필요한 평가이다. 일반적으로 교사의 자기평가는 6개월에 1회로, 1학기와 2학기 말에 실시하며, 매번 평가 결과를 비교 분석하여 자기 발전의 계기로 삼는다. 교사 자기평가에는 크게 교사의 일반적 특성과 전문적 특성으로 구분하여 평가한다. 일반적 특성은 신체, 인성, 교양 및 지적 능력 등에 관하여 평가하며, 전문적 특성은 교직에 대한 전문적 지식, 기술, 태도와 가치관 등에 관해 평가한다. 이러한 교사 스스로 자신의 교수 활동을 평가함으로써 교사 개인의 성장을 촉진하고, 교수-학습 방법을 향상시키며, 보육의 질적 향상뿐만 아니라 교사의 자율성과 전문성을 확보할 수 있다(양옥승 외, 1998; 조성연 외, 2006; 윤매자 외, 2012).

(2) 교사의 평가 방법

교사 평가를 위해서 체크리스트에 의한 방법이 가장 널리 사용되고 있으나, 이 방법은 주관성의 개입 우려가 있어, 보다 객관성을 유지하기 위해 원장 또는 동료 교사, 혹은 외부 관찰자에 의해 실시되기도 한다(조성연 외, 2006; 황해익, 2004; 윤매자 외, 2012 재인용). 주로 보육현장에서 가장 빈번하게 이루어지는 상급자, 동료 또는 외부 관찰자에 의한 교사 평가가 공평하고 객관적으로 이루어지기 위해서는 다음과 같은 점에 유의하여야 한다(이은해 · 이기숙, 1994; 황해익, 2004; 윤매자 외, 2012).

① 가능한 한 번의 막연한 인상에 의존하기보다는 한 번 이상의 직접적인 관찰을 통해 교사 평가가 이루어져야 한다.

② 평가 준거와 양식에 대해 사전에 교사와 협의함으로써 교사에게 어떤 기준에 의해 자신이 평가되는지 알려 주어야 한다.

③ 프로그램에 적합한 평가 양식을 선정하고 필요하면 목적에 부합될 수 있도록 수정한다.

4) 보육프로그램의 평가

영유아교육기관에서 프로그램의 평가란 프로그램의 질적 수준과 효과를 평가하는 것을 의미한다. 프로그램 평가는 정기적으로 실시하여 그 결과를 다음 보육계획안에 활용하도록 하여 보육의 질을 개선하고 보육프로그램의 효율성을 높이는 데 그 목적이 있다. 프로그램 평가에는 개별 프로그램 운영의 적절성을 평가하는 것과 여러 프로그램의 효과에 대한 비교 평가를 하는 것이 있다. 개별 프로그램 운영 적절성의 평가는 영유아들의 전인적 성장과 발달을 돕기 위한 보육과정이나 프로그램 계획이 얼마나 적절하며(교육 계획의 적절성), 수업 과정을 통해 어느 정도 실현되었는지(교수-학습 과정의 효율성), 그리고 보육과정 전반에 관해 이루어지는 과정이다(임재택, 1999). 또한 여러 프로그램 효과에 대한 비교 평가는 여러 가지 교육 프로그램 중 어떤 것이 교육적 효과가 높은가를 알아보는 평가로서, 프로그램의 개선과 보완, 어떤 유형의 프로그램을 선정하고 활용하는 것이 좋은가에 대한 정보를 얻기 위하여 실시한다(이은해 · 이기숙, 1987; 윤매자 외, 2012).

우리나라의 보육프로그램에 관한 평가 척도는 일반적으로 물리적 환경과 교육, 혹은 보육 계획에 대한 것을 평가하고 있다(조성연 외, 2006). 2010년 보육시설 평가인증제도의 개정에 따라 보육프로그램의 평가와 밀접한 관련이 있는 보육과정 영역에 대한 중요성이 더욱 부각되고 있기에, 향후 프로그램 평가에 대한 많은 발전이 있을 것으로 보고 있다(김경회 외, 2013).

3. 어린이집 평가제도[3)]

어린이집 평가는 어린이집의 모든 면을 평가하고 보육과 교육의 방향을 이끌어 가는

3) 한국보육진흥원(2023). 어린이집 평가과정 운영. https://www.kcpi.or.kr(2023.06.27. 인출).

제도로써, 영유아의 안전과 보육서비스의 질 향상을 위해 실시하고 있다(정진이, 2021). 즉, 평가제는 「영유아보육법」 제30조에 근거하여, 2019년 6월 12일부터 시행된 평가제도이다. 어린이집 평가제는 국가 차원의 주기적인 평가를 통해 모든 어린이집의 상시적인 보육서비스 질을 확보하고 지속적인 관리를 추진 방향으로 하고 있다(최나래, 2021). 어린이집 평가제의 평가지표는 '보육과정 및 상호작용', '보육환경 및 운영관리', '건강 · 안전', '교직원'의 4영역을 중심으로 18지표, 59항목으로 구성되어 있으며, 평가 등급은 4등급(A, B, C, D)으로 구분하여, A, B등급은 3년, C, D등급은 2년의 평가주기를 부여받고, 평가 등급에 따라 사후 방문 지원을 받는다(보건복지부 · 한국보육진흥원, 2023). 또한 보육과 교육에 대한 사회적 책임 강화의 실현과 안심 보육환경 조성을 위해 상시적인 보육서비스 질을 확보하고자 하는 제도이다.

1) 평가제도의 목적

어린이집 평가제도는 어린이집의 질적인 수준을 평가하여 질적인 향상을 도모하기 위한 것이다. 즉, 평가에 대한 세부 결과를 공개하여 부모의 알 권리를 존중하고, 어린이집의 보육서비스에 대한 질 개선 노력을 통해 보육서비스의 질을 제고하는 데 목적이 있다(어린이집정보공개포털, 2023)[4]. 어린이집에 대한 평가는 다음의 목적을 위하여 시행된다(조성연 외, 2006; 이순형 외, 2006; 윤매자 외, 2012).

- 포괄적인 보육서비스를 제공하기 위해서 효율적인 질 관리 시스템을 마련한다.
- 어린이집의 전문성 제고 및 자율성을 신장한다.
- 어린이집을 보다 효율적으로 운영하게 한다.
- 어린이집의 다양한 물리적 환경, 인적 자원, 프로그램의 질적 수준에 대한 정보를 제공함으로써 보육 수요자인 부모들이 보육기관을 선정 시 합리적인 의사결정을 할 수 있도록 도와준다.

4) 어린이집정보공개포털(2023). 어린이집 평가.
https://info.childcare.go.kr/info/cera/contents/cont010101.jsp(2023.06.27. 인출)

- 보다 우수한 어린이집의 질적 수준을 유지함으로써 어린이집의 재원을 확충하여, 보육서비스의 질적 수준 향상으로 이어질 수 있도록 제도적 기반을 마련한다.
- 어린이집에 대한 평가인증 결과를 정부나 지방자치단체의 예산지원 기준으로 활용하여 어린이집의 질적 향상을 도모한다.

2) 평가제도의 중요성

평가인증제도가 도입된 2005년 이후 현재까지 저출산 및 양육부담에 대한 사회적 책임 강화로 보육서비스에 투입되는 재정 규모가 크게 증가하였고, 영유아기 발달의 중요성과 아동권리에 대한 부모의 관심과 사회적인 인식이 높아졌다(보건복지부 · 한국보육진흥원, 2023). 또한 보육서비스의 질 관리와 유지를 위해 도입된 평가인증제도는 어린이집의 물리적인 환경뿐만 아니라 보육과정 및 상호작용과 같은 과정적 질 관리가 이루어짐에 따라 보육서비스의 전반적인 질적 수준을 향상시켰으며, 보육교직원의 역량 강화 및 전반적인 보육현장의 전문성을 제고하는 데 중요한 역할을 하였으며, 부모의 합리적인 선택권 보장과 중앙 및 지방 정부의 효율적인 보육재정 집행에도 기여한 것으로 나타났다(보건복지부 · 한국보육진흥원, 2023).

어린이집의 주기적인 평가는 이후 보육에 품질 관리의 사각지대를 해소하고 상시적인 보육의 수준을 관리하여 국가의 책무성을 지속적으로 강화하게 되었고, 이와 같은 결과, 보육의 질 향상 및 영유아의 안전과 건강 등의 조화로운 성장 발달를 이루는 데 도움을 주고, 영유아의 인권, 놀 권리를 보장하여 영유아가 행복하고 건강하게 성장할 수 있는 안심보육환경을 조성하게 되었다(한국보육진흥원, 2019).

3) 어린이집 평가 운영체계와 절차

어린이집의 평가는 정해진 주기에 따라 대상을 선정하여 통보함으로써 시작되며,

대상 통보는 총 2회에 걸쳐 진행되는데, 선정 통보(1차)는 현장평가 6개월 이전에, 확정 통보(2차)는 현장평가 2개월 이전에 통보한다. 확정 통보를 받은 어린이집에 대해서는 통보 익월부터 기본사항 확인 및 자체점검, 현장평가, 종합평가 등의 과정이 3개월간 진행된다(보건복지부 · 한국보육진흥원, 2023).

각 어린이집의 평가시기는 평가주기[5]와 연계하여 정해지는데 정해진 평가주기 외 신규개원, 대표자 변경, 행정처분 등의 사유 발생 시에는 별도로 정해진 평가시기에 맞춰 통보가 이루어진다. 또한 평가제 시행 이후에는 평가 참여수수료를 국가가 전액 부담한다.

(1) 연혁

2004.1.	2005.1.~12.	2006.1.	2010.2.	2014.11.	2017.11.	2019.6.
어린이집 평가인증 제도 도입근거마련 (「영유아보육법」 제30조)	어린이집 평가인증 시범운영 실시	제1차 어린이집 평가인증 시행	제2차 어린이집 평가인증 시행	3차 시범 지표 적용	제3차 어린이집 평가인증 시행 (통합지표)	어린이집 평가제 시행

출처: 한국보육진흥원(2023). 어린이집 평가과정 운영(https://www.kcpi.or.kr).

(2) 평가 운영체계와 절차

어린이집 평가과정은 평가대상 어린이집의 선정 및 통보로 시작되며, 기본사항 확인, 자체 점검보고서 제출, 현장평가, 종합평가 순으로 진행된다. 어린이집의 평가 운영체계는 다음과 같다(보건복지부 · 한국보육진흥원, 2023).

5) 기존 인증제의 인증유지 어린이집은 인증유효기간가 연계하여 평가시기를 맞추어 대상이 통보됨.

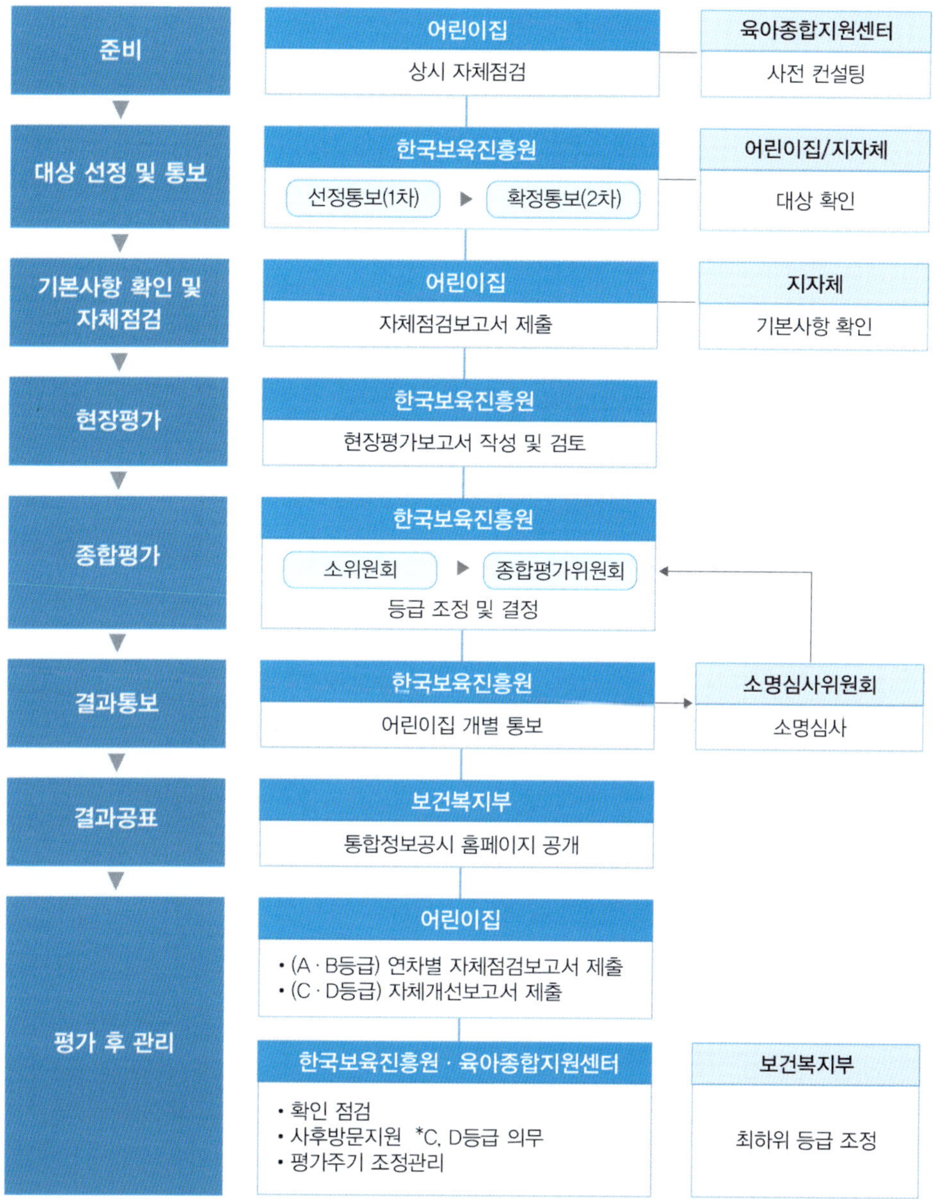

[그림 13-1] **어린이집 평가 운영체계**

출처: 한국보육진흥원(2023). 어린이집 평가과정 운영(https://www.kcpi.or.kr).

4) 평가지표

(1) 평가지표의 구성체계

평가지표의 구성체계는 평가영역》 평가지표》 평가항목》 평가내용(평가요소) 순으로 구성되었다(보건복지부 · 한국보육진흥원, 2023).

1 보육과정 및 상호작용 ········ 평가영역

1-1 | 영유아 권리 존중 필수 ········ 평가지표

평가항목		결 과
1-1-1	교사는 영유아를 존중한다.	□Y □N
1-1-2	교사는 영유아를 차별 없이 대한다.	□Y □N
합 계		총 계

지표 평정기준

- **우 수** 2개의 평가항목 중 'Y'개수가 2개
- **보 통** 2개의 평가항목 중 'Y'개수가 1개
- **개선필요** 2개의 평가항목 중 'Y'개수가 0개

········ 평가항목

1-1-1	교사는 영유아를 존중한다.
평가내용	① 교사는 영유아의 개별적 요구나 질문을 주의 깊게 듣고 적절하게 반응함 ② 교사는 영유아가 이해할 수 있는 내용으로 눈을 마주치며 이야기함 ③ 교사는 인정과 격려를 통해 영유아의 말과 행동, 생각 및 감정을 지지해 줌 ④ 교사는 위협, 비난, 조롱 등 부정적 언어를 사용하지 않음
평점기준	4개 모두 충족해야 Y로 평정

········ 평가내용

출처: 보건복지부 · 한국보육진흥원(2023). 2023 어린이집 평가매뉴얼. p. 56.

(2) 평가방법

평가지표의 평가방법은 관찰, 면담, 기록 확인의 방법으로 이루어진다.

관찰	• 보육환경, 보육과정, 상호작용 등에 대한 관찰을 진행함 • 등원에서 하원까지 일과 동안 이루어짐
면담	• 원장과 교사 등을 대상으로 면담을 진행함 • 평가지표(항목 · 요소)에 관한 실행 여부 및 관련 내용을 확인함
기록	• 평가지표(항목 · 요소)에서 실행 여부 및 내용 확인을 위해 요구되는 관련 기록을 확인함

출처: 보건복지부 · 한국보육진흥원(2023). 2023 어린이집 평가매뉴얼. p. 57.

(3) 평가지표의 구성

평가지표는 보육과정 및 상호작용, 보육환경 및 운영관리, 건강 · 안전, 교직원 등의 평가영역으로 구성되어 있다. 구체적인 영역과 항목 수, 평가지표의 내용은 〈표 13-2〉와 같다.

〈표 13-2〉 평가영역 및 평가항목 수

평가영역(항목 수)	평가지표	평가항목 수
1. 보육과정 및 상호작용 (18)	1-1. 영유아권리존중 필수	2
	1-2. 보육계획 수립 및 실행	6
	1-3. 놀이 및 활동 지원	3
	1-4. 영유아 간 상호작용 지원	4
	1-5. 보육과정 평가	3
2. 보육환경 및 운영관리 (14)	2-1. 실내 공간 구성 및 운영	4
	2-2. 실외 공간 구성 및 운영	3
	2-3. 기관 운영	4
	2-4. 가정 및 지역사회와의 연계	3
3. 건강 · 안전(15)	3-1. 실내외 공간의 청결 및 안전	3
	3-2. 급 · 간식	3
	3-3. 건강증진을 위한 교육 및 관리	3
	3-4. 등 · 하원의 안전	3
	3-5. 안전교육과 사고예방	3

평가영역(항목 수)	평가지표	평가항목 수
4. 교직원(12)	4-1. 원장의 리더십	3
	4-2. 보육교직원의 근무환경	3
	4-3. 보육교직원의 처우와 복지	3
	4-4. 보육교직원의 전문성 제고	3

* 3-2, 3-4, 3-5 지표 내 필수요소 8개 포함
출처: 보건복지부 · 한국보육진흥원(2023). 2023 어린이집 평가매뉴얼. p. 59.

(4) 평가등급

① 평가결과 등급은 현장평가 결과(100%)를 바탕으로 하되, 아래 등급 조정 사유의 해당 여부 따라 이를 반영하여 결정한다. 선정통보 월 이후 최하위 등급 사유의 해당 여부 및 기타 개선이 필요한 사항에 대한 개선 여부 등을 검토하여 종합평가위원회에서 최하위 등급(D등급)으로 조정한다.

① 거짓이나 그 밖의 부정한 방법으로 평가를 받은 경우
② 어린이집의 설치 · 운영자가 「영유아보육법」을 위반하여 금고 이상의 형을 선고받고 그 형이 확정된 경우
③ 「영유아보육법」 제40조제2호 또는 제3호에 따라 보조금의 반환명령을 받았거나 제45조, 제45조의2 또는 제46조부터 제48조까지의 규정에 따른 행정처분을 받아 아래의 기준에 해당하는 경우

- 3백만 원 이상 비용 및 보조금 반환명령을 받은 어린이집
- 6개월 이상 운영정지 또는 그에 상응하는 과징금 처분을 받은 어린이집
- 원장 또는 보육교사 자격정지 6개월 이상 또는 자격취소 처분을 받은 어린이집

④ 어린이집의 대표자 또는 보육교직원이 「아동복지법」 제17조를 위반하거나 「아동 · 청소년의 성보호에 관한 법률」 제2조제2호의 아동 · 청소년대상 성범죄를 저지른 경우
⑤ 평가 진행 일정을 준수하지 않은 경우
⑥ 평가와 관련하여 허위 사실이 발견된 경우
⑦ 현장평가 시 발견한 어린이집 운영기준 개선 필요사항이 종합평가 전까지 개선되지 않은 경우
⑧ 사전점검사항 미준수 항목이 종합평가 전까지 개선되지 않은 경우

[그림 13-2] **최하위 등급 조정 사유**

출처: 보건복지부 · 한국보육진흥원(2023). 2023 어린이집 평가매뉴얼. p. 38.

② 어린이집 평가등급은 4등급(A, B, C, D)으로 구분하며, A, B등급은 3년, C, D등급은 2년의 평가주기를 부여한다.

〈표 13-3〉 **평가등급 기준 및 평가주기**

등급구분(정의)		등급 부여기준	평가주기
A	국가 평가에서 제시하고 있는 기준을 모든 영역에서 충족함	4개 영역 모두 '우수'인 경우 (필수지표 및 요소 충족)	3년
B	국가 평가에서 제시하고 있는 기준을 대부분 충족함	'우수' 영역이 3개 이하이며 '개선필요' 영역이 없는 경우	
C	국가 평가에서 제시하고 있는 기준 대비 부분적으로 개선이 필요함	'개선필요' 영역이 1개 있는 경우	2년
D	국가 평가에서 제시하고 있는 기준 대비 상당한 개선이 필요함	'개선필요' 영역이 2개 이상인 경우	

출처: 보건복지부 · 한국보육진흥원(2023). 2023 어린이집 평가매뉴얼. p. 39.

(5) 결과발표

① 어린이집 평가결과 사전통지는 매월 15일 전 · 후에 '어린이집지원시스템' 등을 통해 통지한다.

② 어린이집 및 영역별 등급 등의 확인 방법은 '어린이집지원시스템' 내 어린이집 평가 메뉴를 통해 확인할 수 있다.

평가결과 사전통지서 확인 방법

- 평가결과는 한국보육진흥원 홈페이지 공지사항, 어린이집지원시스템 업무연락 및 개별 어린이집으로 통보함
  - 어린이집지원시스템 내 [어린이집 평가] – [평가진행과정 확인] 메뉴에서 '평가결과 확인(평가결과 사전통지서)'을 클릭하여 확인

어린이집지원시스템 공동인증서 로그인 ⇨ 어린이집 평가 ⇨ 평가진행 과정 확인 ⇨ [평가결과 확인] 클릭

※ '전자문서 통지 동의서' 시스템 반영 전 선정통보 받은 경우, '결과통보 전 설문지 작성' 시 제출

출처: 보건복지부 · 한국보육진흥원(2023). 2023 어린이집 평가매뉴얼. p. 41.

③ 소명

평가받은 어린이집은 평가결과에 대한 소명신청이 가능하며, 소명절차는 다음과 같다(보건복지부 · 한국보육진흥원, 2023).

소명신청 ⇒ 사실조사 ⇒ 소명심사위원회 개최 ⇒ 의결(인정/불인정) ⇒ 종합평가위원회 개최 ⇒ 결과통보 및 후속조치

④ 평가결과 최종통보

평가결과 사전통지 익월 1일 전 · 후에 '어린이집지원시스템' 등을 통해 통보한다. 확인방법은 평가결과 사전통지서 확인방법과 동일하다.

⑤ 결과공표

평가결과(A~D등급) 등 전체 어린이집에 대한 평가 이력 정보를 통합정보공시 홈페이지(www.childinfo.go.kr)를 통해 공개한다.

〈표 13-4〉 **어린이집 평가 결과 공포**

구분		결과공표 내용
평가제 시행 이후 평가 정보	평가결과 A~D등급	A등급/B등급/C등급/D등급
	평가 이후 법 위반 · 행정처분 발생	D등급(등급조정)*
	신규개원	–
평가제 시행 이전 인증 정보	미인증(평가참여 이력 없음)	–
	인증유지	(평가제 결과 확정 이전까지 기존 공표내용 유지)
	인증취소 · 인증종료 · 인증유효기간 만료	인증취소/인증종료/인증유효기간 만료

* 'D등급(등급조정)'은 통합정보공시 홈페이지에 최하위 등급 조정에 포함되는 사유 안내

출처: 보건복지부 · 한국보육진흥원(2023). 2023 어린이집 평가매뉴얼. p. 43.

(6) 평가결과의 활용방안

평가결과에 따라 어린이집 보육서비스 관리, 보육사업에 대한 재정적 · 행정적 지원 등 필요한 조치를 취할 수 있다(「영유아보육법」 제30조제2항). 2회 연속 D등급 어린이집은 지도점검 대상 우선 선정이다.

구분	내용
연차별 자체점검	평가결과 A, B등급 어린이집은 평가주기 동안 스스로 보육서비스의 질적 수준을 점검하여 개선 · 보완하도록 매년 자체점검을 실시하고 그 결과를 제출
사후방문지원	평가결과 C, D등급 어린이집을 대상으로 개선이 필요한 지표, 보육과정 운영 등 어린이집 운영전반에 대한 방문지원 교육 및 정보 제공 사후방문지원 안내영상 바로가기: https://youtu.be/Xlcsss2o7j8
평가 관련 교육 및 정보 제공	보육교직원을 대상으로 평가지표 관련 지식과 정보를 교육(온라인 포함) 등을 통해 제공
확인점검	평가받은 어린이집 중 일부를 불시 방문하여 보육서비스의 질 유지 수준 확인 *(대상) 평가내용과 관련된 민원 발생, 법 위반 및 행정처분, 연차별 자체점검보고서 미제출 정보공시 부실 어린이집 필수요소(3영역) 일정기준 미충족 어린이집 국공립어린이집 전환 전 평가(인증) 결과를 승계한 어린이집 등
최하위 등급(D등급) 조정	평가받은 어린이집에서 중대한 법 위반 및 행정처분 등이 발생한 경우 기존 평가등급을 최하위 등급(D등급)으로 조정
평가주기 조정관리	평가받은 어린이집에서 변경인가 등 평가주기 조정사유가 발생한 경우 해당 어린이집의 평가주기를 조정

출처: 한국보육진흥원(2023). 어린이집 평가과정 운영(https://www.kcpi.or.kr).

생각해 보기

1. 영유아 표준화검사에 대한 장점 및 단점에 대해 논의해 봅시다.

2. 교사 평가를 위해서 어떤 방법이 가장 용이한지, 그 방법에서의 개선 점은 무엇인지 논의해 봅시다.

3. 어린이집 평가제의 평가등급 기준 및 평가 주기를 등급별(A~D등급)로 설명하고, 평가 결과에 대한 활용방안을 제시해 봅시다.

참고문헌

강란혜 · 곽미영(2011). **영유아 프로그램 개발과 평가**. 서울: 창지사.

강문희·윤애희·이경희·정정옥(2006). **유치원·보육시설 운영관리**. 서울: 학지사.

강순희 · 손수민 · 윤매자 · 한서연 · 황현숙(2020). **영유아발달**. 경기: 창지사.

강유정(2021). 유아교육기관에서 부모-교사 협력관계와 의사소통 수준이 학부모 상담 만족도에 미치는 영향. 창원대학교 대학원, 석사학위논문.

경기개발연구원(2006). **패러다임의 변화와 여성 · 청소년의 도전**. 경기: 경기개발연구원.

고문숙 · 권민균 · 김명화 · 김수영 · 김수향 · 임영심 · 정정희(2015). **보육과정**. 경기: 양서원.

곽병선(1983). **통합교육과정의 구성 방법**. 서울: 서울과학사.

곽혜경 · 박애경 · 백혜리 · 조혜경(2010). **놀이지도**. 서울: 창지사.

교육부(2000). 유치원 교육과정 활동지도 자료1 총론.

교육부(2017). 출발선 평등을 실현하기 위한 '유아교육 혁신방안' 발표(보도자료: 2017.12.27)

교육부(2023). 유보통합 선도교육청으로 아이들의 격차 없는 선장 지원. 보도자료.

교육부 · 보건복지부(2019a). 개정 누리과정 해설서.

교육부 · 보건복지부(2019b). 개정 누리과정 놀이이해 자료.

교육부 · 보건복지부(2020). 제4차 어린이집 표준보육과정 고시.

교육부 · 보건복지부 · 육아정책연구소(2019). 2019 개정 누리과정 교사연수 자료.

권미경(2016). 유럽 국가의 보육정책 현황과 시사점. 한국육아정책연구소.

권세경 · 이순영(2005). 물리적 환경의 차이에 따른 영아의 탐색 및 놀이행동과 또래와의 상호작용. **교육과학연구, 36**(1), 219-236.

기순신 · 김호인(2012). **보육학개론**. 경기: 공동체.

김경화 · 신혜경 · 이임복(2012). **아동건강 및 안전**. 경기: 공동체.

김경회 · 문혁준 · 김선영 · 김신영 · 김지은 · 김혜금 · 서소정 · 안선희 · 안효진 · 이희경 · 정선아 · 황혜원(2013). **보육학개론**(제3판). 서울: 창지사.

김계중 · 조영주 · 김정숙 · 문수영 · 최종문(2015). **보육과정**. 서울: 창지사.

김근주(2019). 그림책 중심의 교사협력지원 부모교육에서 부모가 가지는 경험적 의미. **코칭연구, 12**(1), 197-219.

김나영(2007). 신체의 건강과 뇌의 활성화를 위한 운동프로그램의 효과. **구미1대학 논문집, 15**, 203-212.

김복희(2004). 유치원교육환경의 질적 수준에 따른 교사-유아 상호자용에 관한 연구. 숭실대학교 교육대학원, 석사학위논문.

김상림 · 한준아 · 권영희(2015). **보육과정**. 경기: 양서원.

김양희(2018). 평가인증이 보육과정 구성과 어린이집 운영의 제약에 미치는 영향 분석. 아주대학교 교육대학원, 석사학위논문.

김연진 · 한성심 · 서지영 · 김현자(2012). **보육학개론**. 서울: 태영출판사.

김연진 · 한성심 · 윤혜경 · 최진원(2007). **보육학개론**. 서울: 동문사.

김영명 · 안소영 · 서영숙(2011). **영유아프로그램 개발과 평가**. 경기: 공동체.

김영식 · 윤진주(2010). 영유아 안전교육의 내용 및 방법에 대한 유아 교사의 인식. **유아교육연구, 30**(4), 49-78.

김유환 · 김경숙(2012). 어머니-교사관계, 유아-교사관계 및 유아의 어린이집 적응문제 간의 관련성. **어린이미디어연구, 11**(1), 87-104.

김은심 · 성은영 · 윤성운 · 손미애 · 김선의(2012). **영유아건강교육**. 서울: 파란마음.

김은주(2021). 유아교사가 지각한 조직문화 및 부모-교사 협력과 유아교사의 행복감 간의 관계에서 성격 강점의 조절 효과. 인천대학교 대학원, 박사학위논문.

김이영 · 곽은복 · 김태인 · 김현정 · 윤정임 · 이경희 · 장기덕 · 장정애(2018). **아동관찰 및 행동연구**. 경기: 양성원.

김이영 · 오성숙 · 이시진 · 이우언 · 이은미 · 채혜선(2016). **유아발달**. 경기: 양성원.

김일옥 · 양은영 · 최현덕(2010). 유아를 위한 영양교육 프로그램의 개발 및 적용: 4세 아동을 중심으로. **한국영유아보육학, 61**(4), 45-62.

김일옥 · 이정은(2012). **아동안전관리**(제3판). 경기: 양서원.

김정래(2002). **아동권리향연**. 서울: 교육과학사.

김정미 · 안지영(2015a). 학습주기를 활용한 건강교육이 프로그램이 유아의 건강 인식, 지식 및 실천에 미치는 효과. **열린유아교육연구, 20**(6), 379-403.

김정미 · 안지영(2015b). 학습주기를 활용한 유아영양교육 프로그램 개발. **열린부모교육연구, 7**(4), 35-50.

김종해 · 백선희 · 이미정 · 이원영 · 임재택(2005). 한국 유아교육 · 보육 관련법과 제도의 역사와 미래: 한국 유아교육과 보육의 자리매김. **한국 유아교육학회 정기학술대회 자료집**. 39-85.

김중기 · 김현실 · 문성영 · 문효숙 · 박현숙 · 윤동화 · 이정미(2021). **보육과정**. 경기: 양성원.

김현란(2015). 유치원 원장이 요구하는 유아교사의 모습. 중부대학교 대학원, 박사학위논문.

김현자 · 이상희 · 이영 · 김반재 · 이현주(2021). **영유아놀이지도**. 경기: 동문사.

김희진 · 부성숙 · 조윤재 · 김영애(2004). 보육교사와 부모의 양성평등의식과 유아의 성별 특성에 대한 인식. **한국교육, 31**(4), 273-301.

남미경(2011). 대구지역 유아교육기관의 지역사회자원 활용실태 및 적용 타당성 조사. **생태유아교육연구, 10**(4), 51-69.

노희연 · 오경숙 · 윤매자 · 이소영 · 임현숙 · 최민수(2020). **영아보육의 이해**(개정). 경기: 양성원.

문혁준 · 김정희 · 김혜연 · 서기남 · 이성복 · 정다운(2017). **어린이집 운영관리.** 서울: 창지사.

문혁준 · 김정희 · 김혜연 · 서기남 · 이성복 · 정다운(2020). **어린이집 운영관리.** 서울: 창지사.

박근주 · 임현숙 · 강경민 · 이자현 · 이혜원(2020). **유아 & 교사 상호작용의 실제.** 경기: 공동체.

박민정(2017). 어린이집 특별활동 및 유치원 방과후과정 특성화 활동에 대한 실태와 교사인식. 동국대학교 교육대학원, 석사학위논문.

박영선 · 신동주(2014). 유아교육기관 유아 안전사고의 잠재적 요인에 관한 연구. **유아교육학회, 34**(2), 347-370.

박영아 · 박희숙 · 강민희(2015). **유아발달.** 경기: 공동체.

박유미 · 안연경(2012). 부모교사의 영양지식, 식습관, 식생활지도와 유아의 영양지식, 식습관의 관계. **열린정신 인문학연구, 13**(1), 67-91.

박일건(2007). 유 · 보 일원화 문제의 한 · 일 간 비교. 동국대학교 교육대학원, 석사학위논문.

박정옥·김미랑 · 김수희(2017). **영유아 놀이지도.** 경기: 양서원.

박주상(1994). 교육과정에 대한 교사들의 관심도와 교육과정에 대한 교사들의 관심도와 활용도 연구. 한국교원대학교 대학원, 석사학위논문.

방글이(2015). 부모-교사 협력과 보육교사의 교사 효능감이 영아의 사회정서발달에 미치는 영향. 경희대학교 교육대학원, 석사학위논문.

방유선 · 권귀염(2019). 부모-교사 간 협력적 관계형성을 위한 새로운 시도: 예비유아교육에서의 부모와의 실제 경험. **학습자중심교과교육연구, 19**(15), 863-890.

보건복지부 질병관리본부 · 대한소아과학회(2017). 2017 소아청소년 성장도표 해설집.

보건복지부(2010). 보육시설 급식운영 관리 매뉴얼.

보건복지부(2020). 제4차 어린이집 표준보육과정 해설서.

보건복지부(2022a). 2021년 보육통계.

보건복지부(2022b). 제4차 중장기 보육 기본계획안(2023-2027년).

보건복지부(2023). 2023년 보육사업안내.

보건복지부 · 육아정책연구소(2020). 개정 표준보육과정(0~2세) 해설서 개발 연구.

보건복지부 · 한국보육진흥원(2015). 2015 어린이집 부모 만족도 조사 시범사업.

보건복지부 · 한국보육진흥원(2016). 2016 어린이집 평가인증 안내.

보건복지부 · 한국보육진흥원(2020). 2020 어린이집 평가매뉴얼(어린이집용).

보건복지부 · 한국보육진흥원(2023). 2023 어린이집 평가매뉴얼(어린이집용).

서영숙 · 김경희(2006). **보육학개론.** 경기: 양서원

서희전 · 김혜정(2018). 지역사회 교육 네트워크 영향요인에 대한 유아교사의 인식: 중요도-실행도 분석을 중심으로. **어린이미디어연구, 17**(3), 31-53.

성미영 · 유주연 · 이세라피나 · 임영정 · 정현심(2019). **보육학개론.** 서울: 학지사.

시옥진 · 강성순 · 김녹현 · 김재현 · 남은영 · 이용환 · 이우언 · 전대성(2020). **보육과정.** 경기: 양성원.

심성경 · 백영애 · 이희자 · 이영희 · 변길희 · 김은아 · 박유미 · 박주희 · 최대훈 · 박경신(2010). **보육학개론.** 경기: 공동체.

심정선(2011). 보육교사의 교직윤리 인식과 영·유아권리존중과의 관계. **논리연구, 83**(1), 283-305.

심창섭(2014). 유아교사와 부모를 위한 영유아 안전사고. **한국유아체육학회지, 15**(2), 7-24.

양옥성(1998). **세계의 보육제도.** 서울: 양서원.

양옥승 · 지성애 · 김영옥 · 홍혜경(2002). 유아의 사회, 표현, 탐구적 놀이를 통한 창의력 증진프로그램 연구. **교육학연구, 40**(4), 89-112.

여성가족부(2006). 선진국 돌봄의 사회화 사례연구 정책연수 보고서.

여성가족부(2007). 표준보육과정 해설서(1차).

유구종 · 조희정(2012). **영유아보육학개론**(제2판). 경기: 공동체.

유연화·서정연(2016). **(영유아 교사를 위한) 부모상담의 실제.** 경기: 공동체.

유은주(2006). 사립유치원 원장의 삶의 관한 자서전적 내러티브. 세종대학교 교육대학원, 석사학위논문.

윤기영 · 손영빈 · 김승환 · 최희숙 · 박상님 · 김일태 · 이미숙 · 한애희 · 박신용 · 송응식 · 안도연 · 권종애 · 류칠선 · 정현숙 · 서지영 · 장정애 · 박현진 · 김영수 · 손영빈(2010). **유아교육사상사.** 경기: 양서원.

윤매자(2010). 영유아권리존중 보육에 관한 자율장학의 효과와 의미. 숙명여자대학교 대학원, 박사학위논문.

윤매자(2023). **보육교사(인성)론.** 경기: 양성원.

윤매자 · 권정미 · 김동욱 · 박민지 · 정정란(2022b). **아동복지론.** 경기: 공동체.

윤매자 · 백은영 · 신혜경 · 이찬숙 · 이희정 · 주현경(2012). **보육학개론.** 경기: 양서원.

윤매자 · 신혜경 · 주정현(2017). **아동복지론**(제3판). 경기: 양서원.

윤매자 · 안창희(2021). **보육과정.** 서울: 동문사.

윤매자 · 이종숙 · 안창희(2021a). **놀이지도.** 경기: 공동체

윤매자 · 이화명 · 김진영 · 김영미(2021b). **아동관찰 및 행동연구.** 경기: 지식공동체.

윤매자 · 하수연 · 정연옥 · 안창희 · 김정희(2022a). **보육교사 장기 미종사자 직무교육.** 경기: 공동체.

윤정진 · 안선희(2019). 유아교육기관에서 부모 자원봉사 활동 참여에 따른 부모-교사 협력의 차이. **미래유아교육학회지, 26**(1), 179-207.

이경화 · 김정원(2012). **영유아교육기관 운영관리.** 경기: 공동체.

이기숙 · 강민정(2007). 일본의 유보일원화와 인정어린이집의 발전 과정에 대한 고찰. **유아교육연구, 27**(5), 63-85.

이대균 · 송정원(2008). **영유아교육기관의 운영관리.** 경기: 양서원.

이동률(2009). 표준보육과정에 관한 보육교사의 인식과 운영실태: 대구광역시 국공립법인어린이집을 중심으로. 경운대학교 사회복지대학원, 석사학위논문.

이미정(2016). 3~5세 누리과정 의사소통 영역 교육 내용 및 활동에 대한 유치원 교원들의 이해도 분석. 경상대학교 대학원, 박사학위논문.

이미화(2020). 2020 표준보육과정(0~2세) 해설서 개발 연구.

이숙재(2011). **영유아놀이활동.** 서울: 창지사.

이숙재(2014). **영유아놀이의 이론과 실재.** 서울: 창지사.

이숙재 · 이봉선(2008). **영유아의 발달과 교육.** 서울: 창지사.

이숙희(2005). 보육교사에 대한 시설장의 신뢰성과 보육교사의 역할수행 간의 관계. **미래유아교육학회지,**

12(1), 57-76.

이순형 · 이혜승 · 이성옥 · 황혜신 · 이완정 · 이소은 · 권혜진 · 이영미 · 정윤주 · 한유진 · 성미영(2006). **보육학개론**. 서울: 학지사.

이영림(2021). 미래형 교육과정 운영 연구학교 계획서(동화초병설유치원).

이영석(2017). 보육의 공공성 강화를 위한 보육환경 조성은 어떻게 할 것인가. [기조 강연] 미래유아교육학회, 2017년도 (故)김경중 학회장 추모학회: 보육의 공공성 강화를 위한 새시대를 열다. 3-13.

이은해 · 이기숙(1994). 유아교육 프로그램 평가척도 개발에 관한 예비 연구. **아동학회지, 15**(1), 5-21.

이정빈(2019). 미술관의 지역사회 연계 교육프로그램과 인식 분석 연구. 홍익대학교 미술대학원, 석사학위논문.

이진숙(2017). 가족의 다양화에 따른 가족서비스 지원체계 효율성 방안 모색. **보건복지포럼. 통권 제252호**. 78-91.

이혜원(2013). **보육정책의 효과와 개선 방향**. 서울: 한국조세재정연구원.

임미경(2016). 어린이집 교사의 기질이 교사-부모 간 협력관계와 의사소통의 어려움에 미치는 영향. 경기대학교 대학원, 석사학위논문.

임승열(2001). 유능한 유아교사의 학급 운영 문제와 그 해결 방안.

임재택(1999). 21C 창조적 인적 자원 개발을 위한 유아교육체제 개혁 토론회(유아교육 공교육체제 실현을 위한 범국민 연대모임).

임재택(2001). **유아교육기관의 운영관리**. 경기: 양서원.

임지나(2012). 보육교사가 경험하는 보육과정 운영에서의 어려움과 지원 요구. 서울신학대학교 대학원, 석사학위논문.

장명림(2005). 유·초등교육 현황 및 교육 여건. **교육진흥. 제17권 제4호 통권 66호**. pp. 117-124.

장명림 · 서문희 · 이정옥 · 양미선(2012). 5세 누리과정 해설서. 교육과학기술부, 보건복지부.

장선미(2020). 서울지역 보육시설의 지역사회 연계 현황 및 요구조사: 육아종합지원센터를 중심으로. 가천대학교 교육대학원, 석사학위논문.

전찬경(2016). 한국 영유아 보육과정 구성체계 분석. 서울기독교대학교 대학원, 석사학위논문.

정범모(1971). **국가발전과 어린이**. 서울: 대영사.

정아란(2012). **아동건강 및 안전**. 경기: 공동체.

정옥분(2013). **아동발달의 이해**(제2판). 서울: 학지사.

정옥분 · 권민균 · 김경은 · 김미진 · 노성향 · 박연정 · 손화희 · 엄세진 · 윤정진 · 이경희 · 임정하 · 정순화 · 최형성 · 황현주(2019). **보육학개론**(4판). 서울: 학지사.

정옥분 · 권민균 · 김경은 · 김미진 · 노성향 · 박연정 · 손화희 · 엄세진 · 윤정진 · 이경희 · 임정화 · 정순화 · 정현희 · 최형성 · 황현주(2012). **보육학개론**(2판). 서울: 학지사.

정정란 · 강복화 · 강인숙 · 권미진 · 박혜정 · 오성숙 · 이영화(2018). **보육과정**. 서울: 창지사.

정지웅 · 이성우 · 정득진 · 고순철(2000). **지역사회학**. 서울: 서울대학교 출판부.

정진이(2021). 어린이집 평가제 평가지표에 대한 원장과 보육교사의 중요도-실행도(IPA) 인식차이. 동의대학교 교육대학원, 석사학위논문.

정혜선(2014). 창의 · 인성 보육환경과 보육교사의 실천의식이 유아에게 미치는 영향. 서울사회복지대학원대학교 석사학위논문.

정희정 · 박주현 · 모아라 · 박은미 · 이소현 · 조아라(2019). **보육교사인성론**. 경기: 양성원.

조경자 · 이현숙(2005). **영유아 안전관리와 교육**. 서울: 학지사.

조봉희(2017). 어린이집의 지역사회자원 활용에 대한 교사 인식 및 실태. 아주대학교 교육대학원, 석사학위논문.

조성연 · 이정희 · 김온기 · 제경숙 · 황혜정 · 나유미 · 박진재 · 송혜린 · 임연진 · 나종혜 · 권연희(2006). **영유아보육의 이해**. 서울: 학지사.

조형숙 · 박경난 · 김명하 · 이지혜(2020). **보육학개론**. 경기: 정민사.

주영희(1985). **유아를 위한 언어교육**. 서울: 교문사.

최경숙(2001). **아동심리학**. 서울: 민음사.

최나래(2021). 보육교사의 어린이집 평가제 참여 경험 탐색. 성신여자대학교 교육대학원, 석사학위논문.

최미숙(2016). 유아 부모-교사 파트너십이 교사효능감에 미치는 영향력. **열린부모교육연구**, **8**(2), 111-124.

최미현(2000). 생태학적 유아교육의 기본 프레임워크 탐색. 경북대학교 대학원, 박사학위논문.

하수연(2021). 유아교사의 배경 변인에 따른 교직전문성 하위요인 간 인식 차 및 영향력. **아동복지연구**, **19**(2), 1-18.

하수연 · 신현경 · 이해정 · 정재은 · 김보경 · 서영민(2015). **유아사회교육**. 경기: 공동체.

한국교육개발원(2013). 2013 해외교육동향.

한국교육개발원(2014). 2014 해외교육동향.

한국교육개발원(2015). 2015 해외교육동향.

한국교육개발원(2016). 2016 해외교육동향.

한국교육개발원(2017). 2017 해외교육동향.

한국교육개발원(2018). 2018 해외교육동향.

한국보육진흥원(2019). 어린이집 장기미종사자 교육과정.

한국보육진흥원(2021). 어린이집 윤리강령 전문.

한국소비자보호원(2005). 어린이 화상사고 실태 및 개선방안.

한국영양학회(2005). 한국인 영양 섭취기준.

한국영양학회(2010). 한국인 영양섭취기준(개정판). 서울: 한국영양학회.

한지연(2021). 보육교사의 공감능력과 정서표현성이 교사-영유아 상호작용에 미치는 영향: 인성 매개효과. 칼빈대학교 대학원, 박사학위논문.

황해익(2004). **아동연구방법**. 경기: 정민사.

황해익(2017). **아동연구방법**(제3판). 경기: 정민사.

황해익(2019). **아동관찰 및 행동연구**(제2판). 경기: 공동체.

황혜경 · 김용희 · 김지영 · 심윤희 · 김보영 · 이희현(2015). **영유아 보육과정**. 경기: 양서원.

황혜정 · 문혁준 · 안선희 · 안효진 · 이경옥 · 장지나(2014). **아동연구방법**. 서울: 창지사.

教育新聞(2021a). 5세아 '유아교육스타트 플랜(全ての5歳児に就学前教育　文科省が「スタートプラン)'.

(2021.05.19.)

教育新聞(2021b). こども家庭庁、教育格差の解消は「重要ミッション」諮問会議提言(2022.04.27.)

AP News(2021). Michigan budget boosts child care, keeps caregiver pay hike.

Berger, E. H. (1995). *Parents as partners in education: families and schools working together.* Englewood Cliffs, N.J.: Simon & Schuster.

Bronfenbrenner, U. (1979). *The ecology of human development: Experiments by nature and design.* Cambridge, MA: Harvard University Press.

Dahlberg, G., & Moss, P. (2005). *Ethics and Politics in Early Childhood Education.* London, UK: Routledge-Falmer.

Dorothy, J. S., Anne G. D., Ellen M. L., & Shauna M. A. (2013). *Developing and administering a child care and education program* (8th). Belmont, CA: Wadsworth.

Epstein, J. L. (2001). *School, family, and community partnerships: Preparing educators and improving schools.* Boulder, CO: West View Press.

Gandini, L., & Edwards, P. E. (Eds.). (2001). *Bambini, The Italian Approach to Infant/Toddler Care.* New York: Teacher's College Press.

Gestwicki, C. (2004). *Home school, and community relations.* Thomson: Delmar Learning.

Gestwicki, C. (2007). Benefits of teacher-family partnerships for children, parent, and teacher. *Home, school, and community relations,* 168-190.

Herrington, C. (2011). Family, school and community partnerships. The Florida State University. The Global Human Resources Forum.

Hildebrand, V. (1981). *Introduction to early childhood education* (3rd ed.). New York: Macmillan.

Hujala, E., Turjab, L., Gasparc, M. F., Veissond, M., & Waniganayakee, M. (2009). Perspectives of early childhood teachers on parent-teacher partnerships in five Europeon countries. *Europeon Early Childhood Education Research Journal, 17*(1), 57-76.

Jalongo, M. R. & Jsenberg, J. P. (2000). *Exploring Your Role: A practitioner's guide to early childhood education.* Upper Saddle River, New Jersey: Merrill.

Katz, L. G., & Chard, S. C. (1989). *Engaging children's minds: The Project Approach.* Norwood, NJ: Ablex.

Keyes, C. R. (2000). Parent-Teacher Partnerships: A Theoretical Approach for Teachers. *Clearinghouse on Elementary and Early Childhood Education*, 107-118.

NAEYC(1991). *Accreditation criteria and procedures.* Washington, DC: NAEYC.

NAFCC(1998). *Accreditation criteria & procedures of the National Association for the Education of Young children.* Washington, DC: NAEYC.

OECD(2006). *Starting Strong II.* Paris, France: OECD.

Piaget, J., Inhelder, B., & Szeminska, A. (1960). *The child's conception of geometry.* (E. A. Lunzer, Trans.) New York: Basic Books(Original work published 1948).

Schwartz, S. L., & Robinson, H. F. (1982). *Designing curriculum for early childhood.* Boston, MA: Allyn

& Bacon.

Shatz, M., & Gelman, R. (1973). The Development of Communication Skills: Modifications in the Speech of Young Children as a Function of Listener. *Monographs of the Society for Research in Child Development, 38*, 1-38.

Tyler, R. W. (1949). *Basic Principles of curriculum and instruction.* Chicago: The University of Chicago Press.

Wortham, S. C.(2001). *Assessment in early childhood education.* Upper Saddle River, NJ: Merrill/Prentice Hall.

교육정책네트워크정보센터(2022.07.25. 인출). https://edpolicy.kedi.re.kr/frt/main/main.do

국립국어원 표준국어대사전(2023.05.20. 인출). https://stdict.korean.go.kr/main/main.do

국제아동인권센터(2022.07.20. 인출): 유엔아동권리협약. http://incrc.org

보건복지부(2022.07.10. 인출). 보육업무수행. http://www.mohw.go.kr/react/search/search.jsp

서울육아종합지원센터(2023.06.25. 인출). 부모교육. http://seoul.childcare.go.kr.

어린이집정보공개포털(2023). 어린이집 평가. https://info.childcare.go.kr/info/cera/contents/cont010101.jsp

위키백과(2022.07.25. 인출). 슈어스타트. https://ko.wikipedia.org/wiki

중앙육아종합지원센터(2022.02.24. 인출). 보육연혁. http://central.childcare.go.kr/ccef/main.jsp.

질병관리청(2022.11.13. 인출). 2017 소아청소년 성장도표(신체발육표준치). https://knhanes.kdca.go.kr/knhanes/sub08/sub08_02.do

질병관리청(20233.06.08. 인출): 손씻기. https://www.kdca.go.kr.

질병관리청(2023.06.09. 인출). 2023년 무료접종 대상 백신(17종). https://nip.cdc.go.kr.

태화복지재단(2022.11.10. 인출). https://blog.naver.com/taiwhafound/222874423562

통계청(2022.0.7.15. 인출). 2021년 출생 통계. http://kostat.go.kr

통계청(2023.6.30. 인출). 국가통계포털. https://kosis.kr/index/index.do

한국가베교육협회(2023.06.04. 인출). 프뢰벨 가베의 구성과 특징. https://gabe.or.kr/froebel/spec01_type13.html

한국보육진흥원(2023.06.23. 인출): 어린이집 평가과정 운영. https://www.kcpi.or.kr.

한국표준직업분류(2023.05.16. 인출). 보육교사. https://kssc.kostat.go.kr

후생노동성(2022.07.10. 인출). 아동수당. www.mhlw.go.jp

BBC(2017.07.10. 인출). Parents should be offered 'childcare passpor'. http://www.bbc.co.uk/news/education-39895004

찾아보기

저 / 자 / 소 / 개

■ **윤매자**

숙명여자대학교 대학원 문학박사(아동보육 · 교육 전공)
장안대학교 사회복지과 교수

■ **박민지**

숙명여자대학교 대학원 문학박사(아동심리치료 전공)
장안대학교 사회복지과 교수

■ **박선희**

중앙대학교 대학원 문학박사(아동청소년 · 가족 전공)
서정대학교 교수

■ **안창희**

국민대학교 대학원 교육학박사(교육과정 · 교육공학 전공)
한국열린사이버대학교 아동보육과 겸임교수

■ **이경돈**

동국대학교 대학원 교육학박사(유아교육 전공)
한경대학교 외래강사

■ **이은옥**

동국대학교 대학원 박사 수료(국제다문화 전공)
한국열린사이버대학교 특임교수

보육학개론

1판 1쇄 인쇄 — 2023년 8월 10일
1판 1쇄 발행 — 2023년 8월 14일

저　　자 - 윤매자 박민지 박선희 안창희 이경돈 이은옥
발 행 인 - 강철원
발 행 처 - 양성원
주　　소 - 경기도 파주시 검산로 173번길 29-12
전　　화 - 031-946-3861(代)
팩　　스 - 031-946-3864
이 메 일 - tnwpub@naver.com
홈페이지 - tnwpub.co.kr
출판등록 - 2015년 8월 31일 제 2015-000211 호

ISBN 979-11-6126-547-6

정가 23,000원